陈桂棣 春 桃■著

人民文学出版社

序

何 西 来

陈桂棣、春桃伉俪的长篇报告文学新作《中国农民调查》将要面世,责任编辑将清样送我,按原先与作者的约定,要我做序。我既然允诺在前,必就无可推托。

我花了整整三天的时间,从头到尾细读了这部作品,我受到了巨大的冲击与震撼,这是这些年来少有的。两位作者,用了两年时间,对他们所在的安徽省五十个县的农村,做了深入的地毯式的采访,研究和收集了大量有关的文献和资料,也从中央到地方,采访了一些省外的单位和个人,政要和学者,而后投入写作。从动笔,到付梓,凡两阅寒暑,三易其稿。

应该说,这是一部精心结撰之作。我甚至觉得,单用"精心结撰",已不足以表达我读完这本书的真实感受,因为这个评价过于侧重技艺和技巧的层面。两位作者说:"当我们拿出了今天的作家已经少有的热情与冷静,走近中国的农民时,我们感到了前所未有的震撼与隐痛。"热情,说的是他们作为来自农村的农民的后代,对农村的眷恋、关切和深爱,而冷静则表示他们必须持有的科学态度和理性精神。前者保证了他们能够接近哪怕是残酷的事象,以平民的感同身受的心态,目睹并体验中国农民真实的生存状态和生存环境;后者则使他们能够在"前所未有的震撼与隐痛"的情感浪涌中保持冷静,保持清醒的理性,从而不为各种表象所阻滞,并进而探究到事物的内在联系及其本质。

在长达两年的采访中,作者看到了什么呢? 他们写道:"我们要说,我们看到了你想象不到的贫穷,想象不到的罪恶,想象不到的苦难,想象不到的无奈,想象不到的抗争,想象不到的沉默,想象不到的感动,和想象不到的悲壮……"这段话写在全书的引言里,既是作者情不能已的表白与感喟,也是他们对读者的一种提示。初读让我一惊,及看完全书,在无数次情绪翻涌,心浪澎湃和掩卷深思之余,我不得不承认,只有上面这段话,才庶几乎可以描绘出我复杂的阅读体验,毕竟是人同此心,心同此理。

桂棣和春桃把他们的书命名为《中国农民调查》,是有深意和寄寓的。标出"调查",强调的是从现状、从实际出发,强调的是报告文学作家敢于正视现实、直面人生的精神祈求与宝贵传统。这既是他们采访和写作的基本态度,基本立场,也是他们所遵循,所运用的基本方法。中国历史上素来有"秉笔直书"传统。对于史家来说,看到和发现历史事件和历史人物的真实面貌,特别是那些阴暗的方面,被权力者着意掩盖的恶行恶德的方面,也许并不十分困难,虽然这也需要超群的才力,丰厚的学养和敏锐的史识,但困难在于,你有没有勇气,敢不敢把你所看到、所发现的这一切,不加隐讳地写出来,即敢不敢"秉笔直书"。这才是对史家胆识和人格的严峻考验,只有那些不避刀剑砧锁,斧锯鼎镬,宁可不要性命而决不枉史的硬汉子,才能坚持下来。清代的章学诚,之所以在唐刘知几的史家"三长"之后,再特意加上"史德",强调的也正是这一点。现代报告文学,是随着现代传媒特别是现代报刊而发展起来的一种新兴的文学样式。它的基本特点之一,是纪实型的真实,而非虚构型的真实。这里有它的局限,但更重要的,是它的优长。这是其他文学样式所不具备的。在纪实型的真实这一点上,写报告文学与治史,其实是相通的。

这是许多优秀的报告文学作品能够具有无可争辩的文献价值和史料价值的根本原因。也许正因为如此,有的报告文学研究家把这种文学样式的起源,一直追溯到太史公司马迁的《史记》,因为他写了"今上"汉武帝刘彻。这样溯源,是否可取,学术界尚有争议。但报告文学近史,却是不争的事实。

自上一世纪七十年代末以来,我国的报告文学以其逼近现实,逼近人生的纪实型真实,把长期被极左专制所掩盖的诸多黑暗和罪恶破天荒地揭露了出来,并且深入追踪人们普遍关注的各种重大的社会问题和热点问题。从而大大拓展了自身题材的领域,把触角伸向许多鲜为人知的生活层面与角落。因为报告文学比一般的新闻报导能够提供更系统、更丰富、更深刻、更立体和多面的真实资讯及背景材料,故持续受到读者的欢迎。这是自报告文学在我国产生以来最为辉煌的一个时期。在这个长足的发展时期中,报告文学形成了一种最可宝贵的传统,这就是敢于无隐讳地逼近现实,逼近人生的精神。不是说所有报告文学家和所有的报告文学作品,都体现了这种精神,但那些最有代表性的杰出的报告文学家和那些最有代表性的深受读者欢迎的报告文学作品,却无疑是这方面的佼佼者。单从创作主体来看,这里也存在着史家"秉笔直书"品格的现代表现。读了《中国农民调查》,联系到作者以前写过的《淮河的警告》和《民间包公》等优秀作品,我觉得应该把陈桂棣放在四分之一个世纪以来中国报告文学发展的这一主导趋势和主要传统中来评说。

从这本书名的"调查",让我联想到早年的毛泽东。毛泽东曾有"没有调查就没有发言权"的名言。这是他在反对曾给革命事业造成毁灭性灾难的左倾教条主义和本本主义时提出来的。在上一世纪的二十年代到三十年代,毛泽东为了获得对中国农村的正确认识,作为制定路线、政策的依据,领导当时的革命斗争走向胜利,曾经对湖南和江西的农村做过许多深入、系统的调查研究,并把调查研究的结果,写成书面的调查报告。一九三〇年,毛泽东在《寻乌调查》的前言中说:"我做的调查以这次为最大规模。我过去做过湘潭、湘乡、衡山、醴陵、长沙、永新、宁冈七个有系统的调查,湖南那五个是大革命时代(一九二七年一月)做的,永新、宁冈两个是井冈山时代(一九二七年十一月)做的。湖南五个放在我的爱人杨开慧手里,她被杀了,这五个调查大概是损失了。永新、宁冈两个,一九二九年一月,蒋桂会攻井冈山时也损失了。失掉任何东西,我不着急,失掉这些调查(特别是衡山、永新两个)使我时常念及,永久也不会忘记。"可以看出毛泽东对调查研究及其书面成果的重视。除了《寻乌调查》,毛泽东在后来还写过《东塘等处调查》、《兴国调查》、《长冈乡调查》、《才溪乡调查》等。在那一代党的领导人中,毛泽东是惟一一位做过如此系统如此多的农村调查并把整理成文的著作留下来的人,因此,他就获得了比其他领袖对中国农村、中国社会更为深刻、更为系统和周详的认识。辉煌的毛泽东思想的理论大厦,正是从类似的调查研究的基础上,从革命斗争的实践中升华出来的。实事求是,作为辉煌期毛泽东思想的精髓,更是与调查研究有着直接的关联。尽管毛泽东本人在他的晚年因为离开了调查研究和实事求是的原则,而造成了一系列严重的失误。但是他所倡导的调查研究的方法和实事求是的作风仍然是弥足珍贵的传统。不知道桂棣、春桃为他们的这本书命名的时候是否自觉,但我从他们的生动描写和叙述中的确读出了这一传统的承传与发扬。我想,我们这个判断不会是一种牵强附会。何况,无论对于浮躁的社会心理,还是对于浮躁的文坛风气,都需要用这一传统的重新唤回和发扬光大来加以救治。

桂棣和春桃的《中国农民调查》在叙事风格和叙事结构上,

不是典型的报告文学模式,没有以具体人物的命运为纲纪,也不以人物性格和心理的展示为指归,更未刻意追求一个一个生动具体的细节的选择与描绘,而是以总体把握中国的"三农"问题为目的,按照问题本身的逻辑关系,渐次展开了他们的叙述和描写。就是说,在他们的笔下,问题是经,是纲纪,而人物命运、性格、心理的展示,细节的选用,事件的梳理等,则是纬,在总体上服从于"三农"问题的深入把握与揭示。应该承认,两位作者给自己提出了一个非常、非常艰巨的任务,不仅采访到真实的情况,要付出辛勤的劳动,要克服许多难以想象的困难和阻力,而且困难还在于找到恰当的形式,把采访所得的材料,把自己真实的体验,总之,是把他们认为应该表达和想要表达的东西,如实地呈现给读者。到处是雷区,到处有禁忌,而问题本身又往往复杂得千头万绪,困难大到几乎难以逾越。所以,两位作者说:"我们同样不可能想到,问题严峻到我们竟不止一次地怀疑起自己的能力和勇气,怀疑如此重大敏感的课题,作家能够胜任吗?"然而出于对九亿农民,对乡亲父老的爱,出于报告文学家的良知和现代知识者对国家民族的责任,他们还是坚持下来了,写出了一部足以振聋发聩的关于中国农民现状和农业综合改革的大书。

这不是一本"报喜"的书,更不是一本粉饰升平的书、贴金的书,而是一本把严酷的真实情况推向读者,推向公众的书,是一本无所隐讳地把"三农"问题的全部复杂性、迫切性、严峻性和危险性和盘托出的书。作者不仅提出了问题,而且与农业方面有真知灼见的专家、学者,还有长期从事农业方面政策制定及领导工作的经验丰富的官员们一道,对这些问题的严重程度,及其相互之间的复杂关系,做了尽可能详明地分析。作家的忧患意识是显而易见的。

自从二〇〇〇年湖北监利县棋盘乡党委书记李昌平在给国

务院领导的信中说了"农民真苦、农村真穷、农业真危险"的话，深深触动了时任总理的朱镕基同志的心，并引起了党中央的高度重视。自那以后，"三农"问题，成了党的各项工作的重中之重，也成为国人关注的焦点。然而，对于多数人来说，并不清楚"三农"问题到底严峻、紧迫、危险到何种程度。这一情况直到今天，仍然改变不大。以我为例，虽然自小生活在农村，进城以后因父母仍在农村，也常回去看看，至今仍有弟、妹生活在农村，去年冬天还回去住过十多天，知道农村生活依然很苦，但是桂棣、春桃笔下农民生计的艰难，负担的沉重和某些村、乡、镇干部的欺上压下、横征暴敛、敲骨吸髓，乃至草菅人命的严酷画面，还是让我震撼。他们的描写是真实的，令人信服的。

从《中国农民调查》的全书结构来看，第一到第四章，以一系列恶性案件的发生为中心，具体展开农民在税费重负的压制下生存的窘迫，命途的多舛，那一幕幕血泪的情景，让人有透不过气来的感觉。作者以悲愤的笔触，揭露了那些已经蜕变成黑恶势力的村官乡霸横行乡里、鱼肉百姓的暴行，当然也写了农民在忍无可忍情况下的上访与抗争。农民负担过重的问题，早在八十年代初期就已渐渐显露出来，且有愈演愈烈之势，中央三令五申，制定了具体的减负政策和措施，但收效甚微。进入九十年代，问题变得空前严峻了。问题是为什么深得民心的中央的减负政策就是贯彻不了呢？为什么总是捺下葫芦起来瓢，一而再、再而三地反弹呢？《中国农民调查》第五到第八章专门就这个问题进行了多方位多层面的调查、探寻与分析。通过这些调查、探寻与分析，人们看到，农民负担过重，只不过是冰山头，是露出水面的部分。它联系着许多深层的、体制的、政策的缺陷与弊端，如县乡镇机构无限膨胀，"几十顶大盖帽管一顶破草帽"；在土地资源日渐减少而又增产幅度有限的情况下，农民要养活愈来愈庞大的已经形成特殊利益群体的乡镇干部队伍；无休无止的"形象工程"、"政绩工程"、"达标工程"的集资和摊派，这又涉及干部的考核、提拔方式；此外还有城乡分治的问题，剪刀差的问题，贫富差距拉大的问题等等。这就让我们看到了"三农"问题的全部复杂性和严峻性。

桂棣和春桃不是悲观主义者。在《中国农民调查》的第九到第十二章，他们通过对农业问题专家安徽何开荫和河北杨文良的税费改革主张的叙述，以及对他们关于农业体制综合改革思路的评价，还有他们本人命运的沉浮和在这沉浮中锲而不舍的追求，表现了他们难能可贵的中国知识分子特有的济世之心。与他们相联系，作者还以足够的篇幅展示了一批长期在农业改革第一线弄潮的官员的卓越见解，其中，对于温家宝总理的工作作风的描写尤其给人留下难忘的印象。全书结束于"并非尾声"的"大幕正在拉开"。

总之，《中国农民调查》是一本以报告文学的形式，为我们提供了有关"三农"问题的真实状况和介绍解决问题的思路的大书、好书、及时的书。它的认识价值和文献价值是无庸置疑的。青年人、中年人、老年人，凡关心"三农"问题者，关心国家富强、民族兴旺者，都不可不读这本书。我相信广大读者的眼力，相信这本书一定会以自己扎实的负责任的内容，赢得万千公众的心。我不相信自己会看走眼。

2003.12.15 六砚斋

引言　在现实与目标的夹缝中

中国是一个农业大国,十三亿人口就有九亿农民,可是,很久以来,农民在农村中的生存状态究竟如何,绝大多数城市人并不清楚。只依稀记得,上个世纪七十年代末那场让整个世界都为之震惊的伟大改革,是从农村开始的,自从农村实行了以"大包干"为标志的家庭联产承包责任制以来,农业生产上连年获得大丰收,很快就出现了"卖粮难",而且冒出了许许多多"万元户"。一时间,中国的农民好像已经富得流油了。然而,以后不久,随着城市改革的不断深入,我们就很少再听到有关中国农业、农村和农民的消息了。不过,稍后就发现,越来越多的农民,放弃了曾视为生命的土地,远离了曾经日夜厮守的村落和熟悉的农事,宁可忍受寂寞、屈辱与歧视,也要拥进各地城市,于是,数以百万计的中国农民掀起的"民工潮",便一次又一次成为上个世纪最后十多年的一道奇异的风景。

这些年,因为致力于报告文学的写作,我们有机会经常深入各地农村,同时,结交了不少农民朋友,常听他们聊一些农村里的事。我们发现,原先存留在我们印象中的那一幅幅乡间风俗画,不过都是遥远而虚幻的田园牧歌,或者说,是过惯了都市浮躁生活的城里人对乡间的一种向往。而现实生活中的农村并非此,或者说,农民眼中的农村并非如此,他们没有这样的闲情逸致,他们活得很累,很沉重。

一次,为了解淮河污染的事情,我们曾路过安徽省淮北平原上的一个村庄,竟发现那里的许多农户家徒四壁,一贫如洗,这使我们感到震惊。有一家,全家人居然用卖菜得来的五元钱就过了一个春节,生活的窘迫,甚至不如刚解放那几年。有位农民扳着指头给我们算了一笔账,他说刨去种子、化肥、灌溉、机械种收以及这税那费,假如小麦亩产上不到九百斤,这一年就等于白干。而淮北农村能够达到亩产九百斤小麦的,显然并不多见,可以收到八百斤就已经是相当不错了,一般也只有六百斤,就是说,如今农民的生活仅靠种地已是难以为继,但他们却依然要承担多如牛毛的各种税费。

农民们含着泪说:"'大包干'留给我们的好处早就一点一点被掏光了!"

我们没有想到,安徽省最贫穷的地方,会是在江南,是在闻名天下的黄山市,在不通公路也不通电话的黄山市休宁县的白际乡。在那里,我们吃惊地发现,大山里的农业生产仍停留在刀耕火种的原始状态,农民一年累到头,平均收入只有七百元,月收入仅摊到五十八元;许多农民住的还是阴暗、潮湿、狭小、破旧的泥坯房子,有的,甚至连屋瓦也置不起,房顶还是树皮盖的。因为穷,一旦患病,小病强忍,大病等死。全乡六百二十户人家,贫困户竟占到五百一十四户,达到百分之八十二点九;全乡两千一百八十人,贫困人口也占到一千七百七十人,达到百分之八十一。可是,就在这样一个贫穷的乡镇,因为前几年乡村干部们搞浮夸,居然被上面认定已经脱贫,派下来的苛捐杂税,压得村民透不过气;而且,这个乡的乡长又是个敲骨吸髓的贪官,就在我们去前才被法办。我们在惊讶于贪赃枉法者已是无处不在的同时,更令人窒息般地感到话题的沉重。

离开白际的那天,我们特地选择了从浙江那边下山,一路之上,竟也发现,属于"天堂"杭州市的淳安县中洲镇,其实也富裕不到哪里去。

二〇〇〇年春天，湖北省监利县棋盘乡党委书记李昌平在给国务院领导的一封信中说了这样三句话："农民真苦、农村真穷、农业真危险"。这话，至少说明，我们在安徽省农村所接触到的，在别的许多地方也同样存在着。李昌平有关"三农"问题的上书，显然触动了一个大国总理的心，朱镕基曾动情地批复道："'农民真苦、农村真穷、农业真危险'，虽非全面情况，但问题在于我们往往把一些好的情况当作全面情况，而又误信基层的'报喜'，忽视问题的严重性。"

由此，一个让我们这些终年生活在城里的人百思不得其解的问题便凸现出来：今日中国之巨大变化，盖得益于二十多年前那场举世瞩目的大变革，既然是亿万农民引领了中国改革的风气之先，现在怎么又会沦落到如此难堪的境地？

不可否认，我们今天已经跨入了中国历史上前所未有的崭新时代，然而，对底层人民，特别是对九亿农民生存状态的遗忘，又是我们这个时代一些人做得最为彻底的一件事。

因此，可以这样认为，我们面临的，已绝不仅仅是一个单纯的农业问题，或是简单的经济问题，而是新时期执政党面临的最大的社会问题。我们确实没有理由，在城市变得日新月异的今天，忘却了广大的农村；没有九亿农民兄弟真正的富足，一切乐观的经济统计数字都将失去意义！

美国哈佛大学经济学家德怀特·帕金斯曾经说过的一句话，至今值得我们深思："对于未来的改革者来说，中国经历的政治经验显而易见但又常常被遗忘——改革进程中应该有明确的受益者。"上个世纪改革之初，受益者除了"大包干"的农民，还有个体工商户和深圳特区的拓荒者。但是当改革的重心移向城市，受益者就变成了新生的企业家阶层、通过寻租活动迅速富裕起来的政府官员与勉强可以称之为群体的城市中产阶层,而作为我们这个社会最大的群体——九亿农民,非但不是受益者,还因为增产不增收,一些地方甚至出现"今不如昔"的局面。

我们常常骄傲地宣称:我们是以世界百分之七的耕地,养活了世界上百分之二十一的人口。我们的农民为十三亿人口提供了足够的粮食,这不能不是一个世界性的伟大贡献,可是,我们却往往很少想到,我们却是在以占世界上百分之四十的农民才养活了这百分之二十一的人口的。这只能说明,我们的农业目前还相当落后,绝大多数的农民生活水平还很低。

联合国发表过一份《人类发展报告》,这份报告将全球一百六十二个国家和地区按照发展指数的高低排名,中国被排在了第八十七位。这个名次是很令人沮丧的。当二十多年成功的改革开放,中国的国民生产总值有了大幅度的提高,并且由于这种突飞猛进,已经创造出了当今世界经济增长的奇迹的时候,诺贝尔经济学奖获得者克莱茵,却在注视着我国的农业问题,他曾对中国的访问者说,中国经济有两大问题:一是农业,二是人口;诺贝尔物理学奖获得者杨振宁,也说过相同的话:中国目前最困难的事情,就是人均国民收入太低。

一个不争的事实是,中国的农业、农村和农民问题,已经成为影响我国未来现代化发展的主要因素,它已经关系到我们整个国家的命运,关系到我们现有的现代化水平能不能维持,我们通过二十多年努力奋斗好不容易创造出的改革开放的成果有可能毁于一旦。

作为报告文学作家,我们的文学应该时刻保持与现实生活的对话。面对如此严峻的问题,作家不应该缺席。因此,从二〇〇〇年十月一日开始,我们从合肥出发,地毯式地跑遍了安徽省五十多个县市的广大农村,随后,又尽可能地走访了从中央到地方的一大批从事"三农"工作研究和实践的专家及政要,作了一次长达两年之久的艰苦调查。

我们从不怀疑,安徽省的农村面貌,在全国十二个农业大省中是最富有代表性的;如果就农村的改革而言,安徽在全国所有的省、市、自治区中,就更具有典型意义。因为被称作新中国农村三大改革的土地改革、"大包干"和农村税费改革,后两项改革,就源自安徽。朱镕基就曾不止一次地说过:"在农业的问题上,在中央要对农业作出重大的决策时,我往往是会到安徽来调查研究的。可以说,我们许多成功的经验都是从安徽来的,安徽为中国的农业作出了很大的贡献。"温家宝也早就说过:"事关农村的政策问题,我就想到安徽来听听大家的意见,因为这里有许多熟悉情况、又敢于发表意见的同志。我每次来都很有收获。"因此,我们走进安徽的广大农村,其实也就是在走近中国的农民。

我们本来就是农民的后代,并且都在农村度过了无邪的童年岁月,今天,当我们奔走在已经变得陌生的田野,却依然像回到母亲的怀抱,内心的冲动几乎要溢出满眼的泪水。这种与大自然血肉般的亲情,是我们进入城市以后再也没有感受过的。

但是,当我们拿出了今天的作家已经少有的热情与冷静,走近中国的农民时,我们感到了前所未有的震撼与隐痛。

我们想说,今天中国还并非到处歌舞升平,我们还有很多困难的地方和困难的群众。现在许多人没有离开过大城市,以为全中国都像北京、上海那个样子,有些外国人来了,一看,也以为中国都是那个样子。其实,不是这样。

我们要说,我们看到了你想象不到的贫穷,想象不到的罪恶,想象不到的苦难,想象不到的无奈,想象不到的抗争,想象不到的沉默,想象不到的感动,和想象不到的悲壮……

我们甚至没有想到,这次安徽省率先进行的农村税费改革的试点工作,会是和二十多年前发生在安徽的那次"大包干"一样的惊心动魄;我们的采写工作又几乎是和这场改革同步进行的,势必注定我们的工作,会和这场改革一样的激动人心,一样的悬念丛生,一样的充满着坎坎坷坷、一波三折,甚至,中途不得不和改革的试点一样地停顿下来,作痛苦的思考,将原有的计划打破。

　　我们同样不可能想到,问题严峻到我们竟不止一次地怀疑起自己的能力和勇气,怀疑如此重大而敏感的课题,作家能够胜任吗?

　　不过,我们毕竟坚持了下来。因为我们相信,文学对社会的责任不是被动的,它不应该是生活苍白的记忆,而是要和读者们一道,来寻找历史对今天的提示;因为中国的明天,只能取决于我们今天的认知和努力。

　　现在,当我们开始讲述关于中国农业、农村、农民故事的时候,便首先强迫自己冷静下来,我们知道只有平静与从容,才可能挽住我们心中曾经无数次涌动过的波澜……

第一章 殉道者

1 骚动的路营村

生与死,肯定是两个不同的概念,除去不懂事的孩子和失语的老人,恐怕这是世界上最不容易搞错的一件事情。可是,有时它也是十分模糊的,模糊得还会让人感到吃惊:有的人明明活着,好像已经死了;有的人已经死了,却仿佛还活着。

丁作明显然就是一个例外。

丁作明已经死了,他的死不能说是"重于泰山",但在他死后八年的二○○一年二月十日,当我们走进淮北平原出了名的贫困县利辛县,向许多人打问去纪王场乡路营村的路怎么走时,回答我们的,首先不是去路营村的路应该如何走,而是好奇地反问,问话的内容又几乎众口一词:

"你们是到丁作明那儿去?"

这情况大出我们的意外。

丁作明不过是一个普通的农民,并没有什么特别之处,如果说有,也许就是他比别的农民多念了几年书,从小学念到了高中毕业,而且念书时十分用心,家里穷得有时揭不开锅了,他仍然一声不吭地跑到院里的水缸边上,像澳大利亚鸵鸟那样撅起屁股,把头埋进缸里去,用井水把肚子灌饱后,照样唱着,跳着,去上学。考大学时,大家都说他太亏,离录取线只差几分,如果他不是利辛县乡下农民的孩子,如果他生在北京,或是上海,是完

7

全可以走进大学校门的;即便就是生在别的一个什么城市,他也会是另外一种命运。但是他是路集中学的高中毕业生,毕业后只能回到路营村,这就又与那些一个大字不识的泥腿子没有了区别,他必须同中国所有的农民一样下田干活,去侍弄庄稼。再要说有什么与众不同,就是装了一肚子墨水的丁作明,比别的农民爱翻报纸,爱听广播,爱咬文嚼字,爱动脑瓜子。平时为人别说多谦和,但认死理,敢说真话,敢同村里、乡里的头头脑脑平等地说话。正是因为这一点,他也就比大伙多出几分烦恼,以至最后惹来杀身之祸。

他分明早就已经死了,利辛县城的那些人怎么可以说我们"去到丁作明那儿去"呢?

难道还可以寻找到一条路,能够走到丁作明那儿去吗?

公元一九九三年二月二十一日,是丁作明热切期望的一个令人欢欣鼓舞的日子。他绝没有想到,自己的人生之路将会在这一天走到尽头。

头天上午,丁作明和其他七位上访村民接到了乡里的通知,要他们到乡里开会。会上,乡领导说,县里对你们告状的事很重视,希望在你们八人中选出两人,再从党员、干部中各选两人,组成一个清账小组,对路营村村干部的经济账全面清查。这天上午,清账小组正式成立并开始查账。这消息,使得整个路营村的村民一片欢腾,锁在人们眉头的愁云一扫而光,有几个农民竟激动地奔过直沟,跑到对面的商店买来鞭炮,准备在村头上放一放,让大伙出出恶气听个响。只是这一年的春节来得比往年早,元月二十二日就是农历大年三十,二月六日已是正月十五,过罢正月十五,年就远了,问了几家商店全没货,鞭炮就没买成,但丁作明这一天的心情却分明比过年还舒畅,迈出家门的步子都带了几分弹性。

利辛县是解放后才划出的新建县,这一片原来分别属于涡阳、阜阳、蒙城、太和、凤台和颍上六县边区,是个六不管的贫困地区。境内多为黄泥地,一下雨,有路也没法走人;还有为数不少的砂堰土,碱土更是布满各处。路营村本来就够偏僻落后的,再加上一九九一年那场特大洪灾的袭击,家家穷得叮当响。这一年眼看春节就要临近了,村里却没有一点要过年的喜庆劲,全村算下来人均年收入不到四百元,可上边派下来的各项负担加起来每人居然摊到一百零三元一角七分。一年忙到头,起早贪黑,跑细了腿,累弯了腰,打下的粮食扣除口粮,其余的就全被村里以各种名义"提留"走了,有几户收的不够缴的,村乡和派出所穿的是连裆裤,"不给就拘留你"。

"有钱没钱,回家过年。"这是中国人自古以来的一种习俗。令丁作明想不通的是,为躲债不敢回家过年这种只应该发生在解放前的事,今天居然会在路营村出现了。中国农民不是翻身做了主人么,为啥还会这样苦?作为"彻底地为人民的利益工作的"党的农村干部,又为啥这般凶呢?于是他悄悄地做了一件别的路营人不敢做的事。

在此之前,他从广播里和报纸上得知,党中央在北京召开了全国农村工作会议,他花了几个晚上把收集到的中央的新政策,整理成一份通俗易懂的材料,然后就去各家各户"宣讲"。宣扬党的会议精神却要偷偷摸摸地进行,像当年的地下工作者在"国统区"的秘密活动一样,这使他感到十分别扭又十分激动。

他的眼睛在那些农舍梁间吊下来的灯泡的光晕中发着亮。他对乡亲们肯定地说:"村干部这样征收'提留'的做法,是违背了中央精神的!"

他做事的认真和拥有的学识,足以使那些习惯于蹲在黑暗地方又早习惯了逆来顺受的村民们心服口服。但是,这一次,随着一阵沉寂之后,还是有人小心地提出了质疑:"周围村庄,附近乡镇,不都是在这样搞的么,天高皇帝远的,你能拿他们怎么办?"

"我不信有理没处讲。"丁作明不信这个邪。

他一字一句地把国务院最新的规定读给村民听:收取农民的提留款不得超过上年人均纯收入的百分之五。他将百分比作了特别的强调。"明摆着,村里从我们这儿收取的提留款大大超过了这规定,已经比'百分之五'的比例多出了五倍还要多!这次召开的农村工作会议,明确要求:'各地应保护农民的利益,减轻农民的负担'。他们分明是在瞎搞,我们要到乡里讨个公道!"

"乡里会买我们账吗?"有人感到这事太难。

"自古就有'官逼民反'一说,"一个部队退伍回来的村民,忍不住吼了一嗓子。"何况咱这是按中央的规定向上边反映问题,乡里不买账就上县!"

渐渐地,农舍里的气氛开始变热闹了。

有人控告:村支部书记董应福,将村民们集资建成的粮仓,私自出租给别村使用,从中捞取租金九千多元;以后,又将粮仓捣鼓掉,鲸吞了三四万元的售出款。特别是,大灾之年,中央曾有专门指令,贪污救灾物资是要判刑甚至杀头的,董应福竟敢把救济给路营村的衣物和食品占为己有。而且,对计划生育的罚款,以及各种多"提留"的钱物,均不入账,或是故意弄成一笔糊涂账。

不一会,大伙就从村干部扯到了乡干部,你一句我一句,话音儿不落地似地炸开了锅。

有人揭露:纪王场乡康乡长的公子,仰仗老子的权势,横行乡里,多次操着电棍,拎着手铐,跑到路营村乱要各种钱款。一九九一年特大洪灾,上边规定不准再向受灾的农民索取任何"提留"，而康公子却带着民兵，活像日本鬼子进村，强行抢夺村民的钱物。发现有谁躲在家里不开门，就支派打手用脚踢门，分文不得少，还要额外付给踢门"功臣"的劳务费。抢得钱财后，便领着一帮人吃三喝四地下馆子，吃喝的花费回头还要从村民们的集资款中予以报销。

大家越说越来气，最后望着丁作明，请他拿主意。

"纳鞋要有针线，告发人家得有证据。"丁作明说，"咱们可以到乡党委去反映一下大家的这些意见，要求清查村里的收入账目。"

这天，丁作明就同其他七位村民找到了乡党委，向书记李坤富陈述了村民们反映的问题和查账的要求。

乡党委书记李坤富，认真看了看丁作明递上来的"提留"表说："是多提留了。先让我们合议一下，两天后给你们答复。"

两天过去了，乡里没有动静；又过了两天，又过了两三天，在一次有路营村干部和党员参加的干部会议上，乡党委分管政法的副书记任开才，突然要路营村支部书记就多收提留款的问题在会上作个"交待"。董应福顿时火冒三丈，他认为各村都是这样多提留的，没啥好在众人面前交待的。听说是村民把他告到了乡里，要查账，就怀疑村里有人眼红他盖起的几间大瓦房，当即在会上讲了狠话："有人要清我的账，还有的狂到要扒我的房，我看谁敢？除非他不要命了！有人说，凭我的收入买不起小四轮拖拉机，盖不起大瓦房。买不起盖不起，可我就买了盖了，这是我的本事！你们穷，活该！想跟我搞，你们怕是不想活了！"

一个党支部书记，竟敢在分管政法工作的乡党委副书记主持的全乡干部大会上如此张狂，实在是出人意料。可是，副书记没有制止。会后，会上的情况一传开，路营村的村民们肺都要气炸了："共产党的天下，难道就没有王法了？"

丁作明咽不下这口气,就在过年的前三天,把路营村乱收"提留"款的情况写成材料,直接送到了利辛县纪检委。

接待的同志为难地说:"已是年跟前了,材料先放在这里吧。"

路营村这一年的春节,显得少有的冷清,甚至没有几户燃放鞭炮。

转眼到了农历正月十八,许多村民沉不住气了,纷纷跑来找丁作明,这才发现,丁作明整个年里都在忙着写控告信。他把党中央、国务院的政策规定,路营村以及纪王场乡一些干部违法乱纪给农民带来沉重负担的种种做法,写得淋漓尽致。

大家都被丁作明的行为感染了。是的,一个人应该有一种精神,也总要有一点社会责任感,如果人人都怕树叶落下来砸破头,看到腐败的现象不闻不问,遇到邪恶势力不敢抗争,我们这个民族是不会有希望的。于是,在正月十八的夜里,地处偏僻的路营村的村民们,就你八角、我一元地凑足了路费,然后悄悄地把丁作明在内的八位村民代表,摸着黑,送出村。

县委办公室汪主任接到丁作明的这封控告信,很吃惊,感到路营农民们反映的情况,其严重程度,已远远超出他们的想象。汪主任很快向县委书记戴文虎作了汇报。戴文虎虽刚调来不久,但态度极其明朗。因此,县委的答复让丁作明一行十分满意:"我们会尽快让乡里落实清账小组的事,对路营行政村干部的账目进行清查;对你们反映的乡政府的情况,也会很快予以核实、处理的。"

就这样,没有过好一个春节的丁作明,考虑大伙凑起的路费不容易,该省一分一厘全得省,不敢在县城多耽搁,就领着村民代表挤上回纪王场的农村班车。在能够把人五脏六腑都颠翻的车厢里,他满怀信心和喜悦地回味着县领导的话,却不知道一个可怕的灾难正在前面等着他，死神带着另一个世界的狞笑，已经从地狱之门无声地袭过来，而他却浑然不觉。

2　发生在派出所的惨案

这年二月十一日，农历正月二十，下午三时许，村民徐赛俊、丁大刚二人在暖洋洋的冬日下"下六周"。"下六周"，这是淮北大平原上的农民创造出来的一种"土围棋"。他们正厮杀得昏天黑地，因为丁作明在一边观看，路过此地的路营行政村副村长丁言乐，也趁机凑了上来。丁言乐已知道丁作明向县里反映了他和负责计划生育的妻子贪污提留款和计划生育罚款的事，早已忌恨在心，就故意找着碴儿，同丁作明发生口角。

丁言乐对徐赛俊和丁大刚威胁道："你们这可是赌博呀，我可以把你们抓起来！"他这么说，却盯着丁作明看。

丁作明不免奇怪："他们这是在玩游戏，又不犯啥法；就是犯了法，抓人也应该是派出所的事。"

丁言乐凶狠地说："那不一定！"

丁作明最听不得这种口气，更看不惯一当上干部就变脸的这种人。不过，他意识到，来者不善，显见是在借故寻衅了，就没再吭声。

谁知，丁言乐得寸进尺，开始用肩去撞丁作明。边撞边嚷，耍起了无赖："怎么，你想打人？我给你打！我给你打！"

丁作明完全没有思想准备，也想不到身为副村长的丁言乐，竟会如此下作，他连连后退。

丁言乐却步步紧逼，越撞越猛，已是穷凶极恶。

丁作明无奈，只好躲开。就在丁作明闪身离开的当儿，丁言乐凶狠地撞过来，撞了个空，由于整个身体失控，一头跌进旁边的庄稼地里,跌了个嘴啃泥。

丁言乐这下子终于找到了可以"理直气壮"地进行报复的理由了。

丁作明早料到被他揭发到的这些人都并非凡角,会想方设法伺机报复的,只是觉得丁言乐这样做是在要下三烂,太没水平,就一句话也没说地回家了。

在远离现代文明的路营村,"别拿豆包不当干粮,别拿村长不当干部"这句话绝不是玩笑,别说乡里了,丁作明敢把村干部告到县里去,那就是"找死"。丁言乐本就怀恨在心,这又跌了个嘴啃泥,等于火上加了油。为扩大事态,他便以"被丁作明打伤"为幌子,一个下午先后六次找上门,要打丁作明。丁作明爱人祝多芳虽然不了解情况,也只得一再赔礼道歉,但丁言乐并不罢休。

不久,丁言乐的儿子丁杰,手里握着把菜刀,在门外大喊大叫,嚷着要丁作明"滚出来"。

当晚,村民们都劝丁作明赶快离开路营村,出去躲一躲。开始,丁作明死活不愿意,觉得村干部欺人太甚,干吗要躲?后来考虑到,县领导已经支持他们清查村里账目的要求了,查清村干部贪污钱财的事,看来只是个时间问题,不能因小失大,扰乱了县里的计划。再说了,丁言乐们怕的就是你躲,这些人巴不得闹得鸡飞狗跳,天下大乱,这样才可以趁机将水搅浑,最后搅得是非不清。于是,丁作明当天夜里忍气吞声离开了路营村。

第二天天刚麻麻亮,丁言乐果然带着全家人凶神恶煞般地再次找上门来,要同丁作明大闹一场。

祝多芳小心地说:"丁作明不在家。"

丁言乐哪里肯信,闯进屋里,叫全家人仔细查找,不见丁作明的人影儿,就又气又恼地说:"我昨天被丁作明打伤了,需要住院治疗！"

这时，路营村的支部书记董应福出面了。他协同丁言乐妻子孙亚珍一道，将丁言乐安排进了乡医院。随后，孙亚珍又以分管计划生育的身份，向乡长康子昌、乡党委副书记任开才递上了头天晚上写好的揭发材料，声称"丁言乐因计划生育工作抓得认真得罪了丁作明，被丁作明拦路殴打致伤"，要求对丁作明作出严肃处理。

康子昌和任开才，对孙亚珍告发丁作明的事实真伪根本没有兴趣去了解，而是幸灾乐祸。因为这时县委办公室的通知已经到了纪王场，县委的指示十分明确，要求纪王场乡党委和乡政府尽快安排有上访代表参加的清账小组，对路营行政村干部的账目进行全面清查。上访的人员是哪些人，康、任二人无须去了解，他们知道带头闹事的人就是丁作明。

把属下的问题告到上头去，这是康子昌和任开才都无法接受的；何况他们也猜得出，丁作明这次到县委是连他们的问题也"捎带"了的。显然这是在损害纪王场乡的对外形象，诋毁纪王场乡党委及政府的声誉。这是绝不允许的，也是他们难以容忍的。

所以，康子昌和任开才在接到孙亚珍的揭发材料后，当即就指示乡派出所对丁作明的问题进行严肃处理。

纪王场乡派出所从某种意义上说，它已经不再是我国公安机关遵照宪法和法律规定保护人民、打击敌人的派出机构，完全沦为乡镇领导干部们的"御用工具"，因此，在接到乡长和党委副书记的指示后，不问青红皂白，就发出传票，传丁作明立刻来派出所。

躲在外面的丁作明，听说派出所在找他，甚是奇怪，他想一定是丁言乐夫妻二人给他捺了"坏药"。不过，他并没把这事想得很复杂,他认为只要自己没干犯法的事,任谁诬告栽赃都没用,事实总归是事实。

丁作明坦坦荡荡地走进了派出所。

可以想象得到,他走进派出所大门的步子是充满着自信的。因为正是这天上午,县委要求组建的清账小组不仅正式成立,而且已经开始工作,他相信,要不了多久,村干部的经济问题便会查个水落石出。

来到派出所,丁作明很快就发现,这个世界一切都颠倒了,"指鹿为马"并非只是写在《史记》中的一个故事,把鹿硬说成马也绝非宦官赵高才有的恶行。

这以后发生的事情,公开的传媒至今没有作过任何披露,所幸的是,侦破此案以后,有关方面曾整理出一份内部的文字材料,在这次调查中,我们见到了这份充满血泪与恐怖的"报告"。

派出所副所长彭志中见到丁作明的第一句话就是:"你为什么打丁言乐?"

丁作明解释说:"我没打,我从没打过谁。"

彭志中仍然还是那句话,只是语气变得更加严厉了。

丁作明再次申辩:"我从没打过谁,你们可以到村里去调查。"

这时,彭志中不耐烦地问:"你没打丁言乐,丁言乐的老婆为啥把你告到乡里?"

丁作明觉得无须回答,这话彭志中应该去问丁言乐。

"说!"彭副所长已经没有耐心了,他厉声喝道。

"你们这么肯定说我打了丁言乐,有证据吗?"丁作明忍无可忍地说,"如果那天在场的村民,哪怕是个小孩,只要有人证明我打了丁言乐,我愿承担一切责任。"

彭志中根本不听丁作明的申辩,他提出了两点处理意见:

"一,你丁作明付给丁言乐二百八十元五角的医药费;二,在纪王场逢集时,你丁作明用架子车把丁言乐从医院拉回家。"

这种颠倒是非充满欺辱敲诈的处理意见,丁作明当然不可能接受,他当即反对道:"我没打丁言乐,丁言乐不可能伤在哪;他为啥住院,我不知道,也不需要知道。"

彭志中一拍桌子说:"难道我的话就不算数? 我现在问你,我的裁决已经下了,你出不出钱吧?"

丁作明平日留心过一些法律方面的知识,于是说道:"我没有打丁言乐,你下了这样的裁定,我可以上诉。"

彭志中终于被激怒了。他指着丁作明大声喊道:"我现在就可以把你关起来,你信不信?"

丁作明依然毫不示弱,说道:"即便按照你刚才的处理意见,我也够不上是'刑事犯罪';就是你对我'刑事拘留',也应该在二十四小时内说清楚拘留我的原因。"

彭志中说:"那好,我告诉你,我可以关你二十三个半小时,放出去后不给钱,我再关你二十三个半小时,直到你出钱为止!"他喊来治安联防队员祝传济、纪洪礼和赵金喜,命令三人立即把丁作明关进派出所非法设立的"留置室"。所以说它"非法",是因为国家公安部和安徽省公安厅,都分别于一九八九年和一九九二年两次发文严令各派出所不得设立羁押场所。

丁作明被押进黑屋后,他大声责问彭志中:"我没犯法,你为什么关我?"

彭志中指着丁作明对祝、纪、赵三人说:"这孩子这么兴,马上给他加加温!"

说罢,彭志中就避开了。

丁作明当然听不懂由彭志中嘴里说出来的这些所内平日的惯用语,三位治安联防队员却是心知肚明。说丁作明"兴",是指他"不服气";所谓"加加温",就是要给丁作明一点颜色看,可以施以体罚、殴打,必要时,甚至可以采取一切手段,总之,要到被处理者招供认账为止。

祝传济碍于曾是丁作明的中学同学,又是近庄邻居,不便当面下毒手,很快也就借故避开了。不过,一向善于察言观色领会领导意图又深得彭志中欢心的祝传济,知道丁作明是个宁折不弯认死理的人,同时也看出"拿下""拿不下"丁作明非同小可,他离开之前特地把纪洪礼和赵金喜喊出门外,交待二人不妨给丁作明"拉拉马步"。

祝传济提到"拉拉马步"四个字时,语调是十分平静的,但在纪洪礼和赵金喜二人听来,还是从这看似平静的语调中感到了一种杀气。因为这是纪王场乡派出所最残酷的一种刑罚了。

祝传济望着纪、赵二人回到黑屋,依然不大放心,就又到后院治安队宿舍向王进军传达彭志中的指令,要他也马上赶过去,务必将丁"拿下"。

纪洪礼、赵金喜按照彭志中和祝传济的授意,把丁作明从"留置室"押至值班室,让丁作明拉马步,丁作明不依,就冲上去连推带搡,逼着丁作明就范。丁作明虽说在学校读了十二年书,却也不是文弱书生,毕竟是在大田里耕耙耧耢磨炼过来的,累得纪洪礼和赵金喜上气不接下气,硬是无法将丁作明制服。

这时王进军手拎一根桑树棍进了门。

纪洪礼和赵金喜见王进军拎着家伙前来增援,就谎称丁作明动手打了他们。王进军一听指着丁作明厉声喝道:"在这里嘴硬没你好果子吃!"说着就要丁作明拉马步,丁作明依然执意不从。

王进军嘴里不干不净骂了一句,操起桑树棍劈头盖脸就抡过来。丁作明左闪右躲,结果臂上、腰上连遭猛击,每中一棍,都痛得他脱口喊出声,但他就是不依从。

丁作明不拉马步,王进军就一下比一下更凶狠地抡着手里的桑树棍。

同样也是农民的联防队员王进军,为什么对自己的农民弟兄做如此凶残的事情?一个符合逻辑的解释只能是,人从爬行动物进化到今天,虽然创造出了最辉煌的科学技术和最灿烂的现代文明,但人性中那些最原始最残暴的劣根性,仍会在有些人身上以"返祖"的现象出现,这说明人性进化的缓慢。此时的王进军,就已经完全失去了理智,变成了发泄野性的异类。

据说,王进军这已不是第一次兽性发作了,自从来到纪王场乡派出所,干上了治安"联防队员",打人就成为他日常的工作。没谁提醒过他不可以这样做,倒是因为他敢于下手,而受到所领导的重用。

今天,他手中的桑树棍不久就打裂了,又很快打断了,但他仍然不罢休,抬起脚将丁作明踩倒,随后改用电警棒,猛击丁作明的双腿,逼着丁作明跪到地上去。

就在丁作明已无招架能力,王进军也打累了的时候,纪洪礼的兽性也开始发作了,摸起一根半截扁担扑了上去。他同样发疯地朝丁作明的腰部、臀部一阵猛抽。

这样没过多久,丁作明就不再呻吟了,他对眼前的这一切显然感到了震惊,也感到了恐惧。他分明已经看出,他只要不松口,眼前的这几个家伙是会把他往死里整的。可是,他依然没有打算要向谁低头,更不可能认输。只见他瞪大了眼睛,无比愤怒地喊道:

"我告村乡干部加重农民负担,违背党的政策,竟遭这样毒打,我不怕!就是你们把我打死,我也不服;变成鬼,我也还是要告!连你们一起告!"

纪洪礼碰到丁作明血红的眼睛,挥起的半截扁担吓得掉到了地上。

王进军看纪洪礼手软了,歇斯底里地训斥道:"你他妈的孬种,干吗要怕他？这是他嘴硬的地方吗？"

于是纪洪礼拾起一根棍又凶狠地扑上去。赵金喜爽性找来一块肮脏的手巾,将丁作明的嘴巴塞了起来。

就这样,王进军、赵金喜、纪洪礼,三个丧失人性的治安联防队员,在丁作明不能动弹也不能说话的状况下,又轮番毒打了二十多分钟。直到惊动了因病在家休息的派出所指导员赵西印,发生在纪王场乡派出所的这场暴行才算收场。

3 案惊中央

当清账小组中的村民在派出所找到丁作明时,丁作明已是奄奄一息。他们有的趴在丁作明身上痛哭不起,知道丁作明是因为替大伙说了话才遭此毒手的;有的忙到丁家去报信;有的就指着派出所的警员发泄着愤懑:"你们公安不办案,社会治安好一半!"

丁作明七十岁的父亲丁继营跌跌撞撞奔进派出所,看到儿子脸色惨白,豆大的虚汗顺着两颊往下滚,嘴唇颤抖着也不喊声"疼",一下就跪倒在儿子跟前。

就在这时,彭志中回到了所里,他是来看丁作明是否服帖了。丁继营听说彭志中就是所里的领导,又听说儿子是不愿为副村长丁言乐付二百多块钱的"医药费"才被打成这个样子的,就苦苦哀求彭志中:"我向丁言乐赔礼,丁言乐的医药费我认了,明天把钱凑齐交给你,请你放了我的儿子吧!"

彭志中也没想到联防队员这次下手这样狠,丁作明被打得这么惨,见丁继营正好向他求情,也就势挥挥手,巴不得赶快将丁作明抬走。不过他依然没有忘了自己曾经作出过的处理决定:"我把话说清,明天一定得把要付的医药费送到派出所!"

丁继营和查账小组的村民一道,急急忙忙把丁作明送往乡医院治疗,后因丁作明腹部疼痛得厉害,乡医院的医生不知所措,只得连夜将他转往利辛县医院进行抢救。

第二天上午八时,丁作明被确诊为脾破裂大出血,医院给丁作明紧急输血,然而,回天乏术,一切都太晚了。

丁作明终于在抢救他的县医院的手术台上停止了呼吸。

丁继营老人听说儿子已死在手术台上,不禁哭得死去活来。他拍打着墙壁痛不欲生:"儿啊,你咋这么傻呀,你有理他们有权,你胳膊咋就想扭过大腿呢?"

丁作明的爱人祝多芬更是难以接受这个残酷的事实,早哭成了泪人。她一边哭,一边喊:"作明呀,他们把你往死里打,你咋就不认那二百块钱呢! 钱比命还贵吗? 你这样撒手去了,撒下两个浑身是病的老人,三个这么小的孩子,大的刚六岁,小的才两周,往后的日子叫我咋过呀?"

守在边上的查账小组的村民,好言相劝丁继营和祝多芬不要太伤心,劝着劝着,忍不住也是泪流满面,悲痛地喊道:"作明呀作明,平日你那么聪明,昨天为啥就那么糊涂? 他们这样毒打你,你咋就不叫喊一声呢?"

丁作明带头向县里反映农民负担在派出所被人活活打死,这消息犹如晴天霹雳,让纪王场乡的父老乡亲感到触目惊心!

路营村村民愤怒了。愤怒的烈焰烧去了他们平日谨小慎微设置在心头之上的篱,一个个无所顾忌地走出了家门,拥到丁言乐农舍的前面,要丁言乐和他老婆滚出来。但是,直到这时,人们才知道,丁言乐听到风声,一家老小早逃出了路营村,此时已是人去屋空。

从那以后，直到我们走进路营村，八年过去了，路营的村民再没见到过丁言乐一家人。有人说他们去了上海或是南京，有的说他们去了海南或是深圳，总之，背井离乡，在外靠打工谋生。原本是路营村踏踏地地也会晃三晃的副村长，从此成了浪迹天涯、四处漂泊的可悲的游子。

村民们在丁言乐家扑了空，又怒不可遏地掉头拥向派出所。结果发现：往日不可一世的副所长彭志中，以及被狗吃了良心的纪洪礼、赵金喜和王进军，一个个也都各自躲藏了起来。

村民两处扑空，情绪越发变得激愤，最后一合计，决定直接去县里。

就在路营村村民准备上路时，附近的路集、彦庄、李园、朱园、李楼、郭桥、常营村的村民，也闻讯赶来，怒不可遏地加入到路营村的上访队伍。

显然，不堪重负生活难以为继的，并不仅仅是一个路营村。丁作明向县里反映的那些问题，提出清查村干部账目的要求，也同样代表着他们的利益与愿望，因此，对于丁作明的死，他们不可能袖手旁观。大家心照不宣的是，如果再不齐心协力奋起抗争，明天他们就会有着丁作明同样的遭遇！

于是这支由路营村出发的上访队伍，顷刻就像被一只巨大无比的手推动着的雪球，其阵势迅速在扩大，还没抵达县城已汇集了三千多人。队伍浩浩荡荡，扬起滚滚黄尘。黄尘滚滚之中，还夹杂着拖拉机、三轮车、农用汽车、牛车、人力车的引擎声、喇叭声、铃铛声。

中国的农民，可以说是世界上最善良、最听话，又最能忍让的一个特殊的群体，可是，一旦被激怒，又会骤然成为世界上最庞大、最无畏又最具有破坏力的一支队伍！

一九九三年二月二十一日，发生在安徽省利辛县纪王场乡派出所的"丁作明事件"，注定不会被将来撰写《中国农业发展史》的学者专家忽略或回避，因为，丁作明是中国的九亿农民之中，因反映农民负担问题而被乱棍打死的第一人，他以自己年轻的生命为代价，唤醒人们不应该那么乐观地忽略或回避中国农村正在变得十分严峻的现实。

　　当时的利辛县委和县政府不敢怠慢，十万火急地上路拦截，怕事态进一步扩大，以至失控，会被坏人利用，他们对这一事件没有回避，处理得也还积极认真，只是不希望闹得一个地区全知道，对消息是实行了严密封锁的。他们认为这样的事传出去，对利辛县委和县政府的任何领导都没有好处。

　　报喜不报忧，这其实早已成了当今中国习以为常见怪不怪的一种现象。

　　然而，这事还是被传了出去。甚至在安徽省委书记和省长都还不知情时，案件已经惊动了中央。党中央和国务院的许多领导，不仅详细得知了这一事件的真相，并已在震惊之后迅速作出了明确批示。

　　将这事捅上了天的，是新华通讯社安徽分社记者孔祥迎。

　　孔祥迎是因为别的采访任务去利辛县的，获悉"丁作明事件"之后，他深感震惊和痛心。当时他在安徽分社负责农村报道，自然会对发生在安徽农业上的一切新闻格外敏感，再说，一个中国著名新闻机关的记者，处理新闻稿件不会像地方上的记者有那么多的约束与忌讳。凭着社会的责任感和时代的使命感，他觉得"丁作明事件"折射出了当今中国农村中太多的"社会信息"。更何况，减轻农民负担，已经成为党中央、国务院密切关注并已有了明确规定的一件大事，而纪王场乡一个有文化懂政策的青年农民，依据党的决定，向党的组织提出了正当要求，并得到县委的支持,却在光天化日之下被活活打死,而且还是发生在人民的执法机关! 其性质的恶劣,问题的严重,无不使他感到触目惊心! 于是他迅速改变了采访计划,顶着一连串的压力和干扰,深入到纪王场乡作了认真调查,很快地就把事件的真相写成一篇"大内参",发往总社。总社同样很快地就将这篇调查报道全文刊登在送往中央最高决策层的《国内动态清样》上。

当安徽省政府办公厅的同志接到国务院秘书长陈俊生打来的电话,不禁呆住了。在这之前,无论是阜阳行署还是利辛县政府,都没有将这件事汇报上来,再说,上面打来这样急迫的电话,在安徽省政府办公厅的历史上还从来没遇到过。

陈俊生劈头就问:"利辛县纪王场乡路营村的青年农民丁作明,因为反映农民负担被迫害致死,你们对这件事的处理情况怎么样了?"

这事根本不知道,自然无法回答。那边,陈俊生马上又说:"处理情况随时告诉我。中央几位领导同志都对这事批了字,十分重视,我在这里随时等候你们的电话。"

接着,陈俊生不仅留下自己办公室和住宅的电话号码,还把他在中南海内部的"红机号码"也提供出来;因为他当时正在一个会议上,并把他在会议期间的具体联系方法也作了说明。

这样的电话是史无前例的!

透过这一串电话号码,安徽省政府办公厅的同志深知案情的重大,同有关领导联系后,就把电文发给了阜阳地委和行署。

利辛县委书记戴文虎这时才知道,纪王场乡的这件事"娄子捅大了"。他很清楚,丁作明的死如果与"农民负担"有因果关系,这问题就大了,纪王场乡党委、政府的有关领导将会被追究责任,县委也难脱干系。虽然他调到利辛工作才一个月,许多情况不是太了解,按说他在这件事情上所能承担的充其量不过是

"领导责任",但接到省里发来的紧急电文后,他感到了事态的严重,思想一下子变得复杂起来。首先,他不希望这件事给自己带来什么麻烦,或是说,不希望因为利辛这件事影响到安徽的形象。一九九一年大水以来,外地人都把安徽人当作"灾民"看,丁作明一案的真相再传出去,安徽的农村还成了个什么样子?如此触目惊心的事情发生在利辛,作为县委书记,他还有什么面子?

当然,戴文虎并不知道,就在丁作明的案件发生前不久,四川省峨眉山下的仁寿县,也是因为农民负担太重,引发了上万人大规模地上访,农民与警察发生了剧烈冲突,愤怒的农民竟烧了警车。这事已使中央领导为之忧虑;紧接着,安徽这边又死了人,自然就格外关注安徽对这事的处理情况,不希望由此引发出更大的事端来。

利辛县委书记戴文虎想得很多,但他最后还是采取了当今大家都早已熟习了的办法:报喜不报忧,息事宁人。他认为只要不把丁作明的死与"农民负担"扯到一起,剩下的,一切事情都好办。

在不到二十四小时的时间,利辛县委、县政府就向省委、省政府写出报告:丁作明的死,纯粹是由一般的民事纠纷引发的,与农民负担无关。

戴文虎绝然没有想到,他的这个抱有侥幸的回复,竟断送了自己本该拥有的锦绣前程。

安徽省委、省政府希望看到的,当然也是"与农民负担无关"的结论。回复的电话当即打给了陈俊生。

谁知,陈俊生是个办事一丝不苟的人,再说这事又有那么多的中央领导批了字,盯着这事不放。他接到安徽作出的这个结论,疑窦顿生:到底是新华社的记者"谎报军情",还是安徽省在

"欺骗中央"呢？需要关心的,似乎已经不应该是这事处理的情况,倒是丁作明案件的性质了。

陈俊生把问题交给新华社回答。

新华社接到国务院秘书长陈俊生的电话后,觉得事有蹊跷。因为安徽分社记者孔祥迎的调查文章写得已经十分具体了,那些事实不可能是坐在办公室凭空捏造得出来的。但为慎重起见,还是把陈俊生的电话内容及安徽省报上来的意见,一并通知了安徽分社。

现场采访和处理稿件一向认真严谨的孔祥迎,看到了安徽省对"丁作明案件"所作的调查结论,十分意外。他感到这样的事情不应该发生。安徽的这种结论,无疑是对他了解到的事实的一种彻底的否定。他当然不能接受。

所以,安徽分社回答总社的态度十分坚定:为了澄清事实,请求中央直接派人调查。

一个由中央纪委执法监察室、国务院法制局、国家计委、国家农业部和最高人民检察院等有关部门组成的联合调查组,迅速组成,他们没同安徽省的各级领导打招呼,从北京出发,就一路南下,直接开进了纪王场乡路营村。

中央联合调查组一竿子插到了案发现场,这使得安徽省阜阳地区及利辛县三级党委、政府的有关领导都大感意外。

调查组首先对丁作明的家人进行了慰问,然后就同路营村的村民们见面、开座谈会。调查组的调查范围没有囿于一个路营村,还扩大到了附近的李楼和彦庄。调查时,不让地方干部陪同,并对被调查人实施政治上的保护,周边的村民们也纷纷找上门,向调查组反映实情。

于是,京城下来了"包青天""微服私访"的消息立马传遍了利辛县。

4 中央特派员的眼泪

二〇〇〇年十月三十日下午,在安徽省委大楼的一间办公室里,当了十七年省农经委副主任的吴昭仁,接受了我们的采访。

退居二线,已经身为"安徽省人民政府咨询员"和"安徽省农业经济学会理事长"的吴昭仁,谈起当年联合调查组来安徽的那段往事,好像那一切就发生在昨天。他说,是他把联合调查组一直送到北京的。他强调他同调查组的同志踏上同一趟进京的列车,是因为他也正有事要进京,属于"顺便";但他并不回避,当时的省里领导确也极想知道这些同志下到利辛到底调查到了哪些情况,又形成了哪些看法。他说,由于工作关系,他至今还能说出国家农业部参加到调查组中去的两位成员的名字,他们是合作经济指导司农民负担监督管理处处长李显刚和副处长黄炜;黄炜是个十分能干的女同志,李显刚曾是国务院副总理姜春云的秘书。农业部分管"农民负担监督管理"的正副处长一齐上阵,说明了对这事的重视。

联合调查组的负责人,是中纪委执法监察室的曾晓东主任。

吴昭仁告诉我们,曾晓东在谈起利辛县农民的生存状况时,眼泪止不住地就流了出来。这个细节,给吴昭仁的印象可以说是刻骨铭心。一个身居高位的领导干部,什么场面没有见过呢?在人们的想象中,执法监察干部早就炼就了一副铁石心肠,但是,曾晓东讲到调查所闻时,感情竟一下变得如此脆弱。他红着眼睛说:"真没想到,解放都这么多年了,农民还这样苦,负担会这样重,有些党的干部对农民的态度竟又是这样恶劣……"他一边流着泪,一边摇着头。

他告诉吴昭仁:"我们实际调查到的,其实比新华社记者反映的情况还要严重!整个路营村都很困难,只有村支书和几个村干部住的是瓦房,问题一看就十分清楚。路营村有两个生产队,连续几年就靠卖血为生,苦到这个样子,各种各样的负担还没完没了,大大超出中央规定,已是让人无法忍受。丁作明根本不是他们讲的什么'计生问题',只是因为他反映了农民负担过重,就被活活打死!"

他说到这儿,因为过于激动了,下嘴唇不由自主地颤抖着,泪珠划过两颊跌落在手上。

他说,反映问题的农民见到他们,首先就是长跪不起,其中有的竟是步履蹒跚、白发苍苍的老人。他的心受到有生以来从没有过的震撼。试想,如果不是巨大的悲苦,过久的压抑,一个阅尽人间沧桑的老者,怎么会不顾屈辱和难堪地双膝触地,给一个可以做自己儿孙的调查人员施此大礼呢?

这不都是常被我们挂在嘴上,说是已经翻身做了国家主人的中国农民吗?他们被压弯的脊梁和被扭曲的灵魂,使联合调查组的每一个人无不在吃惊之余陷入到长久的沉思。

丁作明的死,引起中央的重视无疑是空前的。就在丁作明惨死后的第二十六天,即一九九三年三月十九日,中共中央办公厅、国务院办公厅就联合下发了《关于减轻农民负担的紧急通知》;接着,同年六月二十日,国务院就在京召开了全国减轻农民负担工作会议。这以后,仅仅又只过了一个月的时间,七月二十二日,中共中央办公厅和国务院办公厅再次联合发出《关于涉及农民负担项目审核处理意见的通知》,将涉及农民负担有强制、摊派和搭车收费行为的有关项目,被取消、暂缓执行、需要修改或坚决予以纠正的,计一百二十二项之多!

这么短的时间内,针对农民负担问题不仅迅速下达了紧急通知,而且这么快就拿出了一系列的相应措施,并召开了全国性的工作会议,这一切,在人民中国建国四十四年的历史上从未有过!

为维护法律的尊严,保护公民的人身权利不受侵犯,严厉打击危害社会治安的犯罪分子,安徽省阜阳地区中级人民法院,于同年七月二日,在利辛县城公开审理了在"丁作明事件"中负有法律责任的六名罪犯。依法判处王进军死刑,剥夺政治权利终身;判处赵金喜无期徒刑,纪洪礼有期徒刑十五年,彭志中有期徒刑十二年,祝传济有期徒刑七年。

同时,为严肃党纪、政纪,阜阳地委和行署,在此之前,还分别作出了以下决定:给予利辛县委书记戴文虎党内警告处分;副县长徐怀棠行政降职处分;纪王场乡党委书记李坤富党内严重警告处分;乡党委副书记、乡长康子昌留党察看、撤销党内外一切职务处分;乡党委副书记任开才撤职处分。并要求全区人民群众更好地监督干部认真执行党的政策,责令各县(市)务必进一步采取措施,切实减轻农民负担。

大快人心!

二〇〇一年早春二月,我们走进了丁作明的家。我们发现,一个六口之家,因为丧失了丁作明这个主要劳力,有如大厦折梁,当地政府虽然为这个不幸的家庭免征了农业税,可是生活却依然过得十分艰难。我们注意到,大门上贴着的,分明不是红纸写就的对联,那对联惨白中透着浅紫,可以看出,他们至今没有从巨大的悲痛中走出来。

丁继营老人因体弱多病,已苍老得无缚鸡之力,回想起当年的情景,依然老泪纵横。他拿出过去的《判决书》和地区法院开出的收据告诉我们,白纸黑字的《判决书》上判决的附带民事赔偿,至今没有兑现,他们多次找过阜阳地区法院执行庭,并在几尽一贫如洗的窘境中,交纳了对他们不啻于天文数字的执行费,但时隔七年,当时判决的赔偿款,至今杳无音信。

丁作明母亲丁路氏现瘫痪在床,吃喝拉撒睡都在床上,苦不堪言。丁作明爱人祝多芳在一次外出拉化肥时摔断了右臂,基本上不能再干重活。三个孩子被学校照顾可以免缴学杂费用,但十四岁的丁艳和十二岁的丁卫,还是中途辍了学,不得不在家帮助妈妈做些力所能及的农活,过早挑起生活的担子。

离开路营村时,我们去了一趟丁作明的墓地。阴阳相隔的现实,使我们无法和他进行对话,但我们还是默默地祈祷这样的悲剧不再发生。

丁作明以他年轻生命的陨落,震惊了中央,从而使得九亿农民终于有了呵护自己的尚方宝剑。

本来,我们以为他是第一个殉道者,也应该是最后一个。然而,接下去,当我们走近固镇县唐南乡张桥村小张庄时,才知道,丁作明的悲剧并没结束。它不但依然在延续,发生在小张庄的血光之灾,其性质之恶劣,更加令人触目惊心;场面之血腥,以至让人无法相信。它发生在"丁作明事件"后的第五年,并且,是在中央已经三令五申之后。

第二章 恶人治村

5 一切,发生在五分钟内

随着商品大潮的奔涌而至,人们普遍对有着"发"的谐音"8"这个数字,产生了喜爱之情。一九九八年二月十八日,自然就被认为是个大吉大利大喜大庆的日子。可是,这一天,它却永远成为安徽省固镇县唐南乡小张庄的忌日。

小张庄地处淮河岸边一个低洼地段,这些年涝灾不断,村民们的日子本来就不好过,再加上村干部没完没了横征暴敛,家家户户几乎就变得度日如年。对村干部的胡作非为,小张庄的村民并不都是逆来顺受,张家全、张家玉、张洪传、张桂毛几个血性汉子,没少把要求清查村里账目的意见反映到乡党委和村支书那里;去年春天,村民张家昌还把举报信送到了固镇县人民检察院。

对于村民接连不断的上访和举报,村委会副主任张桂全恨得咬牙切齿。虽说他在村里只是个"副村长",但没谁不怕他三分,深知"此爷"是个啥事都敢做绝的恶人。他本人也知道村民们的怨气主要是冲着他来的,可仗着乡里有人替他撑腰,就从未把这些村民放在眼里。这天中午,他把乡里的两个治安联防队员请到家中,然后假惺惺地让人通知到处告他的张洪传到他那算账,张洪传不知有诈,抱着有理走遍天下的心态兴冲冲赶去。张洪传刚进门,张桂全便破口大骂,指挥他的两个儿子和联防队员对张洪传大打出手，顷刻间就把张洪传打成血人。要不是张洪传的侄子张桂应闻讯赶去解救，张洪传还不知会被打成什么样子。

张桂全的暴力威胁，非但没能压倒村民，适得其反，小张庄的全体党员、老村干和八十多户农民空前团结，先后两次去乡政府、五次到村支书家，强烈要求查处张桂全，彻底清查村里的财务账目。

村民们的反复呼吁，多次请求，终于引起了唐南乡党委的重视。恰在这时固镇县政府正布置各乡镇对乡村的经济账目进行一次全面清查，乡党委书记左培玉就对小张庄上访的村民说："正好，借咱们县这次清账的东风，我们已经研究决定，由乡纪检书记王加文带领乡财政部门的三名会计，就先从你们村开始清理。"

这消息，让小张庄的村民欢欣鼓舞。

这一年的二月六日，乡纪检书记王加文带领三名会计，和乡政府负责小张庄片的片长薛兆成，进驻了小张庄。

二月九日，在王加文的主持下，经过村民们的充分酝酿，民主协商，全村八十七户村民最后推选出十二名群众代表，组成了联合清账小组。深受大家信赖的张家玉、张桂玉、张洪传、张桂毛等人，均在当选之列。因为谁都知道张桂全的为人，也预感到清账工作不会一帆风顺，除制定了严格的查账制度和纪律，十二名代表还私下约定，如果张桂全到谁家闹事，其余的代表都必须赶到现场，以防意外事件的发生。

对于这样的清账工作，从一开始，张桂全就极力阻挠，先是散布谣言，说有人投毒要害死他的孩子，企图把水搅浑，转移人们的视线；接着，便多次在村级会议上扬言："十二个鸟代表算我的账，存心搞我，没那么便宜！就是搞掉我，他们也没法子过；搞不掉,我叫他们更没好日子过,不打死他们,也叫他们腿断胳膊折!"

二月十四日,清账小组提出清查"村提留"账目,负责财会的村支部副书记张店虎搬出老账,进行敷衍搪塞,这本是在帮张桂全一把,却不料竟也惹火了张桂全,他找上门去怒斥张店虎"不该端老账"。二月十五日,张桂全的儿媳张秀芳就放出话音:她的公公要杀人了。

面对张桂全的这些威胁,村乡两级领导干部都没引起应有的重视,清账代表也只认为这不过是张桂全在吓唬人,全没当作一回事。

谁也不会想到,正式查账只查到第九天,二月十八日的一大清早,张桂全就真的挥起了杀人的屠刀!

这天,正是农历正月二十二,第二天才是"雨水",可一场潇潇春雨,还是提前到来了。不大不小的雨点儿,不紧不慢地敲打在小张庄农舍的屋脊上,根本没有要停下来的样子,好像没完没了的催眠曲。天已经大亮了,庄子里的农民差不多都还偎缩在被窝里。

五十八岁的魏素荣,这天依然早早就出溜下床,像往天一样忙着去灶间。她虽然不像丈夫那样在外边出头露面,对村里发生的许多事还是一清二楚的。丈夫张桂玉被大伙推选为村民代表,他和另外十一个村民代表一样,风雨无阻地要去查村里的财务账。这是八十七户农民对丈夫的信任,事关村民们的切身利益,魏素荣生怕误了村里的大事,很早就把早饭做好了。

这时,窗外灰蒙蒙一片,浙浙沥沥的春雨依然在下着。魏素荣才把饭菜端上桌,丈夫张桂玉和儿子张小松围着桌子刚坐定,家里的那台旧闹钟的指针正指向七点十分,张桂全便领着他的五儿子张余良和七儿子张乐义,出现在门洞里。接着出现的,还有村会计张家会及其子张杰。

张桂全带着两个孩子找上门来，就已决心大开杀戒，现在需要的，只是"借口"。

因为父亲就是村里的会计，对村民们的查账同样有着抵触情绪的张杰，首先冲着张桂玉说了句讽刺挖苦的话："账算得怎么样了，俺们可能分两个？"

张桂玉是个精明人，自然听出了弦外之音，他离开饭桌，冷静地说道："大家叫我出来算账，俺能不去吗？"

这时，张桂全的七子张乐义便接过了话破口大骂："妈的×，你算什么账！"

"你怎么可以骂人？"张桂玉当即斥责这个小辈，"你能骂我，就能骂你爸！"

张桂全马上接茬道："骂你不多！"遂向两个儿子喊道，"给我打！"

由于这事来得太突然，听到了张桂全一声喊打，张桂玉居然呆住了。

魏素荣一看不好，慌忙离开饭桌，跑过来把张桂玉往里拉，一边怒斥张桂全："你欺人欺负到俺家门上来了，到底要干什么？"

这时张乐义已从张桂玉的屋中抓起门旁的一根木棍，张余良也随后拾起张桂玉家的一把镰刀。张乐义挥起木棍就照张桂玉舞过来，站在边上的会计张家会不但不制止，反倒将张桂玉拦腰死死抱住。被打急了的张桂玉拼力挣脱后，见对方开始下毒手，便迅捷从地上拣了块红砖。魏素荣发现村干部的儿子将自己男人往死里打，慌了手脚，忙从灶台上抄起菜刀。

双方持械怒目相视，犹如箭在弦上一触即发。

这响声，惊动了四邻。张乐义和张余良见不少村民赶到现场,人多势众,未敢再动手,退到屋外。

张桂全显然不甘心,就朝张桂玉的屋后走去,边骂边叫阵:"小桥(张桂玉的小名)你个狗日的,有种跟我过来!"

张桂玉是个吃软不吃硬的红脸汉子,见村干部如此张狂,毫不示弱,就跟着来到屋后,责问道:"这次是乡里要查你的账,群众选我做代表,我有什么错! 张桂全,你嘴巴放干净点,我就是查了你的账,你又能把我怎么样?"

争吵之中,张桂全已暗下指使张乐义回家喊人。不一会,张桂全长子张加志和六子张超伟,都暗藏凶器来到现场。张超伟上来就打张桂玉,张余良趁机夺下张桂玉手中木棍,张超伟见赤手空拳的张桂玉依然顽强地反抗,迅速从胶靴筒中抽出尖刀,同时从怀里取出菜刀,凶狠地向张桂玉的头上、胸口又砍又刺。

张桂玉猝不及防,甚至来不及喊叫一声,就重重地扑倒在地。

村民代表张洪传和张桂毛闻声赶到现场,见张桂玉直挺挺地躺在血泊之中,张洪传怒不可遏地责问张桂全:"你们怎能这么狠毒? 还不赶快把人送医院!"

这时的张桂全已经完全失去了理智,他见张洪传和张桂毛赶了来,阴险地笑道:"妈的×,来得正好,就等着你们呢!"然后冲着张加志大声喊道:"给我干掉! 十二个要算我账的代表都给我杀光!"

离张洪传最近的张余良,立即扑上去,疯狂地朝张洪传的胸部、腹部和股部连刺数刀,张洪传没有来得及反抗,便当场倒地断了气。

就在张余良扑向张洪传时,张桂全也将雨伞一甩,从后面抱住了奔过来救人的张桂毛,骂道:"妈的×,你不是到处告我吗?算我的账吗? 来吧!"张桂毛虽然被抱住,但他人高马大,毫不畏惧地和张桂全厮打着。张桂全自知不是张桂毛的对手,大声呼喊:"乐义,来把他放倒!"

张乐义举起手中大菜刀,跳起来就向张桂毛的头部砍去,直将他砍翻在地。此时,杀红了眼的张加志也赶过来,依然不放过张桂毛,骑在张桂毛的身上,用杀猪刀又向张桂毛的背部狠扎三刀。据事后法医鉴定:张桂毛头部砍伤五处,创口深及颅骨,颅骨外板骨折,左肺亦破裂,足见杀人者的凶残。

倒伏在地已是奄奄一息的张桂玉,因为剧烈的疼痛而呻吟着,丧心病狂的张加志发现张桂玉没死,猛扑过去,向其胸腹部又连砍五刀。

转瞬之间,张桂玉的屋后就躺倒了三位村民代表。雨水融和着血水,红了一地,空气中顿时弥漫着呛人的血腥味。

张桂玉哥哥张桂月听说弟弟被暗算,悲愤交加,操起一根平日给牛拌草料用的细木棍奔过来。由于他的眼睛不好,一直奔到了张加志的面前,方才看清倒在地上的弟弟。"这不是桥子吗?"一句话未落音,张加志手中的杀猪刀已刺人他的胸口。

十六岁的张小松,于混乱中来到爸爸张桂玉的身边,想把他搀扶起来送医院抢救,张超伟拎着已经沾满鲜血的菜刀,不容张小松救护张桂玉,挥手便向张小松的头上砍去。在场有人一声尖叫,惊醒了张小松,张小松意识到什么,将头一偏,张超伟落下的菜刀就砍在了张小松的膀子上。张小松慌忙逃开,总算幸免一死。

前后只有五分钟的时间,小张庄的腥风血雨之中,竟是四死一伤!

当张桂全的四子张四毛也提着一把砍刀气喘吁吁地奔到现场时,村头上的广播大喇叭,正响起村支书张店凤催促村民代表继续清账的吆喝声。

6 尚在刑期却被委以重任

现代经济学的理论认为,一个社会集团的力量大小,并不取决于它的人数多少,而取决于它的组织程度。组织的力量是强大的,与政权相结合的组织力量尤为强大。中国农民尽管人数众多,可是他们过于分散,没有足以抵御压制的组织资源,而乡村干部却是严密组织起来的,他们是国家政权在农村的合法代理者。如果这个代理者,哪怕只是其中的少数人,把国家政权的意志,具体地说,是把中央政府这个最高委托者的意志抛到一边,凭借政权的组织资源为自己的利益服务,那将是十分可怕的!

张桂全虽然只有小学文化程度,但他正是凭借着村委会副主任(当地唤作"副村长")的实权,同时借助着一个庞大的家族势力(七个儿子),就在小张庄一手遮天,成为横行乡里的"村霸"。

一九九七年,他明知县里下达的征收小麦的数量与一九九六年的数量不变,他却硬性要求每人增加五十斤。为了聚敛财富,他可谓生财有"道","五税一费"就是他任意增收的苛税杂费。谁家饲养一口猪,就得多缴四十五元钱;谁家盖了新房,谁就要多缴一百五十元至五百元,缴多缴少,全由他的"金口玉言"说了算;全村所有的老房子,每户都要缴五十元;谁家种花生,按亩算一亩便是十元钱;谁家添了拖拉机,每辆就是五十元。张桂月倾其所有刚刚购置了一辆"小四轮",还未启用先就得缴上四十五元,如今人去物尚在,这辆崭新的"小四轮"正静静地躺在防雨棚里,似在为他的主人默哀。至于"计生扶育费",谁也弄不懂"扶育"二字的意思,计划生育罚款的钱数更是由着他随心所欲,并且大多数是打白条子不入账的。

一方面,巧立名目,收刮民财,多多益善;另一方面,张桂全全家按规定应上缴的"提留款",以及由他私设的"五税一费",却又是分文不出,一毛不拔的。

倚仗着手中的权力,他侵占土地,霸占鱼塘,侵占公物,贪占公款,已是恶贯满盈,可是,村民们稍有不从,哪怕只是表示异议,他都是不允许的。一天,退伍军人张桂录的妻子张朝华,因找张桂全要村里少分给她家的两分麦场地,张朝华同张桂全在桥头上发生了争执,张桂全哪见过一个村民,尤其是一个女人敢这样同他说话,一怒之下,竟将张朝华掀到桥下,当场摔死过去。后经医院及时抢救才保全了性命,却落得个终身瘫痪。张桂录咽不下这口恶气,结果把张桂全告到了固镇县法院城北法庭,法庭判决张桂全偿付八千元的赔偿金,但张桂全一直拒不交付。赖到最后,张朝华的医药费用不付不行了,张桂全居然把这笔医药费用全摊派到了村民的头上。

这样的一个恶棍,怎么就当上了村委会的头头呢?再说,他只不过是个村委会副主任,村主任和村支书又干什么去了?是与他一起同流合污还是做了闭口菩萨?对于这些,采访中我们始终困惑不解。

后来,了解了张桂全的历史,我们这些生活在城市中的人就更加感到不可思议。原来,小张庄存在的问题,远不止是财务管理方面的混乱,基层组织建设上暴露出来的问题,更是令人吃惊。一九九二年五月二十日,当时已是小张庄村委会主任的张桂全,就曾因贪污和奸污妇女,被固镇县人民法院判处有期徒刑一年,缓刑两年。这期间,小张庄合并到了张桥村,张桂全还正在刑期之中,却摇身一变,成了张桥村村委会的副主任。村民们说,张桂全根本就未经过大家的民主选举,完全是乡党委和村支部个别领导人强行指派的。

虽被判刑仍在刑期，一个穷凶极恶的罪犯却照样可以被两级党的组织委以重任，这就使得五毒俱全的张桂全非但恶习不改，反而变得有恃无恐，更加凶残。

严格地说，张桂全这种人的行为方式，已经具有了中国封建社会农村中恶霸的基本特征，但确实又是与那时的恶霸在性质上有着不小的区别，因为那时村中的这类人横行霸道民愤极大，但土地的规模一般都不大，浮财也不多，而且，并没有获得法理意义上的村落公共权力的位置，然而，张桂全不光能够任意霸占土地、侵吞浮财，并且获有法理意义上的村落公共权力，因此，张桂全这样的村干部，就比封建社会农村中的恶霸对社会造成的危害更大！

张桂全父子故意杀人案，虽然只是个"个案"，但"张桂全现象"却足以让我们忧心忡忡。在采访中我们发现，现在农村中"恶人治村"的现象已经触目惊心地凸现出来，张桂全不过是当今中国农村基层公共权力运作中特殊机制产生出的一个生动标本。

结论和思考无疑都是十分容易作出的，问题是，怎样才能够杜绝类似的悲剧不再重演呢？

7　悲剧还在延伸

固镇县公安局防暴警察在接到报警不到二十分钟就包围了小张庄。涉嫌故意杀人的张桂全、张加志、张超伟和张余良当即落入法网。只有张乐义除外，据被害人家属和在场的证人说，当时张乐义手拎一只提包，包内装着他们父子行凶的凶器，就从村支书张店凤和荷枪实弹的防暴警察面前，从从容容地走过，村支书张店凤不指认,防暴警察不知情,这就使得张乐义沿着村民黄白先平房后边的一条小路侥幸逃脱。

小张庄发生凶杀案的消息,迅速传开去。但是,无论是固镇县委县政府,还是唐南乡党委乡政府,对于案起农民要求民主的权利和减负问题,全都避之如洪水猛兽。案发第二天晚上,整个小张庄还沉浸在巨大的惊骇和悲痛之中,固镇县有线电视台突然播报了这条"新闻"。报道称,本县唐南乡张桥村小张庄,因村民们之间的民事纠纷,口舌之争,发生了一起重大的误杀案件。画面上展示出的,好像全是从现场收缴的"凶器",其实,那全是公安人员因为一无所获从被害者张桂玉家里找去的镰刀、菜刀等器物。

整个一个假新闻!

这条"新闻"一播出,小张庄即刻炸了营。

在这起凶杀案中失去父亲的张桂毛的独子张亮,失去张桂玉、张桂月两个弟弟的张桂菊,以及众多的现场目击者和被激怒的村民,男男女女,自发集结起三百多人,于播出电视新闻的第二天一大早,找到县有线电视台,质问台长:一个刑期未满的犯罪分子当上村长,变本加厉地欺压村民,大家不堪重负,依凭自己的民主权利要求清账,再说这还是县里部署的,乡里批准的,却遭到如此灭绝人性的报复,怎么叫"错杀"?"错"杀了谁?杀谁才不算"错"?被害者作为村民代表与张桂全之间究竟是什么之争?

台长被问得哑口无言。他确实不知道其中会有这么多的情况,案件的性质又会是这样的恶劣与严重,不得不如实"招认"道:这是县委领导指示这样播放的。

人死不可能复生,但死了总归要有个说法。被害者是为维护大家利益,又是受到大家的委托惨遭杀害的,这悲惨的一幕已让人无法接受,而如此荒诞的"新闻"无异于火上加油。

于是,愤怒的村民们决定去见见县委书记。

县委和县有线电视台门挨门,虽是两个大院却只隔了一道墙,当村民们拥出电视台大院时,才发现大街上已围了个人山人海。大家都看到那条"新闻"了,都觉得这事太惨,凶手太狠,一听说小张庄的村民为"新闻"的事找到电视台,便料定"新闻"有诈。现如今,假冒伪劣的产品充塞市场,各种各样的新闻可信度也已经不高,特别是一些重大事故的新闻,老百姓对它的真实性统统是大打折扣的。于是不少人围过来就想闹个究竟,不多会,便里三层外三层地围上了三千多人。

前面说了,县委就在边上,早看出了动静,当小张庄的村民找到县委时,县委和县政府的领导早已不见了踪影。

从县里回来的第二天中午,小张庄的村民刚丢下饭碗,村支书张店凤就通知全庄人到庄西黄自先家才盖起的三间大瓦房开会。那是黄自先准备给儿子结婚用的,儿子在外地打工,现在正空着,村民陆陆续续赶了去。

赶去才知道乡里来了人。唐南乡副乡长何井奎、乡政法委书记邱亚以及派出所警员一行人,是来"封嘴"的。

会上的气氛严肃得令人窒息。副乡长何井奎首先选读了几条《刑法》规定,然后宣布不准上访,不准闹事,不准乱说乱讲。大家都很紧张,尤其是被害者家属,他们闹不明白,亲人已遭杀害,受害的亲人好像也犯了王法,成了过去的"四类分子",不许"乱说乱动",随时随地都将有警惕的眼睛在盯着你,一下变得人不像人,鬼不像鬼。

魏素荣回到家扑到床上大哭了一场,她哭丈夫张桂玉死得不明不白,有冤无处伸;她哭自己长着眼睛长着嘴巴,看到的那触目惊心的一幕却不能再说;她哭这世道太黑暗,不定啥时就会给憋疯了。

接下去,五月七日,安徽一家省报在二版的位置上发表了一篇题为《村主任一怒,四村民遭戮》的报道。文章恰恰发在蚌埠检察机关正要将案子移送市法院提起公诉的关键时刻,试图抢占社会舆论"制高点"的目的十分明显。

文章开宗明义,作了这样混淆是非的表述:"一名叫张桂全的村委会副主任因为对村民的激烈言辞极为恼火,便率领众儿子与村民相互殴打,致使四村民死亡。"

凡是具备阅读汉语言文字能力的人,从这样的表述中都会作出这样的结论:"村民的激烈言辞"在先,张桂全"极为恼火"在后,村民,包括被杀的村民,才是造成这次事端的祸首。

不过细心的读者还是会注意到,既然是"相互殴打",为什么死亡的尽是村民呢? 这位"名叫张桂全的村委会副主任",为什么对自己的村民这样歹毒,必置死地而后快呢? 村民"激烈言辞"又究竟是些什么内容呢? 为什么这位村委会副主任会"极为恼火",以至敢冒天下之大不韪,大开杀戒? 这些至关重要的东西,文章中统统没说,显然不好说,或是不敢说。

在这里,村民们要求行使自己的民主权利和村民们不堪重负的严酷事实,全被回避。回避就是有鬼,就是要售之以奸。

于是,一场正义与邪恶、文明与残暴、进步与颠覆之间的不可调和的斗争,就这样被歪曲成了群氓之间的口舌之争,愚昧无知的一场"相互殴打"。"四村民死亡",似乎就只能是咎由自取。

小张庄的村民再次被激怒了!

他们找到在省城的那家报社,愤然质问:这么大个事,人命关天,你们连起码的事实都不调查核实,凭什么做这样的报道?

报社的编辑当然不可能对每天要编发的来稿都去现场调查核实,解释说,他们采用这篇稿子在程序上并无过错,稿子上是盖有了检察机关公章的,因此他们就未做也无须再做什么核实便发表了。

形势明摆着:这事是发生在一九九八年的春天,已不是发生利辛县纪王场乡路营村"丁作明事件"的一九九三年的春天了。中央不仅三令五申不准再增加农民负担,并且已经作出了十分明确的规定:哪个村再给农民额外增加负担,这个乡镇的党委书记、乡镇长就要受到党纪政纪的处分,这个县的书记和县长也要写出书面检查。安徽省在接到这个本来就措辞严厉的文件后,为表明不折不扣贯彻落实中央文件的决心,又添上一条,严加一等,这就是,有关的市地书记和市长专员也必须向省委省政府写出报告作出检讨。

于是,问题就来了。文件的精神无疑是及时而又正确的,严格的要求也是为了保护农民的权益,这些,都是没说的。可是,今天的一个县,少则几十万人,多则上百万人;一个地区,或一个省辖市,少则几百万人,多则上千万人——林子大了,什么鸟都有,谁能保证在这样几十万或几百万乃至上千万的人口中,没有几个胆大妄为者,更不用说是亡命徒了。检讨得过来吗?

现在的问题是,小张庄的张桂全,已经不是一般意义上的村委会副主任,此人竟是个刑期未满就当上村干部的罪犯,这事情已够复杂,而他的问题又远不是仅对村民横征暴敛,还杀了人!这方面中央早有明确规定,凡因农民负担问题导致一人死亡或六人以上集体上访的,都必须向中央报告,张桂全父子不是杀了一个人,而是造成四死一伤,严重得耸人听闻!

无论是固镇县委书记、县长,还是蚌埠市委书记、市长,都很难接受这个事实,更不敢正视这个事实。也许,他们并不缺少良知,也不缺少勇气,但是眼前这种近乎严酷的事实,对于他们不仅太突然,也显得太残忍,甚至,没给他们留下更多的选择余地。

"丁作明事件"案惊中央的故事,谁也不可能这么快地就把它淡忘,所以,谁都十分清楚承担这种责任的风险和代价。他们显然都是不愿承担这种风险和代价的人,否则,我们无法解释事件出现之后的那一切怪事,更不可能找得出任何理由,可以这样漠视四条生命,尽管他们只是四个普通的农民。

当然,最不能接受这个事实的,还是受害者家属。这天,受害者家属张亮、魏素荣几个人再次鼓起勇气找到县委,终于见到了县委书记,他们在年轻的书记面前长跪不起,哭述冤情,刚说到自己的亲人因为替村民们清账而惨遭杀害时,书记一下竟勃然大怒:"谁说是清账?那全县都在清账,怎么没杀别人单杀你呢?"

受害者家属惊得目瞪口呆。

按县委书记这个说法,如果哪家女孩子被歹徒强暴了,要喊冤,岂不是谁都可以对她厉声责问:世界上年轻漂亮的女人多着呢,怎么没强奸别人单就强奸你了呢?这还是人话吗?

清查账目的三位群众代表被杀,其余九位代表自然万分悲痛,但小张庄查账的工作并未停顿下来,并且查的决心更大,也更加认真了。

应该说,张桂全父子被抓,给清查账目的工作带来极大方便,村干部的许多经济上的问题,很快便露出冰山一角。毫无疑问,小张庄的问题不止是张桂全一个人有,村支书、村委会主任和村会计,也都不可能就那么干净,他们对这次清账骨子里是恐惧、抵制的,可这项工作毕竟是县政府统一部署,小张庄的清账小组又是乡政府决定成立的,他们虽憎恨,害怕,惶惶不可终日,还不至于像张桂全那样愚蠢地去杀人。不过,没过多久,他们就发现,县、乡两级党委和政府都对清账的事儿闭口不提了,对张桂全父子杀人的真相也是在极力掩盖,于是他们的胆子就又大将起来。

当清账小组清出一九九七年小张庄征粮时每人多收了六十斤,显见是违反了国家政策的,他们找到支部书记张店凤,张店凤却一副大包大揽的样子,说:"不错,是我叫加的。我要加有我要加的用途,你们就不要过问了。"态度十分蛮横。

清账清出四名村干部私分卖地款两千六百元,张店凤竟也从这笔卖地款中拿走六千元。村民代表找到张店凤,张店凤平静地说:"这事我知道,这是操心费。"追问该不该拿这个钱,他居然理直气壮地说:"我拿,有我的用途!"

在又一次清账会议上,村民代表问村委会主任张凤知:"小张庄的四千元水稻浇水费已经缴纳了,为什么又从我们庄卖地款中扣除四千元浇水费?"张凤知胡搅蛮缠,大发雷霆,致使清账会无法清账,不欢而散。

不久村子里便传出风声:小张庄的财务账结清了,张桂全"没有贪污","没查出张桂全的经济问题,剩下的九个清账代表县里还得逮几个!"

接着,张桂全的四子张四毛气焰嚣张地扬言:"这庄子安停不长,还得有几条人命赔着来!"

一阵阵带有血腥气的阴风在小张庄不停地吹着,令人透不过气来。

共产党员张家玉是条硬汉子,积极反映村里加重农民负担问题的有他;清账小组中敢于当面锣对面鼓较真的也是他。张桂全父子对他,可以说是恨之入骨,张桂全父子放倒四人后,当时张桂全的六子张超伟就曾大声叫嚷:"上张家玉家去,给他斩草除根!"幸亏张家玉当时出村报警去了,不在家,才幸免一死。但是现在,张家玉发现,他仍然处在凶险之中。在他家的门口和地头,时常有人暗中窥视,盯梢。

张桂全家庭势力的影响依然存在,况且还有张乐义在逃,面对一个同样杀人不眨眼的逃犯,一个不知何时就会突然出现的凶手,村民们,特别是受害者家庭,不可能高枕无忧。张桂玉和张桂月七十多岁的老母亲,提到这事就泪流满面,她一个早上痛失两个儿子,孙子还被砍伤,一个原本充满生机的家庭一下子就破碎了,更揪心的是,种种迹象表明,这场噩梦远没结束。她面色惶恐地说:"没人晚上敢出门,地里的花生大白天也不敢去照看了!"

8 第四种权力,你在哪里

以后事态的发展,就越来越出乎小张庄村民的意料了。

乡里派人威胁被害者家属及现场目击人不许"乱说乱讲",县电视台和省里的报纸把蓄意报复杀人说成是"错杀",或是愚氓间的"相互殴打",这些,其实都不具备法律效力。即便是并不太了解法律常识的小张庄村民,也知道只有人民检察院和人民法院说了的才真正算数。奇怪的是,案子进入法律程序之后,执法机关却并不完全在依法办事,设在地方的国家法院沦为代表地方特殊利益的地方法院,这就叫小张庄村民感到真正的恐怖与绝望了。

蚌埠市中级法院对这案子开庭审理,事先根本就没打算要通知被害人,当听到风声要开庭了,被害人的法定代理人就连找个律师的时间也没有了。

有着二十五年党龄的村民代表张家玉,以党籍保证,他说检察院自始至终就没人进过庄,也没谁找过他们,更没听说找谁了解过案发现场的情况,检察院在《起诉书》上都写了哪些事实,无人知道。死者亲人和现场目击人从"小道消息"听说要开庭,慌慌张张地赶去时，也只准带个耳朵"旁听"，没有发言权，而作为被告的张桂全父子居然可以在法庭上交头接耳，这把被害人亲属的脸都气青了。

公开宣判时，被害人亲属同样没有收到正式通知，闻讯赶去才知道，作为这场凶杀的主谋和指挥的张桂全、杀死张桂月的张加志被判死刑；而杀死村民代表张桂玉和张洪传的张超伟和张余良，只是分别被判处无期徒刑，显见缺乏公正。这一判决可以说达到了张桂全"数子之罪由一子承担"的目的。

死者亲属强烈要求看法院的《判决书》，法院不给；他们委托律师去要，法院依然振振有词，就是不给。

固镇一中的高中毕业生张家玉，是小张庄村民代表中读书最多的一个，他找来国家颁布的《刑事诉讼法》研究，发现其中第一百八十二条规定白纸黑字写着："被害人及其法定代理人不服地方各级人民法院第一审的判决的，自收到判决书后五日以内，有权请求人民检察院提出抗诉。"依此国法，蚌埠市中级法院没有理由不将判决书送达被害人亲属及其法定代理人的手里。剥夺被害人及其法定代理人的这种合法权利，显然不是可以用忽略二字能够解释清楚的。

于是，被害者亲属找到安徽省高级人民法院。

在省高院，他们终于得到了"蚌检刑诉[1998]第21号"的蚌埠市检察院有关这事的《起诉书》。

不看不知道，一看真奇妙。

从《起诉书》上"审查表明"的案件起因中，你压根儿就无法知道被杀害的张桂玉等人是负责清账的村民代表，他们是在行使小张庄八十七户农民赋予的民主权利；而穷凶极恶的张桂全是有预谋地要对村民代表实施十分残酷的报复；更看不到村民们已是不堪重负、村干部为掩盖罪责才是发生这一惨案的最直接原因。始作俑者是张杰，激化矛盾的是张乐义，但《起诉书》在陈述到村民代表张桂玉妻子魏素荣一句并不过分的话之后，跟着就作出结论："从而引起双方对骂"，似乎引发事端的主要责任在魏素荣。而且《起诉书》竟然没有"审查表明"，原本不是算账小组的张桂全的两个儿子，跟着老子去"算"什么"账"？而这正是此案要害，却被掩盖。

"双方对骂"的内容只字不提，陈述"打架"的过程被"查明"的"事实"居然是：首先拿起凶器的，是村民代表张桂玉和他妻子魏素荣；首先动手的，是村民代表张桂玉和村民代表张洪传；杀人不眨眼的张加志似乎只是因为他发现张桂玉和张洪传二人又是用伞又是用砖头"准备"（"准备"二字妙不可言！）打他的老子张桂全一个人时，他才动刀的；后来发现张桂玉"正压在张乐义身上"，张加志"即向"（"即向"二字亦是煞费苦心！）张桂玉下手的；而被压在身下的杀人凶手张乐义"起身后"（"起身后"三字更可谓用心良苦！）才发难的！

总之，"引起双方对骂"，首先操凶器和最先动手的，不是村民代表就是村民代表的家属，这些算账的村民代表被杀好像是"死有余辜"！

"审查表明"张桂玉之子张小松的负伤，就更加"有趣"："张余良从张桂玉手中将木棍夺下，打了张小松一下"。凶犯张余良不过只是用木棍"打了"张小松"一下"，而且那"木棍"还是从张小松的老子那儿"夺下"的。孰不知，"木棍""打"的这"一下"，在张小松的右膀上留下的却是一个六十五毫米长、深达二十毫米的刀伤，住院长达一月之久伤口才痊愈。《民主与法制》杂志后来将张小松砍成重伤的照片公诸于众，没给这份《起诉书》一点面子。蚌埠检察院是把张桂全父子以"涉嫌故意伤害（致人死亡）一案"被提起公诉的。这就从根本上改变了这一特大凶杀案的性质。因为"伤害罪"是指损害他人健康的行为;而"杀人罪"是非法剥夺他人生命的行为。即便就是从《起诉书》上提供的"法医鉴定"的事实来看,张洪传因"单刃刺器刺伤胸部至心脏主动脉破裂引起急生(应为"性"误——笔者)大出血死亡";张桂毛因"单刃刺器刺伤左背部至左肺破裂引起急性大出血死亡";张桂玉因"单刃刺器刺伤胸部至心肺破裂引起急性大出血死亡";张桂月因"单刃刺器刺伤左胸部至左肺破裂引起急性大出血死亡"。十分明显,凶手无一不是用凶器直捣心窝子! 幸免一死的张小松,也是因为他躲开了直接砍向脑袋的菜刀,这一刀才砍在了左膀上。

造成如此残忍的四死一伤的局面,前后居然没用五分钟,怎么就可以得出这些凶手是"损害他人健康的行为"呢? 照这么"审查",天下还有"杀人罪"吗?

张桂全在那个阴冷潮湿的早晨让人毛骨悚然的嘶叫,令在场的所有目击者永世不会忘记:"给我干掉! 十二个要算我账的代表都给我杀光!"这是《起诉书》不该遗漏或不敢正视的兽性的嚎叫。

具有讽刺意味的是:蚌埠检察院并不是以"杀人罪"起诉张桂全的,但张桂全在听完宣判后竟当庭大骂法官,声言等他儿子出狱后要拿这几位法官开刀! 杀人者的气焰如此嚣张,不知《起诉书》上落下姓名的检察官和代理检察官作何感想?

汉朝桓宽著《盐铁论》就曾指出:"世不患无法,而患无必行之法"。意思是说一个社会并不担心没有法令,而是担心没有坚决执行的法令。无法可以制定,有法而不执法后果不堪设想!

通常我们把党、政、军而外的法律监督权,称为"第四种权力",因为它是实现社会公平和正义的重要力量。但是,直到今天,许多地方决定诉讼成败官司输赢的,依然还不是案内的是非;神圣不可玷污的法律,其应有的权威还树立不起来;独立办案还常常只是写在纸上的一句承诺。我们的生活与法律之间,有时还有着一种更加强大的力量在发生作用,使得许多法律还仅仅是一个诱人的美好的愿望。

为制止小张庄的村民进京上访,固镇火车站甚至对购买北京车票的农民严加盘问。连城郊两个农民只是去京看亲戚顺带看病,也遭到拒绝,二人好生解释,最后确认不是唐南乡的农民,又确实不是为了上访,才得以买票上车。

封锁显然是愚蠢的,也是有限的;天下之大,岂可一禁了之。固镇县唐南乡小张庄发生的血案,终于还是不胫而走,引起了各地媒体广泛的关注。

首先赶到现场采访的,依然是新华社安徽分社的记者。记者李仁虎和葛仁江采访后写了一篇《张桥村干部如此敛财,一种负担两本账》的新闻报道。虽然只字没提发生在张桥村的"小张庄惨案",文章中甚至没有多少作者主观的议论,但是,这篇被转发到了全国的新闻报道,却有如"庖丁解牛",用快刀子割肉,将小张庄所以会发生凶杀案的背景一丝不挂地裸露在国人面前。其叙事的风格,极像中央电视台的《焦点访谈》——让事实说话。

近日,记者来到安徽省固镇县唐南乡张桥村小张庄村民组采访,村民们纷纷拿出他们的负担监督卡和一张白纸条收据,气愤地说,咱村村民负担有两本账,一本收得少,是假账,专门对付上级检查用的;另一本收得多,是真账,专门对付咱群众的。

村民张家玉从家里拿出一九九六年和一九九七年的负担监督卡和白纸条。一九九六年的监督卡上写着:张家玉家五口人、两个劳力,承包十二点六五亩耕地,上午人均纯收入为一千二百四十六元,本年税费合计六百六十元,"三提五统"是上年人均纯收入的百分之六点一。但这一年实际上缴的各种提留和费用是上年人均纯收入的百分之十九点八,两者相差十三点七个百分点。一九九七年张家玉监督卡上的"三提五统"是四百一十四元零三分,但实缴的却是一千五百十元零五分,其构成也与上年不一样,真假提留和费用分别是上年人均纯收入一千三百二十五元的百分之七和百分之二十二点七,两者相差十五点七个百分点。

小张庄村民组有一百四十二户、七百五十口人,是个纯农业村,由于地处淮河岸边和地势低,多受涝灾,村民生活较为贫困。记者一连走了数家,没有发现像样的房屋和摆设,许多农户连黑白电视机也没有,但多数村干部家里却有冰箱或彩电,有的住的还是高屋大院。村民们说,咱村的干部欺上压下,财务不公开,多吃多占。

需要指出的是,中央划定的是否构成"农民负担"的界限是:"三提五统"不准超过上年人均纯收入的百分之五,而这里却高达百分之十九点八,已接近国家规定的四倍!更为严重的是,明明是在巧取豪夺,却要玩弄掩耳盗铃、瞒天过海的伎俩,"一种负担两本账"。其手段之恶劣可见一斑!

文章最精彩的一笔,还是在最后贫富差别的交待上。这是一幅绝妙的图画,画龙点睛地把许多深层次的问题提示了出来。

接着《工商导报》的记者也站了出来,旗帜鲜明地发表了《张桂全枉杀四人法难容》的文章。文章特地标出了一行引人注目的提示:"刑期未满,又任村干部;心中有鬼,反对查账目;光天化日之下,竟疯狂行凶,杀死四名查账的村民代表。"可谓一针见血!

只有一点需要更正:枉杀的确是四人,但查账的村民代表只有三人,另一人张桂月只是村民代表张桂玉的长兄。

紧接着《工商文汇报》也在一版显著位置,披露了"固镇发生特大命案"的真实情况。

被严严实实掩盖着的"小张庄惨案"的真相,终于被撬动,射进了几缕温馨的阳光。固镇县委和蚌埠市委一手遮天的神话被击破!

这一年的六月十五日下午二时许,中央电视台四位记者顶着烈日、扛着沉重的摄像器材,风尘仆仆地赶到了远离公路交通还相当不便的小张庄。他们是看到新华社转发全国的那个电讯稿后作出这次专访决定的。进了庄,他们就开始随机采访和摄像。

记者首先走进村民黄志先的家,问黄志先:"你们的负担重不重?"

黄志先显然是有顾虑的,犹豫良久,才说:"确实很重。"他随后找出村里发的《农民负担监督卡》以及村组开出的一张张白条子给记者看。

记者提出要见村民代表张家玉,正在田里干活的张家玉被喊回村。张家玉不仅照实说了小张庄"一种负担两本账"的情况,还谈到了村民代表因清查张桂全副村长的贪污账,张桂全父子连杀四人砍伤一人的事件经过。

后来,记者请张家玉带路,他们分别对被杀代表张桂毛、张洪传的两个孤儿进行了采访。

最后记者又让张家玉把他们带到张店凤家,要采访一下这位村支书。不过,当时书记不在家,便决定采访书记老婆陈云侠。不承想,陈云侠的态度十分恶劣,先是将记者拒之门外,然后,把门一锁,管自扛着锄头扬长而去。记者却并不介意,手中的摄像机也并没有放过这难得的镜头,一直跟拍着她的背影,直到看不见为止。

记者们刚准备要离开,发现张店凤推着自行车往家赶来。

远远地,他发现一群村民向他喊话,还有人扛着摄像机已经对着他,感到不妙,掉头想跑,也许觉得这样子太狼狈,跑了几步又折了回来。

记者迎上去问:"你是这村的书记吗?"

"是。"

"我们想向你了解一些问题行吗?"

张店凤显然调整好了情绪:"行,回家谈。"他答得十分爽快。可走到家门口才注意到门上挂着锁,钥匙也被老婆带走了,很是尴尬。

记者于是就在门口进行了采访:"你们村的账目都公开吗?"

张店凤接口说:"公开,全公开。日清月结。每个月的五号张榜公布。"

记者问道:"张榜都贴在什么地方?"

张店凤跟着就说:"三个自然庄都贴。"

记者盯住不放,又问:"贴在什么地方你看见了吗?"

张店凤顿了一下,说:"我没看见,反正我都安排了。"

记者露出了几分幽默,正准备再问,在场围观的村民见张店凤这样睁着眼睛说瞎话,都忍不住笑起来。笑声中,不知谁大嗓门叫了一声:"书记胡说!"

张店凤顿然变了脸色,怒气冲冲地逼视着在场的村民。

村民代表张家玉这时站了出来,当着张店凤,毫无惧色地走向摄像机的镜头,实话实说:"我们小张庄就从未看见张贴过公开的账目!"

张店凤一听,咬牙切齿地指着张家玉说:"你张家玉还是不是个共产党员?你失职!张贴你看不见,这不是失职是什么!"

在张店凤看来,村里的每一个共产党员都必须无条件地和他这位村支书保持高度的一致性,否则,就是不称职。

这一切,都被开动着的摄像机收入镜头。

中央电视台来人的当天,已经是深夜两点多钟了,唐南乡一位领导还把电话打到村支书张店凤家里,询问记者进庄后采访了哪些人?调查了一些什么事?有没有谁说了清账的村民代表被杀的事?

如临大敌。

第三天大清早,村委会主任张风知跳出来开骂了。这位文盲主任在村里的广播大喇叭中喊道:"有个别共产党员,弄几个臭记者来采访,说我们搞的都是假的;还弄来个中央'焦点访谈'记者,'焦点访谈'不'焦点访谈',我看这是有些群众在起哄!我让你们好好在下边起哄,到时查出来非得治你不可!"

他把广播喇叭的音量调得很大,他的嗓门就更大,哇啦哇啦地大喊大叫,震耳欲聋。村民们刚从睡梦中醒来,听着这样一个大字不识的村长在广播里张牙舞爪,真不知小张庄究竟是谁家的天下了。

六月二十日晚,中央电视台就在《社会经纬》的栏目中,把小张庄农民负担过重的问题予以曝光,在全国范围产生影响。

几乎是前脚跟后脚,《南方周末》也拿出头版一整版的黄金强档,直击小张庄惨案,发表了记者朱强的长篇报道:《五父子称霸固镇小张庄,四村民查账惹杀身之祸》,且图文并茂地配发了言论与漫画。漫画作者方唐,画得简约而辛辣:一个村委会领导人物酒醉饭饱之后,从放着酒瓶的办公桌子上,不可一世地又踏到诚惶诚恐向他顶礼膜拜的村民头上和身上,嘴巴里烟囱似地喷吐着云雾。言论文章出自中国社会科学院农村发展研究所党国印之手,他的震惊愤慨之情跃然纸上:"我们有一个签署了国际人权公约的中央政府,又毕竟处于文明时代,怎能容忍恶势力猖狂!"不过,他提出,"对一切违反中央政策和国家法规的村干部坚决予以制裁,当然是需要的,而且也会有一定的效果,但这只是治标的办法,我们要从根本上解决问题,就需要让农民富裕起来,让农民拥有组织自己的能力,并给农民的组织以合法地位,使农民有力量抗衡乡村权势阶层。"

这期间,《民主与法制》杂志社郑苏、福殿和成远三位记者,也从"民主"与"法制"特有的视角,深入到小张庄,并于这一年的第十七期刊出现场纪实报道。题目极平实:《村民代表查账惨遭毒手》,文章却写得内容详实,引人人胜,不乏雄辩之笔,警策之句。令三人甚为诧异不可思议的是,直到他们采访之时,潜逃在外的张乐义使用过的那把带血的杀人凶器,依然静静地躺在溧涧村医院办公室的抽屉里,无人问津。是他们,把拍到的这张照片,触目惊心地展示于世人。

随着各种新闻媒体的相继介入,特别是在全国极有影响的几家报纸杂志轮番轰炸之后,小张庄村民代表因为行使自己民主权利惨遭杀害的真相再也捂不住了,事情才渐渐有了转机。

人们首先看到,唐南乡政府派人把张洪传的两个孤儿接到了乡里的敬老院。

接着,这一年的旧历五月初五端午节,固镇县政府安排给遭难的几家每家发了一百元钱的慰问金。

午收大忙时节,固镇县委机关下来了几位同志,不言热,不说累,帮助几户受害者家庭抢收麦子。他们从上午一直干到下午一点多钟,没吃农民一口饭,没喝农民一碗水,这让死难者的家属多少感受到了党和政府的一丝温暖。

一九九八年九月八日,安徽省高级人民法院对张桂全父子一案下达了终审裁定。终审《裁定书》上"审理查明"的"事实",其实与蚌埠市检察院《起诉书》上当初"审查表明"的"事实"并没有多大改变,这使得小张庄广大村民再一次对中国的法制产生

55

失望。

不过有一点是应该予以肯定的,这就是省高院终于裁定张桂全父子"不存在防卫问题",亦非"伤害(致人死亡)罪";"张桂全、张加志、张超伟、张余良的行为均已构成故意杀人罪";"故意杀人的主观故意明确,诉称其没有杀人故意的理由无事实根据,不能采信"。

这让小张庄已经十分失望的八十七户农民,终于感到了一点欣慰。

第三章　抗税案件始末

9　在霸王别姬的地方

安徽省灵璧县是楚汉相争垓下之战故地。两千一百九十九年前，刘邦和韩信合兵四十余万，将项羽的十万兵马在此围了个针插不进，水泼不进，以致其粮尽援绝，夜夜可闻四面楚歌，演出了一场霸王别姬的千古绝唱。

这么多年了，这块贫瘠闭塞的土地，在发生了那场惊天动地的历史一幕之后，早已归于安谧与寂寞，平静得仿佛时间在这儿停顿或凝固了。但是，公元一九九七年十月五日，注定是个令垓下人难忘的日子。这一天，午时的太阳还像往日一样耀在中天，田野上亘古不变的沉寂却猛地被滚滚车轮碾得粉碎。

一支全副武装的队伍，威风八面地从灵璧县城出发了，裹挟着大大小小的警车、轿车、卡车乃至消防车，车上除了公安和武警，还有神色肃杀服饰各异来自县镇机关的党政官员。

场面之威严与壮观，均为这个县多年以来所罕见。

一路之上，警笛阵阵，各式枪械寒光闪闪；车辆经过乡间的土路时，扬起的尘土遮天蔽日。

沿途的老百姓见此阵势，惊慌地躲开；缩在农舍窗后的那些眼睛，吃惊地数着数儿：出动的各种车辆三十二部，人员多达二百余众！

队伍抵达冯庙镇后，转向东南，来到大约十公里处时，持枪的武警战士首先跳下车,封锁了进出大高村的所有路口。接着,冯庙镇侯朝杰书记派人喊来大高村支书陈一文和村主任高学文,由二人带领荷枪实弹的公安人员,以迅雷不及掩耳之势扑向西组。

整个"战斗"进行得出乎意料的顺利。可以说,没费一枪一弹,只用了一刻钟便大获全胜!

当时正是午饭时间,大高村西组的村民们压根儿就没有一点心理上的准备,妇女们大多忙在锅台上;大老爷们也刚从田里回来,许多人还光着脊梁打着赤脚呢。当公安人员冲到面前时,一个个全发着傻儿,没有一个人想到要去操家伙。

全副武装的参战官兵面对的竟然只是手无寸铁毫无抵抗能力的男女村民,这多少让人感到意外,同时又有几分失望。

"战果"却是十分可观的:大高村西组除侥幸下湖点麦、上镇赶集或是长年在外打工者外,当时在村的一切涉嫌分子,无一漏网!

一个只有一百来人的大高村西组,被抓走的就有五十一人。其中一个三岁的孩子是随同母亲一道被抓的,若加上这个三岁的孩子,这一清剿行动被抓的就应该是五十二人。

这就是曾经震惊苏皖两省六县数百万人的"大高村事件"。

正是在灵璧县发生"大高村事件"的那段时间,香港《动向》和《争鸣》杂志,分别以《农民暴乱扩及九省区》和《四省五十万农民抗争》为题,声称中国大陆的农村到处发生"动乱、骚乱、暴动事件",甚至"爆发了武装冲突"。这显然是毫无根据的。当然,在采访中,我们也注意到,中共中央办公厅和国务院办公厅,曾多次联合发出通知,严厉地指出:我们不少地方党政领导,非但不能正确处理当今农村中出现的一些新情况和新问题,反而轻易出动公安、武警和民兵,激化了矛盾。

"大高村事件"在当时可谓惊动大了,被视为"暴力抗税事件",可是,别说当时大高村西组的妇女大多忙着做饭,男人也全光着脊梁打着赤脚在乘风凉,并没有出现想象中的暴力抵抗,甚至在听到嘶叫的警笛,看到警察进庄时,大伙都还在心里边乐呢,还以为上级公安部门秉公办案来了,是抓他们的村主任高学文来了。

　　因为所谓的"大高村事件",就是高学文"制造"出来的。

　　提到高学文,大高村没几个不恨得牙根发痒。外号被唤作"高跛子"的高学文,自从当上一村之长,就不知道自个姓啥了。不管中央下达了多少"减负"的规定,大高村税费的征收依然还是随着他的嘴巴说。他说你该缴多少,就是多少,一个子儿也不准少。反对他,就是反对人民政府,就是反对党的政策,就是反对江泽民或是朱镕基,就是破坏大好形势,破坏安定团结,破坏改革开放!只要他看不顺眼,张口就骂,动手就打。打了,骂了,你还必须认错。

　　昨天高学文就又抖了一次威风。

　　村民高杨氏,已是古稀老人,咋说也是大高村的老前辈了,高学文身为村委会主任,本该带头尊老敬老才对,可他倒好,白起了一个风雅的名字,高杨氏只是责问了高学文不该重复征收她家的"宅基地"税费,他就大打出手,还抄了高杨氏母子二人的家,将人家的锅碗瓢盆砸了个稀烂。

　　谁知恶人先告状,高学文非但没受到惩罚,反倒耀武扬威地领着公安武警满村子乱抓人,这就叫大高村西组的村民全傻了!

　　高杨氏首先被抓。不仅抓了她,抓了她的一家,还抓了当时赶来看望她伤情的娘家哥哥、弟弟、侄子和孩子的姑父,总之,娘家婆家加在一起,除一个年近九旬卧床不起的老奶奶,在场的十一个人就被抓走了十人。

高杨氏已经被抓到了警车上,发现她昨天被高学文打肿的脸,青紫淤血的斑块依然没消,怕抓走她落下别的麻烦,这才被从警车上推了下来。

这中间还有段不错的小插曲。

高杨氏被打被抄家,西组的不少村民实在看不过去,有人就跑到邻近的泗县高集街上去请来照相的师傅,要把证据取下来,好拿到镇上去评理。按说,这也是全民普法的结果,如今村民们也有了法制的头脑。谁想到请来的一个女摄影师,刚拍罢高杨氏被打的惨状,正忙着拍被打烂的锅碗瓢盆呢,公安人员就抵到了面前。高学文大喊大叫,抓了高杨氏娘家婆家在场的人还不解恨,发现有人正在"取证",就要把女摄影师也抓走。

女摄影师是个常跑县城省城见过世面的人,她哪吃这一套。她见灵璧的公安人员不问青红皂白冲上来就要抓人,根本不屑一顾。她说:"你们有没有搞错,我可不是你们灵璧县的人哟!"

女摄影师的这种鄙夷轻慢的态度,激怒了在场的一个人,这就是冯庙镇财政所的开票员。只见他腾地站了出来,气势汹汹地指着女摄影师放言道:

"今个,我话挑明了,你就是江泽民、李鹏的老婆,我也得治你!"

一语惊人,说得在场的人全都一怔。

"抓走厂开票员不容置疑地吼了一声。

女摄影师也并非凡角。她不但没有被吓倒,反而比对方更加气势逼人。那神态,分明让人看出,她跟这种没大没小没轻没重的人较劲,实在掉了自己身份。这号人她没少见过,手里不能有一点权,给个二两颜色他就敢开染房了。

她平静地说道:"你也别吓唬我,实话告诉你,中央领导咱高攀不上,但你们灵璧县公安局有个副局长倒是我亲戚。不信你可以去问!"

这话说得在场的人又是一怔。

其实,女摄影师的这句话,对在场的公安人员最好使,说得他们眼睛一亮,不得不刮目相看。她的话当然不能全信,可又不能不信,所以,把她也带上警车时,无论武警还是公安,口气和动作到底还是温和了许多。

大高村白胡子高宗朋,脾气倔得出了名,是个眼睛里揉不得沙子,路见不平敢于拔刀相助的老人。他见县镇领导和公安武警如此兴兵动师乱抓无辜,当场挺身而出。

他指着到处抓人的村支书和村主任,大声责问:"你们这些龟生的东西,还觉得欺压老百姓不够吗?真的要逼着老百姓造反吗?!"

高宗朋本来就是被村里打入另册的人,他不跳将出来,也要抓他,正在各处寻找他,他倒自投罗网了。不仅抓了高宗朋,还抓了他的两个儿子和一个媳妇。

这天被抓的五十二个人中,既有七十多岁的老人,也有未成年的孩子;不但有"文革"前就入党的老党员,退伍回村的伤残军人,还有大批妇女……

大高村西组村民看得很清楚:这次被抓的,不是敢于反映农民负担问题上访过或支持过上访的,就是敢于怀疑或要求过清查村镇账目的,再不就是对村镇干部不满或有过节的。总而言之,村支书和村主任借着这场"东风",算是把他们的"眼中钉"、"肉中刺"一网打尽了。当然,因为这是一次多"兵种"的联合行动,时间仓促,情况不明,有的只是来大高村西组帮助亲戚抗旱抢种的外村村民,有的甚至还是到大高村西组联系业务的外县个体工商户,也都被抓了起来。又由于执法人员来自不同部门不同机关,谁抓到的村民就押往谁的地盘,所以,就出现了一家老小被塞进不同的警车,押送到不同地方的情况。警车启动时,村里村外,田头地脑,哭声喊声此起彼伏,撕心裂肺。几个躺在家中动弹不得的风烛老人,泪流满面,竟想起当年日本鬼子进村时的情景。与日本鬼子不同的是他们没强奸妇女,没放火烧屋,没说一句日本话。

被抓往各处的村民,无一例外地都被当天晚上"过了堂"。只有一个例外,就是那位女摄影师,后经派出所"验明正身",确认她和灵璧县公安局一位副局长委实有着亲戚关系,被连夜释放。其余的,不"出血",不缴出一定数量的罚金,便休想走出去。因此,被抓村民大多托人借了数量不等的高利贷,背上了沉重的债务,少则一千,多则上万,甚至,倾家荡产,背井离乡。

高杨氏娘家侄子杨树连因为嘴巴硬,以为"有理就可以走遍天下",在里面依然说了些慷慨激昂的话,结果,钱没少花,脚骨还被公安的大皮鞋跺伤,后来跛了一个多月。过去他认为这世上坏人总归是少数,出来后却觉得整个世界都黑透了。

10 一天一夜的故事

当"大高村事件"这一缸被搅浑了的水,经过时间作了沉淀之后,尘埃落定,清澈见底时,它提供给我们思索的东西是苦涩的。

高杨氏家的房子,是一九九○年在自己原先的老宅基地上翻盖的,并没有重新占用耕地,而且那块老宅基地早就同别的村民一样,计算在了她家的耕地面积之内,每年一分不少地上缴各种税费。就在事件发生的前一年,即一九九六年,村主任高学文找上门,她又缴了一百一十元所谓的"宅基税"。所以,一九九七年十月四日上午,当高学文再次上门征收"宅基税"时,高杨氏便奇怪地问:"我不都缴过了吗?"高学文一听这口气心里就不爽,翻眼瞅瞅高杨氏说:"叫你缴,你就缴;叫出多少就要出多少,讲什么废话!"

高杨氏当然不服,就想弄个明白,于是问道:"去年缴了一百一十块钱,你说是结清了,为啥今年还要?"

高学文越听越不耐烦,嗓门大了起来:"你缴给谁的?"

高杨氏见村主任这么说,顿然生了气。平日,村里叫村民缴这缴那,从来只给个白条子,有时连白条子也不给,就没好气地说:"我缴给谁的,你还不知道?!"

高学文"咦"了一声,连退几步,拿出动物园看怪物的眼色瞟着老人。他想不到一个病歪歪弱不禁风的老婆子,居然敢在他面前显起神气,挑衅地问道:"宅基税你缴还是不缴吧?"

"不缴!"高杨氏被气得浑身发抖,冲着高学文喊了一声。

高学文想不到老婆子来了狠,于是他更凶狠地道:"我治你个'抗税罪'!"

高学文的高声大嗓门引来了许多村民,有人便指责高学文不该重复征收高杨氏家的"宅基税"。高学文见村民们七嘴八舌地责怪他,觉得很没面子,就把一头火发到了高杨氏身上。他跳起来说道:"你说你缴过了'宅基税',有证据吗?"

高杨氏见高学文当众耍赖,翻脸不认账,气得一时脸红脖子粗,冲到高学文跟前,把手几乎指到他的鼻子上,忍无可忍地问道:"你可敢赌咒?!"

高杨氏的话音还没落,高学文就把一记老拳打到了她的脸上。直打得她连连趔趄,险些仰翻在地;脸上顿时凸出一处淤血的紫块。

村民们一下围了上来,纷纷责问:"你怎么可以打老人?"

高学文恼羞成怒地说:"我就是打了,又怎么样? 我还要抄她的家呢!"

说着,他已经成了一头暴跳狂怒的狮子,疯狂地奔进高杨氏家里,端起锅摔锅,捡到碗掷碗,摸到瓢掼瓢,三下两下,就把高杨氏和她儿子的家摔砸得不成样子,到处是锅碗瓢盆的铁块子、瓷碴子,像是突然遭遇到一场匪劫兵燹。

高学文发泄之后,竟像个没事人似的,扬长而去。

高杨氏当场气昏过去。

村民们本以为村主任这一下闯下大祸,准要吃不了兜着走。谁承想,不多一会儿,冯庙镇派出所副所长郑建民就率员于当日午后一时许进了庄,直奔高杨氏家而去。郑副所长敲开房门,二话没说,就要抓人。不仅要抓高杨氏,还要连她儿子一道抓。

闻讯赶来的村民们知道高学文给高杨氏捺了坏药,就你一句我一句地向郑建民叙说事情的真相。郑建民相信的只是村主任,他对村民们闹哄哄的解释,非但听不进,反倒大为光火。

"谁在乱抓人?"他恼怒地问。

"就是你!"一个村民说。

"总应该先调查调查,究竟是谁犯了罪!"又一个村民忿忿地说道。

是啊,这几年,大高村西组的不少村民外出打工,全国各地大小城市没少跑过,无论怎么说也是见过了世面的,至少懂得公检法机关应该依法办案,办案必须"以事实为依据,以法律为准绳",不分青红皂白乱抓人,这是执法违法。

郑建民鄙夷地望着说三道四的村民,渐渐地气就喘得不匀了。在他的眼里,大高村西组汗毛没干的一帮挥舞锄头的泥腿子,能算个什么东西。正待发作时,只见人群中走出了村民高广华。

高广华振振有词地质问郑建民:"高学文重复征收高杨氏的

'宅基税'本就不对,出手打人更是错上加错;接着又把人家里摔砸一空,这就不单是错,已属犯罪。你们公安却偏听偏信,不是太伤老百姓的心了吗?"

高广华问得很直接,没给郑大所长一点面子;甚至可以理解为这是在当众跟所长叫板,郑建民再也忍不住了,冲着一道来的警员一声断喝:

"把他给我抓起来!"

民警迅速扑过去,捉住高广华,推上了警车。

高广华奋力挣扎着,大喊大叫:"你们凭哪一条抓我?"

郑建民说道:"就凭你'妨碍公务罪'!"

围观的群众被激怒,高声大嗓门地指责郑建民这是滥用职权乱抓无辜。

郑建民这时拔出手枪,喝问:"你们要干什么?"

他把枪口不断地变换目标,指向在场那些敢于指责他的村民。

满嘴白胡子的高宗朋,一直冷静地站在边上看,看到这儿,迎着郑建民走上来。他脸红脖子粗地怒问道:"你是人民的公安,不搞调查,还不允许人家说话,竟把枪口对准老百姓,到底有没有王法?!"

他把头伸向郑建民的枪口,说:"有种,你就开枪! 朝头上打! 俺农民虽然不值钱,但绝不怕死!"

高宗朋接着又愤怒地说道:"这叫'妨碍公务',你抓得完吗? 有枪又吓唬谁,你杀得光吗?"

村民们一个个红头涨脸,全围了上来,都愤怒地喊:"开枪呀! 有种你就开枪!"

众怒难犯。人们发现,郑建民手里的枪开始颤抖了,不敢再指向具体的目标了,他喷火冒烟的眼睛狠狠盯了白胡子高宗朋一阵子,最后十分不情愿地把枪收起来。

几个村民趁着郑建民和其他警员不注意,跳上警车,救出了被押在车上的高广华。

郑建民从高杨氏家门口离开的时候,脸色铁青,一言没发。钻进警车后,把车门带得山响。然后就见那车像猛地着了一鞭子的野骡子,留下一股浓浓的尘烟,等那尘烟飘散之后,警车早已不见了踪影。

大伙从高杨氏家门口一哄而散,想到派出所郑副所长狼狈离开的样子,不少村民乐得前俯后仰,甚至笑得流出了眼泪。只有白胡子高宗朋没急于走,他忧心忡忡地望着高杨氏说:"这些人不会善罢甘休,怎么会甘心败在村民的手里?准要找借口把这事闹大。"

不出高宗朋所料,郑建民回所后,添油加醋地把自己刚才的遭遇向其他所领导一描述,所长马里、指导员朱贤敏,都是些在冯庙地面上话儿落地可以砸出坑来的人物,就有点义愤填膺了。

他们当即向镇党委和镇政府的头头脑脑作了汇报。

接下去,没隔多久,大高村西组的村民就发现,一阵汽车进庄的响动后,打两辆汽车上跳下来一群人。里面不光有派出所所长马里、指导员朱贤敏,还有镇党委和镇政府的副书记和副镇长,以及镇里财政、工商、税务等部门的许多干部。

这时已近黄昏,镇机关离大高村西组少说也有十多公里,天这么晚了竟一下来了这么多镇里的大员,不少村民都陆续出来看稀罕。善良的村民还在乐滋滋地想,以为派出所的领导来向大伙道歉的,下午郑副所长太不讲道理,没闹个青红皂白就想抓人,还粗野地掏枪威胁村民,回去准挨了批评;还以为镇里领导知道了高学文打砸老人家的事,村干部怎么可以这样耍赖撒泼,违纪违法呢,赶来是要处理这桩事。

可是,大伙看着看着觉着不像了,不大对头了。因为这群人进庄后没向谁道歉,也没打算要向村民了解什么;没听他们说上一句公道话,更没就派出所郑建民副所长的所作所为作个解释。他们的神色很奇怪,这边看看,那边指指,转了一会,一声不吭地就要打道回府了。

村民们越看越糊涂,越看越蹊跷:"这些家伙到底是来干什么的?"

这时,有几个村民失望地走过去,恳求他们能够把村主任打人抄家的事处理好再走。大伙担心这事不了了之,往后高学文的胆子就更大,说打谁就打谁,想抄谁家就抄谁家,这日子还叫村民怎么过?

然而,镇领导,派出所领导,没谁搭腔,躬腰屈背就准备钻汽车走人。

在外打工已是见多识广的村民,眼看一个个干部这样不体恤下情,漠视民意,肚子里便开始咕咕冒气。心想:镇头,所头,不就是个科、股级的干部吗;县太爷只是"七品芝麻官",这科股一级的算个屁! 尊重你,你是个领导;大眼不瞅你,说你是个"鸡巴"还多出两只耳朵!

这时有的村民话说出来就没有蹲机关的人那般文绉绉好听了:"吃着农民种的粮食,不替农民办一点正经事,算什么'人民公仆'!"

有的干脆拦在车头,气咻咻地说:"你们要走俺们也不留,要是不走俺们也不撵,只是要求你们在没处理高学文打人抄家这件事之前,要走的话车子暂时别开走!"

一位镇领导不悦地问:"你这是要干什么?"

村民说:"要不俺还到哪找你们处理呢!"

其实,村民们的心情是应该能够理解的。尽管他们的表达方式就像他们在田间劳作时使用的农具,看上去总是既粗糙又原始,甚至有些远离现代文明,但我们不难看出,他们言语之中饱含着对锄暴安良的渴望,对党和人民政府寄托着厚望。

然而,就是这么几句话,激怒了在场的一位镇领导。只见他的身子忽然一拧,将手往高处猛地一扬,那样子像是董存瑞要托起炸药包,无限豪迈地喊了一句:"大家就都别走了!"

一两个村民的几句气话,竟把它当真——这就叫村民们摸不着北了。心想:这些依赖车接车送上班下班,只凭着汇报报告作决策的领导们,心理承受能力是否太脆弱了? 是不是太娇气了? 处理问题的能力是否太拙劣了? 神经是不是也太显得弱不禁风了?

那位领导喊了一嗓子之后,在场的所有干部居然就没有一个持不同意见。眼看太阳要落山了,离镇还有不近的路,都别走留下干吗? 这么多人留下又住哪? 分明不是在同村民憋气,而是跟自己过不去。但是却没人感到这种号召的荒唐,也看不出谁觉得意外,似乎天经地义般的合理,应着那一嗓子,三三两两,不约而同地,都朝着大高村妇女主任高学花家走去。

高学花家就在停放汽车的几十米开外,妇女主任高学花发现镇头们朝她家走来,忙迎了上去。她手脚麻利地把领导们一一请进门,拉桌子凑板凳,先让大家坐安定了,接着找出扑克牌,再为每人沏上茶,就在厨房里忙开了。领导们也没把自己当外人,全都一副"宾至如归"的样子。首先按职务大小官衔高低次第入座,简略地客套了两句,就把扑克摔响了。能摔扑克的毕竟有限,更多的人便开始晶茶,唠嗑,于是插科打诨、没话找话的各种"段子"先后抖搂出来。不一会儿,高学花家就变得有说有笑,热热闹闹,人气沸腾。

当然,也有凑不到桌子上去的,考虑既然不回镇了,一个晚上得耗在这里,想想就挺乏味的,便抓紧饭前这段时间,双手一抱打起瞌睡。有的既没有睡意,对看打扑克听唠嗑又缺乏兴趣,便这边走走,那边看看,门里门外地溜达,像是想着心事,更像百无聊赖。

村民们好不纳闷:说不走,就真不走了?这么多大老爷们挤到一个妇女主任的家里,这不是要她高学花的难堪吗?且不说人家烦不烦,也别说睡,这么多张嘴巴你拿啥去喂?这些人世界上的啥东西没吃过,在高学花家里会吃出个什么"花"来?

高学花先是娴熟地在热锅边上为领导们贴了一圈麦饼儿,接着又烧出一锅豆芽汤。她自信领导们的嘴巴吃高了,可早先谁不都是吃着这些农家的粗茶淡饭走出去的,回头再尝不定能尝出个新鲜。

终于,热气腾腾的贴麦饼儿和豆芽汤送上来了,领导们开始了晚餐。但到底僧多粥少,分不过来,不知谁又搬来一箱方便面,凑合着吃起来。

现如今当领导的,吃吃喝喝已成负担,赴宴那是给面子,喝酒喝的是关系,吃吃喝喝里面的学问大了,谁还会把吃饭当作充饥?然而,在大高村妇女主任高学花家吃的这顿晚餐,却具有最原始的意义,因为如果不是为了填饱肚子,这等招待是无人问津的。即便如此,也还有人宁肯饿肚子也不愿多吃一口这些粗粮的。于是,屋里的地上,桌子底下,乃至大门外边,随处可见他们丢弃的饼头、芽瓣和方便面,全然不顾女主人的一片苦心。

这些都被伸头伸脑的村民们看在眼里,七嘴八舌地议论开了。

一个说:"既然留下来不打算走了,为啥不去问问高杨氏被打的事?"

一个说:"是呀,白天拿枪要打人,晚上又躲在这里摔扑克;

一年三百六十五天,能有几天在干事?"

一个接着说:"不干正经事,还走到哪吃到哪,只怕除去连吃带拿,吓唬老百姓,这些人别的一样也不会!"

一个开始骂娘了:"这是些不吃粮食又糟蹋粮食的畜牲!"

一个声音说得很大,不怕屋里有耳:"别人不知道还以为镇领导今天带着一群干部,深入俺大高村西组搞啥基层调查,帮俺脱贫致富呢,其实,狗屁!"

一个把嗓音亮得更响,好像不让屋里干部听到不解气:"干脆,抹屎给这些东西吃!"

接着爆发出一阵放肆的大笑。

村民们最瞧不起一些本领不大架子不小的村镇干部。尽管这些村民手中无权,兜中无钱,没有地位,还常受到歧视,但嘴巴却是自己的,口无遮拦,爱用发泄不满求得心理上的平衡和快感。

这天晚上,村民们就在高学花的大门外,有一搭无一搭地发表着各自的感想;屋内的干部兴致仍然很高地摔牌,唠嗑,或是静静地打瞌睡,或是门里门外地溜达,听到村民的各种议论,也很生气,但村民们没有过火的举动,更没有谁碰了他们的一个指头,因此,他们的情绪并没有受到任何影响,里面依然热热闹闹,不时传出一阵阵笑声。

后来,夜深了,村民们觉得没戏,也挺无聊,便各自走开,回家睡觉。至于这一夜干部们是如何熬过来的,明明有车不回镇为啥非得在这受罪,许多村民没往深里想,也认为那是干部们的自由。也许觉得镇上的生活过腻了,来下边讨个新鲜,就像电视上看到的那样,妻子儿女一大家子,有的偏要去搂人家的姑娘,这就叫"萝卜白菜,各有所爱"。

但是这一夜,白胡子高宗朋却躺在床上翻来覆去睡不踏实。

他觉得这事不对头。事情的发展不应该是这个样子的。凭他多年的经验,事情一怪,怪得不大合情合理,这里面就必定潜藏着凶险。尽管村民们没谁强迫他们做什么,镇里的这些头头脑脑是自个儿留下不走的,但他们在村里"困"了一整夜也是事实,回头向上边诬告村民"非法软禁党政执法干部长达十多个小时",这是完全有可能的。

他哀叹中国的农民太善良,啥事总爱往好的方面想;同时又太宽容,一切都可以默默地承受。除去嘴巴硬,面对社会上的任何一种力量,都是不堪一击的。

当第二天的太阳像平日一样从东边的田坎上一跃而出,刺眼的金红色涂在大高村西组农舍的屋脊时,除去白胡子高宗朋,没谁会想到,一九九七年十月十五日这一天,是一个黑色的日子,屈辱的日子,沉重得有如泰山压顶而至的灾难的日子!

这天一大早,冯庙镇派出所朱贤敏指导员走出高学花家,明知道镇里开来的两辆汽车就停在不远的地方,但他宁肯坐着村主任高学文儿子开的拖拉机,一个人悄悄返回镇。

朱贤敏只身神秘地离开大高村西组,谁也不会想到这可能是个见不得人的阴谋。当然,不会有哪个村民会知道,朱贤敏是如何向留在镇机关的党委书记侯朝杰讲述大高村这一夜发生的故事的;同样不会知道,侯朝杰又是怎样向灵璧县委汇报工作的;更不可能知道,灵璧县委又向宿县地委汇报了一些什么。这些至关重要的细节,在相当一段历史时期内,没谁乐意主动解密,因为这关乎着一些领导们的政绩、荣誉或是过失与责任。但是,后果却是十分清楚的,于是就出现了本章开篇描述的那一幅车水马龙、气吞山河、黄尘遮天的大清剿的难忘场景。

11 白胡子与红脸汉子

白胡子高宗朋突然失踪了。

后来,村民们才知道,高宗朋被派出所抓了去。当他被放出来以后,大高村西组的村民就发现,白胡子高宗朋一下子变了一个人。他变得沉默寡言了,常常就像罐头一样把自己闷在家里。有人说他气得吐了血,是在家里养病;有人说他啥病也没有,有也只是心病,不告倒这些制造"大高村事件"的有关干部誓不为人,他是躲在家里写状纸。

但是,有一天,他突然又不见了。

过了一段时间,有人说在灵璧县城看到了他,差点叫人认不出了,他变得蓬头垢面,一副穷困潦倒的样子。他拖了个小板车,满大街在收破烂拾垃圾。有时还凑到商店、酒楼的门口,像个叫化子,挨门乞讨。

不久,他在灵璧县城又一下消失了。

直到高宗朋再次出现在大高村西组,村民们才知道,他已经上了一趟北京。他收破烂,拾垃圾,沿街乞讨,原来是为积攒路费。他给大伙讲,他把状纸递到了国务院信访接待办公室,控告了灵璧县和冯庙镇有关领导颠倒黑白乱抓无辜的非法行为。

他要推倒强加在大高村西组村民们头上的所谓"暴力抗税"的一切不实之词。当然,他不可能会看到香港的《动向》和《争鸣》杂志,否则他还会有理由质问:灵璧县和冯庙镇的某些共产党的领导干部,他们对事情的分析与判断,为什么竟同那些敌视人民政权的人如出一辙?

高宗朋这次外出,算是开了眼界,原来因为农民负担过重和村镇干部腐败问题进京上访的,灵璧县就不止他一个。浍沟镇农民陈一保,由于进京告状走漏了风声,车只坐到大路乡,还没出灵璧县,就被人截下车,县法院不好定他的罪,硬是被公安机关搞了三年劳动教养;大庙乡的尹桂梅虽是个女同志,却奋不顾身地只身北上告御状,居然闯过道道关卡到达北京,使得高宗朋打心里敬佩。

这次,高宗朋就是和尹桂梅一道,被灵璧县委应召进京的同志接回安徽的。在京期间,县委派去的同志说得好好的,承诺回到灵璧后,一准会处理好他们各自反映的问题。可是一到灵璧,当夜就把他们送进看守所,一关就是十五天。

高宗朋不服,这以后他又去了一趟京城。

当高宗朋再次回到大高村西组时,已是老泪纵横了。两次长途跋涉的颠沛流离,他的身子骨像散了架,还犯上了哮喘的毛病,如今走不上几步就得蹲下来喘上好一阵。他恨自己身体不争气,担心今生今世再没有机会进京告状了。一想到无法再能让中央的领导了解"大高村事件"的真相,他就呆呆地躺在床上望着屋梁发怔,不住地甩头,连声叹气。

这天,高宗朋家沉闷寂静的气氛被打破,推门走进一个红脸汉子,他是本镇董刘村村民张继东。

张继东听说白胡子病倒在床上,专程跑来看望这位倔强的老人。张继东也是冯庙镇远近出名的倔强汉子,眼里容不得沙子,是个敢说实话又有文化的农民。说到有文化,他在冯庙镇拿锄头的农民中间,算是个有学问的人。他"文革"前考入安徽农学院凤阳分院的畜牧兽医系,因为没学多长时间,那场"文化大革命"便席卷而至,就没再学文化,学校也在运动中不复存在了,一九六八年毕业时被当作中专生,"社来社去"分到灵璧县冯庙镇,先做兽医,后又当了几年食品站的工人,最后终因食品站经营不善发不出工资,于一九八八年回到董刘村务农。

张继东登门看望高宗朋，这使高宗朋十分激动。他慌忙从床上爬起来，因为起身太猛，连句客气的话还没说，就连咳带喘了好一会。

　　在冯庙，张继东的上访也是"上"出了水平的。在校念书时，他就是一个舞文弄墨的好手，编过小说，写过散文，还创作过戏曲剧本；回灵璧以后，更是县里农民作者中的一个活跃分子。前几年董刘村的农民负担太重，干群关系又太紧张，他就做了一次认真的社会调查，把冯庙镇暴露出来的一些问题，有实例又有分析地写成了一份"万言书"，并把它寄给了全国人大常委会办公厅。连他自己也没想到，他的这个调查报告，居然被全国人大摘编在一个内部简报上。

　　但是张继东甚至连喜悦振奋的滋味都没尝到，就陷入到十分艰难十分险恶的境况之中。

　　最使他痛苦的，还不是自己的处境，而是他反映的那些问题非但没有得到解决，许多问题反而变得比原先更加严重。

　　且不说"大高村事件"，事件发生后的一天，他去镇上看到的一幕，就使他无法不义愤填膺。

　　那天，他正在路上走着，突然听到一阵大呼小叫，回身看去，只见他们董刘村村民张登伟上气不接下气地狂奔着，脸色都因为过度紧张变了颜色；他的后面跟着镇综治办的副主任王和平，王和平手里拎着枪，紧迫不放，从庄前撵到庄后，一边撵，一边喊："站住！站住！再跑，我就开枪啦！"

　　张继东十分奇怪：镇里一个综治办的头头，既不是"公安"，又不是"检察"，更不是"法警"，公检法三家一家不是，只是个普普通通的乡镇一般干部，怎么也可以像模像样地"配"上了手枪？你就是该配枪，可以随便掏出来吓唬人的吗？

　　如今有了一点权的村镇干部太不注意自己的形象，也太无法无天了！

那天正好逢集，四乡八村赶集的人滔滔似水，王和平拎着枪又是撵又是喊，惊动了成百上千人，大家都呆呆地看着这追撵的场面。

张继东后来才听说，那天王和平带着镇里的联防队员来董刘村向村民们逼缴"人头税"，为人耿直的张登伟只是说了句乱收"人头税"是违法的话，王和平就大为光火，一定要把他抓起来。

张继东为这事忿忿不平。一天，在冯庙镇政府，他当着镇人大主任李长洲的面，问王和平："你们什么手续都没有，动不动就下去抓、打、罚农民，合法吗？"

张继东自己也知道，向王和平这样的人问这些问题，是十分"迂腐"的，甚至是"愚蠢"的，但是他忍不住。这不光因为他的个性，多半还由于他多读了几年书。他发现那些大字不识一个的村民，确实比他的痛苦和烦恼要少。

谁知张继东这句话十分灵应，话音刚落，王和平蓦然将笔往桌子上一摔，厉声厉色地喊道："现在要抓你，也不需要手续！我就是'法律系本科毕业'的！"

张继东着实被吓了一跳。

这倒不是张继东怕他王和平，实在是王和平的脸变得太快了。不管怎么说，一个镇子上的人，低头不见抬头见的，张继东真的没想到，他竟然做得出来，而且，是当着镇人大主任李长洲的面。

张继东感到莫名的悲哀。我们的党委、政府，为啥偏偏要找这样既不懂法律又不懂道理的人来干如此重要的工作？太败坏党和政府的形象了！

他吓一跳还有一层原因，就是王和平大言不惭地说自己是

"法律系本科毕业"!

他反问王和平:"我不信你们的权力比法还大?"

王和平拿出看破红尘教训他人的口吻说道:"你真相信电视、广播、报纸上说的,要在中国实行什么法治?别这么幼稚。美国总统,地方法官就能治他的罪,那是外国;中国还是人治!还是我——治——你——"

李长洲一见张继东和王和平两人剑拔弩张,各不相让,急忙劝解道:"老张你听我说,我不管你服不服,王主任说的是对的。比方说,你杀了人,肯定得偿命,如果我要是杀了人呢,那就不一定。不要认死理,啃死猪头嘛!我劝你往后注意点,现实点。因为你和高宗才是朋友,我和高宗才是亲戚,碍着这层关系,要不,我也不会跟你说这样的话!"

一场闹得不可开交的纠纷,虽然由于李长洲的劝解而平息,张继东也知道李长洲说的这番话完全是出于好意,但话中的许多观点,他却无法接受。

正因为张继东无法改变"认死理"、"啃死猪头"的秉性,听说白胡子屡屡上访遭挫,如今已病倒在床上,便忍不住要跑过来看望。

两人谈到动情处,不禁热血沸腾。

提到"大高村事件"的起因,提到旧社会过来的、连自己名字都没有的高杨氏的不幸遭遇,提到事件的罪魁祸首高学文,以及与这事件有关的镇领导和派出所负责人的所作所为,两人无不深感忧虑。

高学文的跛腿还是在人民公社时被生产队的马车轧的,跛了几十年了,附近村庄的老百姓没人不知道,大家早就喊他"高跛子",然而,就这么一件谁都知道的事,却在这次"大高村事件"中成了村民"暴力抗税"的重要证据!派出所副所长郑建民不做调查就去抓人;谁出来争辩,就掏枪对准谁;镇领导又偏听偏信,甚而借题发挥,演绎出一场被"软禁"的闹剧;县领导更是听风是雨,于是,灵璧县历史上一起耸人听闻的冤错假案就这样不可思议地发生了!

当然,酿成这一事件的深层次的原因,绝没有这么简单。对于许多领导干部来说,绝不是检讨一句"犯了官僚主义"就可以搪塞过去的。

"大高村事件"犹如磐石一般压在高宗朋的心上,也压得张继东透不过气来。张继东清醒地意识到,大高村的事不搞个是非分明,像大高村这样的悲剧就会随时在冯庙镇的任何一个地方再次重演!

看到高宗朋病成这个样子,张继东感到了一种义不容辞的社会责任,萌发出要接过高宗朋已经难以承受的这副担子,把大高村西组村民的冤屈喊出去,喊上去!

张继东看望高宗朋这件事,很快惊动了冯庙镇党委和政府。党委书记侯朝杰和副镇长张其武,亲自跑到董刘村,上门警告张继东。侯朝杰开门见山地说道:"大高村那件事,县里是征得地区批准的。案发当天还向省里领导汇报了的。"

这些情况,张继东并不知道,但他相信,这都可能是真实的。而问题的要害,恰恰是县里、地区乃至省里听到的汇报却是严重失实的,现在回头又用这种并不了解实情的"批准"和"汇报"来吓唬人,显然是缺乏说服力的。

侯朝杰见张继东准备申辩什么,严肃地指出:"不准你对'大高村事件'多管闲事,不准你向上反映!"

张继东当然清楚侯书记说的这个"上"字里,不会包括县委和县政府,甚至不会是指地委和行署。他从对方强硬的口气中,反倒听出了镇领导对"大高村事件"真相被暴露的焦虑和担心。

他在心里笑着说:既然地区领导批准,省里领导也知情,一切都做得很对,为什么还怕向上反映呢? 怕就有鬼!

他坦率地谈出所以会引起"大高村事件"的原因。

侯朝杰截断张继东的话,不客气地指出:"你这是和地方政府作对! 真这样,就别怪我们要治你!"

侯朝杰或许觉得说这些硬话于事无补,反而会把事情搞僵,接着又换了一种口气说道:"不要引火烧身嘛。你过去向上反映的问题,全国人大的简报不是也登了吗,中央领导和省里领导不也都批示要求调查处理么,县里还组成了专案组下来查了一个多月,结果又怎么样了呢? 最后又处理了谁个呢? 话说回来,假如你这次再把大高村的事捅上去,即使有个万一——我说的是万一,我们就是都倒霉干不成了,县长、专员也受到了牵连,又能轮到你来干吗?"

临了,侯朝杰又告诫道:"你可以找一下党的九大文件,好好看看。看看当时……"

张继东实在闹不明白,侯朝杰怎么会突然提醒他要把"党的九大文件"找出来看看。那都是什么年头的事情啊!

侯朝杰走了以后,张继东认真寻思了一会"大高村事件",他确实十分具体地感受到搞清这件事的风险了。当然,他也十分清楚,要搞清事件的真相,就是在和地方政府"作对"了。他只是十分纳闷:地方政府,就不应该和中央保持政治上的一致性吗?"以法治国"已经成了中国国策,难道宿县地区、灵璧县、冯庙镇就不需要以法治区、以法治县、以法治镇吗?

"实事求是",不就是党的十一届三中全会的精神吗? 张继东想。正因为党的十一届三中全会敢于正视执政党历史上的错误,并果断地否定了"以阶级斗争为纲"的错误路线,才出现了今天改革开放的大好形势。只有勇敢地正视过去,才能坦然地面向未来。

有法必依,有错必纠,不光是村民们的事,各级党政机关领导更应该身体力行,否则,如何取信于民?

张继东经过一番撕心裂肺的思想斗争,决定挺身而出。为把"大高村事件"彻底搞清楚,于是他不声不响地开始了一次认真的调查研究。

12 可以瞒天过海吗

张继东意料之中的事情还是发生了。

这天,冯庙镇派出所的几个公安民警,突然闯进了他的家。进门就大呼小叫地问:"谁是张继东?!"

当时张继东正好在家。他在同几个村民闲聊着,见杀气腾腾来了几顶大盖帽,如此出言不逊,就有些气恼;但是听话听音,他意识到来人并不认识他,于是就心平气和地说:"他不在,有话我可以转告吗?"

坐在周围的村民听张继东这么变口,马上都十分配合地跟着说:"进来坐,进来坐,张继东去了县里,有啥事俺们都能过话给他。"

几个民警在屋里扫了几眼,也就没怀疑,就说:"那好,回来后叫他到所里去一趟!"

民警走了以后,张继东只觉好笑。不过,他已看出侯朝杰书记要对他下手,董刘村不能再呆了。

这以后,他去了邻近的泗县。躲在泗县打工的同时,一边仍对"大高村事件"暗中进行调查。

侯朝杰抓不到张继东,当然不会善罢甘休。一九九八年十二月二十六日,农历也到了十一月初八,一个滴水成冰的晚上,张继东家的门猛地被人踢开。随着一阵刺骨寒风进来的,是冯庙镇派出所所长马里和警员卢林。二人既没出示任何司法文字,也没说明因为什么事情,闯进屋里后,二话不讲,上去就把已经上床睡觉的张继东的儿子张小五,卡着脖子拖出被窝。先是一顿拳打脚踢,然后才连推带搡地押出门。出门前竟连衣服鞋子也不准穿。

没穿棉袄光着脚丫的张小五,就这样被他们拉到了寒风呼啸冰天雪地的田野上。当张小五被秘密带到一个叫浍沟镇的派出所时,他已冻得不能说话。

接下来,残酷的折磨便开场了。

马里亲自上阵。他揪住张小五的头发,用力把张小五的脑袋往墙上撞,撞得张小五眼冒金花;然后就用警棍朝张小五的嘴里捣,捣得他脑袋发炸,拼命喊叫。

马里发现张小五被冻得脸色发乌,浑身颤抖,便逼着他在冰冷的水泥地上长时间连续不断地做俯卧动作。张小五做累了,实在做不下去了,马里就抬起大皮鞋向他腿肚子上猛踩,踩得他"啊啊"直叫。

马里还有一项自己的小发明:他的两个大拇指头对准张小五眼角两边的太阳穴,使劲地捏揉,捏揉得张小五不住地惨叫,叫着叫着就已不是人腔了。

再后来,马里就向张小五的胸口上、脸上狠击老拳,或是猛抽耳光,跟着就问:"张小五回答我,我们打你没有?"

张小五不敢抬头,不敢吭声。他还是个没谈过对象头脑还较简单的小青年,在这之前,他做梦也想不到,人凶残起来会变得如此邪恶,没有一点人性。

"说!"马里脚蹬大皮鞋,照他的腿肚子上又踩了一脚,"必须回答,我们打你了没有?"

张小五痛苦地叫了一声,忙说:"你们……打了。"他不敢扯谎。

马里哈哈大笑。

笑得张小五心惊肉跳。

马里指着同来的警员卢林对张小五说道:"我打你了?他能为你作证吗?"

马里让卢林接着打,打了一阵,卢林也突然问:"我们打你了没有?"

张小五哭着说:"你们没打我。"

马里显然不满意,抽了张小五一个嘴巴喊道:"大声回答!"

张小五不敢再哭,诚惶诚恐地大声回答:"你们没有打我!"

马里见有了效果,看看时间也是凌晨两点多钟了,这才停手问道:"既然我们没有打你,就不要再叫我们不高兴。给我讲实话,你父亲是不是还在帮高宗朋那个白胡子老头儿写上告材料?"

直到这时,张小五才明白,冯庙镇派出所所长亲自出马抓他的原因,深更半夜抓了他,却又偷偷地将他带到浍沟镇的派出所来"过堂",原来"大高村事件"虽然过去一年多了,但许多人依然提心吊胆怕事情的真相被上头知道。

可是,张小五实在想不明白:知道"大高村事件"真相的,岂止是父亲和白胡子老头呢,那事发生在光天化日之下,发生在成千上万人的眼皮子底下,这是靠抓人,吓唬人,堵人的嘴巴,就可以瞒天过海的吗?

第四章　漫漫上访路

13　享受冷漠

公元一九九四年十月一日,是共和国第四十五个诞辰。到处是欢歌笑语,到处是鞭炮声,安徽省临泉县白庙镇王营村村民王俊彬,却把自己关在房间里。这里是河南省沈丘县留府镇李大庄,虽然离他的家乡只是咫尺之遥,他却有家不能归。他的心情冷却到了零点,并且,真真切切地感受到了伍子胥过昭关一夜急白头的那种心境。

临泉县公安局于两个月前的七月三十日,下达了《关于敦促王俊斌等违法犯罪分子投案自首的通知》,《通知》上虽把他的名字都给写错了,但他十分清楚,随着这个《通知》的到处散发,他被剥夺了人身自由的同时,也被剥夺了申辩权,他已不可能再回临泉县申诉自己的冤情,回去申诉无疑等于自投罗网,结果是可想而知的。更让他感到伤心,震惊,如闻晴天霹雳的是,二十多天之前,就在他又一次与王营村村民取得联系,带领村民冲破重重阻挠,成功地踏上北去的列车进京上访时,临泉县纪检委作出了《关于开除王俊彬党籍的决定》。

他带人上访,找的是党的上级组织,也仅仅是希望落实党中央、国务院有关减轻农民负担的政策,其后果却是被开除出党!这是最叫他想不通,也是最令他感到痛苦的一件事。事情走到这一步,是他做梦也想不到的。他痛切地感到:今天的农民,不仅面临物质匮乏的困扰,还将承受从精神到心理上的巨大压力。虽然有许多话想说,可是让农民说话的渠道并不畅通,民意和民情还无法得到正常表达,难怪一些地方有的农民不得不将早已"站起来了"的身子,又在"父母官"面前屈膝下跪;有的甚至不得不采取古人"冒死拦轿"的办法,在公路上拦截领导的车队喊冤。

"文革"结束那年才六岁的王俊彬,是在铺着阳光的新时期的大道上无忧无虑地走过来的,接受的教育中,除了改革、开放,就是民主与法制。十八岁那年,高中还没毕业呢,他就响应祖国的召唤,走进了军营,从此又多了几分军人的奉献精神。特别是当他在党旗下庄严地举起右手,向党宣誓,更懂得随时随地维护党的决定和人民的利益,是一个共产党员义不容辞的责任。因此,今天的王俊彬,显然不会像有的农民那样向谁屈膝下跪,他认为民主的权利不是靠谁恩赐的;他当然也不会去干那种"冒死拦轿"的事情,他知道自己什么都丧失了,惟独没有丧失的是民主的权利。

他要申诉。

虽然他还并不清楚向哪一个具体部门要求维护自己的权利更为合适,他却毫不犹豫地在纸的上端写出"诉状"二字。

尽管他知道被申诉人一般只应该是部门的法人代表,一个党的县委书记不可能成为被告,但他不管这些,依然坚定不移地在"被申诉人"下面,写上张西德的名字。他认为临泉县委书记张西德在那起性质恶劣的"白庙事件"中,负有不可推卸的责任,扮演了一个极不光彩的角色。

临泉县隶属被称作安徽"西伯利亚"的阜阳地区,这是饱经历史沧桑的一块土地,黄河无数次溺辱过它,留下了无边的淤泥沙土,成为著名的黄泛区。当年刘邓大军突破敌人的黄河天堑防线,千里挺进大别山,就是从这里杀出一条血路,揭开了解放战争大反攻的序幕的。今天,天性淳朴的临泉人民,凭着勤劳的双手,正在改变着家乡的面貌,但由于人口的众多,一个小小的平原县,竟拥有一百八十多万人,堪称"华夏第一县";再加上交通闭塞,土地瘠薄,至今仍是远近闻名的贫困县。

王俊彬就出生在这个贫困县最贫困的白庙镇。

我们是事隔六年后的二〇〇一年的冬天走进那片土地的,那里的贫穷给我们留下了极其深刻的印象。一路看过去,没有一家乡镇企业,田里种的全是清一色的大葱和大白菜,很多年以来,这里的农民就靠种大葱和大白菜为生。在村庄旁边不远,有一条公路直通外省,路两边到处是堆积如山的大葱,等着过往的司机顺便买走。我们一问价钱,不免吃了一惊,一斤仅卖六分钱,一板车葱也就抵个两三元钱;大白菜价钱稍微好一点,也只卖到一斤一角钱。然而,就是这么便宜的蔬菜,种菜的人却舍不得吃。我们进村的时候,看见一个三十岁上下的农民端着碗蹲在门口吃饭,碗里只有饭,没有菜,我们问他,这么便宜的大白菜为什么自己不炒点吃,他说了一句令我们心酸不已的话:"我吃掉一斤不就少赚了一毛钱吗?"

二〇〇一年的白庙尚且如此贫穷,六年之前就更是可想而知了。听他们介绍,那时白庙镇的人均年收入只有二百七十四元,就是说,每人每天的收入不过八毛钱,谁都知道,这意味着什么?尽管已经贫困到了这个地步,县、镇、村还是层层加码,不断地把各种各样的乱摊派、乱集资、乱罚款强加到村民的头上,而绝大多数的村民对这种巧取豪夺却又敢怒不敢言。

这天,王俊彬找到王向东和王洪超,他觉得总要有人敢站出来替大伙说句公道话。王向东和王洪超,也都是村里思想比较活跃的年轻人,特别是王洪超,提到乱摊派,他就恼得直摇头,简直就是深恶痛绝。

王洪超的岳父是乡村中比较有商业头脑的精明人,除了种庄稼,农闲时就走村串乡去卖老鼠药,这行当成本不多,收入却是可以的。王洪超早也看出,光靠种庄稼日子过得太艰难,就跟着岳父去卖老鼠药。一天,王洪超正好外出卖药,村支书高建军带着苛捐杂税的突击队,大呼小叫地摸上门,每家要收六块钱的"建校费"。村里学校校舍好好儿的,没有一间危房,怎么又冒出个"建校费"呢?王洪超的母亲当时在家,她想不明白,也掏不出这六块钱,就说:"洪超不在,改天再缴吧。"话音刚落,高建军搬起电视机就走。王母一看,忙追出门说:"家里没人,你们这么搬东西,合来不合来呀?"她说的是当地话,是在查问村支书这么干"划算不划算"?因为高建军与王洪超还有一层亲戚关系,她想不到高建军当上了支书就会干出这种翻脸不认人的事来。谁知,高建军理也不理,扬长而去。

王洪超后来知道村支书抱电视机的事,气得直骂娘。

王俊彬、王向东和王洪超三人一合计,决定先去镇里讨个说法。当时,他们三个人想得都过于简单:既然有党的"减负"政策,就应该不折不扣地执行。再说向上级机关反映下情,这也是宪法赋予每一个公民的合法权利。

他们差不多是怀着无比信赖的心情,去找镇党委书记韩春生的。王俊彬更是以一个共产党员的身份,去寻求组织上的帮助的。

他们永远记住了那个日子:一九九二年十月二十八日。那一天,让他们刻骨铭心,在镇党委办公室,他们终于懂得了什么叫"推诿",什么叫"糊弄",什么叫"对人民群众感情麻木"。

镇党委书记韩春生的不闻不问,助长了村支书高建军的肆无忌惮。当高建军得知王洪超把他抱走电视机的事情也告到了镇里，恼羞成怒，不仅拒不归还，还明目张胆地再次闯进王家，又推走了他家一辆自行车。

欠缴所谓的六块钱的"建校费"，竟然抱走一台电视机还觉不够，又推走人家自行车，这事显然做得太过分，一下激起了公愤。

于是，更多的村民站了出来。纷纷向王俊彬、王向东和王洪超提供村干部乱摊派、乱集资、乱罚款的人证物证。

我们在王洪超家就见到过当年村民们的三份证据。一份是盖有"临泉县白庙镇人民政府"大印的《农民负担税费卡》，卡上承包耕地的亩数明显有改动的痕迹，而且，是一改再改，由最初的"六亩四七"改作"六亩八五"，涂抹了之后，又写成"六亩八七"。涂改承包耕地亩数的目的，不言而喻，是为提高"农业税"、"农林特产税"、"耕地占用税"以及其他各项应缴的税金。至于卡上填写的"村提留"和"乡统筹费"的数字，更是叫人雾里看花，两组十四项"应负费用"款，数字是十分具体的，但其中的依据是什么？为什么要村民缴这么多？谁也说不清。总之，十四项钱款加起来，应该是九十三元一角整，"合计"栏里也是这么填写的，却不知为什么，又用红笔给扛掉，改成了九十一元五角六。在另一份盖有"临泉县白庙镇邵营村民委员会"大印的《农民承担费用收款收据》上，"乡统筹村提留"的九十三元一角整，又变成了九十一元四角七。看上去，越改收的钱款越少了，而且收款人还在这份收据的空白处写上了一行醒目的大字："依此据为准其它单据作废"。就是说，再加上"应缴"的税金，这户农民总共就缴了一百四十元三角六分。然而，富于讽刺意味的是，这户农民提供出的又一张油印的邵营行政村农户一九九三年午季缴款通知单》，无疑应该被看作是"作废"的"其它单据"，《通知单》上通知午季必须缴纳的竟是一百八十四元零一分！他"承包耕地"的数字不仅又变成了"六点八八亩"，应缴税金也由四十八元八角九分变成了一百五十五元二角七分！

一份《税费卡》，两本不同的账。一本是要村民如数缴纳的，一分钱不能少；一本是写在纸上专门给上边来人检查用的。掩耳盗铃，欺上瞒下已经到了无所顾忌的程度！

王俊彬、王向东和王洪超掌握了村民们提供的这许多证据，更坚定了上访的信心。由于镇里对村干部的问题极力包庇，他们不得不"越级上访"了，这以后就找到了县里。

使他们大感意外的是，在县里，他们遇到的竟然也全是冷冰冰的面孔。

于是，三人横下一条心，决定去找一把手。

"我们要见张西德同志。"他们认为，县委书记是全县党组织中最高的领导，党性肯定也是最强的，不会看着下边公开违背党的减负政策不管不问的。

办公室的同志抬起头，发现闯进来的是几个农民模样的年轻人，很不耐烦地说："知道张西德是谁吗？"

"县委书记呀！"

"你们是哪里的？"

"白庙王营的。"

对方一听就奚落道："县委书记也是你们随随便便就可以见的吗？王营村的事，你们应该找白庙镇党委和政府去解决。"

"可是镇里不问。"

"他不问，你们就来找县委书记？如果全县所有村都像你们王营，有事没事就跑到县里找书记，这县委书记还能干吗？"

三个人全傻了眼。

王向东的性子急，忍不住地问："镇里不管，你说不找县委领导找谁?"

对方一下站了起来,冲动地扇着两臂,像轰赶一群鸭子似地大声喊道:"去去去,我们还有事!"

有着几分心计的王洪超,一直没言声,这时冷静地说道:"我们要求县委落实中央'减负'的政策!"

"谁不给你落实,你去找谁!"

"我们就找张西德书记!"王洪超声音不大,却说得十分坚定。

"不行!"

"为什么不可以?"

"不可以就是不可以!"对方终于把话说死了。

王洪超显然不甘心,他依然平心静气地问:"对待群众,你们就是这种态度吗?"

对方冷嘲热讽道:"快走!否则,这种态度都不会再有!"

从县委大院走出来的时候,三人的脸色都十分难看。王洪超后来谈到当时走出县委那一瞬间,他强烈地感觉到,原来心中一种最圣洁的情感,忽然间被人粗暴地玷污了,他痛苦极了。

回村后,村民们凑在一起开了个会。大伙都觉得,既然三个人去县里反映问题,势单力薄,得不到重视,那就各家各户能去的都去。这以后,王营村三百多村民一齐出动,坐着十几辆农用车和四轮拖拉机,浩浩荡荡开进县城。

然而,人多势众,不但于事无补,反倒引起县委更大的反感,说他们这是在"聚众闹事"。

几次受挫之后,村民们感到,农民负担过重的问题,在临泉县已毫无解决的希望,剩下的,就只有三条路可走:一是找地区,二是去省里,再就是直接进京。去地区和去省里,不少人都表示心中无底,因为无论地区还是省里,都与临泉县委和县政府有着太多的联系,不能说他们就一定会是"官官相护",但把上访的材料层层下批,最后又批到被上访人的手里,却是完全可能的,这样的故事,当今的报纸、广播、电视上已屡见不鲜。假如是那样,人家指个兔子叫攉,一圈攉下来,不说村民们的时间和精力赔不起,也没有那些钱朝外拿呀!

大伙七嘴八舌,各抒己见,到了后来,意见就渐渐集中起来,这就是:一不做,二不休,干脆去找党中央、国务院! 因为,减轻农民负担的好政策就是党中央、国务院制定的,党中央和国务院同咱底下农民的心贴得最近!

当然,大家也都知道,这样"越级告状",将会承担很大风险。一个严峻的事实是:进京上访,反映白庙镇和王营村的问题,客观上看,告的却是临泉县的"黑状"。至少说明,临泉县拒不落实中央减轻农民负担的政策,是给党抹了黑,给国家添了乱。县委书记张西德对此绝不会善罢甘休。

提到张西德,大伙在临泉县的电视上早就熟悉了:五短身材,说话爱挥手;做报告的稿子肯定是秘书们给写的,文辞还可以,可他一到脱稿讲话时,就没有了一点文雅气,说的话跟个粗人没啥两样。一次会上,在强调计划生育不准超生的时候,张西德竟挥着拳头信口开河道:"我宁要七个'坟头',不要一个'人头'!"说得大家全伸舌头。这句充满杀气和血腥的话,被流传得很广,谁听了谁脊背发凉。

总之进京上访,前途难卜,谁有能力有胆识担当此任呢?

大伙心里当然全清楚,只是谁也不忍心先开口。推选进京的代表时,村民们一双双充满期待的目光,都不约而同地注视着王俊彬、王向东和王洪超三个年轻而又有文化的后生。

14　感受温差

一九九三年年尾最寒冷的一天,王俊彬、王向东、王洪超经过简单的准备,把收集上来的"三乱"证据小心地整理停当,就匆匆踏上了北上的列车。

当三人第一次步入北京车站的月台,一种受了委屈的孩子终于来到母亲怀抱的冲动,使得他们异常激奋。他们多么想去看看魂萦梦绕的天安门广场和人民大会堂,看看雄伟壮观的英雄纪念碑和金水桥畔的华表,看看中南海的红墙啊,但是,他们知道大伙凑出的这点上访经费来得太不容易,一角一分都必须花在当紧的地方。

走上北京的街头,他们就到处打听党中央、国务院设立的信访局在什么地方。

在中办国办信访局,他们受到热情的接待,没有想到事情的进展会如此顺利,不免有点儿受宠若惊。接待的同志认真听取了他们的情况反映,还就他们提出的问题,允诺将很快给安徽有关部门发去专函,促成这事的调查处理。

北京如此严寒的气候,这是他们有生以来没有碰到过的,迎面卷过来的又冷又硬的风,直扎肌骨,但三人的心里却都像揣进个腾腾燃烧的火炉子,打心里往外冒着热气。

"既然来了,"王洪超说,"能找的地方咱都找一找,不枉此行。"

于是三人一路问过去,又跑了一趟国家农业部。

在农业部的信访接待站,三人就像回到自己家似地感到亲切与温暖。接待站的同志听了他们反映的问题,看了他们带去的证据,当场就明确表态:白庙镇和王营村的做法是错误的,并主动为他们开出介绍信,要他们回到安徽后,拿着这封信直接去找省农委的一个单位。介绍信是事先就用铅字印好了的那一种,只须在上面填写上访反映的大概内容,但这次显然破例,不仅写出他们反映的农民负担过重的具体事实,还直截了当地写上了他们的看法:"这种收取办法违背了中共中央、国务院关于减轻农民负担的规定。"信的末尾处,除了有着千篇一律的一行字:"现介绍去你处,请接谈处理。"又破例添出一行字:"现介绍你处,望认真查处。"

信访接待站的同志一直把三人送出大门,还送了一本《减轻农民负担劳务管理法》的小册子,分手时,还突然感慨了一句:"上面三令五申,下边照样胡搞,怎么得了!"

一句话说得三人的心不由一热。

是呀,北京的气温比家乡低多了,贼冷贼冷,看上去好像没有一点儿风,树梢也一动不动,但逼人的寒气还是能够强烈地感触到,然而,当坐上南下的列车,一路之上气温明明在回升,他们竟感到自己是在向一个寒冷的地方驰去。一想到临泉,想到白庙和王营,心里边就惴惴不安,就由不得有一阵阵冷气向心上袭来。

正常的情况下,离家乡越近,就越会感到亲切才对,但是这种感受他们非但没有,相反地,有了这趟北京之行,他们对家乡突然感到陌生了。离家乡越近,信心丢失得越多,而且,有着一种难以言状的惆怅和恐惧,在吞噬着他们的心。

尽管,在北京的每一天,他们都沉浸在无比的亢奋与激动之中;奇怪的是,在亢奋与激动的同时,又有一种异样的酸楚,不时会从心里毫无准备地冒出来,破坏着他们的好心情。为什么会有这种奇怪的感觉,当时三人都说不清,此刻,列车远离北京了,他们才恍然大悟:北京虽好,但不是属于他们的,他们毕竟是临泉县白庙镇人,他们的命运更多地还是掌握在临泉县县委书记手中,甚至只是掌握在白庙镇王营村个别人的手里。

只要他们还从属于临泉县白庙镇的权力磁场之内,纵然远离千里万里,也逃不脱任人宰割的命运!

车过黄河以后,三人似乎都无话可说了,可谁也睡不着。整整一夜,他们就这样枯坐着,似乎什么也没想,一直无聊地听着车轮与铁轨忽轻忽重的碰撞声,这声音,在寂静的夜里,听起来竟是那样震撼人心。

等到天都大亮了,三个人才昏昏沉沉地有了倦意,但是省城合肥却已经到了。

下了车,顾不得休息,三人就按农业部介绍信上写的单位,找到了安徽省减轻农民负担领导小组办公室。

省减负办的同志听了三人的陈述,十分重视,也觉得问题严重,当即写了一封态度十分明确的公函,希望他们亲自交给临泉县减负办:

> 我办接待了农业部转来的你县白庙镇上访群众,从提供的提留表来看,确存在负担过重问题。据反映,就此问题他们已多次向上级政府报告,一直未得到彻底解决,群众反响较大。现转去农业部的意见及有关材料,望你办接函后迅速派人核实处理,如确实存在加重群众负担问题,该退赔的要坚决予以退赔。
>
> 处理结果及时上报。
>
> 特此通告。

为慎重起见,省减负办的同志还认认真真地在函件上加盖了公章。临分手时,也送了一本他们自己汇编的有关减轻农民负担的中央历次作出的具体规定的材料。

走出农业厅大楼时,三人在京曾有过的那种亢奋与激动,再次溢满了胸襟。王洪超甚至下意识地回头看看这座已经相当陈旧的建筑,心中油然荡起一股感激之情。

在合肥期间,他们还找了一趟省纪委。省纪委接待的同志也相当重视,希望他们放心地回去,这事,他们会过问的。

一九九四年一月二十五日,王俊彬、王向东、王洪超再次走进临泉县委办公室。他们出示了国家农业部和安徽省减负办的有关信函,这一次,办公室的人没有再刁难。

显然,这时的临泉县委,已经接到中办国办信访局的公函;县委书记张西德,也知道了白庙镇王营村村民代表把他们告到北京的事。他笑容满面地走了出来,并当场给白庙镇党委、镇政府写了个便条。写道:"邵营行政村王营自然村群众上访要求退多提留的款,请努力做好工作,抓紧时间将多提的款全部如数退给群众。"

三人接过县委书记的条子,认真看了看。因为字比较潦草,有的字写得也不规范,看了一会才闹清上面的内容。不过,又好生纳闷:"多提的款",这是个什么概念? 作为党的一级组织的负责人,为什么不能够像中央、国家机关以及省减负办那样,按照党中央文件规定的精神,指出这件事的严重性? 既然下决心要镇里解决,为何不通过组织的程序,而是随手写了个白纸条子交予上访群众? 再说,"群众上访"了这些日子,三番五次地来找县委,县委就是装聋作哑;如今,上边批下来了,马上"笑脸相迎",既然如此,何必当初呢?

不管怎么说,从一九九三年十月二十八日开始上访,到一九九四年一月二十五日县委书记"签字画押",前前后后折腾了八十九天,总算看到了结果。当村民们听说张西德书记表态将"多提的款如数退给",整个村子顿时沸腾了。

可以想见，白庙镇党委书记韩春生、镇长马骏看到张西德的"手谕"，心情是何等复杂。他们当然清楚这件事情的性质。闹到这一步，不用说，是他们给县委、县政府捅了娄子。不过，村民们拿到的，毕竟只是一张白条，细细揣摩，他们既从张西德的"群众上访要求退多提的款"一句中听到了不满，却也从"请努力做好工作"的一句话上读出了县委书记的无奈。

白庙镇不解决农民的负担问题显然不行了。这时，县纪检委在地区纪检委的督促下，也组成了调查组开进白庙镇，对镇村"减负"的问题立案调查。其实，只要查，许多问题都是明摆着的。县纪检委调查组只是查了一下镇村两级一九九三年的"提留统筹"的账，就发现了十一万多元的农民负担问题。王营村的村民代表在帮助村里的自查中，不但发现村里的财务管理混乱不堪，经费的开支也极其随便，莫名其妙的单据太多，还发现镇里随意平调或挪用村里提留款及集体资金的问题也十分严重，甚至将镇村两级的调款情况，就合做在一张表格上，仅"一九九三年秋季调款"，查出的明明是四万七千六百五十元，但到了"调款表格"上，竟然就变成了三万三千七百六十元四角六分，这一笔，就隐瞒了一万三千八百八十三元五角四分！

镇村干部营私舞弊的恶劣行为，引起王营村广大村民的极大愤慨，但是，从县委书记为村民代表写出便条算起，在长达六十二天的时间里，行政村只退回给村民一点"皮毛"，而且，在此期间发生的两件事，不能不让王营村村民甚感不安。一件是，领头上访的王俊彬，此前一直为镇的土地管理所聘用，这当儿被突然解雇；再就是，王向东和王洪超接到镇里的通知，要他们去镇机关"清算账目"，二人刚进镇政府的大门，就被早有准备的机关人员一顿毒打。

退款不过是虚晃一枪，打击报复却动了真格的，王营村的村民们忍无可忍,又一次集合起几百人的队伍,找到县城,要求张书记履行他给大家的承诺。

村民们确实把问题想得过于简单,也太不了解我们今天那些被称为"父母官"的领导干部。他们中间不少人其实早已被宠坏了。他们只习惯于人们对他的前呼后拥,掌声笑脸,惟命是从。

张西德一看来了这么多村民,而且带有明显责怪的口吻,首先就变了脸,再不提如数退给加重农民负担的那部分钱款的事。他的话一下就变得十分严厉,也很难听:"有本事,你们只管狠狠地闹,我就是不给你们处理!"

村民们问:"这符合中央文件的精神吗?"

张西德越发火冒三丈地说道:"有本事你们就往上找!"

村民们一听,就更纳闷:落实党的减负政策,本来就应该是临泉县委责无旁贷的工作;正是因为县委当时不管不问,他们才往上找的,现在上边已经过问了,县委不仅不解决问题,反而责怪村民。村民们当然不服,要求县委张书记落实中央的减负政策。

张西德显然早已失去了忍耐性,他高声大嗓门地喊道:"你们尽管给我闹,闹得越大,我才越好处理!"

村民们百般无奈,于是又去找县纪委。因为县纪委曾经派出过调查组,并且查出了白庙镇和王营村"提留统筹"上的不少问题。可是,纪委书记李树成听说下面就是不愿清退多收的钱款,却也无可奈何地说道:"我让他们退,他们不退,我又有什么办法?"

主管一个县党的纪律检查工作的书记,对下面干部的胡作非为感到无能为力;统管全面工作的县委书记又是这样蛮横不讲理,村民们感到难以理解,也感到十分气愤。

不过,这时候的王营村村民代表,已经有了一定的承受能力,他们表现得十分冷静。王俊彬、王向东和王洪超,三个人下了也许是这辈子最大的一个决心:一定要和这些对党的政策阳奉阴违的人斗争到底,不达目的,誓不罢休!

　　当然,三个农民的决心,即便就是三百个、三千个农民的决心,以及他们拥有的全部真理,在整个社会都对权力顶礼膜拜的今天,在中国几千年形成的强大的权力结构面前,又算得了什么呢?

　　也许他们都太年轻了,压根不清楚"文化大革命"和"阶级斗争"是怎么一回事,也不可能会把事态想得很严重。尽管早在这十六年之前,在党的十一届三中全会上,我们早就摈弃了"以阶级斗争为纲"的"左"的错误方针,但是在临泉,在白庙,"阶级斗争一抓就灵"依然是许多干部潜意识里的法宝,他们处理问题时的思维,依然还停留在过去的时段。

　　从县城回来不久,王洪超便得到了一个足以使全村人不寒而栗的消息,这消息,是白庙镇派出所的指导员施灿洲透露给他的。王洪超同施灿洲私下交情不错,这年三月三十日这一天,施灿洲把他拉到一边,悄悄给他打招呼:"你不要再插手上访的事了。"还用了当地一句土话,叫他"赶快'薅手'",意思是说"赶快收手";并严肃地提醒道:"马上要抓人!"

　　当时,王洪超心中一惊。他知道施指导员不是和他开玩笑,也不是在吓唬他。他一点也不敢怠慢地就把这一消息告诉了王向东和王俊彬。

　　王俊彬和王向东听了似信似疑,却也不得不马上通报给广大村民。

　　一时间,王营村笼罩在一种莫名的恐怖之中。

　　村民们自发地组织起巡逻队,以防不测;王洪超干脆把村子里的广播喇叭安在了自己家的院子里。

村民们虽然思想上有了准备,却没有想到"抓人"的这一天来得这么快。

15 天高皇帝远

一九九四年四月二日的晚上,已是十一点多钟了,这在有着夜生活的城市里或许不算太迟,但在这偏僻的王营,村民们差不多全都熄灯上床了。就这当儿,一辆客货两用车鬼鬼祟祟地开进了村。

车在村西头悄然无声地停下之后,打上面跳下五个人。事后才知道,他们分别是白庙镇派出所指导员施灿洲,民警王树魁、张复春,治安队员王俊和刘凯。他们交头接耳一番后,五人就行动诡秘地向村中摸去。

他们的出现,立即引起巡逻的村民的注意,就远远地尾随着。后来发现这些人,尽在领头上访的几个村民代表家的门口探听动静,有几次竟试着上前推门,这更引起村民的警惕,就跑去敲王洪超家的门,边敲边喊:"村里来了几个偷偷摸摸的人!"

王洪超小孩的姨李莉,当时正住在王洪超家里,门外的响声首先把她惊醒了,她一个激灵从床上爬起来。听说村里来了偷偷摸摸的人,便冲到放有广播器材的房间,打开开关就喊起来:"王营来贼了! 王营的老少爷们,有叉的拿叉,有棍的拿棍,不要让他们跑了!"

夜深人静,广播的喇叭声立刻把一村人惊醒了。听说村里来了贼,一个个飞快地穿衣下床,操起家伙就奔出了门。

骤然响起的喇叭声,首先就把跟来的两个治安队员吓坏了,知道这次的秘密行动被暴露,村民们最恨的就是跟着干坏事的治安队员，骂他们是"二鬼子"，一旦被村民们逮住了，派出所的公安人员还好讲，他们可就惨了，于是二人便像一对受惊的兔子，夺路而逃。派出所指导员施灿洲，听到响声，料定事情不妙，连丢在村头的车子也顾不上了，立即调转身子，高一脚低一脚，摸着黑，慌不择路地也朝村外遁去。

民警王树魁、张复春以及司机赵灿龙因为躲避不及，最后被村民们一个个分割包围。

村民们喝问道："你们是哪里来的？干什么的？"

一个民警说："我们是瓦店的……"

另一个民警说："我们是……黄岭的。"

司机却说："我们是城丝绸厂的，和厂长来找你们村的一个人联系业务。"

三个人竟有了三样说法，这自然更引起大伙的怀疑。

王营村地处安徽和河南两省边界，王营小学校长王天基住的村西头，屋外的小路就是河南省沈丘县和安徽省临泉县两省两县的地界，有人说王校长的孩子出门撒泡尿，就浇湿了两个省和两个县的地皮。处在这么个偏僻而又十分敏感的地带，突然冒出三个来路不明之人，三人又是三样说法，其中还有穿警服的，这就不能不格外引起村民们的警觉。怀疑这是一伙利用地理位置上的"优势"，乘着深更半夜冒充民警暗中打劫的刁徒。

村民要求每人拿出证件来证明自己的身份。这一下，三个人变得越发紧张起来，趁着混乱，落荒而逃。这一逃，村民就觉得问题更大，当然更不能放过，当即追了上去。

三个拼命逃窜的人，因为没有村民们的路熟，眼看难以逃脱了，这时，穿警服的索性站住了，从腰间拔出手枪来，指着追到面前的村民凶狠地喝道："不许动！再追，我可就开枪了！"

村民们被这突如其来的情况吓了一跳，纷纷站住。

正在狂奔的另外两个人,发现村民站住了,也就停了下来。

村民们人多势众,面对枪口并不怕,倒是更加肯定这是一伙乘夜打劫的刁徒。情况明摆着:既然谎称是"丝绸厂"来王营"联系业务"的,怎么就变出手枪了? 如果真的是民警,又为什么要说是"城丝绸厂"的人? 而且,不敢正大光明地亮出自己的身份? 再说干吗要逃,慌慌张张连个汽车也不要了?

村民盯着司机问:"你们究竟是干什么的?"

司机吞吞吐吐不敢说。

村民们不再怀疑了,他们首先采取了自卫,上去解除了对方手中的凶器对大伙的威胁。他们甚至认为,对准大伙的这支手枪,和那套警服一样,肯定都是假的。几个村民扑上去,就把对方的枪支打掉了。接着,愤怒的村民对他们认为是打劫的刁徒一顿痛打。

直到尝到了苦头,司机赵灿龙才说了实话:"他们的确是派出所的警察,租了我的那辆仪征车,给了我十块钱,一盒渡江烟,叫我开车来抓人。"

说着,忙把口袋里的十块钱和一包烟交出来,求村民们放他一马。

村民听说这其中真来了抓人的民警,忙问王树魁和张复春,二人只得坦白:"我们是白庙镇派出所的。"

村民一听,炸了营:

"你们凭哪一条来抓上访代表?"

"抓人为啥偷偷摸摸?"

"你们明明是白庙派出所的,为啥要说是'瓦店'的、'黄岭'的'城丝绸厂'的;为啥一追问就逃?"

问得二人一时语塞。

村民们显然不会放过:"说!"

一个小声解释："我们是来抓赌的。"

一个却说："我们是来巡逻的。"

这么一说，更糟糕。来抓赌，为什么专找村民代表的家，显然不能自圆其说；说是"巡逻"，就更是睁着眼说瞎话了。因为从解放的那一天算起，四十五个年头了，王营村的父老乡亲们，压根儿就没见过派出所的公安人员啥时下乡巡逻过。早不巡逻，晚不巡逻，镇里刚为王营清退了一点点加重农民负担的多收款，就"巡逻"到了王营？又偏偏是摸着上访代表家的门鼻子夜半"巡逻"？

村民越听越冒火："巡逻为什么不开警车？"

这时村民才发现，这几人全喝多了"猫尿"，一个个酒气熏人。农村派出所的许多公安人员，本来就没给群众留下多少好印象，有的就与村匪路霸吃到了一块去，啥坏事都干得出来。为防止对方借着酒性胡作非为，村民们搜走了他们随身带来的手枪和手铐。特别是发现有四副手铐后，进一步证实司机吐露的是实情：他们确实是心怀鬼胎来抓村民上访代表的。想要抓的四个人，不用问，这就是王俊彬、王向东、王洪超，外加一个王洪钦。

"村民代表被打你们看不见；老百姓找上面要求落实中央的减负政策，就半夜进村抓人，你们还配不配当'人民警察'？"

村民们越说越来气，七手八脚地就把租来抓人的那辆车给砸了。

这就是后来被临泉县委抓住不放大做文章的"四·二"事件。

被村民王来治称为"大个子"的民警张复春，在王来治的追问下，懊恼地承认："谁知道你们庄是有准备的，谁叫我和王树魁肯喝，要不然怎能把我们弄成这个样子。"

他承认这酒是在王天玉那儿喝的，王天玉是王营村与县里某些人有着特殊关系的一个人。蹊跷的是,王营村村民后来写给党中央、国务院领导同志的一封信上特别指出,当夜少数村民情绪激烈,并非事出无因:混乱之中"村民在王天玉和村干部的带动下,一拥而上,发生了冲突,车也砸了,人也打了,枪也打掉了。"两个关键的地方都有这个王天玉!这或许就把"四·二"事件深刻的背景兜底给端了出来。

总之,民警王树魁和"租来的"司机赵灿龙,不久一个个狼狈地逃出村去;被说是"打成重伤"的大个子民警张复春,这时候的酒性早就被惊醒了,他逃得最快,几个青年农民追了一截地都没撵上。后来,村民王洪军把民警们丢下的枪支、子弹和手铐,集中起来交给了镇武装部长王东良,王东良就是王营人,当天也就住在村子上。二更天过后,村民们便陆陆续续地散去,各自回家睡觉了。谁也想象不到,一觉醒来,当县委书记张西德知道了这件事,这事的性质便发生了变化。尽管白庙镇派出所的三位公安人员及两名治安队员都早已回所,枪支、子弹和手铐也都完璧归赵,但是,临泉县委却仍向地委谎报军情,以"解救干警和搜查枪支"为由,于四月三日上午,对王营村进行了一次空前的血腥镇压!

公元一九九四年四月三日上午十时,一百多名公安、武警,分乘八辆警车,惊天动地从县城开出。车上驾着机枪,一个个头戴钢盔,身穿防弹衣,手里拿着盾牌、警棍,一路之上,警笛呼啸。

这支拥有现代化武装的队伍,抵达王营村前,来了个"先声夺人",他们用高音大喇叭警告:"王营村人不得外出!"显然这并非是聪明之举。他们忘了王营村所处的极其特殊的地理位置。这一喊叫,村民们闻风而逃,逃到村子后面,就是河南省管辖的地带了。待警车进村,村子里的大人小孩早就跑得差不多了。

当然有不跑的。这些人不是老人,就是从未参加过上访的,或只是外省来走亲戚的。他们认为这事与他们无关。也有极个别跟着上过访的,觉得不过就是"随大流",不会有啥大事情,就呆在村里没有跑。

谁知,公安武警一进村,不分青红皂白,见人就打,连一个走亲戚的外村的小学生也不放过。一时间,到处是拳打脚踢声,东西的摔砸声,大人的哀求声,小孩的哭喊声,鸡飞狗叫猪跳墙的吵闹声。

王洪岭的妻子周敏,从来没有参加过上访,公安人员扑上去要抓她,站在一旁的已是七十多岁的王洪彬只是说了一句气话:"挨着谁,你抓谁;她一个女同志啥啥没参加,你们抓她干啥?"话音未落,一电棍就打在他的脸上,顿时血流满面,昏死过去。

五保户老人王永臣当时吓呆了,他只是站在边上一动没动,也被几个公安打得口吐鲜血,拖上警车。

毫无疑问,上访代表的家成为重点打砸对象。他们家的锅碗瓢盆全被捣碎,连灶台烟囱也被推翻。王洪钦的二十块银元,王向东的七百多块钱现金,王洪超的一台唱片机,全不知去向。更让人不可思议的是,抄了王洪超的家仍不罢休,还把王洪超买来的四箱八千支老鼠药,砸烂以后都倒进了麦囤子里,并恶狠狠地用大锨使劲搅拌,之后这才离去。

四月三日当场被抓的十二个人,其实大都是与上访或与所谓的"四·二"事件无关的一些老人与妇女,还有外村走亲戚的女孩子,以及河南省临县的学生。

对这种荒唐而血腥的镇压,临泉县委工作组在《致王营自然村群众的一封公开信》中大肆宣传:"地委书记秦德文指出,'四·二'事件的反馈是及时的,处理是正确的,不应该有什么非议,应当充分肯定;县委考虑是很细的,是依法办事的。"甚至,言之凿凿:"对此,中办国办信访局、省、地领导都给予了充分肯定。"

在这件事发生的七年之后,我们采访了王永明。王永明是王营村的村委,是与村民上访八竿子也扯不上的一个忠厚的农民。警车进村时,他正忙在猪圈里,他没想到要跑,就是看到公安武警气势汹汹走来时,仍觉得即便是把村子人抓光了也抓不到他,他照样在垒他的猪圈。

一个武警突然指着他问一群公安:"这人抓不抓?"

一个公安马上接话:"抓走!"

就见那个武警顿时扑过来,连抓带搡地就把他赶进了警车。

王永明从没见过这阵势,他一下惊傻了。

在白庙派出所,他和被抓去的所有的人,都被绳子五花大绑,手表不知怎么也没有了,接着就是无缘无故地被打了一个多小时。他亲眼看到,警察竟用开水从同他们理论的王洪艳的头上浇下去,浇得王洪艳嗷嗷叫,叫得已经不是人的声音。他当时怕极了,挨打得再厉害,也不敢吭一声。

押到临泉县看守所时,一下车,一个个就被打跪在地,任警察用高压线作的鞭子劈头盖脸地抽个够。直到他们抽累了,就给每人的双脚戴上大镣,戴镣还要自己掏腰包,每个人付了七块钱。那镣足有八斤多重,戴上后就逼着你在大院里跑上三圈,跑不动就打。

当天晚上,他们都被关进号子里,号子的顶棚上有个洞,守在上面的警察斥责着,要王永明把手从洞里伸上去,王永明不知道警察为什么要他这样做,却又不敢不去做,他刚把右手伸出洞口,一只大皮鞋就照着手上跺下来,痛得他差点背过气。可他依然不敢把手抽回来,生怕那样会招惹出更大的祸害。就这样,他一声不敢哼,手被扎心痛地跺了又跺,直到寻找发泄的那个警察不想再跺了,他这才小心地抽回手。

又过了两天,王永明就跟死刑犯关在了一起。已经绝望了的死刑犯,更是把他视为发泄的对象,一次次神经质地扑过来,撕他,捶他,揪他的头发,敲他的脑袋,警察看了却只当没看见,直到他被打得趴在地上苦苦哀求,死刑犯才算住了手。

王永明前后被关了八天,放出来的时候不仅不给个"说法",还逼迫他缴出八天的生活费。走出看守所时,又被厉声警告:"出去不准乱说!"

已经过去七年多了,王永明双脚上至今留有清晰可见的大镣啃烂过的伤痕……

16   上访有罪

王营村绝大多数村民因为逃到河南省的地界,侥幸躲过了这一劫难,但没有人再敢回到王营村去。一千多村民流落在外,夜里只能和衣而眠,就睡在河南与安徽两省交界的野地里,稍有点儿风吹草动,就会惊恐万状地向河南省逃去。即便就是大着胆子,偷偷回村看看家,也像做贼似的。庄稼荒了不说,连改革开放十多年来辛辛苦苦添置起来的家当,也遭到趁火打劫者的偷盗,许多农户损失惨重。

逃到河南省沈丘县去的村民代表王俊彬、王向东、王洪超和王洪钦,这天,在沈丘县的留福镇终于碰头了。他们发现,安徽省临泉县公安局派出的密探,就在外省的这个边远的小镇上也进行了布控。

四人觉得已经别无选择,作为村民代表,他们必须尽快地把发生在安徽省临泉县的"白庙事件"的真相,报告中央。

这天,除王俊彬留守外,王向东、王洪超和王洪钦三人,在众多村民的掩护下躲过了临泉县公安密探的眼睛,上了一辆去河南省沈丘县城的公交车。三人经沈丘赶往郑州,然后转乘火车直奔北京。

王向东和王洪超这是第二次进京了,算是"轻车熟路"了,下车后便直奔设在永定门一带的中办国办信访局接济站。谁知,住下不到半点钟,他们就被早已埋伏在那里的临泉县公安局派来的警员抓个正着。

公开逮捕他们的理由是:三人在"四·二"反革命暴乱中抢走公安人员"五四"手枪两支、子弹十五发,准备在北京制造更大的政治事件!

三人大声地抗议着,怒斥对方这样做太卑鄙,完全是无耻的陷害,是一种十分恶劣的打击报复。但是,即使他们周身长满了嘴巴,在手续完备的执法人员的面前,一切都是徒劳的。

三人被押回安徽后,没有被押往临泉县,而是关进了临泉县委书记张西德老家的太和县。

王洪超至今回想被羁押在太和县那两个月的日子,依然十分激动。那些日子,太恐惧,太痛苦,也太可怕了,他一辈子也忘不了。在那里,他们的双手从背后被反铐起来,一天二十四小时就那么被铐着。吃饭时,铐在背后的手不可能端碗,不可能抓筷子,每顿饭就只能像猪狗一样伏在地上,伸长脖子,去舔,去啃;大小便时,只能躬腰屈背,用身后被反铐着的一双手,艰难地褪下裤子,不可能去擦屁股;睡觉就永远只能侧着身,夜夜做的全是噩梦,半夜醒来,常被惊出一身冷汗。

这种丧失人性的惩罚,折磨的其实是人的灵魂。在那里,人的一切尊严全被剥夺、亵渎了,逼迫人变成一条驯化的狗,以摧毁作为人的一切思想与意志;又迫使人变成一条凶残的狼,让其相互撕咬直至鲜血淋淋。

应该说,严刑拷打的各种画面,王洪超并不陌生,过去他从电影、电视或是小说上见到过;干出这种勾当的,不是杀人如麻的土匪、国民党特务,就是灭绝人性的日本鬼子或是德国法西斯。可是,他做梦也不曾想到,在社会主义国家里,在阳光普照的人民当家做主的今天,干出这些惨无人道勾当的,竟然是"人民警察"! 而且,这一切,就都发生在共产党的执法机关!

这叫他难以接受,感到痛苦,感到悲哀与绝望。

临泉县政协副主席于广轩拍案而起了。

当他了解了"四·二事件"的真相,特别是了解到发生在首都北京,就在中办国办信访局接济站,临泉县公安机关竟然也敢明目张胆地编织谎言,逮捕前往上访的农民代表,他再也按捺不住内心的愤慨,决定直接给江泽民总书记写信,揭露临泉县委某些人拒不执行党中央、国务院的减负政策,残酷打击报复农民群众的犯罪行为。

这天,他利用一个星期日,乘车去了河南省,在河南新蔡县邮政局,他给江总书记拍了一个长长的电报。拍这份电报,就花去了全家人两个月的生活费。

他把调查到的"四·二事件"的真相,详详细细地作了汇报,并旗帜鲜明地表明了自己的看法。

新蔡县邮政局的工作同志知道这份电报的份量,知道大老远跑到外省拍发这种电文的良苦用心。但是电文所反映的,毕竟不是河南省的事,更不是新蔡县的事,因为与她所在的地方无关,自然可以泰然处之。

于广轩的电报,当天就被河南新蔡邮局发往北京。

可是,于广轩没有想到,这份电报由各级党委政府层层批转下来,最后,竟然转到了临泉县委书记张西德的手里。

张西德勃然大怒。

他责令县公安局立即进行排查,限期侦破给中央领导反映

"白庙事件"真相的这个人。

公安人员确实费了一番脑筋。因为,于广轩在拍这份电报时,已经考虑到可能会出现的这种结局,他在电文的落款处留了一手,并没有注出真实姓名,而是借用了已经被捕的王营村村民代表王洪钦的名字;虽是借用名字,他却又在"王洪钦"三个字的前面,标上了"王营村退休干部"几个字,这样,材料似出自事发之地,给人以可信之感,同时又虚晃一枪,设置点迷雾,给那些按图索骥者增加点困难。

临泉县公安局已将王洪钦在京抓获,现就同王向东、王洪超一道关押在太和县,吃喝拉撒睡双手都被从背后反铐着,他就是有天大的能耐,也休想从看守人员的眼皮底下逃走,更不可能跑到河南省新蔡县去发这样的电报。因此,电报上虽然写着王洪钦的名字,王洪钦首先还是被排除了,于是公安人员就在"王营村退休干部"上寻找线索。然而,查遍王营,也没发现有一个"退休干部",最后就把怀疑的目光,集中到了县供销社下属一个联营公司回村的退休工人王洪章的身上。

尽管"退休工人"与"退休干部"完全是两码事,临泉县公安局还是认定那事就是王洪章干的。这天,联营公司通知王洪章回单位领工资,很久没有发工资了,听到这消息,王洪章当即兴高采烈地奔县城而去,一进单位,就被守候在那里的公安人员扑倒在地。为防止意外,也没将王洪章关押在本县的看守所。但是,因为王洪章压根儿就不知道电报是怎么回事,被打得皮开肉绽了,他还是说不知道。公安人员对这样的口供不可能会满意,一口咬定他是个砂锅里煮驴头的主儿,肉烂了嘴还是硬的,于是就把他往死里整。

四月二日那一天因为替兄弟媳妇周敏说了一句公道话,就被公安用电棍打得血流满面的王洪彬,至今还躺在床上;现在王洪章又被莫名其妙地抓了去；王洪彬和王洪章，全是王洪岭割头不换颈儿的兄弟，周敏又是他的妻子，妻子被关进看守所时被戴上八斤重的大脚镣，也受尽了折磨。这一桩桩，一件件，全都发生在王洪岭的身边，使得只想安安稳稳本本分分过日子的王洪岭，也终于拍案而起了！

在这之前，王洪岭一直在河南省沈丘县留福镇上的铜管厂打工，每月有着一千多元的丰厚收入，此刻，他毅然辞去铜管厂的工作，拼出性命要为王营村的父老兄弟讨个公道！这一年的六月十八日，他协同村民代表王俊彬，冲破临泉县在省内省外设下的重重暗卡，带领五十六位村民成功地到达北京。

王营村这次是集体进京上访，在整个临泉县引起了巨大反响，县委书记张西德感到了恐慌。他首先想到的，依然不是如何平息王营村村民对不堪重负的强烈不满，显然还是相信高压乃至镇压，才是杜绝上访最有效的办法。

于是，他派出了有一百多名干部组成的县委工作队，浩浩荡荡，开进了王营村。一下去了这么多人，生活费以及烟酒费，又全叫当地的干部群众摊派，这使得已经十分困难的王营村民，雪上加霜。吃饱喝足了的工作队员，像"文革"那时一样，开着架有高音喇叭的宣传车，在村子里哇啦哇啦到处转，搞得王营人人自危，连邻省的老百姓也过不上安静的日子。

与此同时，临泉县公安局印成传单一样的《关于敦促王俊彬等违法犯罪分子投案自首的通告》，到处张贴。不仅敦促王俊彬等人投案自首，还措词严厉地"警告王俊彬等犯罪分子家属及亲属们"，大有"一人犯罪，殃及九族"的样子。

接着县纪委又作出了《关于开除王俊彬党籍的决定》。

没过多久，县委再次调遣二百余人，分乘大小机动车三十余辆，包围了王营村，扬言要开万人大会，对上访的群众来一次大逮捕。那年的旱情十分严重,正值抗旱关键时刻,提心吊胆陆续回村的王营村民,不得不又四处逃散,以致千余亩玉米几尽绝收。

参加过进京上访的王扬,因受惊吓精神失常,他实在忍受不了这种没完没了的胆颤心惊的恐怖生活,一天夜里服毒身亡。

接下来,临泉县法院就对王向东和王洪超公开审判。开庭那天,县法院事先虽然进行了周密的防范,法庭内外到处布满了武装法警,王营村的村民听说县里要公审他们的上访代表,一个个都站了出来,呼啦啦拥来了六七百号人。当检察官宣读王向东和王洪超的"罪恶事实"时,村民们全然不顾法庭的纪律,愤怒地挥舞着拳头,高声喊道:

"你们这是诬告、陷害!"

"他们冤枉!"

"我们要求放人!"

"坚决惩办镇压群众的真正凶手!"

法庭上大乱。

这种"炸庭"的场面,在临泉县的历史上从来没有过,法官和法警全都变得手足无措。民不畏死,奈何以死惧之?荷枪实弹的法警们怕事态进一步激化,不得不迅速撤离。审判长也只好中途宣布休庭。

其实,法官们十分清楚,藐视法律的显然不仅是这些"炸庭"的农民。人民法院是我国国家审判机关,有权确定任何一件刑事民事案件性质的只有人民法院,但是就在"四·二事件"发生不久,县委工作组就已经将其定性为"非法拘禁公安干警的刑事案件";县公安局到处张贴的《关于敦促王俊彬等违法犯罪分子投案自首的通告》上,就称其为"打砸抢",甚至提到了"大肆进行反动宣传"的高度;县纪委作出的《关于开除王俊彬党籍的决定》

中,也明确地将其界定为"已构成抢劫罪"。显而易见,县委工作组、县公安局和县纪委都在县法院正式审理之前,就各自确定了"违法犯罪分子"的性质,这本身就是一种无视法律的违法行为。

如果临泉县法院不给抓到的上访代表安个罪名,判上两年,这对当时的临泉县委是不好交待的。因此,县法院中途休庭之后再没有重新公开审理,却于这年的十二月一日,以"妨碍公务罪",判处王向东有期徒刑二年;以同样罪名,判处王洪超有期徒刑一年缓刑二年。至于二人究竟"妨碍"了什么"公务",判决书竟比天书还难让人读懂。

17　逼上梁山

王洪超被关押了七个多月之后,被"判一缓二"放出,终于又回到了王营。回村才知道,县里在对王营村清剿时,不仅把他家彻底砸光了,还把他买来的那八千支老鼠药,拌进了麦囤里,使得五千多斤粮食染有剧毒不能食用。妻子李兰当场吓出精神病;女儿王玲玲也由于受到刺激,无法继续读书,至今呆在家里,不能听到警车的响声,警笛一鸣马上犯病。

王洪超望着妻女蒙受如此冤屈,不禁百感交集,泪流满面。他想起了过去在报纸上读到过的一位信访工作人员说的一段话:"历史上的农民首先选择告状,今天的农民首先选择上访,他们首先都致力于寻找一种能为自己主持公道的外部力量。当前农民的直接抵抗特别是有组织的直接抵抗,主要是在分散的、温和的上访努力失败之后,原来老实巴交的农民也变得不那么'温良恭俭让'了。如果说农民上访中有过火行为,也是可以理解的,这是批评教育问题,这和有关部门不遗余力地包庇那些证据确凿的腐败村官、乡镇干部相比,对农民的做法是太过分了,反差太大了,立场太'鲜明'了!"

当时看到这段话,王洪超确确实实被感动了。但是,此时此刻,王洪超想到这段话时不仅感到的是亲切,更多的还是吃惊,他发现那位信访工作者的论断,就像在评说临泉县眼前发生的事情。

他想,在党中央、国务院这样重视农业问题的今天,一些有文化、有良知的农村青年,思想比较活跃,参政议政的意识较强,敢于站出来为村民们说话,这本应看作是广大农村改革开放以来出现的新气象,也正是中国农村大有希望之所在!为什么我们许多从事农业工作的领导同志,跟今天已经变化了的中国农民如此格格不入呢?他们已经变得不善于与农民群众交流,更谈不上"不耻下问",动辄就把敢说真话实话的农民视之为"刁民",把敢于揭发检举不法行为和人员的农民说成是"聚众闹事",习惯于强迫命令,"通不通三分钟,再不通'龙卷风'",甚至对"不听使唤"、"影响政绩"者,无情打击,残酷镇压。难怪许多农民渴望"再来一次政治运动,好好整整这群坏东西!"

王洪超越想越痛心。如果堵塞了一切民意沟通的渠道,这无异于自绝言路,党和人民政府就会成为一个耳聋眼瞎的"残疾人"。如果把解决问题的最后希望都堵死了,把体制内所有合理合法的渠道都封闭了,把农民围追堵截赶进了一个非法的死胡同,这种不满的能量一旦释放出来,必将极具破坏性,那才是真正的不稳定因素!

他想,临泉县公安局之所以敢在中央信访局接济站抓他们三个上访代表,肯定编造出的谎言也把北京的同志给欺骗了。于是他首先想到的,已经不是立即去为妻子女儿寻医治病,而是再次进京,推倒强加在他们头上的那一切不实之词。想到了这一层,就不禁想到县法院开庭时,作为公诉人的县检察院在法庭上宣读的那些证人证词。

王洪超开始行动了。他分别找到本村村民邵喜英、王来治和王海潮。不找不知道，一找吓一跳，原来那些所谓的"证人证词"，全是经过精心炮制的！

县法院开庭时邵喜英并未出庭，村民回来告诉她，说庭上宣读了她的一份证词，邵喜英听了吃了一惊。她说，"四·二"那天，天一黑，她就上床睡觉了，根本不知道外面发生了什么事；她还是个大字不识的文盲，不可能写出啥证据，也从没在啥材料上捺过手印。她不安地说："如果真有我的证据，这不是有人故意陷害我，就是借我陷害其他人。"

王来治说，县公安局来的人曾找过他，拿出两份复印材料让他看，他说他不识字，对方就念着材料上的名单问他："你们村有没有这些人？"他说："有。"对方就又写了一份材料叫他捺指印。因为他不知道对方在材料上写的啥，他不愿捺。这时，白庙镇党委书记韩春生走过来说："该捺的就要捺，保证没你的事！"有韩书记的这句话，他就在公安人员带来的材料上和现写的材料上都捺了指印。后来才知道，那就是要他指控几个上访代表"罪状"的"证词"。

王海潮更是气愤。他根本就没说过王俊彬、王向东和王洪超曾殴打过公安民警，他的"证据"纯属捏造。他说，我说的时候他们在记，记了些啥也不念给我听，就让我捺了手印，谁知开庭时一宣读，内容全变了！为了达到不可告人的目的，竟然设圈套让人钻，他们这是栽赃！

被指控参预了"四·二事件""打砸抢"的王登友和王高峰，也分别愤然地写出了申诉材料，说明他们当时压根就不在村里，一个在河南，一个在山西，两人都在外地打工，这种狗屁"证词"实在是无中生有！

面对这些证人真正的证词，王洪超感到万分震惊。

这已到了一九九四年最后的日子，心中揣了一盆火的王洪超，迎着岁末寒彻肌骨的西北风，领着七十三位王营村的父老乡亲，第四次踏上进京的列车。

他们暂且把"农民负担"放置一边，专程赴京控诉临泉县委书记张西德镇压无辜群众的血腥罪行。

张西德得知王营村民又一次集体进京上访，真的是暴跳如雷了。他咬牙切齿地说："我宁愿舍掉一条胳膊，也要和你们干到底！"

临泉县白庙镇王营村村民一而再、再而三地进京上访，终于惊动了当时的省委，一个"省地县调查组"开进了白庙及王营。

但是，这是一次非常令人失望的调查行动，因为调查组既然有临泉县委参加进来，去调查临泉县委本就负有不可推卸责任的"四·二事件"，其结果的客观性是注定要被大打折扣的。

我们看到了由这个联合调查组抄报给中央信访局的一份《书面汇报材料》，材料上不仅回避了国家减负政策的有关规定，只字不提王营村农民负担是否过重，罗列出的许多数字也是混淆视听，掩盖了问题的性质，甚至公然包庇镇、村干部的腐败行为。如，一九九二年村里"上缴镇"十一万一千七百九十多元，这些钱干什么用了？该不该由村里出？均不作说明。如，多处出现钱款的去向是"还前任村班子贷款"，或是"其他贷款"，而且数目巨大，这些贷款究竟是被村干部贪污了，还是挪用了？为什么这种不明去向的贷款要向村民们摊派？均一字不提。总之，《书面汇报材料》上大都是些糊涂账，"省地县调查组"却又有着惊人的结论："账目账面处理清晰，没有发现村干部的贪污问题。"

调查组不仅按照临泉县委对"四·二事件"定性的口径向中央信访局作了"汇报"，依然将王俊彬、王向东、王洪超、王洪钦、王洪章、王洪军六人统统称作"罪犯";王洪超一出看守所,就再次带人进京上访,《书面汇报材料》上却写道:"判决书送达两被告后,两被告均表示服判,不上访。"

这种官官相护的调查报告,被送到中央信访局,中央信访局没有理由不相信有着省、地、县三级党的组织派出的调查组得出的结论,所以,王洪超这次带领农民再次进京上访,虽然没有像上次那样,在中央信访局的接济站被抓,却也只能是无功而返。

省委、地委派下来的调查人员,也跟县里一个鼻孔出气,这使得王营人陷入了彻底的绝望。一九九五年的元旦,和随之而来的新春佳节,村子里没有了一点儿喜庆的气氛。开春过后,正是各地农村春耕春种的大忙时节,大批的王营人却相继离开了临泉县,纷纷去外埠打工谋生。

"哀莫大于心死",人们不再上访。白庙镇及王营村镇村两级的党政机构,也就形同虚设。

表面的平静,掩盖了并未解决的尖锐矛盾。阜阳地委和行署并没有从王营村农民多次大规模的上访事件中汲取教训,县委书记张西德甚至变得更加有恃无恐。到了一九九五年,临泉县农民的负担进一步加重了,地区下达的各种税费明显增多,仅"双基教育费"一项,农民人均就是二十五元;下面层层加码,到了白庙镇就变成了人均四十元。既然上面可以增收"双基教育费",于是,上行下效,各种各样的乱摊派跟着就五花八门地冒出来。白庙镇有的行政村,农民负担便占到上年人均收入的百分之十五点二六,已超出国家"大限"的三倍还要多!

农民的负担日益加重,入不敷出,可是这个贫困县的县委书记张西德,竟越变越阔,牛皮哄哄地坐上了超标准的奔驰轿车。

一九九五年秋天,已是家计萧条的王营村民,遭受到又一次飞来横祸。九月一日,县里派往王营村"开展计划生育突击检查活动"的工作队队员竟多达三百人！其中，不少队员素质极差，行为恶劣，侵权现象十分严重，他们对本不属于计划生育对象的也巧立名目，乱征乱罚，稍有不从，便赶猪、牵羊、挖粮、拉家具，甚而强行砸门扒房，打人抓人。这且不算，工作队居然将罚到的钱款私自分掉，每天还要村民们负担他们三百多人的工资以及往返车费。

王营村的村民们肺都气炸了，终于再一次聚集起来，爆发了第五次上访的高潮。这一次，上访的村民们大有"壮士一去兮不复返"的悲壮感。他们十分清楚，此次再不成功，王营人将无法生存下去。

没有退路。

他们也没给自己留下退路。

挺身而出，率领这支视死如归的上访队伍的，还是村民代表王洪超。

那是一九九五年的金秋十月，在中国的国都北京，令世人震惊地先后出现了两起与安徽省临泉县有关的事情，因此，临泉县委书记张西德注定要为自己埋下的隐患付出代价。

十月四日，共和国四十六周年诞辰刚过去两天，临泉县城关镇李湾村农民李新文上访来到北京，反映县公安局为兴建水上派出所办公大楼，在没有解决拆迁补偿的情况下，就和城建局监督大队强行拆除农民的住房，使得他生活无着，居无定所，来京后钱又被骗，绝望的李新文先是在前门撞车未遂，于五日凌晨在永定门接济站跳楼自杀！

这是中办国办信访局设立接济站以来从未发生过的事情。

这事，本不该发生的，或是说，不该在这样的地方发生，因此，它造成的影响是极其恶劣的。

接着，十月二十七日，临泉县白庙镇王营村七十四位农民就在王洪超的带领下赶到北京。几乎是脚跟脚地，十月二十九日，临泉县田桥乡赵庄、黄庄、张楼四十六位上访农民也抵达北京。

田桥乡和白庙镇一样不堪重负，而且，田桥乡平调、挪用各村的集体资金比白庙镇有过之而无不及，仅一九九四年就平调了各村的提留款六十多万元，造成村级经费开支困难，各村疯狂地搭车加码；特别是一九九五年秋季开展的计划生育突击大检查活动，在田桥乡也前后搞了五十天，乱征乱罚款就高达二百五十多万元，闹得民不聊生。

一个县的两个乡镇大批农民集体上访，特别是白庙镇王营村这已是三年中的第五次进京上访，农民负担的问题至今得不到解决，自然引起了中央信访局的重视；再说，他们已经察觉到，王营的农民这次是铁了心，一副"破釜沉舟"的样子，预感到可能会有什么情况发生，便暗中作了防范。然而，防不胜防。十月二十九日，正是星期日，天安门广场上人流如织，王营村赴京上访的农民群众还是躲过了接济站工作人员的目光，陆陆续续走进了天安门广场。他们按照事先的计划，来到国旗周围，突然集体下跪。

他们决心以生命的代价，吁请中央，以雪民冤，以昭国法。

他们知道，在这样一个世界瞩目的地方，这样做，会给国家，特别是北京，造成很坏的国际影响；会给党和人民政府脸上抹黑。但是，他们显然再也想不出别的办法，想不出用什么样的一种方式，才能够撼动那些对人民的疾苦已经麻木的灵魂。

自古道，官逼民反，可他们没反，他们依然只是来向组织上反映自己的委屈，找的还是党的机关和人民政府。他们对党的拥戴没有变，对人民政府的信赖没有变。冒死进京，找党，找政府，只是希望党中央、国务院减轻农民负担的好政策，能早一天在他们生存的那块土地上得到落实；县镇强加在他们头上的不白之冤,能早一天得到洗雪。

跳楼,跪旗,在不到一个月的时间里,临泉县的农民,在中国的首都连续发生了两起令世人震惊的非常事件,不能不惊动中央。

中央有关部门终于采取行动了。他们当即通知安徽省及有关地县负责人连夜进京,当天下午就把国家农业部、国家公安部、最高人民检察院、最高人民法院、中央纪律检查委员会以及国家计生委等中央、国家有关部门的负责人,请到了一起,研究上访农民提出的那些具体问题。

王洪超和另外两个农民代表,应邀到会,并陈述了进京上访的原因。

农业部的同志态度十分明确:加重农民负担,这是严重违背党中央、国务院"减负"政策规定的,打击报复上访群众更是不能允许的;该退的款至今没有到位,应尽快解决!

中纪委、高检、高法的同志,也旗帜鲜明:农民反映的这些问题为什么久拖不决,而且还不断地激化这种矛盾,这显然是错误的,必须下决心解决,不应该再拖了。涉及到党纪的,要坚决给予党纪处分;触犯了国法的,必须以法论处。不论涉及到谁,都要一查到底,决不姑息!

王洪超在会上就"四·二事件"的几个关键问题咨询了公安部的同志。他问:公安人员夜间巡逻的范围有没有什么规定?公安人员执法时应不应该公开身份? 几个公安民警喝得醉醺醺的,半夜三更鬼鬼祟祟摸进村,既不说明身份,一盘查就跑,还掏枪威胁群众,群众把他们当成一伙冒充公安的刁徒给打了,车也砸了,这叫不叫"妨碍公务"?

公安部到会的同志回答得十分干脆:"巡逻主要是在闹市区,或是发生过诸如拦路抢劫等情况的事故多发地,农村不是巡逻范围。公安人员执法时不出示证件是违法的,老百姓不知道你是公安不是公安,打了就打了,砸了就砸了,应该立即放人!"

王洪超激动地听着,真想当场伸出大拇指,表示他对与会者精彩发言的由衷敬佩。尽管他极力地克制着,却依然忍不住眼窝子一热,流下泪来。

十一月十一日,安徽省重新组织起一个调查班子,派出了只有省委省政府和阜阳地委行署两级党政领导机关的十二位同志,深入到白庙镇和王营村实地调查研究,召开了各类座谈会,认真回访上访群众,并及时地把调查到的情况向群众作了公布,前后历时二十天,最后形成了一个相对公正的调查报告。

报告首先确认,临泉县的农民负担问题确实是严重的,"四·二事件"发生前的一九九三年,白庙镇仅增项加码的农民负担就是十三万一千六百五十九元,此外,还平调村提留十三万五千一百七十六元,挪用集体资金三十四万一千七百二十九元,其"不合理开支"竟占到百分之六十八点七七,并指出:"退款不到位,影响很坏。"关于"四·二事件",调查组说了真话:"县委、县政府和县直有关部门及白庙镇党委政府都是有责任的","向农民提取款、开展计划生育工作和工作上遇有难度,就动用公安干警出面协助,特别是对待农民上访解决一些人民内部矛盾,也动用干警参与","在执行任务中,少数干警和武警行动过激,伤害了群众的感情,部分群众目前仍有怨气,长欺(期)不能息诉罢访,给做好该村的稳定工作带来了难度。"

一九九五年十二月六日,是王营村难忘的一天,被关押了一年零七个多月的王向东,被无罪释放,村里的老少爷们像过大年一样地喜庆,敲锣打鼓,燃放鞭炮,扛着大红匾,上书"为民请命",庆贺为大伙蒙受冤屈的村民代表胜利归来;东躲西藏,被县检察院批捕的王俊彬和王洪钦,也被大伙前呼后拥地接回村。紧接着,王营也从邵营行政村中划出,单独设村,王向东就在村民们的民主选举中,当上了王营行政村村委会的首任主任。王俊彬被开除的党籍也得到了恢复,并在随后不久,出任了王营行政村党的支部书记。

一九九六年年初,临泉县委书记张西德被调离。一听说张书记要"走人",这消息,一传十,十传百,迅速传遍全县。这天,白庙镇的王营、邵集、贺庄,田桥乡的赵庄、任庄、三河庄、半拉庙、于营的农民,开出了几十辆机动车,赶到县委大院,把张西德的家团团围住。

人们直呼其名地怒吼着:"张西德,你出来!"

围观的群众人山人海,县委、县政府的许多干部也在围观,却无人再替张书记"保驾"。

张西德十分尴尬地走出来,正想表达他愧对临泉县父老,他的工作没有做好的话,就被积怨已久的农民的队伍裹挟进熙熙攘攘的人流。开始,农民还只是大声责问,甚或夹带几声咒骂;渐渐地,人们开始拥动起来,拥动的人潮顿时成了愤怒的海洋。张西德就被跌跌撞撞地推来推去,时不时还被人暗中动了手脚。

曾经不可一世,自以为能够呼风唤雨的县委书记,感到了无助、无奈与心悸。

县公安局闻讯派出警车呼啸而至,虽受到围攻却十分清醒的张西德,见公安人员奔过来,忙大声哀求道:"你们千万不能抓群众,不能伤群众啊!"

这或许是他担任县委书记这么多年一直不明白,直到卸任时才悟出的一条为官之道。

城关镇一位有着三十多年党龄的退伍军人,望着被农民推搡打骂的原县委书记狼狈的样子,心里很不是滋味,不由想起了已经去世三十年,而人们至今仍在深深怀念着的原河南省兰考县的县委书记焦裕禄。

这也许是一个虽然荒诞却又十分符合逻辑的联想,这联想,让人感到格外的沉重!

第五章　古老而沉重的话题

18　怪　　圈

在我们了解到的重大涉农案件中,其影响最大,以至震惊了中外的,莫过于"沈寨农民负担命案"。它确实最具典型性。

沈寨行政村隶属安徽省阜南县中岗镇,那儿是全国闻名的蒙洼蓄洪区。每逢淮河发大水,保住淮河下游的重镇蚌埠市,保住两淮的煤城,保住京浦铁路的安全,乃至保住江、浙、沪一带免遭洪涝灾害之苦,那里的农民就要作出巨大的牺牲,好生生的庄稼地,便成了"洪水走廊",一次次忍将家园变泽国,辛辛苦苦多年添置起来的农舍和家当,常常就在一场大水到来之后荡然无存。

接受我们采访的人都说:欺辱这里的农民,要遭天谴!

偏偏中岗镇沈寨村的党支部书记、村委会主任沈可理,就是这样一个十恶不赦之人。

其实,早先的沈可理也是个热血青年,他当过兵,而且是在军营里入的党。退伍回村,大伙觉得他上进,就把他选为村主任。刚上任时,他确实事事处处为大伙着想,也为村民们办了不少实事,受到一致的好评,以后就荣任了党支部书记兼主任,还被选为镇人大代表。但是地位变了,见多识广了,他脑子开始活络起来,私欲开始膨胀。他发现,今天的社会生活中有着太多的与民争利的丑恶现象,只要有利可图,许多政府部门、权力机构就争相以规范管理为名乱集资、乱罚款、乱收费;无利可图便互相推诿,"为人民服务"已经变成了"为人民币服务",管理就是收费。于是,他觉得不捞是傻子。从此在他的眼里,权钱交易、投机钻营成了攀附权势、飞黄腾达的一条捷径;贪污受贿、不择手段也就被看做是聚敛钱财、发家致富的一种秘诀。渐渐地,他就变得专横跋扈,贪婪凶残,将沈寨变成了他的"家天下"。他先是把他的大弟沈可信任命为行政村联防队队长,二弟沈可慧也成了专职联防队员,并动用公款为他们配备起枪支和电警棍;接着,又把三弟沈超群委以后寨队队长。有了"党政军"三权在握,又有三个弟弟为虎作伥,沈可理在沈寨除非上天找不到梯子,他基本上没有办不成的事情。

一九九五年十一月四日,沈寨村终于发生了持枪上门征收农民提留款造成枪杀一人、伤二人的特大恶性案件,并惊动了党中央和国务院。

在这起命案尚未进入法院审理程序之前,中央电视台就受命派出记者赶赴安徽省阜南县,这事经《焦点访谈》披露之后,顿时轰动全国,各地的农民朋友,纷纷投书致电,要求严惩凶手,并追究有关部门的领导责任。显然因为这起农民负担的命案性质太恶劣了,一时间,海外也有不少传媒借此大做文章。为平息民愤,震慑邪恶,安徽省高级人民法院很快作出终审判决,分别以故意杀人罪判处沈可信死刑、沈可理死缓,剥夺二人政治权利终身。

就在省高院依法核准沈可信死刑,要求阜阳中院立即执行的当儿,院长韩云萍却十分意外地接到北京打来的一个紧急电话。电话中,时任中共中央书记处书记、中央政法委书记、最高人民法院院长的任建新,明确作出指示:沈寨农民负担命案死刑犯的死刑明日暂停执行,中央电视台记者将在宣判大会上现场采访,采访后再行枪决。

这一非同寻常的电话,非同寻常的安排,使得沈寨命案的公审也变得非同寻常。

显然这种情况在共和国人民法院的历史上是绝无仅有的。

我们访问过一位办理此案的法官,他讲了一个有趣的插曲。他说,在得知中央电视台记者将奉命来皖,要在宣判大会现场录像,当时的阜阳市委书记王怀忠为这个大会的会址颇费了一番脑筋,最后决定放在县法院法庭。记者来了之后,他又怕记者仍然会跑到沈寨村去采访,会发现那些一贫如洗的村落与沉重不堪的农民负担之间的反差,一旦宣传出去势必影响到自己的政绩和形象,就把记者安排在了舒适的文峰宾馆,甚至煞费苦心地请来小姐想"拴住"他们。但是,记者们并未领情,最后还是设法去了沈寨,并在现场录了像。

宣判大会召开的那天,县法院法庭有限的空间,容纳不了滔滔似水从四面八方拥来的农民,整个阜南县城无处不是人头攒动,俨然成了当地一个盛大的节日。

那天,中央电视台实录了人民法官宣判将沈可信押赴刑场执行枪决时万众欢腾的场面,而在正式播出时,又报道了阜南县委书记、县长、中岗镇党委书记、镇长受到党纪政纪处分的决定。那一天的《焦点访谈》,还特地引用了国务院总理朱镕基的一句话:

"今后谁再敢违反中央规定,加重农民负担,就拿谁是问!"

这事虽然发生在安徽,但从后来中共中央办公厅和国务院办公厅联合发的《关于一九九五年发生的涉及农民负担恶性案件的通报》中可以知道,仅在这一年,类似沈寨命案的恶性案件,全国就有八个省先后发生了十三起。当然,这十三起案件中"沈寨农民负担命案"的性质是最恶劣的,居于各案之首。

为表明党中央、国务院坚决减轻农民负担,毫不手软查处各种加重农民负担违法违纪行为的坚定决心,这一期《情况通报》被发到各省、自治区、直辖市党委、政府,各大军区党委,中央和国家机关各部委,军委各总部、各军兵种党委,各人民团体,并要求一直发至县团级,传达到全国各地农村中的党支部和村委会。

可是,令人困惑,更令人痛心的是,这一切,却并没有阻止一年之后固镇县唐南乡小张庄命案的再次发生。

小张庄命案的性质,显然比沈寨命案更加恶劣,也就更加让人寒心。

又岂止一个小张庄命案呢?

我们注意到,自从发生安徽省利辛县纪王场乡路营村丁作明的农民负担命案之后,中办国办差不多每年都向全国发出《涉及农民负担恶性案件的情况通报》。有时,一年甚至发出两次通报。仅在发生小张庄的惨案后,一九九九年的上半年,涉及农民负担的各种命案,全国就多达八起。其中,湖南省三起,四川省两起,湖北、甘肃、河南三省各一起。八起数字的来源,通报上写得明明白白:"据各地上报"。

报上来的是八起,有没有没报的呢?

至少可以认定,发生在安徽固镇唐南乡小张庄的特大恶性案件就瞒而未报。而且,只此一起,就是四死一伤!

我们有这么多无辜的农民兄弟为争取"减负"被无情地剥夺了生命,而农民负担在各地依然是屡禁不止,大有愈演愈烈之势;涉及农民负担的恶性案件更是时有发生,且是绵延不绝。

这是为什么?

这究竟是为什么?

中国农民的负担问题,显然走进了一个怪圈。

应该说,党和人民政府,为减轻农民负担是做了多方努力的。我们在开始这项调查工作时,就发现党中央、国务院下达的通知,颁布的条例,作出的决定,发出的通报,不但旗帜鲜明,而且许多措词也是十分严厉的。可是,中央的态度如此坚决,下发的红头文件一个接一个,却依然还是解决不了各地普遍存在的农民负担问题;非但屡禁不止,反而愈演愈烈。

为此,我们大惑不解。

其实,早在一九八五年,中共中央、国务院就下达了《关于制止向农民乱派款、乱收费的通知》;一九九〇年二月,国务院再次发出《关于切实减轻农民负担的通知》;同年九月,中共中央和国务院又联合作出《关于坚决制止乱收费乱罚款和各种摊派的决定》。然而,有令不止,农民负担的问题仍然扶摇直上。有资料显示:到了一九九一年,全国农民人均纯收入只比上年增长百分之九点五,而同期农民人均的"村提留"和"乡统筹"却增长了百分之十六点七;农村劳动力承担的义务工和劳动积累工强制以资代劳就比上年增长了百分之三十三点七!

一九九一年十二月十七日,李鹏总理签署了国务院第九十二号令,明确地颁布了具有法律效力的《农民负担费用和劳务管理条例》。这个"条例"作出了许多硬性规定。可是,收效甚微。震惊中央的"丁作明惨案",就是在"条例"颁布一年之后发生的。一个风华正茂的农村青年,只因向县委反映了不堪忍受的重负问题竟被活活打死在乡派出所。中央不仅派出调查组,在事件发生不到一个月的时间,就连续下达了两个措词严厉的紧急通知,并宣布涉及农民负担的项目取消三十七项,暂缓执行两项,需要修改七项,坚决纠正有强制、摊派和搭车收费行为的十四项,同时废除达标升级活动四十三项。以后不久,中央又转发了《农业部、监察部、财政部、国家计委、国务院法制局关于当前减轻农民负担的情况和今后工作的意见》,重申并"约法三章":停止一切不符合规定和不切实际的集资、摊派项目;暂停审批一切新的收费项目,禁止一切需要农民出钱、出物、出工的达标升级活动;中央《关于涉及农民负担项目审核处理意见的通知》已明令取消的项目,任何地方和部门都无权恢复,国务院规定的提留统筹不超过上年农民人均纯收入的百分之五的比例限额不得突破。

奇怪的是,这些来自中国最高决策层的"红头文件",一个接一个下发,农民的负担却并没有因此而减轻。

当我们仔细地阅读了这些应该是最具权威的文件之后,注意到,这些政策性文件,虽然都很具体,却并非治本之策,大多着眼于对众多分摊项目进行甄别,因此,决定暂停的每一个项目,都势必影响到政府一些部门的具体利益,这些部门很快就会改头换面,创造出一些更新的、不在明令禁止之列的收费项目来。即便就是在明令禁止之列,这些部门也是可以通过本部门的政策文件,或是再由本部门起草代表部门利益的领导讲话,为项目的恢复执行提供新的依据。有的,甚至根本就不需要"变通",干脆对中央文件置若罔闻,拒不执行。

至于那些措词严厉的"红头文件",虽然明确提出了"不许"或"严禁"的内容,可那多半是一些原则或是精神。这种既非刚性约束,更非法律条文的东西,既无法界定又无法操作,说了也等于没说。

于是,决定取消的,并没被取消;决定纠正的,并没有纠正;决定暂缓的,也没有暂缓,而是比原先更多、更烂、更荒唐的分摊项目相继出现。于是,对农村中"三乱"的限制与治理,也就变成了"割韭菜",或是"刮胡子",割了又长,刮了又出,周而复始。

我们在安徽省五十多个县的调查访问中,几乎就没有发现一个乡镇是不折不扣地按照中央的文件精神和国务院的有关规定在办事。

我们相信，这种情况也绝不是安徽一个省独有的。湖北省监利县棋盘乡那位含泪上书国务院领导的乡党委书记李昌平就说过："中央明明知道，问题虽然出现在乡镇，但根子是在上面，那么为什么不追究根源呢？不管原因是什么，反正中央不追究；不追究，地方官员的胆子就越来越大，机构和人员就一年比一年膨胀，农民负担就一年比一年沉重。中央政策对一些人而言，就成了聋子的耳朵——摆设。"

一九九四年，农民负担的形势已经十分严峻，中央政府却在全国全面推行了国税和地税分税制的改革，由于中央财经的集权，地方政府预算内的财政就出现了空前的困难。这种头重脚轻的财政体制，财政收入向上倾斜，而支出却是向下推卸，以至把农村中的义务教育、计划生育、优抚以及民兵训练在内的各项开支，都抛开不管，给了乡镇一级政府的只是政策，这个政策就是："超收不缴、超支不补、多收多支"，这就迫使、同时诱使各地县乡政府，不得不依靠占有农业剩余、剥夺农民来维持运转。

农民负担便像滚雪球似的，愈加沉重。

据国家农业部统计，一九九五年农业两税（农业税、农业特产税）比上年增长百分之十九点九，向农民征收"三提五统"费用，却比上年增长了百分之四十八点三，而承担的行政事业性收费、罚款、集资摊派等各种社会负担，比上年则增长了百分之五十二点二二。这一年，全国三分之一省、市、自治区的农民负担，都超过了国家规定的百分之五的"大限"。

这显然还是一个保守的统计数字。

许多民谣俚语，表达了农民的愤懑与无奈：

"七只手，八只手，都向农民来伸手。"

"你集我集他集，农民发急；你筹我筹他筹，农民最愁。"

"催粮催款催性命,防火防盗防干部。"

一个流传更广的顺口溜,几乎就被农民当作歌子唱:"吹牛皮,扯大淡,村糊乡,乡糊县,一直糊到国务院;国务院,下文件,一层一层往下念,只管传达不兑现。"

安徽省临泉县的"白庙事件",就在这种背景下发生了。

白庙镇王营村的村民反映他们村里农民负担过重的问题,本来只是希望白庙镇落实中央的减负政策,可是镇里不闻不问,村民们才找到县里,县里又是百般推诿,村民们只好继续往上找,由县到省,直到进京反映问题。但是问题非但得不到解决,反而遭到县里的武装镇压,以至发生了令人痛心的天安门广场上的跪旗事件,造成十分恶劣的社会影响,王营村的问题才最终引起重视。这事的教训是深刻的。

到了一九九六年,中共中央、国务院形成了一个最为著名的"十三号文件",这就是:《关于切实做好减轻农民负担工作的决定》。决定十分明确地指出:"凡因加重农民负担,引发严重事件和死人伤人恶性案件的,要追究乡、村主要负责人和直接负责人的责任,凡涉及地、县领导责任的,要依照有关规定追究地、县党政主要领导的责任,以吸取教训;连续发生严重事件和死人伤人恶性案件的,省、自治区、直辖市党政主要领导同志要向党中央、国务院作出书面检查;对瞒案、压案、报而不查或打击报复举报人的,一经发现,要从严处理。要加快农民负担监督管理的立法工作。"

文件要求各级党委政府务必认真贯彻十三条决定,"逐项逐条落到实处,决不允许出现任何梗阻现象,决不允许在执行中走样。"甚至还特别指出:"于春节后用一个月时间将决定内容同广大农民群众见面,并反复宣传,做到家喻户晓。"

中央"十三号文件",表明了党中央和国务院关于减轻农民负担的明确态度,其坚定的决心如雷行天,撼动中国大地。

为了检查中央关于减负政策措施的落实情况,督促各地进一步做好这项工作,国务院还派出了由农业部、监察部、财政部、国家计委、国务院法制局及有关新闻单位组成的工作组,分赴河南、湖南、湖北、安徽、山西五省现场检查工作。

其力度之大,参加者之众,都是空前的。

然而,同样不可思议的是,正是中央下达了著名的"十三号文件",国务院派出阵营强大的检查监察队伍的这一年,中国农民的负担却比历史上的任何一年都重。

据国家统计局统计:一九九一年至一九九三年国家农业牧业税收入占全国各项税收的比重已呈下降趋势,降到了百分之二点二,而到了一九九六年,这一比重却已高达百分之五点三,比前几年高出了一倍还多;若再加上大量的乱收费、乱罚款和乱摊派,农民一年辛苦到头就所剩无几。

中央显然注意到了这种越来越严峻的形势,一九九七年五月,在短短的十六天中间,就接连发出了四个有关解决"三农"问题的通知,从落实农业的发展、坚决维护农村的安定到切实保护农民的利益,都作了进一步的强调,体现了党和人民政府对九亿农民的关切之情。

可是,一九九七年各地农民承受社会负担之重却也是空前的。无论安徽,还是全国,由于农产品价格的下降,农民收入的增长速度大幅度回落,出现了"增产不增收"的现象,但是各地政府向农民征收的各种税费并没有因此而减少,相反倒是大幅度攀升。

根据农业部农村合作经济统计资料显示:一九九四年至一九九七年,四年的农民年人均收入只是一九九三年的一点九一倍,而农民直接上缴国家有关部门的负担,却是前一个四年年均的九倍,而且,这几年农民直接承担的行政事业性的各项社会性负担,也是一九九三年的两倍以上,其中的集资摊派就达到了三点三八倍。这就是说,农民的社会负担已经大大高于农民人均纯收入的增加倍数,种田已经不赚钱,甚至倒贴钱,许多农民不得不进城打工,用打工攒来的血汗钱去缴纳永远也闹不清的各种苛捐杂税。

改革之初,农村一亩地的负担只是十元钱,那时农民主动缴粮缴款,根本不用干部上门。现在,一亩田的负担少则一百多元,多则涨到了二三百元,征收的税费负担明显超出农民的承受能力,征收工作自然就出现了困难。于是,不少地方就相继成立了"征收工作队"或"突击队",到农民家中收钱。没钱,就牵猪子,抬柜子,扒稻子,搬机子;甚至,指使公安干警,动用专政工具和手段,向农民强征暴敛,打人、抓人、关人的现象屡屡发生。干群关系进一步恶化,农民中请愿、示威、集会事件频频发生。

尽管在这一年,中共中央办公厅和国务院办公厅联合发出了正确处理和解决农民请愿、示威、游行、集会等事件的通知,强调要正确处理和解决农村中出现的一些新情况和新问题,切不可轻易出动公安、武警激化矛盾。但是,也就是在这种背景下,安徽省灵璧县依然出动大批公安、武警,酿成了"大高村事件"。

到了一九九八年,中央下达了《切实做好当前减轻农民负担工作的通知》。《通知》强调:"各地要高度重视和认真做好涉及农民负担的来信来访工作,注意倾听群众呼声,把矛盾解决在基层,解决在萌芽状态。"

这个编号为"中办发[1998]第18号文件"的通知,特别注明"此件公开发表"。

这是党中央和国务院在向九亿中国农民所作的公开而庄严的承诺!

可以说,这是三令五申了!

也可以说,是在大声疾呼了!

然而,像安徽省固镇县唐南乡"小张庄惨案"一样的农民负担命案,还是触目惊心地在全国六个省同时发生了!

干群关系居然恶化到了乡政府需要启用一个刑期未满的犯罪分子当村长,村民们忍无可忍选出代表要求清账,穷凶极恶的罪犯竟然明目张胆地指使其子连杀四人!惊天大案发生后,固镇县和蚌埠市竟都瞒案压案,检察机关及地方法院也公然妄断误判,使得受害家属不但得不到应有的安抚,为争取民主权利而屈死的村民代表在被残忍地剥夺了肉体之后又被践踏了无辜的灵魂!

中国的改革是从安徽的农村开始的,那场惊天动地的伟大改革,培养了一批既熟悉农村工作又敢讲真话的干部。

曾在安徽农口担任领导职务长达十七年之久的吴昭仁,是一位对农民有着深厚感情的老党员。他在接受我们的采访时,心情沉重地说:"中央有个'十三号文件',其实,安徽省委当时还有个更为严厉的文件,即一九九七年二号文件,明确规定,一个村'提留统筹'费用突破国家规定人均纯收入百分之五的,县(市)委书记必须向省委、省政府写出书面报告。但是,文件归文件,我们并没见一个县(市)委书记、县(市)长写过检查;即便发生了大要案,也全是秘书代笔,党委和政府盖章,说是'集体承担责任',其实是没有一个人承担责任,更没谁可能会去吸取教训。"

"三令五申","令不行,禁不止",这类字眼,这几年不断见诸各种文件和报刊,说者愤愤,听者藐藐。吴昭仁却认为:"我总觉得,这类事光怪下面也未必,恐怕主要还得从上面找原因。为什么要三令五申?领导机关要有威信,得自己树权威,讲话就要算数,讲到就要做到,谁不执行就要拿他是问,决不拖泥带水。让下面禁的,得自己先禁。只管发令,不去督促检查,或查而不处,处而不严,又如何能禁住上行下效呢?"

曾在上个世纪七十年代末那场家庭联产承包责任制改革的漩涡中走过来的陆子修,如今已从省人大副主任的岗位上退了下来,可他一天也没有停止过对中国农村工作的思考。可以说,在安徽,乃至在全国,他都是一位排得上号的农村问题的专家了。二〇〇一年六月一个炎热的上午,我们在他的家里采访了他。他送给我们一本他才出版的专著:《"三农"论衡》。我们注意到,新华社资深记者张广友为他写的序言中,有这样一段评价他的话:

"小平同志著名的南方谈话中谈到农村改革时说:中国改革是从农村开始的,农村改革是从安徽开始的,万里是立了功的。对此,万里同志则说:农村改革之所以取得这样的成就,除了邓小平等中央领导同志的支持和广大农民的积极拥护外,还有一条,就是得到一批政治思想强、理论水平高、真正了解实际、敢于讲真话、敢于为人民利益而斗争的领导干部、理论家、科学家、作家和新闻工作者的坚决支持。万里这里所说的一批同志,陆子修就是其中比较突出的一位。"就是这位陆子修,虽然现在已年届七旬,可一谈到农村工作,他依然像年轻人似的显得有几分激动。

他和我们提到了至今令他耿耿于怀的一次会议。那是安徽省委省政府在阜阳召开的一个全省有关减负工作的汇报会。在汇报减负工作落实情况时,有几个地市委书记相继谈了自己的苦衷,虽然这些苦衷不是没有一点道理,但陆子修却听不下去。因为几十年的农村工作经历,他早已习惯于站在农民的角度看问题。尽管那几个地市委书记和他都很熟,有的关系很不错,他还是当场红了脸。

既然会议是放在阜阳开的，他首先就拿阜阳市委书记王怀忠开了刀。

他没有顾及对方的面子，直呼其名："你王怀忠是只对省委负责，不对农民负责！你不顾农民的实际情况，大搞那些花花哨哨的'形象工程'，摆弄花架子。你搞'养牛大县'，牛只是养在公路两边做样子，开现场会能把花钱租来的牛集中起来给人参观。你把农民坑得还不够吗？"

然后又直问滁州市委书记张春生："你张春生衡量干部的标准又是什么呢？乱征，乱罚，乱摊派，最后逼死人，这样的干部还能用吗？你呢，却把这种干部挪个地方，易地照样当官！"

随后又质问蚌埠市委书记方一本："你方一本属下的怀远县上访不断，如今已称得上'安徽省的上访大县'了。难道全都错在农民身上，你就没有一点问题？"

接着他又把话题转向巢湖地委书记胡继铎："你胡继铎不去掏农民的腰包路就修不成了？那路是该国家花钱的，你怎么可以叫老百姓花呢？没有钱就把公路开肠破肚了，谁叫你开的？你这不是只想着要给自己搞'政绩'吗？"

他指名道姓地点了一圈之后，痛心疾首地冲着各路诸侯嗟叹道："我们许多干部'只看楼房一片片，不知谁人做贡献；只看公路直如线，不知谁人来出钱哪！'我们的农民日子刚刚过得好一点，大家就把他们当成'唐僧肉'！农民实在太苦，什么人都可以欺负呀！当年我们搞的那个'大包干'，轰动了全国，也影响了全国，总结起来就是那么三句话：'缴够国家的，留足集体的，剩下都是农民自己的'，可是现在呢，'大包干'带给农民的好处一点一点地又都被各级政府悄悄拿走了，如今是'缴不够国家的，留不足集体的，剩下就没有一点是农民自己的'！"

说着,他的眼睛溢出了泪水:"没想到我们的干部,今天这样不熟悉农民,不重视农民,和农民交朋友的干部太少太少。我建议在座的各位能不能来一个'换位思考',设身处地替农民考虑一下,再这么'三乱'下去,农民还能不能受得住啦?"

　　陆子修的话似响锤砸在钢砧上,一声声震在大家心上。

　　被点名的几位地、市委书记,因为意外而不免感到诧异。

　　这时候,六安地委书记颇为侥幸,轻松地说:"我们在农民负担的问题上还没出过事。"

　　他这话不说还好,这样一说,陆子修忍不住又冒了火。他依然没给对方一点面子:"你的农民负担问题,我这儿就有一摞群众来信! 农民才把果木树栽下去,你的村镇干部就逼上门去收特产税,这是不是事实?"

　　六安地委书记显得十分尴尬。

　　会场上鸦雀无声。

　　其实,正常的党内批评与自我批评,历来就是我们战胜一切困难、克服自身缺点错误的一件法宝,曾几何时,却在我们的党章与宪法之外,官场仕途之中,渐渐流行开了一种心照不宣的"游戏规则"。其规则之一就是,凡事不可太认真,至少不要与己过不去,话要说得留足余地,甚至已经把能够认认真真说假话也看做是为官成熟的一种表现。因此,陆子修的快人快语,就使得许多人感到唐突。

　　休会期间,省交通厅一位副厅长有意落在最后,当他走到陆子修身边时,突然抓住陆子修的手,眼里闪着泪光说:"都说你陆主任人好,却不知道你竟然好到这种程度!"

　　会后,主持会议的省委副书记方兆祥找到陆子修的房间,连声说:"讲得好,讲得好啊!"

　　吃饭时,省委书记卢荣景也走过来夸赞陆子修:"你讲得好,讲得好呀,是要有个'换位思考'!"

陆子修没好气地说:"好个屁! 你们这些话,会上为什么不说? 我是心甘情愿地当了一回你们的'打手'!"

对于陆子修这种心直口快的性格,当年还是中央办公厅主任的温家宝就已经"领教"过。那时候,陆子修是滁县地委书记,一天温家宝来滁视察,陆子修接待时,开门见山地问:"温主任,你要看真的,还是要看'闪光点'?"

温家宝一听,笑了,幽默地说道:"那我都看看。"

那次,陆子修领着温家宝在"闪光点"和"阴暗面"都看了看,他既总结了滁县地区改革开放中成功的经验,也剖析了依然牵肠挂肚地存在的问题,既报喜,又报忧。

一九九六年,陆子修参加了一个全国扶贫开发工作会,在许多代表中间,温家宝一眼就认出了陆子修。他走到陆子修身边问道:"你认为现在农业上的主要问题是什么?"

陆子修也不绕弯子,他说:"干部的作风问题。当然,这也包括我在内。再好的政策,没人落实也不行。现在的许多干部是'官做大了,车子坐小了,公路跑多了,离群众太远了'!"

那天我们谈得十分投机,当他知道我们正在做着有关"三农"问题的调查,便表示出极大的热情,话说得同样富有个性。

他说:"过去,毛泽东说'严重的问题是教育农民',现在我看,严重的问题是农民的利益问题。如果农民的利益得不到足够的重视,农村社会就难以发展,农业生产就难以为继,国家的发展和长治久安就都成了一句空话。"

他说:"列宁说'每日每时都产生着资本主义',现在我看,每日每时都产生着资本主义,不比每日每时都产生着封建主义好吗!"

他还说:"亿万农民当年之所以跟随我们党闹革命,是因为他们认识到我们党是为他们谋利益的,是带领他们翻身求解放的。今天如果我们不关心他们的物质利益,反而让他们感到不堪重负,他们会是一种什么心态? 一千多年前的唐太宗就曾说'水能载舟,亦能覆舟',这水,说的就是中国的农民嘛! 唐太宗李世民知道农民的重要,历朝历代没人不知道农民的重要,可赶到一掌握了政权,就很难说再代表农民了,总是反过来剥削农民,甚而镇压农民。以史为鉴,我看中国共产党人同样面临着这个严峻的课题。"

19　古老的话题

中国是一个有着两三千年封建历史的农业大国,人口中占了绝大部分的是农民,正因为有着这种特殊的国情,农民负担的问题注定成了历朝历代一个永恒的话题。

翻开浩瀚而厚重的史册,有哪一次农民起义不是与农民的负担有关呢? 从陈胜、吴广揭竿而起到后来的历次农民义举,从商鞅变法到其后的历次变革,又有哪一件不是和农民联系在一起呢?

唐太宗所言"水能载舟,亦能覆舟",此意最早应源于荀子。而先秦的《管子》一书,恐怕是中国历史上最早提出减轻农民负担、正确处理国家和农民利益关系的典籍了,那时它就在《权修》、《版法》和《宙合》多篇论述中指出:"取于民有度,用之有止,国虽小必安;取于民无度,用之不止,国虽大必危","民不足,令乃辱;民殃苦,令不行。"

民国期间,尽管国民党曾在二十世纪三十年代提出过要采取轻徭薄赋的传统政策,废除苛捐杂税,然而在军费和内外债务不断增加、财政严重亏损以及政治极度腐败的情况下,几无成效。

临近解放，能够继续农业社会道德传统的开明乡绅，由于不能执行政府对农村包括他们自己在内的横征暴敛，逐渐退出了农村政治舞台，取而代之的，就只有土豪劣绅和地痞流氓，他们变本加厉地推行政府对农村剥夺的同时中饱私囊，于是，农村基层的社区自治，就在这种"劣绅化"的进程中土崩瓦解，民国政府也终于在摧毁了稳定中国农业社会的基本制度的同时埋葬了自己。

当新中国诞生的礼炮在天安门广场上空震响，毛泽东主席用他那浓重的湖南乡音庄严宣布："中国人民从此站起来了！"当时，包括毛泽东在内的所有的中国共产党人，都坚信不疑：依靠农村包围城市打下的江山，已经成为国家主人的中国农民，将不会再有沉重的负担；"农民负担"和"三座大山"同时被推倒了，贫困也将伴随一个旧时代的终结而被彻底地埋葬了！

然而，革命的成功，并不等于就可以把几千年遗留下来的历史废墟与积垢，在一个早上清除干净。

中国共产党人从事的是前无古人的崭新事业，要从没有路的荆棘之中踏出一条路来，征途的坎坷，同样是注定的。

在新中国刚刚建立的时候，中央政府的主要精力用在了解决城市失业和通货膨胀，以及即将开始的工业化发展等重大经济问题上，无力照顾地方财政开支，也无暇顾及地方建设，因此，中央对地方政府参与农民利益的分享十分宽容，允许各地在征收农业税正税的同时，按一定比例征收农业税地方附加。这种地方附加，尽管有着最高限额的规定，但它显然不能满足乡村财政开支的需要，于是各种各样的变着花样的摊派随之而出，不久便相当严重。

通过查阅当时的文件我们了解到，解放以后第一个提出"农民负担"的,是那时负责农业工作的廖鲁言。一九五二年十月二十一日,他在向党中央、毛泽东主席报告的《关于乡村财政、农民负担、乡村小学教育及乡政工作的情况和意见》中反映,各种乱收费现象已经在各级新政权中开始出现。根据六十一个乡的实地调查,他发现,国家公粮、地方附加、抗美援朝捐献和乡村摊派四项税费合计,就已占到农民常年产量的百分之二十一点五三,除此而外,还有许多数目难以估计的项目,例如,银行、贸易、合作社、邮政局、新华书店等涉农系统,都以"发展业务"为幌子,强迫农民"认购"与"乐捐",群众意见很大,说乡村干部已经成了卖画的、卖邮票的、卖红茶的、卖粉条的、卖税票的,影响极坏,已经造成农民"苛重的负担"。

廖鲁言的报告引起了毛泽东主席的重视,中央政府随之作出专门规定,严格控制农业税地方附加,限定地方附加不得超过正税的百分之十五,并随同农业税附征。

可是,各地政府由于有着地方利益的驱动,不但如数向农民征收中央规定的农业税地方附加,各种各样的乱摊派依然禁而不止,甚至比原先还要严重。

毛泽东主席了解这个情况后,甚为不安。为平息农民的不满,当即指示政务院作出一个釜底抽薪的断然决定:取消一切附加税,把乡村干部的津贴、乡村政府的办公费及教员薪资统由国家财政包下来;坚决禁止再以任何形式向农民摊派;乡村举办社会公益事业,必须基于群众的完全自愿,有条件地允许自筹经费,并规定这种自筹经费不得超过农业税正税的百分之七。

当时政务院的这个决定,被简称为"包"、"禁"、"筹"的三字方针。这一措施不但从根本上减轻了农民负担,调动了刚翻身的农民的生产积极性,也充分体现出蒸蒸日上的新中国的优越性,农民们无不拍手称好。

但是，新中国刚刚成立，朝鲜战争就不期而遇，紧接着，以美国为首的西方国家又对中国实行了"经济封锁"，面对内忧外患，当时的中国再不可能做到从容和妥善地走进社会主义。而且，迫于那种形势，我们这个经济落后的农业大国似乎也就只能选择以优先发展重工业来"自立于世界民族之林"。这种国家工业化的积累，除了让农村和农民做出牺牲外又似乎别无选择。

如果没有一种特殊的制度和组织上的安排，任何政府也休想解决从高度分散的四亿农民手中获取农业税剩余所引起的矛盾，因此，分到土地不久的中国农民，就在中央政府有计划的组织下，从互助组、合作社，又从初级社过渡到高级社，最后走上了人民公社。用毛泽东一句十分形象的话说，"满头乱发没法抓，编成辫子就好抓"了。于是，服务于国家城市工业化的农村高度集体化的基本制度，逐渐形成了。在这种高度集中的垄断经济体制下，国家十分便当地就占有了中国农村的各种资源；控制了中国农业和其他产业的生产、交换、分配、消费的全部经济过程，从而实现了由政府无偿占有中国农民全部劳动剩余价值，并使之转化为城市工业资本的原始积累。

在这一长达三十多年的时间里，中国农民的负担是巨大而沉重的，却又是隐性未发的。因为，农民负担由"台前"转移到了"幕后"，从此国家不再跟亿万农民发生直接的经济关系，国家在农村统购统派的户头，就由原来的一亿三千万个农户，很快变成了七百万个互助组；进而减少成七十九万个农业社；到了大跃进的一九五八年，只用了三个月，就在一片锣鼓声中，将全国农民一个不漏地组织到五万两千七百八十一个人民公社里。

我们无法知晓，中国的农民为中国城市工业资本的原始积累做出的牺牲究竟有多大，但是，可以这样说，共和国的工业化大厦，是中国农民的血肉之躯筑成的；中国城市建设最辉煌的乐章,也是用中国农民的心血和汗水谱就的。

早在农业合作化运动中,因为不尊重农民的意愿,集体化是通过强大的政治手段推行的,并派生出以行政手段对农业生产的瞎指挥,就曾经激起各地农民普遍的不满。到了一九五六年秋收分配前后,农民的利益受到严重损害,收入明显下降,全国不少的农村陆续出现闹退社的风波,很多农民进京上访,还有上千农民集会游行,纷纷要求退社,有的地方甚至动手分地,分粮,自行散伙。据当时中央农村工作部收集到的各地材料估计,退社户已占社员户的百分之五,不少合作社已相继垮台。

当时要求退社和处理退社两个方面都出现了过激现象:有的农民围攻领导,打砸县政府和公安局;也有地方干部把退社作为破坏和向社会主义进攻,批斗农民,殴打农民,甚而致人死亡和自杀,造成极坏的社会影响。

但是,来势凶猛的退社风不久就在反"右派"运动的政治高压下被制止。

随后的公社化运动,可谓风起云涌,波澜壮阔。在高级社立足未稳之际,便运用巨大的政治压力,将亿万农民组织到人民公社中,分编在五百零四万个生产队。中国农民原有的,或土改时被分到的田地、耕牛、农具、粮食乃至大部分的生活资料,都无一遗漏地无偿地收归公社所有。五万多个人民公社就变成国家在农村基层的财政单位,从此可以随时随地,十分方便地通过"一平二调"无偿占有公社范围内的一切资源和劳动力。

中国的农民成了真正的无产者!

随着公社化运动的迅猛发展,"共产风"也在农村愈刮愈烈,许多地方进行"跑步进入共产主义"的试点,为了消灭私有制,家家产户的箱箱柜柜也收归公有,砸锅卖铁去"全民大炼钢铁"。由于农民的生产积极性受到一次巨大的打击,消极怠工像瘟疫一样在各地蔓延,农业产量大幅度下降。

有资料表明:公社成立的第二年,全国的粮食总产量就比上年下降了百分之十三点六,而国家征购粮的数字却比上年猛增了百分之十四点七;一九六〇年,全国粮食总产量进一步下降了百分之十五点六,已经减少到只有两千八百七十亿斤,但国家征购粮却不减反增。为完成征购任务,许多农民不得不连种子和口粮都缴了上去。

据在安徽省肥西县委农工部工作的岳古萧介绍:当时浮夸风居高不下,像肥西这样一个中等农业县,粮食产量竟虚报了四亿多斤,超过实际产量的一倍还要多,不饿死人也吓死人。

这时的中国农村,已不仅仅是"农民负担太重"的问题了,而是造成了无以数计的农民被活活饿死。

现在我们无法知道,中国农民为这种制度殉葬的究竟有多少人? 只听说,仅安徽省一个阜阳地区,非正常死亡的农民人数,就几乎相当于整个淮海战役中敌我双方阵亡将士总数的两倍。

一个凤阳县死亡六万零二百四十五人,占到农村总人口的百分之十七点七;其中大庙公社夏黄庄,死亡人数竟高达百分之六十八点六。家中死绝的,全县有二百四十户;因死因跑而空了的村庄,占到了二十七个。

难怪"文革"期间"忆苦思甜",不少贫下中农居然忆起了一九六〇年。不是他们对新中国缺乏感情,而是那场特大灾难实在太可怕,可以说是惨烈空前!

我们的历史把这种制度造成的悲剧称之为"三年自然灾害"。

尽管这以后,毛泽东及时主持制定了"人民公社六十条",将人民公社改为三级所有(公社、生产大队、生产队),以队为基础

(生产队为基本核算单位),使各地的公社退回到初级社的规模,度过了最困难的时期,但是,农村存在的问题并未从根本上得以解决,公社和大队之间的财产仍然可以平调,生产队吃的"大锅饭"和社员干活时的"大呼隆"也未被触动,"左"的思想路线更没有得到清算和纠正,直到七十年代末,中国农民始终摆脱不了人民公社"一大二公"制度的桎梏。及至粉碎"四人帮",竟有相当一部分农民的生活水平甚至远不如建国初期。

在"文革"极左时期,中国则把批判资本主义的运动推到了极端,连农民家里养两只鸡、种几棵菜拿到集市上去卖,也都说成是在走资本主义道路。一九七七年全国人民公社分配统计资料显示:当时的农民平均劳动日值仅是一角一分钱,就是说,汗珠落地摔成八瓣,干一天活的报酬只够买上半盒最低劣的香烟;许多地方的农民从年头干到年尾,非但两手空空,反倒欠下生产队的钱!

就在到处"莺歌燕舞"、一片"形势大好"的宣传热浪中,当时的安徽省,以及中国众多个省,每个劳动力生产的粮食竟赶不上两千多年前的汉代。

中国的农民可以说生活在"水深火热"之中!

直到十年动乱已经结束了,安徽省主持了多年农业工作的省委副书记王光宇,深入到革命老区大别山去调研,当他走进一家农户,眼前的情景使他忍不住泪流满面:一个老人光着身子躺在床上,缩在灶台后面的两个十七八岁的大姑娘竟也衣不蔽体,全穷得没有裤子穿!这里可是中国革命的摇篮啊,革命战争年代,大别山老区人民为革命做出了那么大的牺牲和贡献啊!王光宇感慨道:"我知道农民穷,可我没有想到,我们的农民会穷到这种程度。我们搞社会主义搞了这么多年,优越性究竟在哪里?我们对得起农民吗?"他感到深深的愧疚与不安。

种田人吃不饱肚子,全国人民也尝到了苦头。那时绝大多数的城里人,一人一天不足一斤粮,一月只供应半斤肉、二两糖、四两食油、四两饼干、半斤豆腐、一块豆腐乳。条件差的城镇,竟连这样的标准也保证不了。

总之,发不完的票,排不完的队。这样的日子,中国人民无一例外地过了许多年。

这是践踏我们的"衣食父母",破坏农业正常生产注定要吞食的恶果!

当时,在全国各地都流传着这样一个内容大体相同的故事:一个掘地的农民,一边刨地一边叨叨:我这前三镐头是给政府刨的,要缴粮完税;再刨三镐头是替公社主任、生产大队长和生产小队长累的,要付他们工资;后三镐头又是为狗娘养的各种摊派、胡吃海喝干的;到第十镐头才是属于自己的。

农民有着这么沉重的从精神到经济上的负担,又怎能不天怒人怨呢!

可是,农业没搞好,我们从来就是把责任推给自然灾害,或者是指责各级干部没抓好"农业学大寨",再不就归结为阶级敌人的破坏。

十年动乱结束之后,发端于安徽省的农村家庭联产承包责任制,亦即"大包干",革了"大呼隆"和平均主义的命,中国农村很快出现了"上至七十三,下至手中揽,一家三代人,都在忙生产"的喜人局面。安徽省肥西县原大柏公社党委书记王广友打了一个生动的比喻,他说:"过去,社员就像一笼鸭子,被关久了,急得嘎嘎叫。现在,包产到户,就像鸭笼打开了,被关久了的鸭子到了塘里有展翅拍水的,有钻猛子翻跟斗的,有相互追逐嬉戏的,多欢实啊!"金牛乡上圩村六十多岁的农民廖自才,也高兴地说:"责任制就是好,我家阴沟里终于漂油珠子了。照这样下去,要不了多少年,就会城乡不分,咱乡下人就会过上城里人一样的日子!"

发生在七十年代末的那场大变革,是新中国继土地改革之后又一次伟大的农业革命。它带来了中国农村经济的飞速发展,创造了一九七八年至一九八四年农民收入年均实际增长百分之十五以上的好成绩。当然,这是带有恢复性的发展。无论是公社书记王广友,还是老农民廖自才,他们对"大包干"后的农村都显得过于乐观了。因为,即便是十一届三中全会召开之后,已经到了改革开放的八十年代中期,制约着中国农民二十多年的统购统派制度都没有丝毫触动。国家确定统购统派农副产品品种的数量及价格,一直就是根据城市的需求和国家出口的需要而定的,基本上不考虑农民以及农村的实际需要,而且,多年以来,这种严重损害城乡、工农关系的统购统派,却是被当作一件法宝,国家缺什么就向农民派购什么,结果被统购统派的农副产品越来越多,像大山一样地压在了中国农民的身上。

截至一九八四年,国家向农民实行统购的还有四种:粮食、棉花、油料、木材;实行统派的,那简直就是一串长长的、足以让每一个读它的人都会透不过气来的花名册:生猪、菜牛、菜羊、鲜蛋、黄红麻、红麻、大麻、烤烟、名晒烟、茶叶、桑蚕茧、牛皮、绵羊皮、山羊皮、小湖羊皮、羔皮、猪皮、羊绒、山羊毛、羽毛、绵羊肠衣、山羊肠衣、猪肠衣、猪鬃、毛竹、篙竹、棕片、生漆、木炭、苇席、土纸、蜂蜜、柑橘、苹果、红枣、榨菜、八角、木耳、黄花菜、耕畜、桐油、蓖麻油、木油、柏油、梓油、薄荷油、香茅油、甘蔗、甜菜、松脂、原胶……

除此而外,还有二十一种水产品和五十三种中药材,累计一百三十二种之多。几乎囊括了全部的农、副、土、特产品,没给中国的农民留下一点发展商品生产的空间!

144

城里人通过各种宣传媒介都知道中国农民迎来了第二次解放，知道中国农村发生了翻天覆地的变化，知道他们终于可以在自己承包的土地上自由自在地春种秋收了，却不知道统派购仍把他们死死地捆绑着！

应该承认，统派购制度的实行，在很大程度上保证了国家建设、城市供应及出口需要，但它却粗暴地剥夺了几亿农民的产品处置权，阻断了中国农业向产业化发展的道路，切断了农民与市场的联系。特别是，确定统派购农副产品的数量和价格是强制性的，很少考虑农民和农村的需要，这就造成农民生产的农副产品，农民自己吃不到，农村也买不到，收购价往往又没有成本高，一年到头白辛苦不说，有些甚至不得不花高价买来产品再低价卖给国家去"完成"派购任务。

这种极不合理的沉重负担，农民有苦没法诉，有理也没处说！

终于，担任党的总书记的胡耀邦，出来说话了。他在一些地方调查后说："今后，对内要更大胆地搞活，对外要更大胆地开放。凡是农民自己能办到的事情，就让农民去办；农民不能办的，地方要办；地方不办的，国家来办。中央就是希望农民早点富起来。"

主管农业工作的国务院副总理万里也同样明确指出："不利于发展商品生产的障碍要排除。"

随后，中共中央、国务院制定出了进一步活跃农村经济的十项政策，十项政策中最引人注目的，就是"改革产品的统派购制度"。

改革农副产品的统派购制度，这在中国的农村改革中是与实行"包产到户"具有同等意义的两项改革之一，它是从根本上减轻农民负担的一次重大突破！

当然，计划经济依然还主宰着当时的社会经济生活，因此，这种极不合理的粮食收购制度，不可能解决得很彻底，只不过是将统派购改为合同定购，而这种"合同定购"，农民基本上没有发言权，既体现不出合同的公平协商与互惠性，国家的粮食定购价一般也都大大地低于市场价，而这部分"差额"，依然带有"税"的性质，被农民看做是"暗税"，成为农民的"隐性负担"。

可是，不管怎么说，将中国农民死死捆绑了三十多年的统派购的农业政策，毕竟有了一点松动。

面对中国农村开始出现的这种"松绑"，以及由此带来的喜人景象，这场伟大改革的总设计师邓小平却十分冷静地提醒说："农业文章很多，我们还没有破题。"

然而，就在农业的文章"还没有破题"，深化农村改革方兴未艾之时，一九八四年十月二十日，党的十二届三中全会形成的关于城市改革的决定，就将中国改革的重心由农村转向了城市。

城市改革的启动，从理论上看，它既可以向农村改革和农村经济提出新的要求，也会为农村改革特别是涉及城市的问题创造出新的机遇，一个城乡改革互相配合、互相促进的局面即将出现。

可是，人们希望看到的这种理想的局面并没有出现。

因为任何改革都是需要花费成本的。改革重心的转移，就意味着，国民收入的分配关系必然要向城市倾斜，这就必然使得农村经济再次陷入一个极端困难的境地。

历史的事实是，从一九八二年开始，中央每年都制定一个指导农村改革的"一号文件"，连续五年，下达了五个中央一号文件。这些文件，对中国的改革起到了不可低估的巨大作用。人们或许还记得，一九八四年，首都举行庆祝建国三十五周年的游行时，京郊农民抬着"中央一号文件好"的巨幅标语通过天安门广场,它确实代表了中国亿万农民的心声。可是随着中国改革的重心由农村转移到城市之后,农业上可以"放"的政策就已经不多了,这以后有关农村改革的中央一号文件就只能越写越抽象,越写越原则,没有了新内容和新措施,最后,用来指导农村改革的一号文件便悄然消失。

于是,人们都不愿意看到的一个事实,重又浮出水面:旷时三十二年之后,建国初期由廖鲁言提出的"农民负担"问题,就在一九八四年十二月六日,也就是改革重心转移当年的年底,被在京召开的全国农村工作会议再次提了出来。

当时,农村经济才刚刚开始活跃,先富起来的只是极少数,但各级政府居然就认为农民都已经很富了,许多部门便通过提高农业生产资料的价格和增加税费等途径,纷纷从农民腰包里去掏钱。

尽管这期间,邓小平曾提醒:"农业上如果有一个曲折,三五年转不过来。"而且强调,"应该把农业放到一个恰当位置上。"但是后来的事实却是:为了解决城市改革所需要花费的成本,同时,又为了能够最大限度地降低国家向农民获取税收所需要花费的交易成本,全国农村撤消人民公社后,接着就改制为六万一千七百六十六个有自己独立的财政利益和相应的税收权利的乡镇政府。后来,这些农村基层政府的摊子越铺越大,但凡上面有的机构,这里也有,不仅先后建立起党委、政府、纪检、人大、政协、武装部六套班子,六套班子在行政序列上均都属于"正乡级",乡镇政府越来越扩张,还相继产生代表上级政府部门的"七所八站",于是,财政、税务、公安、工商、交通、卫生、粮管、农技、水利、种子、植保、农机、畜牧、食品、渔业,应运而生。真是麻雀虽小,五脏俱全。

这些日益膨胀的单位和日益庞杂的人员,无一例外地都是需要由农民来养活的。

农民的负担从此就由"幕后"走到了"前台",而且日趋严重。

令人啼笑皆非的是,这种改制,还一度被认为是"中国农村改革获得了突破性的成功,引起举世瞩目"。

这以后,国家非但没有把臃肿的机构及大量冗员下决心精简,为满足地方党政组织及下设部门不断增长的开支需求,不断地又以各种"红头文件"的形式硬性地给农业和农民增加了多种负担:不但从农业税中派生出了农业特产税,颁布了《农民承担费用和劳务管理条例》,甚至还把村级组织的公积金、公益金、村干部的报酬和管理开支,以及乡村两级的办学、计划生育、优抚、民兵训练和修建乡村道路所需要的"村提留""乡统筹"也强加在农民的头上,并作出征收标准的刚性规定。这其中有许多本该是政府拨款解决的,最后却都发展成了农民负担的主要内容。

"为什么要把农民负担'三提五统'费的标准定在不超过上年农民人均纯收入百分之五的水平上?"我们曾就此请教过北京的几位专家,专家们比较一致的看法是:中国农村目前的劳动生产力水平还很低,农民经营农业的剩余微乎其微,如果农民除农业税和农业特产税之外的负担达到或超过上年农民人均纯收入的百分之五,农业就连维持简单再生产都有困难。

我们听了,心情十分沉重。因为,根据有关资料和从事"三农"研究的温铁军博士的实际调查显示,统计部门的上报数字平均要比农业部门的统计数字高出百分之五十四,这就是说,若按统计部门上报的数字征收提取"提留统筹费",显然要比农业部门统计数字的提取数要大得多,而各地在征收提留统筹费时却偏偏又都是以统计部门上报的人均纯收入为依据的!

既然除农业两税之外的负担"达到"或超过上年农民人均纯收入的百分之五,农业就连维持简单再生产都有困难,那么,实际情况岂止只是"达到"或仅仅"超过"呢？

中国的农民就在这无休无止的行政事业费及各色各样的摊派、集资和罚款的沉重负担中，正在丧失对党和人民政府的依赖，当年"大包干"引发出的那种火热的激情已荡然无存。

曾在安徽亲自领导那场席卷全国的农村改革，后来出任国务院副总理、全国人大常委会委员长的万里曾在一次会议上强调："农民得到的利益不能往回收，一定要再出一个继续给农民鼓劲的文件，否则，农民就不会再听共产党的话了。"

但是，农民已经得到的利益，一点一点地还是被收回了。

十一届三中全会确定的农业投入要逐步达到国民经济总投资的百分之十八的要求，一直就没有实现过。年年讲增加，最后都是让农民自己增加。农民埋怨这种只讲不兑现是"光敲梆子不卖油"。

自从中国改革的重心由农村转向了城市，城市与农村、市民与农民之间的差距就逐渐被拉大，我们最不希望看到的事情还是发生了：各地的城市在迅速地变大、变高、变美，城里人的生活水平也在日新月异地发生着变化；而中国广大的农村，却反而出现了"增产不增收"的现象。第一次"增产不增收"，出现在一九八九年至一九九一年，在农业生产喜获大丰收的情况下，扣除物价因素，农民年人均纯收入增长仅为百分之二，一九九一年就成为负增长；第二次出现在一九九六年之后，人均纯收入的连续两年大幅度跌落，先是由百分之九的增长率降至百分之四点六，一九九八年就落到了百分之四！

"政府对一九八九年至一九九二年农民负担高速增长的现象早有了比较一致认识，但对一九九二年以后，尤其是近几年农民负担水平的认识，至今没有清晰的判断。"

这段话出自温铁军的笔下。他是中国农村改革试验区一创立就参与其中的年轻的"三农"专家。当然,我们在京见到他时,他已经不再年轻了,这段话是已经变成中年人的温铁军,写在他荣获国家农业部科技进步一等奖的《中国农村基本经济制度研究》的专著中。

在农民收入增幅趋缓的条件下,对农民负担状况的判断就显得尤为重要。既然一九九二年以后,尤其是近几年,政府对农民负担水平的认识缺少清晰的判断,中国农村出现的"增产不增收",乃至负增长,显然就是一件再正常不过的事情。

有人曾做过这样一件工作,将一九八六年以来中央机关报《人民日报》和国务院公开的文件中有关政策与评论性的文字,输入电脑进行处理分析,结果发现:有关农业、农村、农民的文字部分,出现了一批新的词汇,这是中国汉语言文字史上前所没有的:"吃农业"、"吃大户"、"打白条"、"口头农业"、"农民负担"等等;而使用得最频繁的,就是"减轻农民负担"。

这确实是一个耐人寻思的分析。

就在我们动手写这部作品时,一个中国发展高层论坛专题国际研讨会在北京召开,会上不少专家呼吁:为适应加入世贸组织的需求,我国的农业政策必须进行重大调整,不仅要加大对农业的扶持力度,而且要减税。

专家们指出:经济合作与发展组织(OECD)国家每年用于对农业的补贴高达两千五百亿美元,美国对每一个玉米种植业主的补贴就在三万美元,这一数字差不多是我国东北种植玉米的农民人均收入的一百倍。各国普遍对农产品实行补贴,人为地压低了国际市场农产品的价格,而我国不但是少数几个不给予农民直接农业补贴的国家之一,还是为数不多的仍在向农民收税的国家之一。一九九〇年到二〇〇〇年,只有十年时间,我国从农民那里征缴的各种税收总额,就由八十七亿九千万元,迅速增加到四百六十五亿三千万元,增加了四五倍。农民人均税额高达一百四十六元,而城镇居民的人均税赋只有三十七元;在城镇居民实际收入已是农民实际收入六倍的情况下,农民缴纳的税额反而是城镇居民的四倍! 这已是巨大的不公平,然而不堪重负的农民,除了要缴农业税和农业特产税,还有着名目繁多的提留统筹费和各项社会负担。且不说中国的农民已苦不堪言,这在根本上也使得中国的农业在国际竞争中处于劣势地位。

美国、西欧等资本主义国家合理通货紧缩尚能够做到一方面降息,一方面降税,大幅度裁减行政人员和政府开支,难道我们一个社会主义国家就只能降息,而不能为那些穷人降税减负吗?

20 税费多如牛毛

在近两年的日子里,我们不知疲倦地奔波在八皖大地的阡陌之间,一直想弄清一个困惑着我们的问题:向农民征收的各种税费究竟有多少项? 后来才发现,这居然是谁也说不清道不明的一件事。

其名目之繁多,令人触目惊心! 据中央农民负担监督管理部门的统计,仅中央一级的机关和部门制定的与农民负担有关的收费、基金、集资等各种文件和项目,就有九十三项之多,涉及到二十四个国家部、委、办、局;而地方政府制定的收费项目则多达二百六十九项;还有大量的无法统计的"搭车"收费。

我们在调查中发现,有许多压根儿就是乡村干部们的随心所欲。有些,你一听就会感觉到其中的荒唐;有些,甚至还带有几分黑色幽默,似在开玩笑,但征收起来你少缴一文也是不允许的。

我们虽地毯似地在安徽省的五十多个县(市)跑了一遍,现在坐下来清点一下农民负担的那些课目,也还只能做到"以升量石"。

集资类有:建乡镇办公楼集资;建乡镇教学楼集资;建乡镇科技网集资;建乡镇医疗门诊部集资;建乡镇党员活动中心集资;建乡镇计划生育宣传站集资;建乡镇广播站集资;建乡镇影剧院集资;兴建乡镇企业集资;改造乡镇环境以及打击刑事犯罪经费补助集资等。

管理费用支出有:乡村办公房修缮支出;乡村干部差旅费招待费支出;乡村党团员活动支出;乡镇党代会人代会会议费支出等。

村干部及非生产人员支出有:党支部书记、村委会主任、会计的定额补贴;民兵连长、治安委员、团支部书记、妇女主任、村民小组长的误工补贴;兽医员、农技员、广播员、护林员、护坡员、报刊投递员、清洁卫生人员补贴;电工、水工、木工、瓦工以及村里安排的一切勤杂工的补贴等。

教育支出有:民办教师工资;公办教师补贴;校舍建设改造费;学校正常办公费;报刊图书资料费;教学仪器和文体器材设备费等。

计划生育支出有:独生子女保健费;节育手术营养费;计划生育委员补贴;计划生育小分队补贴等。

民兵训练支出有:民兵训练生活补助;民兵训练误工补助;看守枪支弹药执勤补助等。

公益事业及优抚支出有:敬老院建设;敬老院服务人员补贴;合作医疗建设;农村医务人员补贴;烈军属优待;残废军人优待;现役义务兵家属优待;老弱病残复员退伍军人优待;工伤民工照顾;困难户照顾;五保户照顾等。

此外还有交通建设义务工补贴；文明村建设用工补助；开街建集修路费、宅基规划费、房屋准建费；种子检疫费、畜禽防疫费、牲畜保槽费、架设电线费、统一灭鼠费；以及为派出所民警购置对讲机和摩托车、为司法人员添置的服装费……

　　有的地方，仅乡镇学校就增收有赞助费、辅导费、试卷费、资料费、扫帚费；仅喂猪一项就有生猪税、屠宰税、增值税、所得税和城建税，许多村镇不管你养不养猪，一律要按人头征收猪头税。

　　非但如此，几乎所有的涉农部门，列入了政府机构序列的和虽没列入却承担了政府职能的，特别是粮食、供销、金融等部门，随着改革开放的不断深入，大多成为政企不分并有着明显企业化倾向的组织，具有了执行政策和增加盈利的双重功能，常常无视国家的法律、法规以及依法制定的政府规章，将不应收费的业务活动也强行收费，或搭车收费，这就越发加重了农民的各种负担。

　　我们调查还发现，有些乡镇仅结婚登记一事，就得征收十四项费用。除收取结婚证工本费外，还要征收介绍信费、婚姻公证费、婚前检查费、妇幼保健费、独生子女保证金、婚宴消费费、杀猪屠宰费、结婚绿化费、儿童乐园筹建费、计划生育保证金、晚育保证金、夫妻恩爱保证金、金婚保证金等。

　　自从国家颁布了《环境保护法》，个别地方竟把农民烧锅做饭冒出的炊烟也视之为"污染了环境"，振振有词地向各家各户征收"污染物排放费"。有敢说话的农民向上门的村干部讨说法的，不讨则已，一讨就又冒出一项"态度费"，并且祭起"文革"时流行的一个理论："问题不在大小，关键在于态度"，征收多少视其"态度"好坏而定。

　　有些，干脆什么名目也不说，伸手就要钱，谁敢说个不字，或是皱皱眉头瞪瞪眼,立马大打出手,直打到你喊大爷。

当一种权力以直接利益作为驱动权力运转的轮子,利欲的膨胀就必然会使权力异化成加速度疯狂运转的魔鬼,也必然导致其权力的无限扩张。

当今,管理就是收费,这已经成了许多部门巧取豪夺的一种顽症。

既然向农民征收的各种税费,已给众多的党政机关事业单位带来好处,而且许多税费项目就是中央国家机关下发"红头文件"予以同意的,因此,减轻农民负担的通知、条例、规章和决定,到下边就统统成了"一级一级往下念,只管传达不兑现"。压力大了,就收敛一点;风头过去,便卷土重来。

于是,在减轻农民负担的工作中,便出现了一个常被提及的力学名词:反弹。

压力越大,反弹力越大,很快也就形成了自己的特色:这就是,上有政策,下有对策。

现在没谁不知道,计划生育已经成为国策,是碰不得的"高压线"。可是,计划生育的好政策,到了某些农村干部的手里,就被"发展"出了许多令人发指的土政策:"投水不救人,吃药不夺瓶,上吊不解绳。"同时将计划生育视为一个新的经济"增长点",疯狂敛财的尚方宝剑。

安徽省人大一位副主任告诉我们,他们下去检查工作时,就发现濉溪县的一个村,短短一个月在计划生育的突击检查中,就罚了三百一十多万元。还因为那里搞的是以罚代法,给了罚款就能生,准生证变成"摇钱树",早在上个世纪九十年代,一个濉溪县居然就多出了十万个"黑孩子"。

利辛县司法机关公布了一起特别案件的审理结果,让人莫名惊诧。这个县孙庙乡干部林明、袁志东、李鹏三人,从一九九八年十二月三日开始,到案发的一九九九年五月间,以办人口学校为名,配备打手和专车,以"超生"、"无证生育"、"妨碍公务"等莫须有罪名,甚至根本就不需要任何理由,将涉及到孙庙乡二十二个村的两百多名无辜农民从家中抓走,私设牢房,通过骇人听闻的非法拘禁手段,大肆敲诈钱财。

他们私设的三间牢房,阴森恐怖,窗户被封死,室内也没有任何照明设施,白天也像夜里一样。因为大小便全部在牢房里,牢房整日臭气熏天。被关押的农民自带被褥,只能席地而睡,不得不与粪便虫蛆为伍,境况不堪目睹。

被关了一个多月的刁西英、王琴、肖氏,罪名竟然是"儿媳误检";因难产乡里无法处理后到县医院做了手术的李英,被抓的理由居然是未"定点分娩";邱继梅因为"刚结婚就怀孕";罗来只是由于帮其姨妈带孩子;主动去乡里做人流手术的周平也是稀里糊涂被关三天……

关押的目的,就是诈钱。

双庙村村民汝子佩在外打工多年,有些积蓄,成为重点敲诈对象,于一九九八年十二月十二日被抓,关了十八天,后交出八千元才被放人。

同样是外出打工的民工周立勋、周立富、周国云三人,同天被抓,关了五天之后,一九九九年一月十六日三人交出一万元现金后,才重获自由。

汝寨村年过六旬的马月荣,家里刚遭火灾,根本拿不出钱,一关就是一百七十多天,由于被关时间太长,走出牢房时耳朵已经快聋了。一个叫马引的产妇,因"无证怀孕",最后竟在牢房中生下一个孩子,受尽了折磨;马引父亲马学义和马引妹妹马三引,得知情况去牢房探望,结果被无故扣留,以替换马引为由将二人关押。

利辛县是国家贫困县,许多农产为凑足被"罚"的钱款,不得不多方举债,有的变卖家产、房产,从此一贫如洗。

尽管林明、袁志东和李鹏三人作恶多端,还有提供伪证、贪污、挪用公款以及给上级领导挪用公款提供便利等多项不轨行为,但地方法院判决的结果,最多的也只是判处有期徒刑三年、缓刑三年,最少的仅判处有期徒刑一年、缓刑一年。如此从轻发落,使得孙庙乡的群众大为失望。再说,这些事就发生在乡党委和乡政府领导的鼻子底下,时间如此之长,性质又是如此恶劣,民怨沸腾,但最后竟然没有一个有关领导为此承担一点责任。

21 村里有个反贪局

因为让农民说话的渠道不畅通,农民有话得不到正常的表达,反遭到无情打击和报复,于是,老实巴交的农民开始不那么"听话"了,他们不再选择语言表达那种方式,而是由忍让走向了反抗,甚至还显露出了惊人的狡黠与凶悍。

安徽省灵璧县冯庙镇董刘村支部书记施华,这天又决定上门向农民征收税费了,为使征收的工作更具震慑力,他特地邀来镇政府的大员助阵,同时喊来早被村民们背后骂作"打手"的一帮人。

他们开着拖拉机先去了小高庄。

在村民高传明家,听说高传明拿不出现钱,"打手"们像往常一样,就冲进屋里扒粮。

当扒了高传明家的粮食,准备再去其他家时,被惊动的村民们闻讯就围了上来,双方发生了争执。

积怨已深的村民一怒之下,便把拖拉机推到了村头的塘里去。

如果不是车主王锡向大伙苦苦哀求,他那辆开来的拖拉机,四只轮胎准已被村民们用菜刀砍成了烂饼子。

那天,村镇干部见村民人多势众,又发了狠,不想吃眼前亏,就一齐往回逃,急不择路地躲进了村民张继东家。

盯着不放的群众很快发现,蜂拥而至,围在张继东家的门口,七嘴八舌地责问道:

"你们是不是共产党的干部?"

"还有没有党纪国法天理良心?"

"让不让老百姓活下去了?"

村镇干部这时全然没有了先前的威风,只得赔着笑解释:"这也是上面叫干的,实属没有别的办法。"并赌咒发誓,"今后无论如何不再这样干了!"

村民们被欺骗怕了,怎么可能会轻易相信这一套?吵吵嚷嚷,诘诘骂骂,势态一度变得相当紧张。一位镇干部情急之下站出来当众保证,一定会把村民们的意见向镇领导汇报。

张继东心里十分清楚,不发生这场风波,他家的粮食被扒几乎是难免的;现在他们见势不妙,当众说了孬话,根本就不能把它当真。这些眼睛都长在了头顶上的农村干部,哪会就这样轻易在村民面前认孬装孙子?今儿个碰了一鼻子灰,是绝不会善罢甘休的,一场更大的报复行动肯定在后面。

他越想越觉得后果严重,便忍痛从腰间掏出一百元血汗钱,塞到镇干部手里,希望破财消灾。他说:"实在拿不出手,请你们买几包烟消消气。如今董刘村的农民日子愈来愈不好过了,心里有点儿气,你们千万别计较大伙一时的冲动。"

没出张继东所料,事隔不久,冯庙镇武装部长刘焕灵就率领一支由王刘、前刘、后刘、董刘、唐圩、大高、杨庙、时家等十个村三百多人组成的税费征收队伍下来了。打头的,是身穿警服配备手铐与警棍的派出所民警和从各村集中上来的身穿迷彩服的治安队员,一个个神色严峻,杀气腾腾,看上去极像战场上的快速反应部队,或是敢死队;紧随其后的,是满载镇村干部的两辆四轮拖拉机和十七部嘣嘣响冒黑烟的三轮机动车。

因为王杨庄农民对乱摊派乱集资的意见最大,心又最齐,队伍就首先向王杨庄开去。

征收的队伍还没进庄,在田里和场上忙活的王杨庄村民就发现了,他们一见来者不善,纷纷丢下手里的活计,跑回村里。

征收的队伍封锁了王杨庄通往外界的所有路口,然后,身穿迷彩服的治安队员便如狼似虎般扑向村庄,先后扒得卢淑纪家小麦一千六百多斤、王汝袖和王汝位两家小麦各四百多斤、王维新家小麦六百多斤,翻走王仕明家准备买化肥追棉花和玉米的现金二百块钱。还在强征蛮收钱粮的过程中,打伤村民宋传全和曹玉忠。

说也凑巧,土生土长在王杨庄的台商王应求,那天刚好从山东青岛派来他的全权代表王佩文进村考察,准备在家乡建一座工厂,由于惊骇于这种恐怖的场面,诧异于如此恶劣的投资环境,举起相机要抢拍一张照片,也被打伤,台商造福桑梓的打算自然也就泡了汤。

那一天,王杨庄村民终于像一座火山似地爆发了。

他们纷纷拿起锄头、镰刀、铁锹、粪叉、扫把、木锨,不知谁喊了一声:"狗急了还跳墙呢,何况俺们是人!"马上众人响应:"跟他们拼了!"一个个就迎着征收队员冲了上去。

治安队员发现王杨庄男女老少举着家伙玩命了,顿时乱了阵脚,大多落荒而逃。剩下为数不多的村镇干部,就特别显眼地成了村民攻击的目标。一时间,喊打声,怒骂声,村里村外响成一片。那威风凛凛杀气腾腾的征收队伍，一下子溃不成军，四处逃窜。

当时正是新濉河涨水的季节，河面很宽，少说也有一百多米，镇武装部长刘焕灵和几个镇干部被村民们紧追不放，一直撵到了河边，刘焕灵跳进河里，使出吃奶的力气拼命向对岸泅去；不通水性的，只好躲进水边的豆地里；有的甚至藏进农家又脏又臭的茅厕中，拉尾巴蛆爬到了脚面上、衣服上也不敢动一动，生怕弄出响声被追赶的村民发现……

自从灵璧县冯庙镇发生了小高庄和王杨庄粮食被扒、村民被打的事，与之毗邻的泗县黄圩镇的农民就变得聪明起来。这个镇的岳满村牧猪湖庄，是个有着好几百口人的大庄子，村民们一旦发现镇里或村里开来征收队，大伙就像战争年代发现"敌情"燃起烽火或推倒"消息树"那样确定了暗号：假如征收队从西头进庄，庄西的村民就敲铜锣报告；假如征收队从东头进庄，庄东的村民就吹哨子示警。村民们从锣声或哨子声中就可以知道哪头有了情况，于是，庄里的男女老少就谁也不许装熊，都得操起家伙，向庄西或庄东迎上去。哪怕正午时辰，或是傍晚时分，听到报警，正在烧锅、和面的农妇，也会放下擀杖，浇灭灶火，捡家伙出门；更不用说在湖里割麦、薅草的汉子了。

村镇干部一年四季无休无止地扒粮派款，使得农村中的恶性事件不断发生。仅灵璧县冯庙镇董刘村村干部的柴垛，被人一把火烧了的已远不是一家两家了；张集村支部书记董兆芝家新建的房子，四沿已齐，就等着架梁了，却在一天夜里被人连根推倒；王刘村支部书记李宝贵家种的棉花眼看已经打苞了，长势十分喜人，也在一个夜里被人砍得一根不剩。高集镇兽医高传民经常接待来找他为牲畜看病的人，而那些牲畜又几乎全是被人暗中放毒致伤的。高传民说，碰到这样的情况无须细问，这种事十有八九是出在镇村干部的家庭。他把这戏称为"干部牲畜病"。

干群关系的严重恶化,流传着的一些顺口溜就变得不那么好听了。

把这些干部排着队一个个枪毙,难免会有冤枉;

把这些干部一个隔一个枪毙,又难免会有漏网。

当我们最初听到农村出现了"反贪局",一个叫阎学里的农民自命"局长"时,我们确实感到不可思议。

反贪局,其全称为"反贪污贿赂局",它是国家检察机关属下的一个从事经济检察工作的执法部门。农民何以有了这种权力?

待了解到农村中的这个"反贪局"出在安徽省濉溪县五沟镇张大圩村,我们就决定专程跑一趟,探听一下虚实。二〇〇一年一月二十二日,已是农历腊月二十九了,南来北往的火车上、汽车上塞满了赶大年的人流,我们却行色匆匆地直奔当年淮海大战小平同志任书记的总前委指挥部所在地淮北市。因为濉溪县五沟镇是淮北市一个边远的乡镇,我们只有先搭火车到淮北,再改乘汽车赶往濉溪,然后从县城换上开往农村的班车,向城西南大概跑了一百二十多华里,这才到了五沟镇。剩下去张大圩村的路就只得以步当车了。

这是一马平川一望无际的淮北大平原。沿途清一色的村庄与麦垛,以及落光了叶子的稀疏的树木,都在冬日的阳光下一览无余地裸露着。

这里是天高皇帝远的地方。发生在中国历史上的第一次农民大起义,陈胜、吴广揭竿而起的大泽乡,就与它近在咫尺。

地处偏僻,交通闭塞,信息不灵,五沟镇的经济发展严重滞后是可想而知的,可农民的负担却是比别的许多地方都更严重,人均负担一度达到二百五十元以上，这又大大出乎我们意料之外。五沟镇邵长营村村长和书记是亲叔侄，二人摊派上了瘾，不仅乱收款乱罚款成了家常便饭，连家家户户买种子、买化肥、买农药的事，他们也要插上一手，价格比市场上的贵不说，质量还次，坑害村民。村民们把村头儿告到了镇上，镇上却不管不问。一年，村里要村民种一百八十亩胡桑，桑苗又必须从他们手里买，一棵苗要价就是一角多钱，村民一听惊得直伸舌头：一棵苗一角多，一百八十亩那要多少苗，要掏多少钱？村民们个个不愿种，书记却发了威：种不种都得拿钱！后来那些桑苗干死当柴烧，费用还是摊在全村人头上。一年，午季收粮食，村民要求自收自卖，村头不允许，一律要由村里统一收，集体卖，经叔侄二人一收一卖，村民亏了几千斤。于是大伙再也忍不住，终于抱成团，闹到镇里，要求惩办胡作非为的村官。镇里却依然推诿扯皮，愤怒的村民竟把镇党委组织部长的衣服扯得稀烂。

村支部与村委会无法取信于民，村两委就变得指挥失灵，形同虚设，邵长营便成为五沟镇头一个陷入瘫痪的村。

这以后，渐渐地，无政府状态就像大平原秋后田野上的雾霭，从邵长营迅速蔓延到整个五沟镇。被沉重负担压得透不过气的农民，终于铤而走险了，全镇二十九个村，就有二十二个村的农民抗粮抗税，半数干部挨过打骂，打得他们白天有时也不敢出门。一时间，五沟镇差不多各村的基层组织先后都陷入了瘫痪状况。

就在这样的情况下，张大圩村的阎学里出了名。

张大圩分前村后村，村名虽叫"张大圩"，一溜五个营的人却大都姓阎。一九六〇年那会，前后村有三百多口人，因为饿饭死了一百三十多，那时就有了九百七十多亩耕地，如今四十年下来，也才发展到三百三十多口人，土地没有增加，由于被无序的农舍逐年蚕食,现在的耕地反而只有了八百七十多亩,村里至今没有一家企业,除极个别的外出打工,差不多就全在跟土坷垃打交道,"日出而作,日落而息",日子过得很艰难。二十个村民小组有三个村民小组最穷,最穷的又都在后村,阎学里就在后村。

打从土改起,阎学里就在后村当队长,一当就是三十五年,前些时候年纪大了才退下来,但大家一直喊他阎队长。村里人几十年都是这样喊过来的,居然没几个知道他的名字,当我们在张大圩打听阎学里家在哪儿时,被问到的人全茫然不知。于是我们提到他成立的那个"反贪局",话刚落音,边上站着的一个小姑娘忽然笑着"哦"了一声,忙说:"你们要找'阎局长'呀!"

看来阎学里的这个"反贪局长"影响还真不小。

村民告诉我们,阎学里当了这么多年的生产队长,一直就保持着"老土改"的好作风,不贪,不占,不仗势欺人,还颇有几分侠胆义肠。尽管自己的日子过得并不宽裕,却是"穷大方",对大伙乐善好施,特别是对上说真话,敢讲实情,在村民中有一定的威信。这几年他从队长位子上退下来,眼看世风日下,道德沦丧,村干部不顾农民死活地乱收乱罚,回头又把收罚去的钱款大肆挥霍,他看不惯,眼里容不得沙子,这天放出话:"咱也要有个'反贪局',查查一些人狗日的账!"

当时五沟镇的党委书记正是阎学里大媳妇的亲舅,阎学里想对方不会不支持他治一治如今村干部的要求,再说减轻农民负担又是党中央国务院三番五次下文强调的,就带着村民找到了镇上。

那些日子闹到镇党委镇政府去的农民很多,一茬接着一茬,镇头儿应接不暇,早被闹得七窍生烟了。阎学里带人找到书记时,书记刚接待过一拨上访的村民才回到办公室。

"你找我有事?"镇党委书记发现跟进来许多农民,不由得又紧张起来。

阎学里说:"无事不登三宝殿!"

镇党委书记问:"你也跟着闹事?"

阎学里一听,气就不顺:"我这叫闹事?"

镇党委书记恼火地道:"你觉得五沟镇还不够热闹吗?"

阎学里还没谈出问题就遭到抢白,心里腾地冒起了火,没好气地说道:"我一不是来找你闹啥事,二也不想凑个啥热闹,只是向你反映一下村里的农民负担问题。"

镇党委书记一听又是"农民负担",脑袋顿时就大了:"你说什么事吧!"

这时一块来的村民就跟着热锅炒豆子似地摆开了他们对村干部的种种意见。

书记招架不住,又不好向大家发火,就把不满的目光移到阎学里身上。他觉得作为儿女亲家的阎学里,不仅不支持他的工作,反倒领着人来瞎添乱。

他挥了挥手,不耐烦地冲着阎学里说道:"你先回去。"

阎学里怎肯罢休:"这么说你是不支持大伙的意见了?"

镇党委书记显然是不便当着这么多村民的面向阎学里发火,强忍着不言声。

阎学里却盯住不放,向书记叫板:"村干部欺压剥削农民,镇领导就没有责任?"

这下书记忍无可忍了,他突然往起一站,大声喝道:"你给我滚!"

阎学里一愣。他想不到当了镇党委书记的儿女亲家,会这样当众让他丢光脸面,一怒之下,他也回敬了一句硬话:"你当个镇书记又算个啥? 好,下面胡作非为你不管,我管。这'反贪局'的'局长'我当定了!"

"什么'反贪局'？"这下轮到镇党委书记发傻了。

"反贪污！反贿赂！反增加农民的负担！"

阎学里说得慷慨激昂，字正腔圆，说罢，头也不回地领着大伙扬长而去。

后来，这事一传十，十传百，五沟镇张大圩村的阎学里要成立"农民反贪局"，自任"局长"的消息，便传了开去，并很快传遍濉溪县和淮北市。

淮北市委和市政府了解到五沟镇因为严重的"三乱"而导致农民普遍抗粮抗税的情况后，就决定通过换届的机会，从市县选派出四名得力的干部去加强那里的工作。但是指定的镇长及三名副镇长的候选人全部落选，意想不到地遭遇到一次有组织、有预谋、有计划的贿选破坏。

全镇人大代表六十三人，有五十八名代表一百四十五人次接受了不同程度的钱和物，他们当中不仅有镇党委副书记、副镇长、纪检书记、团委书记、宣传部长、武装部长、党政办公室主任，还有教委主任、妇联主任、供销社主任、计生办主任、银行主任，还有司法所所长、财政所所长、国税所所长、工商所所长，以及粮站站长、农经站站长、医院院长等国家干部。用现金和烟酒将人大代表拉下水的，不但有镇人大主任、副镇长、市级人大代表，还有村党支部书记和村委会主任。

如此明目张胆大规模地破坏选举，如此之多的党员干部公然受贿，这在新中国的历史上也属罕见！

用几包烟和几瓶酒，就可以把我们的人民代表给"打倒"，这固然说明行贿者卑劣的用心，同时不也说明，我们人民代表产生的制度本身也有着令人忧悒的问题么？至少，这样的选举，还难以代表人民真正的意愿，或是说，有相当多的代表根本就没把神圣的选举当作一件多么重要的事，谁当选不当选，这在他们的生活中其实都是一回事。

最令人吃惊的是,在五沟镇的这次换届选举中,被借在派出所临时开车,甚至是没有多少文化的一个农民,他居然只用了四十一条香烟、一千六百多元现金,总计贿选金额不过四千多元,就打倒了一大片人大代表,顺利地当选为五沟镇人民政府副镇长!

贿选这件事,是五沟镇长期陷入无政府状态的一个总的暴露。五沟镇换届选举的失败,在社会上造成了十分恶劣的影响,这使得淮北市原定计划中的乡镇换届选举的工作不得不推迟。市委书记陈德胜得知问题的严重后,感叹道:"五沟镇到了非治不可的地步了!"

濉溪县很快派出了联合调查组,淮北市也迅速集中起市委市政府各有关部门一百余人组成的"帮扶工作队",市委书记陈德胜也跟了下去,拿出一周的时间,深入到五沟镇问题最大的两个村,吃住在村民们中间,体察民情,了解民意,认真听取村民的意见。

第六章　天平是怎样倾斜的

22　财政空转,画饼充饥

在采访中我们强烈地感受到,我们的体制使乡村干部们掌握了太多的权力和太多的非市场的资源,又缺乏对他们进行有效的监督,这就使得他们很难去努力和农民建立平等的关系。其中还有相当多的一部分人,特权阶层的意识已经显现,早就把"为人民服务"的宗旨抛到了九霄云外。

当然,我们同样也感受到,从整体上看,乡村干部的水平又毕竟要高于普通农民,在他们中间,有一大批忧国忧民之士,一大批悉心为农民服务、关心农民疾苦的公仆式的好官员。

问题是,既然绝大多数的乡村干部都不是不清楚党的减负政策,为什么令各级党委政府倍感头痛的农民负担问题长期得不到解决呢?

"能不能关心一下乡镇财政的问题呢?"望江县委书记鲁德,向前去采访的新华社记者葛如江,提出了这样一个意外的要求。

望江县是安徽省沿江地区连年遭灾的一个县,记者很想通过县委书记了解一下他们是如何积极生产救灾的,鲁德却极力想丢开"生产救灾"的话题,向来自一个能"通天"的新闻机构的记者呼吁一下"乡镇财政"上的问题。

安徽大学中文系毕业的鲁德,自然懂得舆论的重要,再说,一九九八年调到望江县来之前,他一直就在安庆市政府担任副秘书长,"宏观"情况也是清楚的,他相信自己是有发言权的。

他对葛如江说:"乡镇的财政问题已到了不说不行的时候了,再不解决就要出问题了!"

他说,但愿他说的只是危言耸听,我们也不必杞人忧天。可是他前些日子听说的一件事,却一直堵在心里。那事并不发生在望江县,也不发生在安徽省,而是发生在湖北省的一位村支书身上。这位村支书是镇里连续五年的优秀党员,为了完成上边下达的税费预缴任务,不得已之下向私人借了高利债。谁知村支部换了新支书后,老支书的账务却无人愿接,他为公家借的高利债就成了个人头上的欠款。经不住放债人的一再催命,这位老支书走投无路之下上吊自杀了。

这件事让鲁德想了很久。这事虽然不是发生在他供职的县,但他工作过的安庆地区,也曾发生过一起因乡村干部上门强征硬收提留而引发的恶性案件。事件发生后,不少干部受到了严肃处理,但那件事的发生并不是偶然的。他不敢保证类似的事情今后不会在望江县发生。

据他调查,望江县有两个乡镇,一九九九年底决算时,一个乡账上只有四万元,而另一个乡账面上仅剩下了一块八角六分钱,连买一支圆珠笔都不够。可两个乡的负债却都已经在四百万元以上,拖欠教师和干部的工资也分别长达半年和八个月。

问题的严峻在于,这两个乡镇的情况在望江县还是十分普遍的。

县里曾做过一次统计,截至一九九九年底,全县二十一个乡镇中,有十八个乡镇拖欠教师和干部工资,总额达一千四百五十万元。毫无疑问,这一状况还将会进一步恶化。

鲁德为此常常感到忧心忡忡。当前农村的土地包产到户了,农村工作的难度变大了:防汛抢救、兴修水利、计划生育、义务教育、发展经济、社会治安……样样都要基层干部去组织、发动、引导、推动。基层干部的工作已经非常辛苦,非常不容易,而吃了许多苦,做了许多工作,到头来却拿不到工资;一个月两个月拿不到还好说,半年一年下来,谁的积极性还能调动得起来?

"他们也是人,也要生存,也要过好日子啊!"鲁德沉重地说,"我担心最后会落得基层政府人走门关。"

"现在一些乡镇干部增加农民负担是不得已而采取的办法。"他一脸无奈地说。

这显然是一个县委书记,从另外一个角度回答了农民负担为什么屡禁不止、愈演愈烈的原因。

在采访中,我们也深切地感受到了乡镇财政尴尬的局面。我们听到谈及"乡镇财政"与谈及"农民负担"几乎是一样的多。

说到乡镇财政,大多会提到一九九四年国家进行的"分税制"改革。那一次税制的改革,不仅没跳出财政包干体制的圈子,由于提高了中央在财政收入中的比例,反而使县乡两级财政陷入空前困难的境地。据《中国财政年鉴》统计,实行"分税制"前的一九九三年,全国县乡两级收支赤字已是四十二亿两千一百万元;推行"分税制"当年,这种赤字猛地增长十七倍以上,扩大到七百二十六亿两千八百万元;一九九五年进一步扩大到八百二十七亿七千万元;这以后赤字更大。

由于财政困难,许多乡镇领导一上任,就像热锅上的蚂蚁一样四处筹款,"保工资","保安定",差不多成了他们压倒一切的中心工作,否则,他们一天也干不下去。只要能救急的,不管它是什么农业开发项目款,还是以工代赈款,也不论它是什么扶贫款,或是救灾款,抓住什么钱就用什么钱。能挪用的都挪,能暂垫的都垫,实在没法子,能贷就贷,能借就借,至于日后这窟窿怎么去填,就很少甚或干脆不去考虑。

在安徽省寿县,我们就听说八公山乡一位领导临调离前,为能顺顺当当地走人,情急之中竟然从火葬场借钱去发教师的工资。

乡镇债台高筑,"寅吃卯粮"就不能不成为一个"有效"的权宜之计。

于是,不知自何时始,一个可怕的幽灵:"财政空转",便畅通无阻地在中国广大农村四处游荡。

就"财政空转"一词,我们请教过曾担任巢湖地委政研室主任,同时兼任巢湖行署农经委主任的陈三乐老人。

他告诉我们,就是各级政府年年都不切实际地把财政增长指标逐级下达,为了体现出"政绩",又都会如法炮制,而且层层加码。还因为这是"政治"任务,是"死活"都要完成的硬性指标,到了乡镇政府,就只有制造财政收入连年增加的假相,不得不要求根本没有创造利润的企业或工商户虚报利润数字,然后去银行贷款或向农民集资,先把钱如数缴于税务所,事后再通过各种渠道把上缴的钱款设法返回来。在这一过程中并没有创造经济效益,但财政收入却在账面上增加了。

说白了,就是上上下下自欺欺人,共同在做一个"画饼充饥"的无聊游戏。

表面看,乡镇财政收入年年飙升,"形势大好,不是小好",实际上许多地方早已穷得连锅都揭不开了。

陈三乐说:"'财政空转'这事太假,但大家又都认认真真地去做,这种危害太大,也最可怕。如果我们不在体制上大改革,不在法治上动重典,中央的方略,国家的重大决策,都只会在空中炸响而落不到实处。我们号称为龙的国家,要知道,蛟龙是怕搁浅的啊!"

23　几十顶大盖帽管着一顶破草帽

　　舒城县水利局离休老局长李少白,是当年大军渡江时舒城十大支前模范之一,因为这个殊荣,建立人民的新政权时,他便被选为这个县第一位"民主乡长"。谈起新中国如旭日东升充满蓬勃朝气的那些岁月,他至今还十分激动。

　　他说,刚解放那会儿,百废待兴,百业待举,即便这样,舒城县政府也只设有民政、财政、教育和建设四个科,一个科不过五六个人,最多十多个人。县委和县政府的人围在食堂吃饭,几张桌子就全坐下了。那时一个乡除了乡长,指导员,就是文书和财粮员,加起来拢共不过五六个人。人虽少,当时的事情却不少,由于大家齐心协力,一个乡的各种工作,也就生龙活虎地干将起来了。就是到了一九五六年,扩大了乡的规模,乡党委也就只有正副书记、组织部长、宣传委员,群众组织也只有团委书记、妇联主任、武装部长、农协主席,也才增到六七人;乡政府相应配有正副乡长,下设少数几个委员会,乡长依靠这些委员会开展工作,委员会配备文书和民政、财粮、生产、武装、公安、农业、工业、商业助理或干事,也就八九人左右。党委政府两套班子加在一起只有十四五个人。

　　我们查阅了当年的一些资料,结果发现,一九五二年,中央有着明确规定,每乡脱产干部限定三人。即便是以后,扩大了乡的行政区划和设置机构,乡政府各委员会委员也都是群众中的积极分子担任,均为不脱产人员。加上当时政令畅通,纪律严明,世风日上,脱产、半脱产和不脱产的干部,大家基本上能上能下,能出能进,能官能民。可以说,从五十年代初直到八十年代初,乡镇人员工资和办公经费皆由县财政拨款,乡镇政府无权也无钱增设机构或供养编外"帮办"。就是在公社化时期，相当于目前乡镇一级的人民公社，实行的是政社合一的体制。当时，党、政、武装、经济合为一体，领导班子除了公社党委书记、公社主任、若干副职、武装部长、团委书记、妇联主任以外，便是"八大员"：农机管理员、畜牧管理员、水利管理员、农技推广员、林业管理员等。当时的农村机构还是非常精干的。

农村实行了"大包干"的经济体制改革之后，"政社合一"的人民公社组织体制也进行了改革。在历时三年的"撤社建乡"的工作中，全国五万六千个公社改制为九万二千个乡镇。可是，人民公社作为农村集体经济的组织形式，随着这种改制的结束，"集体经济"名存实亡，还由于乡镇机构和人员的迅速膨胀，以至失控，使得农民负担的问题不仅"浮出水面"，而且日益突出。其中一个重要原因，就是建立了乡镇财政，国家允许乡镇政府可将乡镇企业上缴的利润和管理费、各种集资和捐款收入以及各种罚款收入，都作为乡镇财政的自筹收入，这就为乡镇任意增设机构与人员，乱征收、乱集资、乱罚款的"三乱"打开了方便之门。

随着一系列"分权让利"趋向很强的改革措施以及"分灶吃饭"的财政包干政策的相继出台，各级政府和部门之间形成了一个泾渭分明的利益关系，于是那些拥有国家权力又"分兵把守"农村经济发展各个领域的部门，便迅速成为既垄断权力又追求利益的行为主体。我们的干部一旦发展成为一个特殊的利益阶层，与民争利的事就不可避免了。

到了一九九〇年，仅由国务院各部委下达文件可以向农民征收的各种项目就高达一百四十九项之多！

上行下效。地方各级政府部门由于利益的驱动，收费项目越来越多，收费范围越来越广，收费标准越来越高；县乡两级政府更是乘着上级众多部门收费的便车，加码收费。由于管理上没有约束与制衡,许多本来属于政府部门工作范围之内的事,为了收费获利,也都纷纷成立了专门的事业单位,并聘请"帮办"。

是谁消耗掉了农村改革的成果?——无限膨胀的机构和无限增加的官吏!

八十年代是中国政府精简机构和人员分流工作力度最大的时期,但它又恰恰正是县乡机构和人员增长最快的时期。

我国在编的党政机关干部,一九七九年是二百七十九万人,一九八九年则上升为五百四十三万人;其中上升最快,几尽失控的,当数县乡两级。县乡两级的机构与人员,在这种不断的精简之中至少增长了十倍!到了一九九七年,我国在编的党政机关干部便达到了八百多万人,而增加的干部人数与同期国有企业下岗人数一百二十六万九千人大体相当;这期间县乡两级机构和人员的飙升更是空前的。

"精简——膨胀——再精简——再膨胀——大精简——大膨胀",这似乎不可思议,却又是铁的事实,不能不叫人感到莫名的悲哀。

我们从查阅到的有关资料得知,在当今的二百多个国家中,有八个小国仅设一级中央政府;有二十五个国家只设中央和地方两级政府;有六十七个国家,其中包括美国、日本、加拿大、澳大利亚在内的许多大国,也只设三级政府;而我国现在却是五级制:中央——省——市——县——乡,堪称绝无仅有的"中国特色"!

就在这五级制中,也是有着别样"特色"的:早先"地区"是省的派出机构,现归为"市"一级;在"县"级中,又分别划出"市"或"区";在"县"与"乡"之间,过去也设过"区";即便就是"乡"一级,也还设有"镇","镇"与"乡"又是有着截然区别的。

中央直辖市称"市",省辖市也称"市",县级之中也设"市",

一个"市"字,就分出三个层次来。

非但机构的层次多,每一级的机构设置又都是叠床架屋,分工过细。仅在同一县级机构中,与"三农"有关的,过去只有一个农业局,现在除有农业局,还分别设农垦局、畜牧局、水产局、水利局、林业局、乡镇企业管理局、农业资源开发局等多个部门,业务相近,却是部门林立。人人管事,又无人负责,这种交叉重复,注定产生扯皮推诿现象。

有一个三十万人的小县,甚至找不出一家像样的企业,但是由财政养活的竟有一万多人,由各种乱收费养活的又有五千多人。

一个人就可以干完的事干吗非要这么多人去干呢?

那么多部门根本不管农民的事,为什么却都要农民出钱养活呢?

单说乡镇。现在的乡镇已同县级机构的设置保持对应关系,除"六套班子"外,工、农、商、学、兵、财、青、妇等二级机构一应俱全。原来人民公社时的"八大员",如今都已经升格为站、所、办,而且许多人头上戴上了执法的大盖帽。有人戏言:乡镇除了没有外交部,其他机构基本同中央国家机关一样齐全。

庙多,菩萨就多。一般乡镇机关二三百人,发达地区甚至达到八百至一千人。这些人不创造一文钱的产值和利润,却要发工资,还要发奖金;不仅要多拿,还要吃好住好,还要建办公楼、住宅楼,还要配备车辆,配备电话,配备大哥大。这些在过去是不敢想象的,因为那时一个县也不过一两辆吉普车,兰考县委书记焦裕禄到死都是骑的自行车。

据安徽省农经办调查:利辛县阚町镇只有八万人口,财政供给人员便超过一千,连同教师就达到一千八百人,而镇里一年的财政收入不足六百万元,连干部的人头费都不够。有个镇光财政所就有三十五人,比一般县的财政局的人还要多;有一个镇的计划生育办公室及其活动室的工作人员就多达六十五人,实在令人吃惊。

俗话说"龙多作旱",一个万能的无所不包的政府必然是一个低效率的政府。

农民自嘲道:"几十顶大盖帽管着一顶破草帽。"

甚至有人将这编成歌唱:"政府改革越深化,农民心里越害怕。"

有人形容现在的政府就像宇宙中的一个"黑洞",黑洞高速地旋转,不停地吸取太空中的物质,黑洞越大,吸取的物质越多,直到把周围的物质吸食殆尽,它才会停止运动,最终消失。

这种社会管理体制的直接后果,邓小平早就作过淋漓尽致的揭示:"高高在上,滥用权力,脱离实际,脱离群众,好摆门面,好说空话,思想僵化,墨守陈规,机构臃肿,人浮于事,办事拖拉,不讲效率,不负责任,不守信用,公文旅行,相互推诿,以至官气十足,动辄训人,打击报复,压制民主,欺上瞒下,专横跋扈,徇私行贿,贪赃枉法,等等。"邓小平同时还严肃地指出,"让党和国家的组织继续目前这样的机构臃肿重叠,职责不清,许多工作人员不称职、不负责、工作缺乏精力、知识和效率的情况,这是不可能得到人民赞同的……甚至于要涉及到亡党亡国的问题,可能要亡党亡国。"

这是一九八〇年八月十八日,邓小平在中央政治局扩大会上关于《党和国家领导制度的改革》的一次讲话。那时,农村人民公社"政社合一",党、政、武装合为一体的组织体制尚未变动,在那次讲话后不久,他指出的那许多情况更加发展了。

据农业部农村经济研究中心李显刚推算:全国县及县以下需要农民出钱养活的干部(不包括教师),有一千三百一十六万

174

两千人,平均每六十八个农民养活一个干部。

一九八七年中国财政经济出版社出版的《中国第三次人口普查资料分析》一书,也公布了中国官民的比例:西汉,七千九百四十五比一;东汉,七千四百六十四比一;唐朝,两千九百二十七比一;元朝,两千六百一十三比一;明朝,两千二百九十九比一;清朝,九百一十一比一;现代,六十七比一。

一九九八年财政部部长助理刘长琨透露:"汉朝八千人养一个官员,唐朝三千人养一个官员,清朝一千人养一个官员,现在四十个人养一个公务员。"

可以看出,《中国第三次人口普查资料分析》一书和财政部部长助理刘长琨提到的历史上的官民比例,大体是吻合的,只是"现代"有了一点出入,出入的原因显然由于透露的时间上前后相距了十一年。但仅仅十一年,官民的比例竟从"六十七比一"升到了"四十比一"。而这正是在邓小平揭示出以上种种危险之后。这段时间机构无限膨胀、官吏无限增加到几尽失控的,主要正是县乡两级。李显刚的"平均每六十八个农民养活一个县及县以下干部"的推算中,不包括教师,从理论上看,这是对的,因为义务教育是国家政策,教师工资应由国家支付,农村教师本不应该包括在内。事实却是,在农民承受的负担中相当重要的一部分正是教师工资。究竟多少个农民养活一个"干部",不得而知。

其实,不再需要什么触目惊心的事实,仅这些简单的数字就足以说明政府机构改革的紧迫程度。由农民养活一个不受节制、日益膨胀的政府,终究会危及社会的稳定。

按照史学家葛剑雄的研究,中国封建社会之所以发生周期性动荡,是因为不种地的达官贵人、幕僚门客与种地的农民之间的数量比例发生着周期性的变化。这个比例大,社会经济就相对稳定繁荣;这个比例小,社会经济就凋零衰败。农民起义正是调整这个比例的手段。美国学者黄仁宇也说,西汉与东汉之交,有两件事值得注意:一是政府管制力量降低,民间氏族大夫兴起;二是官僚机构膨胀,估计中央地方官吏达十三万人。就在这个时期,社会发生了动荡。农民与这样一个庞大的政府交易,当然没有公平可言,也不可能有稳定可言。因此,把农民负担问题提高到国家长治久安的政治高度,怎么说都不过分。

江泽民就多次指出,现在是"食之者众,生之者寡。"还在一次会上强调:"养民之道,贵在省官为先。"

"省官",显然已不止关系到减负,更关系到了国泰民安。有首打油诗云:"天上星多月不明,地上坑多路不平,人间官多不安宁。"

讲的其实都是一个道理。

24 城乡分治拉大贫富差距

中国社会科学院进行了一次全国性抽样调查,他们在六十三座城市,对两千五百九十九名十六岁以上的城市居民,进行了关于职业声望的抽样问卷调查。结果显示,在六十九个职业的选项中,中国城市居民最愿做的职业的前十名依次是:市长,政府部长,大学教授,电脑网络工程师,法官,检察官,律师,高科技企业工程师,党政机关领导干部,自然科学家。

列在最后的三位是:个体户雇工,保姆,建筑民工。

读到这则消息时,我们最初想到的就是:九亿农民面对这种调查结果会作何感想?

参与此项调查的中国社科院社会学所许欣欣说,人们对职业声望评价的变化和未来择业的取向,反映了中国社会结构深层的变动。

中国社会的结构究竟发生了什么样深层的变动,许欣欣没有明说,也无须明说。因为,调查的结果已把中国城市居民内心的向往裸露无遗了。只是,他没有加以说明,被调查到的这两千五百九十九名十六岁以上的"城市居民"中,有没有寄居城市屋檐下打工的农民?否则,我们难以想象,会是一些什么人能把"建筑民工"、"保姆"和"个体户雇工"也视为是有"声望"又"最愿做"的"职业"呢?

或是说,这六十九个选项大概就没有"农民"一项,而选后几项的,显然不是认为有"声望",而是自认为只能干这个。

不管怎么说,有一点是肯定的:在这次问卷调查中,没有一个人想到过中国农民。

这肯定是有着九亿农民的一个农业大国的最大不幸!

探究农民的负担问题,不能不正视农民所处的社会经济环境,也就无法回避一个严酷的事实,这就是,中国亿万农民至今还生活在城乡分割的二元经济发展的结构之中,他们每天都面对巨大的精神和经济的压力、强烈的心理失落以及沉重的思想苦闷。绕开农民负担制度上的原因,来谈减轻农民负担就等于没说。

二〇〇一年早春三月的一天上午,我们来到了坐落于北京建国门立交桥一侧的中国社会科学院,走访了陆学艺研究员。这是一位社会学界的著名学者,担任着中国社会学学会会长,其实他更是一位农村工作研究的专家。早在上个世纪八十年代,他便在中国社会科学院农村发展研究所就任副所长,潜心研究中国的农村问题,以后调入社会学研究所任所长。正因为他有着此番特殊的人生经历,研究中国农民的负担问题,就站在了一个崭新的平台,有了更为广阔的视野和更深邃的思考。

"解决农民负担问题目光须在农村之外。"那次的谈话,他就这样直截了当地拉开了序幕。

他出生在风景秀丽的江苏省无锡市,身上依然留有江南学人的那种灵秀与聪慧,但他自一九七五年考入北京大学哲学系至今,在京生活二十余年了,举手投足之间更多的已是北方男人的豪爽与坦荡。

他说,在计划经济条件下形成的"城乡分治,一国两策"的格局,至今没有改变。长期以来,我们就这样人为地分割出城市和农村,市民和农民。用户籍制度把人分为城市人口与农业人口,将几亿农民拒之于城市之外;用统购统派制度把吃的粮食也分为农业粮和商品粮,让农民供养市民;用劳动制度把人分为工人和农民,又将农民拒之于工厂之外;用工资福利制度把人分为有权享受和无权享受的两种人,最后将农民拒之于一切社会保障的制度之外……

他说,这种把城市和农村截然分割,对城市、市民是一套,对农村、农民又是一套的"一国两策"的体制,就使得中国的农民,无论在教育、医疗、劳动保障、养老、福利这些社会待遇上,还是在流通、交换、分配、就业、税赋这些经济待遇上,都出现了严重的失衡。

城乡之间人为划定的"楚河汉界",就成了中国亿万农民无法逾越的鸿沟。这条鸿沟,使得每一个农民,打娘胎里一出来,注定就是这个社会的"二等公民"。

"农民的这种负担不光是沉重的,而且是带有歧视性的。"陆学艺说到动情时,会突然变得慷慨激昂,对农民处境的关切溢于言表。"几十年的实践证明,凡是一种经济或社会问题,既不是某一个乡、某一县、某一省的,而是普遍化了的,又不是一年、两年,而是长期解决不了的,这就不会是一般的工作问题,也不是加强领导等能够解决的问题,而是这方面的政策有问题,这方面的体制有问题。"

我们阅读过有关这方面的大量资料,发现产生这种政策与体制,确也有着一个曲折而又现实的过程。本来,中央对于建国后随着工业化发展应该带动农民进入城市、加强城市化进程的规律,是有明确认识的。毛泽东曾就在他的《论联合政府》中指出:"农民——这是中国工人的前身。将来还要有几千万农民进入城市,进入工厂。如果中国需要建设强大的民族工业,建设很大的近代的大城市,就要有一个变农村人口为城市人口的过程。"但是,解放以后,当了解到纷繁而又具体的国情,基于城市工业化建设的需要,这种认识便被改变了。他觉得这里有一个逐步消除城乡、工农差别的问题,消除差别的途径问题,于是在郑州会议上提出了新的解决办法:"我国有一个特点,人口有六亿如此之多,耕地只有十六亿亩如此之少,不采取一些特别办法,国家恐怕搞不好。"这个"特别办法"就是:"农村人口要减少怎么办? 不要拥入城市,就在农村大办工业,使农民就地成为工人。"

一个"城乡分治,一国两策"的设想就这样开始形成了。

为了不让农村人口拥入城市,在城市的就业制度方面,一开始实行的劳动用工制度,原则上就只是负责"非农业人口"在城市的就业安置,不允许农村人口进入城市寻找职业。这在一九五二年八月政务院作出的《关于劳动就业问题的决定》中,已经说得明明白白:"必须做好农民的说服工作"。后来,到了一九五七年的十二月,国务院颁布的《关于各单位从农村中招用临时工的暂行规定》作了进一步明确:"各单位一律不得私自从农村中招工和私自录用盲目流入城市的农民。"

这就从劳动的就业上,切断了中国农民进城的一切通道。

正是国务院颁布的这个"暂行规定"，把进城务工的农民称作"盲目流入城市的农民"，这部分农民从此就有了一个十分不光彩的名称："盲流"。

在粮油供应制度方面，自然也就有了"特别办法"。随着一九五三年粮食统购统销政策的出台，中国开始实行了粮油计划的供应制度。政务院先是发布了一个实行粮食计划收购和计划供应的《命令》，接着就制定出一个粮食市场管理的《暂行办法》，后来成立了国务院，再次发布了一个《市镇粮食定量供应暂行办法》。这些命令和办法，都在表明中央政府一个坚定的态度，这就是：基本排除农村人口在城市取得口粮的可能。

民以食为天，农民在城市无法获得口粮，就意味着在城市丧失了生存的空间。

有了城市就业和粮油供应制度上的硬性规定，户籍制度上的"特别办法"便随之产生。一九五八年一月，全国人大常委会第九十一次会议讨论通过了《中华人民共和国户口登记条例》。这个条例的第十条第二款也对农村人口进入城市作出了带有约束性的规定，这一规定标志着我国以严格限制农村人口向城市流动为核心的户口迁移制度的形成。

从此，中国的城市和农村，就成了两股道上跑的车。彼此在生产方式和劳动条件上的巨大差异，生活条件与居住环境的天壤之别，使得中国城乡居民实际收入的比率逐年扩大。这种扩大，即便到了改革开放的新时期，非但没有缩小，还由于改革的重心转移到了城市，城乡居民间实际收入的比率被进一步扩大。

按照中国社科院经济研究所赵人纬的计算，城乡居民实际收入的比率，一九七八年为二点三六，除一九八五年曾一度下降为二点一四外，就一直在攀升，一九八七年扩大到二点三八，一九九五年则已扩大到二点七九。他作出这种计算时，二〇〇〇年的数字还没出来，但他估计不会少于三点二。如果再把城市居民所享有的许多实物福利也加上，中国城乡居民实际收入的比率就应该在四以上。

在社会福利制度方面，早在一九五一年二月，政务院就发布了《劳动保险条例》，以后又不断地得到进一步的完善，详细规定了城市国营企业职工所享有的各种各样的劳保待遇，从伤病后的公费医疗、公费休养与疗养，到退职后的养老、女职工的产假及独生子女的保健，直到伤残后的救济金以及死后的丧葬、抚恤金，甚至连职工供养的直系亲属享受半费医疗和死亡时的丧葬补助都照顾到了。集体企业也大多参照国营企业的办法实行；国家机关、事业单位的工作人员那就更不必说了。除上述享有的待遇外，城市人口还无一遗漏地长年享有名目繁多的各种补贴，从业人员还享有单位近乎无偿提供的住宅。

总之，城里人一落地，就受到特别的呵护，吃、喝、拉、撒、睡、生、老、病、死、葬，样样被国家包揽了下来。但是，乡下人却一样没有。

二〇〇一年三月，在两会期间的记者招待会上，人民日报记者就社会上反映强烈的收入分配问题，问朱镕基总理怎样看待这个问题，准备采取哪些有力措施调节收入分配？朱镕基的回答是三句话：值得注意，尚不严重，正在解决。并特别说明："已经把增加农民收入作为当前经济工作的首要任务，放在突出位置，我们将出台一系列措施来解决这个问题。"事实是，人们在这一年看到的却是，中央财政拨出巨资用于中国城市行政事业单位职工两次加薪，年终又史无前例地增发了相当于一个月工资额的奖金。财政部长项怀诚还进一步表示，随着中国经济的不断发展，职工的工资还会不断增加。到了二〇〇二年，已经是这届政府任期的最后一年，人们依然没看到是如何把增加农民收入放在"突出位置"、当作"首要任务"的,更弄不懂城乡居民收入的差距究竟达到多大比率,才算是问题"严重"。而这一年中央财政继续计划增加专项支出一百一十八亿元,用于提高城市机关事业单位职工工资及离退休人员的离退休金。国家统计局副局长邱晓华不无担忧地指出:中国城乡居民收入差距已经大大高于账面上的三比一,这个差距应该是五比一,甚至达到六比一,达到了共和国建国以来的最高值,而世界上多数国家的城乡收入之比仅为一点五比一!

从中国社科院社会学研究所朱庆芳提供的资料上也可以看出,一九七八年城市职工平均工资为六百一十五元,而同年农民人均纯收入只摊到一百三十四元,市民平均工资已经是农民人均纯收入的四点五倍!一九九九年城市职工平均工资增加到八千三百四十六元,同期农民人均纯收入虽然也得到了提高,但仅为两千两百一十元,就是说,市民平均工资比农民人均纯收入高出了六千一百三十六元! 应该特别指出的是,由于通货膨胀等原因,一九七八年的一百元人民币,到了一九九九年就只相当于二十二元六角,货币贬值到了百分之七十七,按逆指标计算,年递减百分之七点一,这样算下来,一九九九年农民人均纯收入的两千两百一十元,其实只相当于一九七八年的九十七元七角八分,与一九七八年的人均纯收入一百三十四元相比,实际收入已经在下降。二〇〇〇年之后,城乡间的这种差距就被拉得更大。

富者越富,贫者越贫,财富上的这种"马太效应",正在中国广大的城市与农村之间日益加剧地显现出来。

从建国初期的"一五"计划期间,到改革开放前的"五五"计划期间,国家对农业投资所占比重一般都稳定在百分之十左右。但是,从改革开放后不久的一九八一年开始,国家对农业的投资比重却逐渐缩小，一九八五年全国投资总数比上年增长了百分之四十五，而农业投资竟然下降了百分之零点五！这就使得本来就已捉襟见肘的中国农业丧失了活力。

"二元结构"最大的问题是一个社会中的成员在经济文化各方面不能整体性地均衡发展，这样就势必导致现代化在一个国家中出现断层：一部分人迅速走向了现代化，而大多数人却与现代化无缘。

一边是庞大的城市工业生产过剩，一边是贫穷的农民买不起工业产品。中国经济在人均 GDP 仅七百美元时就出现了生产过剩，很大程度上是八亿农民并不具有购买力，占人口总数百分之七十以上的农民消费总额比不上占人口总数不到百分之三十的城市居民，这是中国城市工业畸形发展注定会产生的冷落。

可以说，当今中国高素质人才已经全部集中于城市，而国家的教育投资又差不多全用于城市，农村社会经济的落后，必然导致环境的落后和教育的落后。沙尘暴的袭击，已使城市人痛感周边环境的侵扰，但中国农村的"文化沙尘暴"，将会对中国城市带来的危害，这一重大课题却至今无人问津。

沙尘暴肆虐城市还仅仅是生态环境对城乡分割的二元化体制的一种报复形式，而中国广大农村正在恶化的就不仅仅是生态环境和自然资源了。

事实已经证明：当今中国所发生的不少犯罪是贫穷对富裕的报复，是乡村对城市的报复，是落后地区对发达地区的报复。人们除了谴责和痛恨，却很少深究个中原因。

然而，同样有大量事实在证明：我们依然漠视这种粗暴而非人道的二元化体制的存在。

陆学艺谈及此，他又一次变得激动起来，透过镜片看上去的目光显出了几分犀利。他说:"纵观实行'城乡分治、一国两策'以来的四十多年历史,当国民经济运行出现波动、遇到困难时,倒霉的总是农民。国家通过财政、税收、价格、金融、信贷的政策倾斜,保证城市和国家工业的发展,农民和农村在这种条件下,就要做出更大的贡献。"

他把"贡献"在嘴里咬得很重,听起来实际上就成了"牺牲"。

这时候,我们走了神儿,突然想到了杜润生的一句话。杜先生曾任中共中央农村政策研究室主任,同时兼任国务院农村发展研究中心主任的职务,是一位农村政策和农村发展研究工作的"腕儿人物",他的话显然具有权威性。他就说过:"我们欠农民太多!"

已经欠下太多,不给一个休养生息的机会,干吗每当国民经济"出现波动、遇到困难"时,偏要已经是力不胜任的中国农村和农民"做出更大的贡献"呢?我们请教陆学艺,可他依然按照他的思路在回忆。

他说,一九八八年的通货膨胀,国家进行了一次宏观经济调整,经济的天平还是向城市倾斜,就使一九八九年的农民人均纯收入减少,并出现了自改革开放以来农民纯收入第一次实际增长为负数,负百分之一点六;随后,九十年代中期以来的又一次国家宏观经济调整,农民付出的代价就比历次都更大。

他说,当时国家下决心进行国企改革,宏观经济调整的动作很大,全国各地就有上千万国有企业的职工下岗,登记失业率也逐年上升,有些老工业基地的下岗失业人员甚至超过百分之十,经济形势相当严峻。但是,由于物价特别是粮食等产品的价格,是在逐年下降的,大米每斤从两元降到一元以下,鸡蛋从三元五角一斤降到了一元八角,蔬菜瓜果的价格更是连连下跌,所以,职工下岗后发的津贴虽然很少,生活却还能过得去,整个社会保持了基本的稳定。这种安定祥和的局面是来之不易的,固然是国家宏观经济调控的成功,何尝不是八亿农民为此做出巨大牺牲的结果呢!

这位中国社会学学会会长为我们算了几笔账。

一九九六年,中国农村粮食总产为一万零九十亿斤;一九九七年为九千八百八十三亿斤;一九九八年为一万零两百四十六亿斤;一九九九年为一万零一百六十七亿斤。平均以一万亿斤计,一九九六年十一月,大米、小麦和玉米三种粮食的平均价格为每斤一点〇三五五元,当年农民粮食所得便是一万零三百五十五亿元。可是,到了一九九九年十一月,这三种粮食的平均价格就减到每斤〇点七零七五元,农民从粮食所得则是七千零七十五亿元,这就是说,一九九九年中国农村粮食总产并不比一九九六年的少,但增产不再增收,农民实际收入反而减少了三千二百八十亿元。

除粮食而外,其他的一切农副产品的价格也都是大幅度下跌的。初步估算,仅一九九九年与一九九六年相比,农民从农业生产获得的收入,至少也要减少四千亿元。二〇〇〇年农业减产又减收,农民从农业获得的收入就比一九九六年减少得更多。

可以说,仅从一九九七年到二〇〇〇年短短的四年之中,中国农民实际减少的收入就至少在一万六千亿以上!

这就是忍辱负重的中国农民在保证国家宏观经济调整、顺利实现援助国企改革、稳定城市社会安定等方面所做出的巨大的牺牲!

遗憾的是,目前中国的政界以至学术界,农民利益的代表者太少,农民利益的呼声也甚弱,中国农民实际上已经成为中国社会中典型的弱势一族。

其实，不但当城市的发展与农村的发展发生冲突时，首先需要牺牲的是农民的利益；就是当各群体的利益发生矛盾冲突时，首先遭到抑制的也是农村经济。为了保护国有粮食企业，一九九六年开始，各地的乡镇粮食加工企业被整死无数；为了保护国家供销社的垄断经营，遍及全国的一大批村办、民办的农资经营企业、棉花加工企业先后夭折；为了确保国有大钢铁企业的效益，地方小钢铁厂便在一纸命令下于二○○○年无一幸免全被强行关闭。因为取缔关闭了一大批乡镇糖厂和糖精厂，中国的糖价由原来的两千三百元一吨，回升到现在的三千一百元一吨，从而使得国有制糖行业实现了减亏……

代价就是这样在各部门中相互转移的。

我们看到国企扭亏为盈的同时，是否会想到，曾经被誉为"异军突起"、撑起"半壁江山"的中国的乡镇企业，已变得危如朝露，而八亿农民更加如牛负重呢？

经济资源分配上的不平等，显然源于国家在政治资源分配方面的不平等。清华大学国情研究专家胡鞍钢教授指出，目前在全国人大代表名额的分配上，就存在着严重歧视农村人口的现象——每九十六万农村人口才摊上一名代表，城市却不同，每二十六万城镇人口便可以产生一名代表，前者是后者的四倍。他认为，这直接违反了我国《宪法》第三十三条关于"中华人民共和国年满十八岁的公民，不分民族、种族、性别、职业、家庭出身、宗教信仰、教育程度、财产状况、居住期限，都有选举权和被选举权"的规定。而且，造成各地区代表的比例差异也十分明显——北京、上海、天津的人大代表比例就高，而像河南、安徽、江西、河北等十二个农业大省的人大代表的比例就很低。

俄国作家屠格涅夫说过："没有完全的平等，就没有爱。"在不同阶层的利益代言人角逐两会的时候，谁又会为处于绝对弱势地位的农民大声疾呼呢？

北京经济观察研究中心的仲大军就此发表了措词颇为尖锐的看法，他说："我们这样的社会主义国家，应该在人民中间拉开如此大的差距吗？中国的发展方向和目标到底是什么？是以人为中心，还是继续以追赶为中心？追赶的目的是什么？难道仅仅是让少数人与发达国家看齐，仅仅发展几个地区样板给外国人看，然后证明中国已达到先进水平了？中国的资源配置是继续集中于城市地区，还是应当均衡配置？建国后相当长的一段时期，搞重工业优先的发展战略，集中所有的资源追赶先进，搞军事对抗，但追赶的代价是冷落了农村，牺牲了一批人，也恶化了生态自然环境。今天，时光进入了二十一世纪，冷战时期的经济发展模式和思维方法已不能继续延续，缩小前五十年间形成的巨大的地区差距和城乡差距已迫在眉睫地成为中国新世纪的主要任务和战略目标。必须打破计划经济时期形成的户籍管理制度，保障各种资源在全国范围内合理流动，确立以人为本的发展战略，应当成为我们的主要思考。"

"迁徙自由是人的基本权利之一。没有劳动力的自由流动就谈不上市场经济。"全国人大代表陆学艺，在人大会议期间就专门写了一份议案，他说，"现在不是落实政策的问题了，而是落实宪法的问题。要给八亿农民起码的国民待遇！"

25　剪刀差

"城乡分治，一国两策"给中国农民带来沉重负担的另一形式，就是工农业产品交换的"剪刀差"。

"剪刀差"理论的发明权不知归属哪一位经济学专家，这个提法既十分形象深刻又朴素无华。

瞧一眼"剪刀差"的示意图,一切就可大体明白:

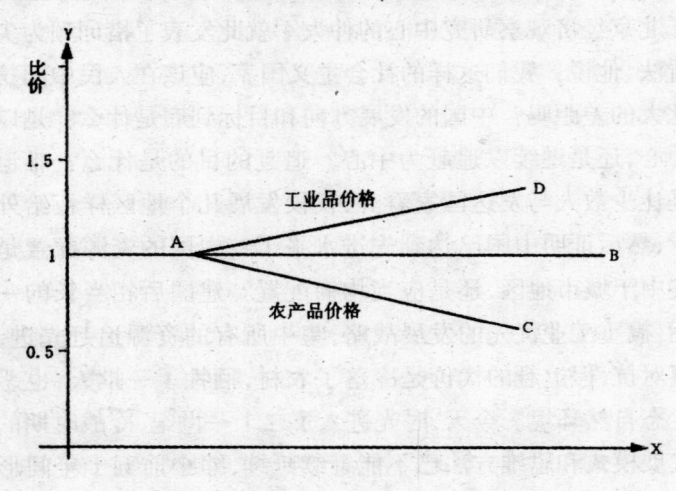

原理并不复杂,甚至不需要具有初中以上的文化水平就可以一目了然:如果工农业产品的价格与价值相等,它的比价线AB,就为1,但是,正因为出现了远离AB比价线、呈剪刀张开的AD与AC两条线,工农业产品间的"隐性负担"就落到了农民的身上。简言之,工业品是被提高到脱离了本身的实际价值卖给农民的,而农民的农副产品又是被大大压低了本身的实有价值卖出的,这一切全是靠国家强制性的行政手段实现的。

工农业产品"剪刀差"的问题由来已久了,解放前就已经存在,我们还曾经将它作为国民党政府对农民剥削的一个例证进行过无情的揭露。解放后不久,中央就提出要缩小旧社会遗留下来的这一极不合理的农民负担问题。

其实,"剪刀差"的问题也并非只有中国存在,前苏联也存在。尽管当时我们把苏联称为"老大哥",许多方面照搬苏联的政治经济模式,但无论毛泽东还是刘少奇,最初都是不赞成斯大林通过"剪刀差"剥夺农民进行工业化的做法的。可是,当后来发现仅靠提取农业税已不足以使得财政收入用于扩大再生产的投资能力时,情况很快就发生了变化。从我们掌握到的资料看,中国政府在一九五二年就利用"剪刀差",从农民那里"剥夺"了二十四亿五千六百多万元。

最早公开这件事的,是毛泽东在一九五六年十一月召开的中共中央八届二中全会上。他在那次全会上十分明确地指出:"有些同志希望把工农业产品的剪刀差价赶快搞平,这是不可能的。因为现在剪刀差价已占财政收入的百分之三十,而直接农业税全国平均不过百分之十左右。如果现在消灭剪刀差价,做到等价交换,国家的积累就会受到影响。"

这表明当时的中央政府十分清楚,即便从认识上,甚至是从感情上,都难以接受斯大林通过"剪刀差"剥夺农民进行工业化的做法,也无法接受国民党政府一直采用的这种剥削农民的办法,但是,要在一个历经多年战争创伤的废墟上建立起国家工业化,除了让农村和农民做出牺牲确实又没有别的选择。

当然,也就是在那次全会上,毛泽东还提到:"剪刀差价太大,使农民无利可图,那也是错误的。"不过,这也只是提到而已。既然选择了计划经济,选择了"城乡分治"的一国两策,"剪刀差"的问题自然而然会很快突显出来,这就不是以人的意志为转移的事情了。

一九九五年三月一日,《经济时报》的一篇社论说了这样一段耐人寻味的话:"农业的基础地位在一片加强声中削弱,农民的收入在大声疾呼中降低,农业生产资料在一片限价声中涨价。"这看上去有些令人费解,也颇有几分荒诞,但细想想,却又是一针见血的。这就是:我们一直奉行的其实不过是一种"口头农业"。

从国家财政的支出上看,从一九五九年到一九八四年这二十五年中间,支援农业的资金总计是两千两百亿元,好像国家财政从"剪刀差"中获取的,又通过支农资金返还给了农民。其实,说是"支农资金",它与农民并无多大关系。支付的农林水利事业费,主要用于解决各级农口部门的行政性开支,农民沾不到一点光;国家兴办的水利、林业建设项目的投资,比如对大型水电站堤坝工程以及黄河、淮河流域的治理,在这些项目上,财政主要进行设施投资,这些工程不但占用了农民大量的土地,往往还要农民自带口粮出义务工去兴修水利,最后受益的也主要是城市和工业。一个现成的例子就是,每当淮河发大水,为确保淮河中下游的城市、铁路和矿山,常常扒开或炸开堤坝行洪,沿河的农村和农民便在一夜之间沦为泽国与灾民。

据国务院农村发展研究中心的推算,一九五三年至一九七八年计划经济时期的二十五年间,中央政府通过工农业产品价格"剪刀差"获取的总额在六千至八千亿元,而截至改革开放前的一九七八年,当时国家工业固定资产总计不过九千多亿。因此可以认为,中国的国家工业化的资本原始积累基本上源自于中国的农业!

剪刀差应逐步缩小,扩大显然是错误的。进入改革开放之后,农产品和工业品的计划定价逐渐得以取消,工农业产品"剪刀差"的制度因素曾经有所改革,但是由于改革并未真正到位,剪刀差价不仅依然存在,而且实际上继续在加大。

农民的隐性负担主要表现在变相提高农用水、电及农用生产资料价格。尤其是近些年来,农民生活用电价格上涨最快,一般地说,电费出厂价在三角二分一度,输送到省电网只有三角五分一度,到了市电管局,也只是三角七分一度,送到乡电管所就涨到七角八分一度,送到农民那里,生活用电价格便宜的就已经涨到八角至一元一度,中等电价也是一元至一元五角一度,最高的则高达两元五角一度。电价从发电厂到县电网,上升了百分之六十四点三;而从乡电管所输送到用电农户,电价就翻了几番!

我们只要综合三位农业专家的研究成果——徐志全著《中国工业化非均衡进程与农业政策选择》、王贵宸著《中国农村现代化与农民》和张照新按照《中国统计年鉴一九九九》的有关价格指数推算数据——就可以十分清楚地看出,改革开放以来"剪刀差"强加在农民身上的负担依然在不断增加:

一九八〇年,三百亿三千四百万元;一九八五年,三百九十一亿八千万元;一九九〇年,七百二十六亿四千五百万元;一九九一年,九百六十八亿元;一九九二年,突破一千亿,达到一千二百五十一亿;一九九三年,一千七百一十八亿;一九九四年,突破两千亿,达到两千一百八十九亿;一九九五年,两千六百七十一亿;一九九六年,两千八百二十六亿;一九九七年,就上了三千亿,高达三千一百四十四亿;一九九八年,则高达三千五百九十一亿……

短短的十八年时间,剪刀差价就增加了将近十二倍!

这些逐年增大的数字,看上去是十分枯燥而又乏味的,我们也曾感到它丝毫没有"文学"的价值。可是,当我们听到淮北一位农民扳着指头算出的一笔账,我们于是对数字就开始变得敏感起来。那位农民告诉我们:一亩小麦仅种子就需要二十五元,化肥需要花上一百一十元,农药要十元,机械耕种要六十元,灌溉少说也要四十元,再加农业税费的八十元(请注意,农业税费却是少得并不具有普遍的典型意义的),合计成本就是三百二十五元;而四百五十公斤的小麦只能卖到三百三十元。就是说,如果小麦亩产只有四百五十公斤,这一年农民就等于白干!

最初我们听到由这位农民嘴里报出来的这些数字时,是没有多少感觉的，因为在我们长达两年的调查研究采写中，接触到了大量数字，以至对它产生出麻木，乃至厌倦。可听到淮北这位农民算的这笔账，我们还是感到了强烈的震撼。因为，他们分明没把自己起早贪黑日晒雨淋竭尽全力的劳作计算在内。而将这一切统统略去不计了——亩产小麦九百市斤依然等于白干——这账听起来就更像是一声沉重的叹息！

显然这已不是一般意义上的数字。这分明是面朝黄土背朝天，恨不能把脑袋连同种子一道播种的无奈；分明是心血混合着泥土与咸涩汗水的忧悒啊！

离我们居住地已经很近的长丰县史院乡庙塘村的农民，人均年收入才九百六十元，就是说，辛劳一年每月只摊到八十块钱。尽管庙塘村的穷困是个别的，但中国大多数乡村的农民，在"剪刀"的无情"分割"之下，已经难以维持简单的再生产，集体经济组织也难以维护简单的再服务。

当我们查阅到全国农民价格因素增收增支匡算表上的一串数字时，我们感到的就不仅是震惊了：

从一九八九年到一九九五年的七年间，全国农民增收一万一千八百八十七亿元，而增支却是一万三千四百三十七亿元，增收与增支相抵，全国农民净亏一千五百五十亿元！

农民因"剪刀差"造成的损失是十分巨大的！

对"剪刀差"问题的看法，历来有两种观点。一种观点是将它归结为旧社会的遗迹，新中国只能逐步缩小直至最后消灭。这种观点毫无疑问是缺乏说服力的，因为从新中国成立，到新时期，再到新世纪，我们已走过了漫长的半个世纪，旧社会的"遗迹"不见"缩小"，反而有增加的趋势，显然是说不过去的。一种观点是"原始积累论"，认为从农业国向工业国转化的过程中，由农业为国家提供工业化的资金积累是必要的。这种观点，长期以来无人怀疑,好像是天经地义的,然而,对中国农民的社会负担与农村发展作了长达六年研究的上海财经大学余红教授,却站出来说不。她认为这种观点既不符合我们国家的性质,更不符合大多数农民兄弟的意愿。事实上,我国的"剪刀差"是长期以来经济政策的失误,是计划经济体制弊端的积重难返!

其实,"剪刀差"也还是可以看得到的一种农民负担,而强加在农民身上的国家粮食收购政策,则是一种隐性的更加沉重的负担。

在建国后长达三十多年的时间里,为保证国家建设、城市工矿区供应和出口的需要,一直就把实行农产品统购统销的制度,看做是社会主义的基本制度之一,谁反对统购统销,谁就是反党反社会主义。由于这种收购政策切断了亿万农民与市场的联系,农民基本上就没有产品的处置权。田里种什么,种多,种少,全得按指令;粮食收上来了,卖多少,什么价,也都由上面定。一九八四年,中央政府曾把粮食的统派购改为合同定购,但是由于当时各地粮食普遍大丰收,一时出现卖粮难,农民被"卖难"搞怕了,就都尽可能多地与国家签定了粮食合同的定购数。可是,这以后,粮食的产量却出现了连年徘徊的局面,定购价低于市场价的趋势就愈演愈烈,粮食价格大大地偏离了价值,而粮食的定购合同,却又成为硬性的派购任务。一九九〇年以后,"合同定购"改为"国家定购",连原先完成了合同定购的农民可以得到的那部分计划物资也被取消。而且,即便是完成定购任务后的余粮,也不许再拿到集市上去卖,只能以"议价"仍卖给粮站。所谓"议价",只是略高于"定购价",依然比市场价低得多。例如,一九八八年稻谷的定购价为每公斤四角五分,议购价为七角,而市场价则是一元一角,仅这一年,安徽农民在商品粮上所作的贡献就是五十亿元以上。粮食的国家定购,已经成为农民一项巨大而沉重的义务!

率先进行农村税费改革试点的安徽省太和县,一九九四年开始试点时,尽管他们可以把许多农民负担力所能及地予以减轻,但国家粮食定购的任务却是不能作任何变更的。这一年,上缴的国家定购粮食就是一亿三千零五十五万四千斤;当时,一公斤小麦和玉米的定购价与市场价的差额是六角六分,有着三十五万三千四百五十九户、一百二十二万农业人口的太和县,仅此一项,农民承受的"隐性负担"就高达四千零四十七万多元!农民人均负担三十元六角六分,每户负担一百一十四元五角!

且不说粮食定购双轨制造成定、超、议购的多重价格,容易产生"平转议"、"议转平"环节上的投机倒把、营私舞弊等许多腐败现象;也不说,国家大量资金就这样从中间的渠道白白流走,而农民负担却变得空前沉重;问题是,在我们社会经济日益走向市场化的今天,这种压制农村商品生产、切断农民与市场联系的粮食收购制度,正是由于它有着天经地义的"合法"性,因此,它对中国农民、尤其是产粮区农民生产积极性的打击是无法估量的!

一位不愿透露姓名的评论家评说道:"中国的农民,是中国国有企业以及六万亿国有资产的最大投资人,最大的'股东',五十多年来却一直就没有得到应有的'分红',政府作为国有资产的'总经理',还有什么理由继续再向已经两手空空的中国农民无休无止地追要'投资'呢?"

安徽省农经委副主任吴昭仁曾给我们谈起了这样一件往事。

他说,有一天,他陪妻子回娘家,他发现那里水稻的长势明显差于前几年,就找当地农民了解。这才知道,现在是"化肥涨价,水费提价,电力议价,柴油高价,木材、家具没个正价,惟独粮食卖不上价。"大家几乎异口同声地告诉他："种粮不合算,只要自己口粮够吃就行了,花钱不指望它。"

他听了以后,很吃惊,就说："你们只顾自种自吃,那城里人咋办呢?"

农民听了,奇怪地笑道："让我们乡下人蚀本种粮给城里人吃,城里人又给了我们什么好处呢?"

吴昭仁无言以对。

他陷入深深的忧虑。

吴昭仁说,中国有十多亿人口,吃饭是一件大事,"无粮则乱"呀!靠吃进口粮是不行的,世界粮食市场供应不起,我们也没有那么多外汇,还得自力更生,立足国内解决。

吴昭仁认为,今天农民种粮积极性的下降,是价值规律在起作用。搞市场经济,不承认价值规律是不行的,如果违背它,必将受到它的惩罚。如果我们今天依然让农民"流着汗水种田,淌着眼泪卖粮",不仅不应该,也办不到,硬要这样做,只能导致农民的强烈反抗,后果不堪设想!

第七章 达标,形象工程及其它

26 这达标,那达标,上边从不掏腰包

在产生"草木皆兵"典故的八公山下,有一个国家级的历史文化名城——寿县。我们惊异于这里何以集中了这么多灿烂的文化,记载着如此厚重的悠久历史:既是远古春秋时期楚国、蔡国的建都之地,又是现代史上安徽省第一个党组织——中共小甸特别支部的诞生之地;既是中国楚文化的故乡,又有着华夏大地至今惟一保存完好的宋代古城墙,以及华东最大的清真寺;既有一心炼丹想长生不老最后却发明了豆腐的淮南王刘安之墓,又有演义出"负荆请罪"千古佳话的赵大将军廉颇之墓。

可是,不承想,在寿县,最后给我们留下深刻印象的,是在有着"天下第一塘"盛誉的安丰塘畔的一段心路历程。

安丰塘古称芍陂,春秋时期为楚国所建,出自楚国宰相孙叔敖之手,塘堤五十二华里,怀抱着五万亩水面,设有三十六道门,七十二条堰,工程浩大,虽是我国今天仅存的古代大型水利工程,但它直到今天,依然造福于寿县人民。

那天,我们穿过淝水之战的古战场,走近安丰塘。望着水天一色烟波浩渺的塘面,好生纳闷:如此浩阔的水面,却为什么谦称为"塘"? 亲临其境,我们不得不折服那位古人巧夺天工的奇思妙想。我们是怀着极大的兴趣,走进安丰塘镇政府的,原想进一步了解古代这一伟大的人工水利枢纽工程,何以潇洒从容地

越过两千多年的岁月,至今仍造福于人民? 但是,在那里,我们却意外地听到了发生在那儿的"消灭空白村"的故事。那些故事竟使我们的心变得像铅一样沉,似乎要沉到安丰塘的塘底去。

那些几年前才兴建起来的一个又一个"达标升级"的工程,曾几何时,早就灰飞烟灭,先后在安丰塘附近的地平线上消失了,消失得让人怀疑它曾经的存在。一边是远古工程,至今福祉于民;而一边却是短命工程,留给孙叔敖后裔的却是无穷的灾难!

在"天下第一塘"听这些速生速灭工程的故事,我们感到了一种历史的嘲弄与荒诞绝伦。

孙建军是安丰塘镇分管财贸的副镇长,他对全镇财务上的许许多多数字,熟悉得如数家珍。当然,现在他细数给我们听的,显然不是镇政府的"家珍",而是一提起来就让他感到心疼的一些数字。

他说,"消灭空白村"是从一九九六年开始的。何谓消灭"空白村"? 最初的内容,就是村村都要办企业。用上"消灭"二字,说明了领导的决心,也说明了工作的力度。上边任务一下达,又像回到了"大跃进"的一九五八年,户户点火,村村冒烟,别说不干,动作慢了都得挨批评。可农民自古"日出而作,日落而息",在土坷垃里拣光景,啥叫企业还不明白,说叫办马上就得办,这不是赶着鸭子上架,硬让男人生孩子吗? 当然,这些年来,进城打工的农民见了世面,也确实有把企业办起来,而且办红火了的,但那毕竟是少数。再说,就是要办,也总要有个过程,至少先要调查研究熟悉市场行情,选准产品之后,弄懂生产工艺,懂个企业管理。城里明摆着那么多国有企业都没法子脱困,却大张旗鼓地要农村兴办企业,不是拿农民当猴耍,拿农民的血汗钱朝塘里扔吗?

他说的是"任务"二字,可我们听起来却怎么都觉得好像是一场运动,一场"瞎折腾"。后来我们跑的地方多了,才知道这事不单寿县的安丰塘镇有,安徽各地都有,外省也都在这么干。

孙建军说,安丰塘镇首先办了个橡胶厂,投进去四百八十五万元,因为不知道咋摆弄,还专门跑到省里请来人。如今工厂早关门熄火了,厂房丢在那儿,设备卖不出去,镇里算过一笔账,即便把厂房设备都卖了,连个零头也不值,橡胶厂挂在账面上的债务,连本带息已高达六百多万元。

"想想都可笑,这安丰塘周围既不生产锌,又没有焦炭厂,要啥没啥,却硬是又办了家锌产品冶炼厂。"孙建军一脸的无奈,"一下投进去一百五十五万元,第二年没到头,厂就趴了窝。"

这以后还办了化工厂。产品据说也搞出来了,就是没人要,结果砸进去二十万,连水花声也没听到。接着又办了轧钢厂,厂房还没盖齐呢,市场就不行了,又掷了三十万,成了肉包子打狗,有去无回。这期间,县政府还强行要镇里入股,说是合办一家什么通用机械厂,挂出的虽然是县里的牌子,后来垮了,本息三十多万就都记在了安丰塘镇政府的账面上。

此外,不仅办过汽车海绵垫厂,还办过地板砖厂,两家加起来也投资了三十三四万,因为产品的质量不过关,一分钱没见。

还干过草席厂。本来认为别的企业办不好,有个技术上的原因,打草席总不会有问题,只要发动农民在安丰塘四周种上芦苇,添置几台编织机,有了芦苇又有了编织机,这个立项等于三个指头捏田螺——十拿九稳的。结果又是鸡飞蛋打一场空,原来芦苇并不是想象的那么好种,就是有了草席也不知往哪儿卖。花上四十多万从湖北买来的编织机,最后只廉价卖了几万元,加上生产上的亏损,五十多万元又没了影子。

前后两年多时间,八个企业就损失了一千多万元。

一千多万元啊！

消灭"空白村"，害得安丰塘镇成了财政"空壳镇"！

投进去的这些钱，不少是县领导出面协调的，是从银行贷出的，农行贷的最多。现在这些出面帮助协调的县领导，一个个因为"政绩突出"，已经被提拔高升了，留下一屁股两大胯的烂账，就套在了镇政府的脖子上。镇政府没办法，迟早还得去掏农民的腰包。

孙建军说，这还只是"消灭空白村"中的一件"达标升级"活动，这样的"达标升级"项目其实还有很多。

从寿县回到合肥，我们查阅了一九九三年一月二十九日中共中央办公厅、国务院办公厅发出的《关于切实减轻农民负担的紧急通知》，通知上明白无误地指出："农民负担重的问题，表现在农村，根子在上面各部门"，并强调，减轻农民负担"必须从源头抓起，首先从中央国家机关抓起"。

这说明，中央是十分了解下情的，知道农民负担重很大一个原因来自"中央国家机关"，来自"条条"的达标、升级、收费、服务、罚款等活动，并由此导致地方政府对农民进行大量集资与摊派。

我们所到的农村，常常抬眼就可以见到这样一些标语，因为它是用石灰刷在砖墙上的，十分显眼：

人民××人民办，办好××为人民

起先见到这些把"人民"看在眼里、放在心里的标语，老实说，还是深受鼓舞，并留下了美好印象的。但后来见得多了，以至见得滥了，便心生疑窦，什么事儿都得人民自己来办，这冠冕堂皇的"为人民"三个字就大大地打了折扣，就只能说明我们的财政工作有了"缺位"和"错位"的问题。

这实质是一种转嫁责任和义务，是造成今天随处可见的乱摊派、乱集资、乱罚款的不正之风的一个风源！

中国公民，当然包括广大农民，有自觉纳税的义务，同时也就享有公共服务的权利，不可能也更不应该无休止地代替政府出钱办事。

"再穷不能穷孩子，再苦不能苦教育。"

"要想富，先修路。"

"人人享有初级卫生保健。"

"村村都通程控电话。"

"提高全民体育素质。"

"破案手段不能落后于犯罪分子的作案手段。"

这些标语口号被频繁地写在村头集尾，写进"红头文件"，我们早已耳熟能详。这些话无疑都是正确的，并且都是好事，都应该去办，但是，钱谁给呢？从中央到地方，各级政府只管定指标，发文件，钱却是由农民掏。

当然，不少文件上也常提到："国家投一点，集体筹一点，农民缴一点"，这话听起来合情合理，甚至，充满着关爱。可是，"国家投一点"那大多不过是写在纸上，虚晃一枪；"集体筹一点"其要害又是在一个"筹"字上，从哪儿筹呢？说穿了，前两"点"闪烁其词，最终都变成了农民的负担。

结果是，这儿一点，那儿一点，这许许多多的"一点"汇集起来，便负担成山了！

农民把这叫做："部门出点子，领导拍板子，农民掏票子。"

一九九四年十月二十六日，《人民日报》发表了当时的农业部长刘江的一次谈话，刘江说："有些同志认为，我们办的事不需要农民出很多的钱，只是一两个鸡蛋钱。实际上你向农民要一个两个，他向农民要一个两个，汇集到农民那里就是一筐甚至是两筐。"

我们注意到,在我们采访到的那些县市,绝大多数领导的讲话采用的几乎全是"两点论"。在减负会上,他们可以大谈减轻农民负担的重要,大谈"农民负担"是高压线,谁也碰不得;到了其他会上,马上又去表扬"达标"进度快的,批评动作慢的,甚至厉声责问:"人家能够办得到,你们为什么就办不到?"于是,马路修得宽的,集镇的势派拉得大的,办公大楼盖得漂亮的,屡屡受奖,并得到提拔,被树为"开拓型"干部,至于那些钱是从哪里弄来的,并不关心。不管他是剥夺了农民,还是恶意借贷,是否"吃了祖宗饭","断了子孙路",都不妨碍它成为典型与样板。

好像是昆德拉说的,速度和遗忘成正比。当我们检视这几年在农村热火朝天地搞的那些曾经激动人心的"达标升级"活动,就会发现,我们这个民族总钟情于"好大喜功",看重形式,我们好像一直处于信息的爆炸之中,又一直陷入轰炸之后的疲惫、麻木和灾难当中。走有中国特色社会主义道路,已成我们的国策,然而,中国农村的"有中国特色社会主义道路"究竟是什么?改革开放二十多年了,中国的农民至今搞不懂。

据农业部会同国家计委的调查统计,自上个世纪九十年代以来,由中央国家机关"红头文件"规定的要农民出钱出物的"达标"和名不叫"达标"却实质是"达标"的活动就有四十三项,加上地方党委政府下达的"达标"项目就多达七八十项。其中,包括教育、卫生、文化、体育、计划生育、广播电视、程控电话、国防教育、民兵训练、民政劳动保险、农村社会化服务体系、基层组织建设、交通基础设施、文明村镇建设、绿化工程、社会治安综合治理等等,几乎涵盖了所有农村工作的领域。大到小康县验收、教育"双基"达标、卫生"初保"达标、计生服务达标、创文明卫生县、镇、村等等,小到订报、灭鼠、改水、改厕等等达标。

每一项都要农民出钱,汇集起来又何止是"一筐甚至两筐"

鸡蛋钱!

上级部门在那里闭门造车,出方案,拿主意,压任务,钱是一毛不拔的,即便给一点,也是"虾公钓草鱼",达标后给上一点象征性的奖金,还美其名曰:"以奖代拨"。

每一项的"达标"内容是十分具体的。比如,教育"双基"达标是:两层楼,六粉刷,砖墙铁门花园化。要求村村建小学,泥墙改砖墙,砖木结构改混凝预制,还要设施标准化、墙壁瓷砖化、环境花园化。仅此一项,就把农民压得抬不起头。还比如,乡镇派出所达标标准是"三五一一工程",即三个人、五间房、一辆摩托、一部对讲机。其实,这"三五一一工程"到了下边,十三个人也不够,五间房就变成了一幢楼;一辆摩托一部对讲机也就成了一部警车几辆摩托人人配个"大哥大"。又比如,"村村通公路",公路的标准是"二化":"油路化"和"黑色化";沙石埂土不算数。再比如,广电部门下达了一个十分具体的"小喇叭入户率",这就叫今天的农民摸不到北,因为,如今收音机和电视机在中国农村已经比较普遍了,干吗还硬性搞个"小喇叭入户率",真叫人哭笑不得。

更不用说,小康县验收达标的指标就有几十条,条条听起来都重要,少一条也通不过,每项都是要农民拿钱去垒的。

农民们怨声载道,县乡干部也叫苦不迭。

"乡官"们为此编了一串顺口溜:

"这验收,那验收,都要县乡干部筹。"

"这达标,那达标,上边从不掏腰包。"

"这大办,那大办,都是农民血与汗。"

如今自上而下实行的是任命制,或变相的任命制,被选拔的干部就只需要对上负责,而不用对下负责。所以,不怕"上帝",只怕上级;只怕领导批评,不怕群众反对,这就使得各级党委政

202

府和人民的血肉关系,变成了油水关系,人民的公仆变成了人民的主人。同时,我们的组织制度又形成了一个由政府综合管理,由部门分头管理的多目标的管理格局,在政府与政府之间,部门与部门之间,政府与部门之间,以及政府各部门之间,形成了一个庞大的自上而下的政绩考核体系。因此,名目繁多一哄而起的"达标验收",不但让农民苦不堪言,也明显超越了县乡财政的承受能力,为了"达标"验收,更为了"升官晋级",许多县乡干部就黑了心肝。

怪事多着呢。在农业社会化服务体系的达标中,上级各主管部门都要求农口站所的建设要做到"五有",即有房子,有牌子,有人员,有基地,有经费。"五有"无可厚非,问题是,许多主管部门趁着"达标升级",在人的问题上做起了大文章。过去,乡镇一级"七站八所"的人员大多是从农村雇来的,他们亦工亦农,拿的是临时人员工资,岗位虽然相当固定,但在他们不称职或财政无力承担时,乡镇政府还有权解聘。而现在,上级财政、税务、公安、法院、工商、交通、卫生、粮食、农技、农机、水利、种子、植保、畜牧、食品、渔业等等主管部门,不但要求下边增人增资,而且滥做好人,把原来的聘用人员一下子招工招干,正儿八经地纳起"皇粮",工资还上涨了一大截。这些增资费,上头只开空头支票,仍要乡镇财政"化缘"。从哪儿"化缘"呢?还不是逼着乡镇干部去当"三要"干部:年年,月月,日日,上门向农民要钱、要粮、要命。这里的"要命",通常是指强制性的要计划外超生妇女"刮胎",但随着干群关系日趋恶化,弄不好就真的闹出了人命。

有限的权力去承担无限的责任,有名无实的乡镇政权,使得许多"乡官"在面对千头万绪的农村工作时,呈现出一脸的困惑与无奈:"上头搞达标,为啥该下头背包袱呢?"

我们在采访中得知,安徽省太和县原墙镇在"达标升级"活动中,新建教学楼就花去二百二十八万,修路用了一百一十六万,通有线电视架设电线又用去四十四万,农、林、水利各项达标工程总投资高达四百四十八万。初到原墙镇的人会为原墙的镇貌镇容眼睛儿一亮,可这些工程一不能吃,二不能喝,镇政府先后欠下的一千三百多万元,每年的银行利息就不是一个小数。

原墙镇的父老乡亲哪辈子能还完?

债有主,但这份罪责应由谁来承担呢?

当我们了解到寿县八公山乡欠款的情况时,着实感到了意外的震惊。可以说,八公山乡是安徽境内最小的一个乡镇了,它总共只有四个行政村,一个弹丸乡镇,在"达标"活动中,却也是累计欠款一千多万元,以至鲍广喜出任乡党委书记时,连正常的经费都难以维持,情急之中,居然跑到火葬场去借钱。

借死人头上的钱,为活人发工资,这恐怕是闻所未闻的一大新闻!

这一令人啼笑皆非的细节,有如一杯苦酒,让人难以接受。

一九九九年十月五日至十八日,中国农经学会在成都召开了"全国农村经济结构调整与农民收入学术研究会",各地代表发言热烈,普遍认为:"社会风气端正之日,才是农民负担彻底减轻之时。"

会上,大家对中央机关公开提出意见:不切实际的达标升级活动主要来自中央各部委,不从源头抓起,让下面减负便很难办到。

"依法治国,首先要依法行政。"这一点,成为这次会议代表们的共识。"依法行政首先就必须依法治权,依法治官!"

中央机关不带头垂范,依然把国家无力办的事都转嫁到农民头上,想在一个早晨把好事做完,我们就不要侈谈减轻农民负担,至于增加农民收入更是不着边际的天方夜谭。

27 谁的形象

现在不少政府机关或是企事业单位，都时兴说"内聚合力，外树形象"这类话。当然，果真如此，利国利民，好处多多，自不待说，然而屡见不鲜的却是，县、乡选举三四年一届，干部变动岗位又太频繁，有许多干部很难从长计议，一到任就搞现烧热卖的"形象工程"。

讲得好听一点，这叫办实事，而骨子里却是形式主义，甚至只是为自己的晋升捞资本，所以，今天一个新思想，明天一个新战略，后天又有个新举措。

要上项目，就要筹资，集资摊派最后都只能落到农民头上。

这里，就引出一个值得思考的问题："勤政"就一定好吗？如果搞的只是政务噪音和政务泡沫，不仅不是在勤政为民，而是拙政扰民，甚或恶政害民了。

其实高效务实的政府不一定非得日理万机，不一定非得忙得焦头烂额不可，而是在法律和制度的框架之内，不事张扬地履行好自己的职责，脚踏实地地做好应做的工作。处理政务不需要喧嚣，宁静则是其更高层次的品格。

那种用搞"花架子"的手法"树形象"邀功请赏的事，并非新鲜，古已有之。君不见，《官场现形记》中就写了一位假剿匪的胡统领，他为急于获取政绩以引起上司注意，硬是让官兵把村民当作土匪乱剿一气，然后又花上三万两银子让人买了把"万民伞"上报。建国之后，"大跃进"时期就有人搞出亩产"万斤"粮的"特大卫星"。

"万民伞"和"万斤粮"，说到底，只能糊弄那些官僚主义作风严重的上级领导，或是同他们一样爱玩虚弄假的上级领导。

时至今日,这样的"上级领导"可以说是不绝如缕,所以,扰农害民的"形象工程"也就层出不穷了。

在安徽省涡阳县花沟镇,我们就目睹了一个"四万工程"。一个"万"字已是不得了,这"四万工程"岂不更是了不得!

"四万工程"的具体内容是:万亩黄花菜工程、万株(葡萄树)绿色长廊工程、万亩蔬菜工程和万户养鸽工程。想想看,在老子的故里,在淮北平原的一个镇,气势磅礴地种出万亩蔬菜和万亩黄花菜,这个乡官的"政绩"还不突出吗? 能调动起一万家农户养鸽子,营造出一万米长的葡萄树筑成的翡翠长廊,这样的镇头能是等闲之辈吗?

事实上,当初的"四万工程"也确实是叫得很响的。策动这个工程的镇党委书记陈晓明不但因此受到赏识,而且大红大紫了一番。县委书记在大会上就大加赞扬:"涡阳要多出几个陈晓明,我这个县委书记就更好当!"

为了实施他的"四万工程",陈晓明拿出当年在花沟派出所干所长时说一不二的劲头,雷厉风行,所向披靡。为确保一万米长的葡萄树筑成的翡翠长廊如期完工,路两边原有的万米林,一声令下被砍得一棵不留;沿途七十八家农户的房屋,被强行拆除,扒得一间不剩。

我们走进花沟时,看到的已是满目凄凉。被强行扒掉的房子中,有的还是花了上万元才盖了两年的新房,强行剥夺的那是他们辛劳了大半生所有的积蓄啊! 许多农民无房可居,只能住在四面透风的窝棚里。连窝棚也搭不起的一户人家,居然像乞丐一样钻了一年多的桥洞子。

农民编出歌谣发泄自己的不满:"陈晓明,手遮天,搞'形象',图露脸,害得村民钻窝棚,一夜回到解放前。"

在"万米绿色长廊"现场,我们发现,害得那么多农民无家可归的这项工程,早前花了五六万元买来的一万多棵葡萄苗,竟然没有成活几棵,而村民说原先路两边长势喜人的一万米林木却被砍得精光。现在,不见"长廊",没有"绿色",只剩下用于支撑"葡萄树"的光秃秃的一万多根水泥杆子,无声地述说着"工程"的荒诞。

建在对面河堤上的"万亩黄花菜工程",如今也成了村民放羊的地方,老百姓没有见到一分钱的效益,但当时为买黄花菜苗,镇政府就花去了二十多万元。

在"万亩蔬菜工程"原址上,我们看到的,除了仅有的几个大棚还零零星星地种了一点蔬菜外,其余的田地已被农民种上了小麦。而与此紧邻的"万户养鸽工程",当初镇里强迫农民花几十块钱买一对鸽子养,如今也是鸽死窝空,农民血本无归。

我们去时,"四万工程"已被《法制日报》和中央电视台曝了光,陈晓明已被免职,"四万工程"的错误做法正在得到纠正。接待我们的是新调任的镇长邓华,他原是县司法局副局长,早先毕业于一所煤炭师范学院的政教系,就是本县标里乡人。他告诉我们,县财政借款八十八万,镇里也拿出二十万,新的党政班子正忙于解决"四万工程"给农民造成的实际困难。

我们没有听错,他说的是县财政借款八十八万,是"借款",不是无偿的援助,这钱不是县里白给的,借了是要还的。这钱将来由谁还? 不还是要花沟人民负担?!

一个陈晓明,已经把一方老百姓搞得劳民伤财,鸡犬不宁,若按县委书记的意思,再多几个陈晓明,一个县岂不就暗无天日了?!

"四万工程"到底在树谁的形象?

答案已是不言自明。

然而,在中国广袤的农村,岂止一个陈晓明呢。

许多地方,许多干部,至今仍在热心于"路边政绩"和"花盆工程"。沿公路两侧,但凡坐在小车内能够望到的范围,不允许有破房或草房,村民全被集中到所谓的"小康村",或进入"规划区";两边的树,两边的庄稼,也都被安排得十分漂亮。似乎,这样做的"理由"还是很充分的:粉要往脸上搽嘛。人要衣装,马要鞍嘛。

下面的官员热心于说假话,只能说明上面有一些当官的喜欢听假话,至少,说假话无害,否则,又作何解释呢?

这种被群众称作"驴粪蛋子表面光"的各种各样的"形象工程",给中国农民究竟造成了多大的损失,我们无法确知这个数字,但相信它一定会大得惊人!

28 革命不是请客,就是吃饭

一九九七年十一月二十日的安徽《大参考》杂志,发表了一篇《令人忧虑的乡村欠债》的文章。作者写道:"最近我和省减负办的同志一道,对乡、村两级欠债情况进行了一次调查,结果让人大吃一惊。我们调查三个乡镇,一个欠债一千三百一十万,一个欠债八百五十万,另一个欠债七百三十一万;相当一些村的欠债也在三四十万。摊到农民头上,人均欠债就是三百元,户均一两千元。调查之后我与有些县长、县委书记交谈,他们认为这类情况不是个别的,带有普遍性。真让我不寒而栗!"

写这篇文章的作者,就是安徽省农经委副主任吴昭仁。我们最初读到他的这篇文章时,也不由一惊。因为,他从事的就是"农经"工作,不可能官僚到对下面就一点不知情,以至最近下去只调查了三个乡镇,仅仅是同几个县领导交谈了一下,就"大吃一惊",并感到"不寒而栗"。接触了吴昭仁以后才知道,他还是很爱朝下面跑的,常到各地农村搞调查研究,大半生几乎全是在动笔杆子,由人民公社的秘书而至省委书记的秘书,一生写出的方块字当以亿计,变成铅字者恐怕也不止百万,但是,他确实压根儿就没想到过乡、村两级的欠债问题会变得如此严重。

后来,随着调查的不断深入,我们也才知道,乡镇的负债问题,几年前就已显露,只是都被乡镇的"财政空转"和"寅吃卯粮"的各种办法掩盖了。直到一九九八年,中央在农村工作会议上规定,从这一年开始的三年内,各地向农民收取"三提五统"费用,不得超过一九九七年的绝对额,这实际上就把中国乡镇的负债问题逼到了前台,无从隐蔽,矛盾从此公开。不过,等到发现问题时,问题已经相当严重,相当普遍了。

这么说,吴昭仁,作为一个省的农经委负责人,能在一九九七年就提出"令人忧虑的乡村欠债"问题,不但是比较早的,而且也是难能可贵的。

吴昭仁提到的三个乡镇,分别是安徽省太和县的原墙镇、寿县的建设镇和寿县的安丰塘镇。他下去调查的时间是在一九九七年十月,又是几年过去了,他当初了解到的寿县建设镇和安丰塘镇,欠债都已经上升到了一千多万元。在寿县,我们碰到了刘岗镇党委书记毛德宝,毛德宝说他是一九九八年到刘岗接手的,那时的刘岗就已欠下一千四百多万元的贷款。这个数字,分明又比吴昭仁文章中提到的欠债最多的太和县原墙镇,又高出了一大截!

我们从农业部早先对十个省区农村进行调查的结果中可以得知:乡级平均欠债四百万元,村级平均负债二十万元。

我们没有查阅到一九九八年以后这方面的数据,不过可以肯定,各地的这个数字还会飙升。

结论已经很清楚了:乡、村欠债已经成为一个全国性的大问题。

欠下那么多债都干什么用了呢？除上面我们已经写到的"达标升级"，"形象工程"，占用了其中的绝大部分外，还有一些更是莫名其妙。

"这是浮夸风的恶果。"吴昭仁说，"谎报企业效益，虚报财政收入，你就得按比例上缴，过去说吹牛不上税，不对了，吹牛也要缴税，缴后，自己发不出工资，只好靠贷款吃饭。"

"再就是，用于不正当开支。"他说，"这是账上反映不出来的，名为'其他支出'，一个'其他'，就把各种各样的名堂掩盖了。这其中就有屡禁不止的吃吃喝喝！"

毛泽东过去说过的一句名言"革命不是请客吃饭"，现在变成了"革命不是请客，就是吃饭"；就连"红军不怕远征难，万水千山只等闲"的著名诗句，今天也被改成了"为官不怕喝酒难，万盏千杯只等闲"。

历来什么也不怕的中国人，现在变成了什么都敢吃。地上爬的，天上飞的，海里游的，除了人肉，能吃的都吃了；鸡鸭鱼肉已吃厌，乌龟王八不稀罕，野生禽兽全尝遍。低度酒，高度酒；白酒，啤酒，果酒，加饭酒；国酒，洋酒；从一盅（中）全会发展到三盅（中）、四盅（中）、五盅（中）全会，除了工业酒精，能喝的全喝了！

农民编的顺口溜，入木三分地揭露了一些农村干部给党风、给政府形象、给国家带来的危害：

革命小酒天天醉，

喝坏了党风喝坏了胃。

能喝啤酒喝饮料，这样的干部不能要；

能喝一斤喝八两，这样的干部得培养；

能喝八两喝一斤，这样的干部最放心。

谁说咱这穷？你看个个脸通红；

谁说咱这差？出门就有桑塔纳！

那些整天红光满面、"酒精（久经）考验"的"油袖（优秀）"干部究竟吞掉了多少农民的血汗钱，恐怕谁也算不清楚。据国家统计局测算，每年全国城乡公款吃喝都在八百亿至一千亿之多！这笔巨款，足可以举办四次奥运会，建设一两个三峡工程，更可以抹去新中国仍然存在失学现象的耻辱！

一九九八年六月二十八日，安徽省淮南市平圩镇"淮上酒家"店老板苏多信，因镇政府长期拖欠他的饭菜钱，一纸诉状将镇政府告上了法院。

苏多信拿着厚厚一叠饭款票据，找到镇政府，但每次都被镇领导以财政没钱为由拒之门外。此时的苏多信已被债主逼得走投无路，只得横下一条心，直接向市法院提起诉讼。事实并不复杂，而且证据确凿，一九九九年一月十九日，淮南市中级人民法院鉴于平圩镇政府财政收入连年赤字，已无力支付十年间欠下的三十八万三千四百七十四元，利息三万一千三百七十七元七角六分，合计四十一万四千八百五十一元七角六分，于是作出民事裁定，将平圩镇政府综合楼一楼总面积为四百一十一平方米的十间房屋抵偿给了苏多信。这件事，一时成了爆炸性新闻。

平圩镇的农民更是把它编成歌儿唱："平圩干部真不瓢，馋嘴吃掉十间房！"

此事在社会上造成了非常恶劣的影响。淮南市纪委经研究认为，平圩镇党委书记杨朋胜、镇长戴建山、副镇长陈和平都负有直接领导责任，分别给予三人党内警告处分，并就此事向全市发出通报。

按说，平圩镇大小"公仆"们该从中汲取点教训，这种"吃坏党风喝坏胃"的事可以收场了，谁知，事隔仅仅两年，二〇〇〇年六月，平圩镇另一个饭店"贵嵩"酒家店主王贵松，又以拖欠二十五万元餐费再次将镇政府告上法庭。

蹊跷的是,这期间的镇长,正是上次已经被党内警告处分过的陈和平。

更蹊跷的是,我们在采访中发现,几乎每一届平圩镇党委和政府对公款吃喝都十分重视,他们制定的规定几近是苛刻的。如,一九九〇年元月,镇里就制定了《关于党政机关来客招待和工作就餐的若干规定》,其中一条规定就是:来客一律安排在机关食堂就餐,不准上烟、酒及名贵菜肴,不准下饭店。但是,就在这一年,镇政府欠下"淮上酒家"餐费七千七百八十三元,而到了一九九一年,欠款已达到一万六千余元。又如,一九九四年,平圩镇进一步规定:严格控制陪客人数,实行三比一对口陪客制度;招待标准每人每餐十元,不准招待烟酒;各单位的招待经费由各自承担,镇政府不作统一付款。然而,当年镇里就又欠下"淮上酒家"的餐费高达十二万余元。再如,一九九五年,平圩镇政府又出新招:来客一律凭镇政府招待券到食堂或饭店就餐,各饭店不记账、不签名,否则镇政府一律不予结算。令人啼笑皆非的是,当年又欠下"淮上酒家"十八万余元。一九九六年以后,镇党委多次决定发扬勤俭节约、过紧日子的好作风,不断拿出新措施,但事实却是,仅一九九六年五月至一九九七年四月的一年时间,就欠下"淮上酒家"四万多元的餐费,而"贵嵩酒家"出具的证明亦高达十二万元!

这似乎有点儿令人不可思议。我们在采访了众多的乡镇之后,才发现平圩镇发生的这种事情,各地都有,只是没有发展到对簿公堂闹到法院去。公款吃喝,不仅农村有,城市也有,农村是受城市影响的。中央三令五申也不解决问题,其中的深层原因,恐怕也不是"嘴馋贪吃"就能够解释清楚的。现如今,公款吃喝,还不单纯是"不吃白不吃,吃了也白吃,白吃谁不吃",吃喝不掏钱似乎已经成为一种身份的炫耀,成了一种地位的象征,吃好吃坏甚至可以直接影响到"达标"能否升级,"工作"能否验收,"关节"能否打通,"仕途"能否顺利等等必不可少的程序和内容。

毫无疑问,这一切,就由不得平圩镇党委政府了。他们一次又一次制定的那些规定制度,不过只是一厢情愿罢了。

二〇〇〇年七月二十五日,淮南市中级人民法院经开庭审理,判决平圩镇政府偿还所欠"贵嵩酒家"王贵松店主餐费、利息合计二十三万两千四百四十二元一角五分,于判决生效后十日内一次性付清。平圩镇政府对一审判决不服,上诉至安徽省高级人民法院,认为原告明知吃喝属一种社会不良风气,却屡屡赊账让人大吃大喝,实际在助长这种风气的发展和蔓延,原告得不到欠款,其本身就有过错;在这种情况下,还要镇政府承担欠款利息,这不仅造成国有资产的流失,也更不利于社会风气的改善和精神文明的建设。

镇政府的此种辩解,令人感到惊诧莫名。

民告官一向为百姓所畏忌,但此案中的两级人民法院,却都向法不向官,秉公办案,安徽省高级人民法院经过认真审理,最后裁定:"驳回上诉,维持原判。"

我们在平圩镇一处普通的平房里,见到了终于胜诉的王贵松。他才接到省高院的裁定书,他家门前地上落满的喜庆鞭炮的碎屑还没顾得上扫去。他说他感激人民的法官为他讨回了公道,他高兴啊,跑到市里买了十盘"电光炮",外加二百发的"震天雷",好好地为自己庆贺了一下子。

但是,我们无法高兴得起来。

就在那一天,我们又了解到,像这样拿房屋抵吃喝的事儿,在平圩镇政府的历史上已经不是一次了。就在陈和平调任镇长前,镇政府就曾用吃喝欠下一个饭店的十几万餐费,通过双方协商,已经把位于市场上的一栋二层楼划给了人家。还打听到,镇政府这些年欠下餐费的,也不仅只是"淮上酒家"和"贵嵩酒家"两家,还欠下"淮河酒家"的十多万元酒菜钱至今分文没付,当时镇政府正同"淮河酒家"的老板私下谈判,看得出,镇政府是被官司打怕了,此事已做得秘而不宣。

可以想象得到,作为镇政府的主要财产——镇政府综合楼将面临着二次,甚至三次被肢解与瓜分的命运。

当然,如果问题仅出在一个平圩镇,我们大可不必担心,问题是,中国广大的农村,无不成了"美食家"多如虱蚁的"烹饪乐园"。为吃喝而巧立名目已到了无所不用其极的地步,且不说吃"检查",吃"会议",吃"扶贫",吃"救灾",有钱吃,没钱也吃,贷款吃,赊账吃,年年月月吃,一任接着一任吃,吃喝之风已达穷凶极恶之境。

吴昭仁给我们说了一件伤心事。

他说长丰县有个农民向省农经委反映,说他们那里的村干部吃喝问题严重,他于是就此事请长丰县派人去查。谁知,事隔不久,那个反映问题的农民风风火火地找上门,求他不要再叫人查下去了。他十分奇怪。一问才知道,原来被村干部吃进肚子里的已吐不出来,现在派去查账的人又在吃喝了。

吴昭仁听了,顿时语塞。

不过,即便如此,我们也大可不必担心,问题是,除去穷凶极恶的吃喝,还有没完没了的苛捐杂税,没完没了的"城乡分治",没完没了的"剪刀差",没完没了的"达标"、"升级"、"形象工程",没完没了的"奉献"、"牺牲"以及没完没了的歧视、挤压与屈辱……

中国农民沉重的负担,压在身上,更压在心上!

第八章　弄虚作假之种种

29　罕见的电报

目睹沉重的农民负担，走在一个又一个仍未从贫穷中突围的村庄中间，我们的良知常受到煎熬。

一位朋友讲过的一个故事长时期地在我们心中挥之不去，它使得我们的内心非常不安。

这位朋友说，有一次，他陪一位地区官员到县里去检查工作，因为彼此是同学，所以同住一家宾馆又同居一室。这天大清早，服务员送来一份电报，这电报吓了两人一跳，它像长长的哈达，足有三四尺长。细看才知道，这是一个从穷乡僻壤赶来想见这位地区官员的农民打来的。他带着全村人的希望，带着满肚子的苦水，想找"父母官"诉说，可宾馆门卫不让他进，他想方设法进了宾馆却又被秘书挡了驾，情急之下，老农倾尽卖猪的几百块钱，跑到近在咫尺的邮电局，把带来的上访信的文字变成了电文，这才"来到了"宾馆。

地区官员捧着老农倾诉真情的电报，潸然泪下，颤着声说："我离他们远了，太远了……"

朋友更是大为感慨地说："不知吉尼斯是否愿意将其收录，我敢肯定，这是世界上最长最长而又是距离最短最短的电报了！"

一个普通农民，只是想向一个地区领导倾述实情尚且如此之难,假如是向省里领导,甚或更高一层的领导,又会如何呢?

我们看到、听到的上级领导机关下去的人,都被一级级一层层的下级干部前呼后拥,按事先定好的"视察"地点、事先布置好的人员去了解访问,能了解到多少真实情况?

能否真实地了解到情况,这太重要。因为它将直接影响到决策者的决心,影响到出台的政策,当然就会影响到这项工作的成败。

我们想到了毛泽东。战争年代的毛泽东是那样地运筹帷幄,决战千里,胸中自有雄兵百万,纵横捭阖,战无不胜,但解放后怎么会提出一个"一九八〇年实现农业机械化"的号召呢?现在回头再看,这个号召已显得十分可笑。究其原因,除去经济建设的经验不足而外,这种决心多半来自对当时中国农业,甚至包括对当时中国工业的真实状况产生的错误估计,它背离了社会实际,留下的,就只能是一位伟人的一桩憾事。

我们也注意到,中国政府在上个世纪末,曾作出过两项承诺:一项是"要让淮河水在二〇〇〇年变清";一项是"不将贫困带给下一个世纪"。

为使淮河水如期变清,中国政府拿出了大禹治水的精神,壮士断臂的勇气,在一九九六年七月一日凌晨之前,毅然关闭了淮河沿岸上千家小造纸厂,并在最后期限的日子里,打响了一场声势浩大的"零点行动"。

为消灭贫困,基本解决农村中八千万贫困人口的温饱问题,中国政府从一九九四年到二〇〇〇年的七年时间里,集中了人力、物力、财力,动员起社会各界力量,还为此制定了《国家八七扶贫攻坚计划》,并向全世界宣告:"二〇〇〇年,消除贫困的目标一定能够实现。"

但是,奇迹和成功,掩盖不了依然存在着的事实,这就是,淮河的水并未因为一个旧世纪的结束便从根本上改观,淮河的现状,依然让我们为之忧虑;同样,我们也没有把贫穷堵截在新世纪的门坎之外,它现在仍困扰着一些地区的农民兄弟。

我们承诺的决心,无疑是对真实状况的严峻性及复杂性缺乏准确而可靠的估计。

这自然又使我们想到有关教委对灵璧县冯庙镇中学进行的一次九年义务制教育的"达标"验收。在验收大员尚未到达冯庙之前,镇政府就已急令各村突击把失学在家多年的青少年,统统"动员"回校,并由在校学生替他们赶做了各门功课的作业簿;同时派人赶往百里之外的江苏省徐州市,采购来名烟名酒。验收大员们对验收的结果据说是十分满意的,但验收的队伍前脚离镇,可怜的失学青少年后脚就被"驱出"了学校。

假如我们对农村的教育状况都依凭冯庙这样满意的判断,并据此制定发展计划,岂不是将差之毫厘,谬以千里吗?

30 可敬的领导

温家宝对下面这种弄虚作假的现象,显然有着十分清醒的认识。可以说,温家宝是中央领导层近年来深入到安徽农村搞调研次数最多的一位;同时,也是让陪同他的地方干部最头疼的一位。为了了解到农村和农民的真实情况,他常常不给地方官员留面子,想方设法冲破对他的"封锁",使得刻意弄虚作假者不知所措。

一九九六年五月麦收之前,当时还是中央政治局候补委员、中央书记处书记的温家宝,到安徽检查扶贫工作。一来就约法三章,不搞迎送,不搞陪吃,下去时更不许前呼后拥,一切轻车简从。

他的随行人员也是屈指可数,除秘书田学斌,警卫参谋张振海,中央办公厅秘书局和中央农村工作领导小组各来一位局长,还有就是农业部的一位有关领导。

那次他们来了后,就同安徽省的有关领导分乘两辆普普通通的中巴车,直奔大别山革命老区。

在从金寨县通往霍山县的山道上,温家宝来了一个突然袭击。他招呼司机说:"我要方便一下。"司机当即把车停住。

车上的人都以为温家宝真是下去"方便"了,谁知,他跳下车后,走得很快,沿着一条小路就一直往前走去了。

坐在另一辆中巴车上的安徽省的领导,这才发现,前面有座不大的村庄,温家宝正向那个村庄走过去,他们不免感到诧异。因为这是在事先安排要视察的计划之外。而且,看上去,还是一处十分贫穷的地方。

大家赶忙下车,快步跟了上去。

温家宝见几个农民扛着树皮走过来,就迎上去问:"你们这是干什么呀?"

一个妇女见问话人面相慈善,话声和蔼,虽是干部打扮,却没有想到这会是中央下来的干部,因此答得就很随便:"现在青黄不接,山上没东西可卖,供销社正在收购树皮,听说造纸用,就削点树皮去卖,好买点口粮回来。"

温家宝转身又去打问一位男青年,当得知对方是位民办教师,便仔细了解他的工资情况。民办教师发愁地说:"乡里一个月只补助五十元,连吃粮的钱也不够,说是补助,也只是欠着,赶到要过年了才给,平时就连买粮的钱也没有。"

温家宝一边认真听着,一边点着头。

他在村子里各处仔仔细细地看了个遍,这才上车。到了霍山县城后,他随便用了一下餐,就要求听县里汇报。

霍山县委书记不知道温家宝在来的路上已经没按"规定"下过车,依然像往常一样地做着汇报,他甚至激动地说道:"这几年,我们霍山县有了很大的发展,既脱帽,又加冕,脱掉了贫困县的帽子,戴上了'奔小康'的帽子。"接着就把全县的国民生产总值、粮食产量、财政收入和农民增收的各种数字,熟练地报了一遍。他还准备把各种成绩的统计数字一一报来,温家宝却截住了他的话头,忽然问:

"你这个县这么好,可以按时发工资吗?"

县委书记回答得斩钉截铁:"我们不欠全县职工一分钱!"

温家宝点到了他下车看过的那个村庄的名字。

县委书记不禁一愣。但他马上指出:"那是我们县最穷的一个村。"

温家宝幽默地笑道:"你最穷的一个村,就被我看到了?"

县委书记这才知道遇上了麻烦,偷偷地看了一眼坐在旁边的省委领导,见省委领导都面无表情地望着他,不由得急出了一头汗。

温家宝严肃地说:"同志们,不是我们不相信你们的数字,我更看重农民家里的生活水平是否真的提高。你们都很年轻,我希望你们多到农民群众的家里看看,真正做到脱贫很不容易,何况有些脱贫了还会返贫呢。"

也就是在那一次,温家宝要看龙河口水库淹没区农民的生活状况,舒城县却安排了一个各方面都比较好的村子让他看。他一眼就发现了问题,问:"这儿是淹没区吗?"

县委书记见瞒不过,只得照实说:"不算淹没区,只是边缘地带。"

"我要看淹没区,看最贫困的村子。"

舒城县委书记没有一点思想准备,因为以往下来检查工作的中央领导或省领导,没谁提出过这样的要求。安排领导参观"形象工程",视察"闪光点",早已成了一条程式化的不变的"规矩"。于是,这位县委书记搪塞道:"那儿路不通。"

"你说的不通,是不是车子开不进去?"温家宝认真地问。

"是。"

"走路要走多远呢?"

县委书记想了想说:"十公里吧。"

温家宝一听,朗声笑道:"不算远,那我们就走去。"说着,做了个挽裤脚赶路的动作。

当时的省委书记卢荣景见温家宝决心已定,马上接过话:"快上车,开到哪儿不能开了,再下车走嘛!"

于是大家陆续上车。

舒城县委书记说"路不通",只是不希望温家宝看到穷得不像样子的地方。不过,他又是一个实在人,见省委书记表了态同意去看,也就没再留点儿心眼,把自己曾说过路不通还须走上十公里的话忘得一干二净,指挥着司机顺顺当当地将车开进了一个村子里。

省农经委的吴昭仁在和我们讲起这段插曲时,他的脸上露出了无地自容的神色。他说:"我当时一听县委书记说'到了,下车吧!'脑袋嗡地响了一下。心想,你这个县委书记真要命,说过这村子车开不进去,你至少也要停得远一点,让大家走几步,哪能让车一下子进了村?这让陪同的省领导在中央领导跟前,脸往哪搁?这时就听走在我边上的王昭耀副省长说:'地上有缝都想钻进去……'搞得我们一个个灰头土脸,硬着头皮走下车。"

那确实是个很穷的村子,房子不像房子,阴暗潮湿,因为农舍里太黑,大白天走进屋,半天看不见东西。其实,看见跟没看见都不重要,许多农户家徒四壁,半个村子跑下来,没看到谁家有一件值钱的东西。

温家宝一连看了几户农家,心情很是沉重。

又一次,温家宝到安徽检查农业经济结构调整方面的工作。在阜南县,县里安排是看小陈庄,这是一个新建的村,两排楼房十分漂亮地拥路而立,中间的马路也修得很宽,看上去不仅富足,还透出几分气势。但是,温家宝下车后只看了一眼,就拒绝进村去看。

这弄得陪同的领导十分尴尬。

吴昭仁是多次陪同温家宝到安徽各地视察的,彼此已经很熟悉,他打破僵局走上去说道:"既然来了,进村看看吧!"

"不看,"温家宝不为所动,"要我看什么呢?无非就是几个有钱人,盖了几幢新楼房。"

县里领导忙解释:"还有个座谈会……人已到齐了。"

温家宝坚持说:"这个座谈会不参加。"

现场的气氛变得十分窘迫。

这时,走来了两个农民模样的人,温家宝于是上前打问:"搬到这儿来,你们是自愿的吗?"

对方高声答道:"完全是自愿的。"

温家宝若有所思地又问:"住这样的房子,花了多少钱哪?"

"两万多。"

温家宝朝村里望了望,空无一人,就打量起走过来的这两个"农民"。显然他已从对方回话的口气中悟出了什么,指着其中的一人问:"你在村里具体干什么呀?"

对方说:"支部书记。"

温家宝幽默地笑了:"那我就问问你,为什么要修这么宽的马路,占用这么多的耕地呢?"

支部书记哑口无言。

重新回到阜阳市,市委将温家宝一行安排在国际大酒店,温家宝一听是"国际大酒店",坚决不住,要求住进招待所。

　　由于温家宝的坚持,最后下榻在作为市委招待所的"颍州宾馆"。晚饭后,温家宝也不愿休息,要求安排两个县委领导汇报有关工作。汇报时,太和县委书记取出了事先准备好的稿子,刚念了个开头,温家宝就示意对方停下来:"你们不要念稿子好吗?"

　　离开了稿子,这位县委书记竟不知什么该讲什么不该讲了,变得吞吞吐吐,十分狼狈。

　　温家宝失望地摇了摇头,说道:"今天下午,我很生气,在阜南县的那个村子里,见不到一个群众,不知道你们想让我看什么? 去年,我到河南省,一个县委书记也叫我去看一个这样的村子,见不到农民,村里的马路修得比你们这儿看到的还宽,房子也比这儿漂亮,我就问那个县委书记,这样好的村子在你县占多少呀? 他支支吾吾地说,百分之二十吧。我说,好,就是占到百分之二十,还有百分之八十的农村是个什么样子呢? 我更想知道你们县百分之八十农村的情况,你带我去看看好吗? 他马上说,路不通,不好去。我说,车子去不成,人总可以走进去吧,那么多的农民可以走,我们为什么不可以走呢? 你带路,我要进去看看!"

　　说到这里,他顿了一下,脸上的表情十分复杂。

　　陪同的安徽同志,当然听得出此番话的意思。借故路不通,不希望他看到自己管辖范围的落后面、贫困状况的,不止是河南省的那位县委书记,他在安徽舒城县就有过同样的遭遇。只给上面展示"政绩",看"莺歌燕舞",这种弄虚作假的现象,已经像瘟疫一样在中国各地蔓延成灾。

　　那天晚上,温家宝谈了很多,谈得推心置腹:"阜阳地区我来过几次，通过前后对比，我看有很大发展，农民生活也有很大改善，当然离小康的要求、离物质文明和精神文明的要求还有不少差距，一个地区里面也还有很大的不平衡。可能有很好的村，但也有相当多的一般村，还有很多贫困村。就一个村子来讲，也很不平衡，有富裕户，有大量的一般户，也有比较困难的户。我觉得我们的农民非常知足，就吃几碗白米饭，没什么菜，住的又是那个样子，但是对党，对政府，却没有什么怨言，非常朴实。我感到我们的农民，是非常有觉悟的，越是这样，我们的干部就越应该觉得自己身上的责任重。怎么帮助农民尽快地富起来，我们有着不可推卸的责任。"

他说："事关农村的政策问题，我就想到安徽来听听大家的意见，因为这里有许多熟悉情况、又敢于发表意见的同志。我每次来都很有收获。我的好多政策上的想法，都是我随便下车了解到的。地方上准备的东西，和要看的地方，往往是一些比较典型、比较成熟的闪光点，不是说这些地方不真实，但常常不具备普遍性。所以，我非常喜欢随便走走看看。我的调查研究很简单，就是开车随便进一个村，有时要谈一个小时，也可以跟农民谈一天。最长的一次是在铁岭，我坐在炕头上和农民谈心，从中知道了好多事情：土地关系、分配关系、干群关系。不坐下来深入地谈，就很难了解到。即使这样，我仍觉得自己对农村的了解恐怕至多只有十分之一，大量的情况还是不了解的。我知道农村的情况并不都是好的，需要我们去看问题，发现问题，解决问题。所以我希望今天的座谈，能畅所欲言，有什么情况就讲什么情况。"

他是从天津市旧城区一个普通的胡同里走出来的，有着一家五口居住在不足二十一平米房屋里的经历，因此，"平民情结"一直根植在他心中。他非常喜欢深入基层，在全国的两千多个县中,他居然跑了一千八百多个县,这在中央一级的领导中,恐怕是最多的。

那一天,他动了感情地说道:"我们党的政策是要为绝大多数人谋利益的,我还希望去看绝大多数群众。如果农村都这么好的话,还要我们这些人干什么呢? 在北京郊区的房山,我看到过许多农民仍在看九英寸的黑白电视,难道你们这里比北京郊区还好吗? 共产党人一定要关心大多数人的利益,不能只关心少数人!"

他特别强调:"我再说一遍,我是来搞调查研究的,不是来参观的,请你们不要只让看'闪光点'!"

坐在会场上的阜阳市委书记王怀忠是个绝顶的聪明人,他马上离开会场,慌忙要人给颍上县打招呼,将原安排第二天去颍上参观"全球环境五百佳"的小张庄与八里河的计划取消;并交待,从阜阳宾馆拉过去的那些高档餐具和借去的厨师,统统连夜撤回,不得有误!

31 骗你没商量

在安徽省南陵县,我们就采访到了朱镕基一次被骗的经过。

当时,朱镕基刚刚出任国务院总理,他来皖考察的目的很明确,就是想看看安徽的广大农村对他过去制定的粮食收购政策执行的情况。他不止一次地说过:"在农业问题上,在中央要对农业作出重大决策时,我往往会到安徽来调查研究的。"

那是一九九八年五月下旬,朱镕基在国家发展计划委员会副主任王春正、国务院副秘书长马凯、国务院研究室副主任尹成杰的陪同下,来到了安徽。

这是朱镕基第五次来安徽。他高兴地伸出右手的手指,给安徽的同志细数五次来皖的情景:第一次是一九八七年,他还在国家经委工作的时候,到芜湖来参加一个再生资源综合利用的会议;第二次是一九九一年,安徽特大洪水后来看灾情;第三次是一九九三年十二月中旬,粮食涨价时来安徽;第四次是一九九七年六月底,粮价下跌,又到河南和安徽;这次是第五次。

他一再表示:"我跟安徽有缘。"

然而,安徽欺骗朱总理却也是没商量的。

安徽的同志当然知道安徽的南陵县是朱镕基的祖籍地,所以,这次的考察就被安排在了皖南的南陵县。

南陵是江城芜湖市辖下的一个产粮大县。俗话说,"芜湖米市南陵粮仓",芜湖是中国著名的"四大米市"之一,"芜湖米市"的盛誉就是靠"南陵粮仓"支撑的。事实上,南陵不仅产粮,还盛产油、棉、茶、桑,自古便是富甲一方的"鱼米之乡"。

南陵作为产粮大县绝非徒有虚名,但是,当得知朱镕基总理将前往南陵检查落实国家粮食收购政策的情况时,南陵县和芜湖市的领导还是慌了手脚。因为,南陵的粮仓里确实又是无粮的。

国有粮仓无粮,说奇怪,其实并不奇怪。国家制定的粮食收购政策,地方上实在难以执行。中央定价,放开收购,出现亏损,却是由地方财政补贴。这几年粮食越来越不值钱,产粮大县干部职工的工资都发不出来,哪有钱往粮食上补贴呢?没有补贴,负责收购粮食的粮站,就只有变着花样压级压价,扣斤扣两,限收,或干脆拒收。所以,许多粮站宁愿让粮仓就这样空着。

现在朱镕基要来,无论南陵县,还是芜湖市,都不希望让他看到这里并没有执行国家的粮食政策,只想让总理看到他的祖籍之地政通人和,经济繁荣的大好局面。

于是只有造假。

当时,南陵县峨岭粮站已经是一家严重亏损的国有企业,除去其中的六号仓尚储有部分粮食外,其余号仓基本无粮。峨岭粮站造假是从五月十八日这一天就开始的,可以说,兴师动众,声势浩大,突击调运的一千零三十一吨粮食,分别来自三里、烟墩、工山、陈桥等地。连驾驶员在内,前后二百余人参预了粮食的运输和进仓工作。五月十八日到二十一日这四天,峨岭粮站的职工们几乎没睡上一个囫囵觉。粮站站长刘鸿第一个晚上忙到凌晨两点,第二个晚上干到凌晨四点,接下去就又连干了两个通宵。在那令峨岭人难忘的四天四夜里,小镇上所有的饭店和茶馆,都挤满了轮番前来吃饭或喝茶的搬运工人;粮站内外汽车络绎不绝,闹得附近的居民彻夜不宁。

那时县里分管粮食工作的是胡锡萍副县长,考虑到她是位女同志,难胜此任,就将主管教育工作的年轻副县长汤春和派到运粮第一线。刘鸿站长在接受我们采访时,他说个头不高、长得胖胖的汤春和副县长,始终就在现场坐镇指挥。朱镕基到达的前一天,芜湖市委副书记倪发科还领着省、市、县一大帮人赶去验收。因为倪发科在南陵当过县委书记,南陵县的老百姓大多认得他,至于这场造假的最高策划者是谁,谁也说不清。

总理视察的这一天,粮站的所有职工被告知不得进站。站长刘鸿被临时降为仓库管理员,峨岭粮站站长由三里中心站站长俞水华所取代。身负大任的俞水华,那几天比谁都忙,忙着背熟预先由上面写好的材料,背熟预先编好的各种数字,特别是中央有关粮食工作的政策规定,要求烂熟于心,以应对朱总理随时可能会提出的一切问题。

南陵警方甚至没有忽视,在总理走进峨岭粮站之前,就已经分别以各种借口对扬言要向总理告发此事的三个"刁民"实行软禁。

于是一切安排就绪,就这样,朱镕基一行浑然不觉地走进了一个诱人的骗局。

　　一九九八年五月二十二日上午十时许,朱镕基不可能会想到,他与在场的人高兴地握手问候,被握手问候的居然没有一个是这个粮站的职工;站长刘鸿此刻已被打发到一个无法享受到总理握手问候的角落。

　　回答朱镕基提问的,是峨岭粮站的假站长俞水华。俞水华其实也不过是这场闹剧中的一个活道具,他必须按照预先为他编写好的台词,在别人的导演下现场演戏。

　　这一切,都被中央电视台录制在后来向国内外公开播放的新闻画面上。

　　朱镕基关切地问:"你们敞开收购了吗?"这是他最放心不下的。由于农业上连续丰收,粮价不断下跌,各地粮站的收购不积极,再不按照国家规定的保护价敞开收购农民手里的余粮,农民就会吃亏,同时挫伤农民种粮的积极性,从而使得粮食生产的持续稳定增长就难以得到保证。

　　只见俞水华字正腔圆地回答:"敞开收购了!"

　　朱镕基十分满意地点着头问:"你去年收了多少粮食?"

　　俞水华满怀豪情地撒开了弥天大谎:"去年收购五千吨,而过去一年都在一千七百吨左右。"

　　朱镕基又问:"你这个粮站收一个乡还是几个乡的粮食呀?"

　　"一个乡。"

　　这时朱镕基若有所思地提出了一串问题:"这个乡有多少亩田? 亩产一般是多少? 总产量又有多少?"

　　俞水华不假思索地答道:"全乡两千三百亩田,一年产量一万五千吨。"

　　俞水华只知道按照准备好的材料背数字,却忽视了这些数字背后可能会出现的破绽。

果然,朱镕基反过来给俞水华算细账了:"你虽然收了不少,但除去农民口粮和种子,你还是没有完全收尽余粮嘛!这怎么叫'敞开收购'呢?双季水稻难道亩产不到七百斤吗?你得讲实话啊!"

俞水华是个机灵人,事先早已对各种可能会出现的情况都做了最充分的准备,这时明知露了马脚,却并不慌乱,反倒显得更加镇定,并且自自然然地摊开双手,为难地说:"我们已经尽了最大的努力,现有的粮库都用上了,已经爆满了!"

朱镕基环顾一下四周的粮仓,微笑了。这时,俞水华恰到好处地做了一个欢迎总理进仓视察的手势。

朱镕基于是在俞水华的引导下,走进了三号粮仓。

望着堆码整齐的高高的粮垛,朱镕基忍不住要亲自登一登粮堆的高处。因为粮堆的一边非常陡峭,为安全起见,随行的两名保卫人员不得不慌忙跟上去,各自伸出一只手从后面紧紧地支撑着总理的后背。

登上粮堆最高处的朱镕基,看到由他制定的粮食政策不但被落到了实处,而且还完成得这么好,显然是出乎他意料的好,就十分开心地笑了。

当天,在芜湖市召开的座谈会上,他动情地说道:"在我担任副总理期间,我最重视的,就是农业;最关心的,就是粮食。可以说,我在农业上粮食上花的精力最多,超过金融方面。我担任总理之后,第一次下来,考察的就是安徽的农业!"

他说,即使是城市,不管你那个城市的工业化的比重有多大,最重要的还是农业。各级党政一把手,最熟悉的应该是农业,应该了解民间的疾苦,特别是农民的疾苦。否则,你怎么当书记,当市长?中国最多的群众是农民,国民经济的基础就是农业嘛！

他语重心长地谈到自己为什么要这样认真地下来调研。他说，这样做，是因为中国是个这么大的国家，一项政策执行起来会有一个过程，实施以后，也要有一个被实践检验、修改和完善的过程，而不是不相信地方的同志。他特别指出："安徽是执行中央政策最坚决的地方之一。"

朱镕基绝然想不到，他高度赞赏的"执行中央政策最坚决的地方"，不仅在执行中打了折扣，而且玩出了花花肠子。

在江南的一场豪雨之后，我们在已经卸任了的刘鸿站长的家中，听他痛心疾首地给我们算着那次造假的损失。他说一千多吨粮食不是个小数字啊，来回运输，清理卫生，折包倒包，清仓垫仓，水电消耗，粮食损耗，各种招待花销，外加影响了一季菜籽的收购，里里外外，就是十多万元呀，使得已经严重亏损的峨岭粮站雪上加霜。

他这算的还只是经济账。

望着新华社记者于杰拍下的现场照片，望着照片上一向严肃的朱镕基总理，在听取"假站长""汇报工作"时满意而又兴奋的神情，我们感到了一种难言的悲哀。

在最痛恨做假账的朱镕基总理面前竟敢这样造假，还有什么真实的东西能够让人相信呢？

这种骗局，不但玷污了朱镕基四处奔波的求实求真之心，更亵渎了他对九亿中国农民由衷的关爱关切之情。

一个十三亿人口的大国总理，无法得到真实可靠的民意社情，又怎么能够保证中央出台的政策万无一失呢？更不要说弄虚作假将对调研工作产生的可怕的误导，这种危害是谁也无法估量的！

我们注意到，朱镕基的安徽之行，直接坚定了他继续实行粮食国家统购统销的决心。事实上,在结束安徽的这次调查研究回京之后,只有十多天时间,他就以总理的名义签发了一道国务院令,发布了《粮食收购条例》。他将粮食收购政策,由过去的《通知》,上升到了具有法律效力的刚性的《条例》。而这期间,全国已有七个省六十多个县正在进行旨在减轻农民负担的农村税费改革,《条例》的正式实施,使得各地的农村税费改革不得不中途夭折。

当然,这是后话。

可以说,朱镕基签发这项国务院令之前,专程前往安徽考察,就是要看一看过去制定的粮食收购政策,"被实践检验"过后,还需要不需要"修改和完善",为此,他还特地向安徽的同志作了专门的解释:"不是不相信地方的同志"。遗憾的是,朱镕基出任总理后的第一次重要的调研工作,得到的就不是真实的社情民意,无论是总理,还是《粮食收购条例》,都丧失了一次至关重要的"修改和完善"的机会。

32 火爆的三个月

一个偶然的机会,我们还了解到发生在小岗村"火爆三个月"的故事。面对这样一个近乎荒诞的故事,我们感到的已经不仅是悲哀,而是震惊!

安徽省凤阳县的小岗村,现在恐怕没有谁不知道了,因为它率先在全国农村中实行"大包干",被社会各界认为是上个世纪七十年代末那场举世瞩目的中国经济体制改革的发源地;十八户农民冒死捺手印分田到户的决心,更是激荡过千千万万个中国人。

说到农村改革的发源地,这儿就得多说几句。

公正地说，一九七八年中国农村最早搞起"包产到户"改革的，是在离安徽省城合肥市不远的肥西县山南区。那一年的九月十五日晚上八时，山南公社黄花大队的二十一名共产党员开了一个惊动省委、事关亿万农民命运的支部大会。主持会议的是山南区委书记汤茂林，人称"汤大胆"，大会形成的决议就是"包产到户"。这比凤阳县小岗村出现的那个后来轰动中国、震惊世界的"秘密契约"早了两个多月。汤茂林主持召开的那次特殊的支部大会仅仅五天之后，包产到户在山南区就势如破竹，风靡了一千零七十三个像小岗那样的生产队，发展到了十万多人！

　　当然，肥西县山南区也还不是包产到户最早的地方。比它更早的，是和凤阳县同属一个滁县地区的来安县十二里半公社。这公社的名字看上去有点怪，因它离县城十二里半而得名。大胆支持十二里半公社"包产到户"的，是来安县委书记王业美。

　　然而，历史有时就是这样捉弄人，又是这样充满了戏剧性。今天众所周知，中国农村改革的源头成了凤阳县小岗村，而肥西县山南区和来安县十二里半公社却鲜为人知。究其原因，并不复杂，这就是，党的十一届三中全会虽是划时代的里程碑，但在那种特定的历史背景下，一次再伟大的全会也不可能将历史上遗留下来的所有问题全部解决，根深蒂固年久日深的"左"的思潮的阴影，不可能不继续影响着新颁布的党的政策，因此，就是标志着改革开放的新时期已经到来的十一届三中全会，会上"原则通过"的《中共中央关于加快发展农业若干问题的决定》也还明确指出："不准包产到户，不许分田单干"。而肥西县和来安县搞的就是"包产到户"，就是"分田单干"，正是和十一届三中全会通过的决定相悖，于是就应了一句俗话："出头的椽子先烂"。当时来安县委书记王业美成了全国集中批判的靶子，火车、汽车经过来安附近时，车身上都被贴上了斗大标语："坚决抵制安徽的单干风"。由于王业美成了众矢之的,万里主持工作的安徽省委自然不便再作宣传。肥西县山南区虽然曾是万里暗中支持的改革试点,但县委个别人竟也慑于当时的形势,不敢再坚持,自己下了个文件把分到户的田地再次收回,结果,功亏一篑。相比之下,凤阳县委书记陈庭元就更聪明,他不说小岗村是在搞"包产到户",而是说包干到组,组里再悄悄地分到户。凤阳县的这种做法得到了滁县地委的支持,地委书记是有着丰富政治经验的王郁昭,他不仅亲自参预,还和地委政研室主任陆子修一道亲赴凤阳,最后决定将小岗村的做法称为"大包干",这就在策略上高了一招,而且总结得也好:"大包干,大包干,直来直去不拐弯,缴足国家的,留够集体的,余下都是自己的。"既避开了"包产到户"这个字眼,又把国家、集体、个人的利益都形象而生动地体现了出来。这种上上下下各方面都能接受的小岗村的经验一经宣传,自然风靡全国。再说,凤阳县还是安徽省最穷的地方,历史上又出过朱元璋,再加上有那么一个凄凉悲怆的凤阳民谣:"说凤阳,道凤阳,凤阳本是好地方,自从出了个朱皇帝,十年就有九年荒。大户人家卖骡马,小户人家卖儿郎;奴家没有卖儿郎,身背花鼓走四方。"穷则思变,要干,要革命,因此,穷到这个份上的凤阳县小岗村敢于率先改革也就顺理成章,并且显得十分的典型。

问题是,小岗村到了后来,越宣传故事越多,也变得越传奇,先是有了十八户农民捺红手印的故事,接着就有了存放在中国革命博物馆编号为"GB54563"的那张"秘密契约"。

我们走访过许多当事人,似乎都对那件"珍贵的藏品"提出过质疑,说"藏品"的纸张那么平展,几无皱褶,何以被农民密藏这么久而如此光鲜?说秘密会议在谁家召开,契约又由谁执笔,这些重要的细节至今亦无定论;甚至连参加秘密会议的是十八户还是二十户也有不同说法,而博物馆的"藏品"上写着的二十个人的名字,"严宏昌"就出现了两次,出席会议的竟又成了十九人。

二〇〇一年六月十四日上午,我们在访问陆子修时,陆子修也作了否定回答:"小岗村捺手印是假的,这我能不知道吗?"他使用的是设问方式,结论却是不容置疑的。他当时曾是这个地委政研室主任,以后又担任了这个地区的地委书记,他的判断应该是可信的。

可是,不管怎么说,那张"秘密契约"是真是假,现在都已经不重要,重要的是,小岗村的"大包干"当时确实是顶着天大的压力,冒着坐牢杀头的风险做出的严峻的选择。

他们对中国改革事业的贡献是功不可没的。

上个世纪八十年代中国农村连续多年的粮食大丰收,这是与推广他们的经验分不开的。

小岗村被称为改革的"源头"是当之无愧的。

发生在小岗村的那确实是一次了不起的革命,甚至可以说,它的深刻性比一九四九年那次解放也毫不逊色,因为这次解放的对手不是敌人,而是自己!

从一九七八年开始,小岗人因为获得了承包土地上的生产自主权,粮食连年大丰收,这以后至少有五年时间,小岗都是属于比较富裕的生产队。一九八〇年新年刚过,万里专程来到小岗;他挨家挨户地看,看到小岗村家家户户都有粮食吃,有衣服穿,心里特别高兴,说你们终于可以把讨米箩,要饭棍,甩到海里去了!他对当年带头"大包干"的严俊昌说道:"中国几千万共产党员不敢干的事,你们干了,因为你们头上没有乌纱帽。只要敢想敢干,没有干不成的事。中国农民的温饱问题,解放三十年了都没有得到解决,你们却冒着风险自己解决了!"

后来,随着国家改革的重心由农村转向了城市,靠种田打粮过日子的小岗人,就一下变得雄风不再。尽管家家户户都有粮食吃,都有衣服穿,解决了温饱问题,但改革开放快二十年了,也就一直停留在了"温饱"水平上,盖不起楼房,修不起马路,用不起电话,吃不上自来水,没有一所学校,没有一家企业,甚至没有一处称得上卫生的厕所,作为引发了中国一场伟大变革的发轫之地,竟也建不起一个起码可以供人参观的展览室。

中国改革开放最大的这个"闪光点",这么多年却无人刻意为它"打磨";各地都在大搞"形象工程",而足可以大大提升安徽形象的这一"小岗工程",安徽省、地、县三级党委政府,均无人问津。这事看上去似乎有点儿怪,很是让人不得要领。

当然,话说回来,小岗村二十年"江山依旧,旧貌犹存",类似的情况,在中国广大农村中,同样有着一定的代表性。姑且不说西部欠发达地区,就是沿海城市周边先富起来的也只是有限的一部分,绝大多数农村其实并不比小岗好到哪里去。从这一点上来看,认真解剖一下二十年"江山依旧"的小岗村,对认识中国的农业、农村和农民,肯定会有着"经典"意义。

不过,就在小岗村实行"大包干"临近二十周年的日子,突然有消息传来,说它有了一个崭新的变化。变化之大,就连小岗人也感到像是做了一场梦,确实又不是梦,恰恰验证了当下一句时兴的话:梦想成真。

变化是从这一年的六月开始的。

六月中旬,省委一位领导亲率省交通厅、省建设厅、省教育厅、省水利厅、省卫生厅、省新闻出版局等省厅局的负责人来到小岗村。当时,小岗人并不清楚这么多领导的到来,会给小岗带来什么样的实际好处。因为这么多年来小岗参观、访问、视察、指导工作的领导太多,他们来这儿转转,看看,问问,来来往往,小岗人也就没把它当回事。

可是,这一回大不一样。一场改天换地的工程很快在小岗村拉开了序幕。

首先赶到的是凤阳县教委主任徐彪,他给小岗带来了福音:一所可容师生一百六十人,从一年级到五年级一条龙五个班的小岗村小学,六月动工,八月竣工,确保九月一日正式开学的工程开始了。

接下来,省建设厅、省水利厅和省卫生厅联手要为小岗建造一座水塔,说干就干将起来,并于七月底完工,让小岗人破天荒地像城里人一样吃上了自来水。据说,原来约定由三个部门平摊的五十万元资金,只有建设厅的十万元到了位,水利厅和卫生厅的承诺却都打了水漂,那四十万元工程款的缺口,最后只好由凤阳县水务局垫付。

紧接着,由凤阳县建委统筹,县委、县政府六部门联合出资,为小岗村家家户户住房的墙面,一点不拉地刷上一遍涂料,涂料一上墙,整个村子就好像摇身一变,光鲜了许多;为提高文明的程度,又为一家一户建造了卫生厕所;"大包干"的展览馆,也随后平地而起了;村支部的办公室,也因为装修美化而"土枪换炮"了。这当儿,县建设局还按照省厅的要求,设计出了四十套村民住宅的规划。工程扫尾之后,总共用资二十三万元原是由本县宣传部、计生委、卫生局、供销社、人武部和县建委大家伙一道"抬石头",谁知五家变了卦,建委赖不掉,咬着牙垫付了其中的二十一万两千三百三十二元,余下的一万七千多元就不愿再出,害得施工单位多次上门讨债,直到我们采访结束,此项"狗头账"尚未扯清。

要说,还是凤阳县电信局雷厉风行,接到任务,立马就替小岗村家家户户装上了程控电话,而且事情办得漂亮,明说收费,实际并没让小岗人掏多少腰包，电信局是用贷款解决的，从银行贷了一百万元，至于这钱将来连本带利由谁还，自然成了糊涂账。

有一点需要说明的是，在这之前，小岗人虽然修不起路，但并不说明小岗村就没有一条像样的路。在早，江苏省张家港市长江村曾投资一百二十万，无偿地为小岗铺了一条取名叫"友谊路"的水泥路。只是美中不足，四公里路段的两边光秃秃的，不好看，现在凤阳县林业局的队伍开进了小岗，虽然正值五黄六月，酷热难当，他们却自有办法，不但自筹资金从百里之外的凤台县林场买来八百三十棵蜀桧，每棵都在两米高以上，而且搞起了科学试验，将起运的蜀桧都在根部包上营养土，趁夜抢运，当天入土，还专门雇用了两位懂业务的工人，吃住在小岗村，精心浇水，培土，看护。高温植树，棵棵成活，为了这桩奇迹，凤阳县林业局的技术员由此撰写出的论文，后来还荣获了安徽省科技进步奖。

以上各项工程总投入两百七十万零一千四百元，无偿的人力以及各家自备的材料，当然不在其中，那是无法统计的。这一项又一项工程，变戏法儿似地出现在小岗人的眼里，对他们而言，简直是天上掉馅饼。一直到一九九八年九月二十二日，江泽民总书记来到了小岗村，小岗人这才恍然大悟。

为什么我们的生活中偏偏总是发生这一类让人哭笑不得的故事呢！

有人说，小岗村的这种变化跟南陵县弄虚作假是两回事。小岗村是中国农村改革的一面红旗，接受一点支持和惠顾，算不上过分，而且也是受之无愧的。

有人说，小岗村对整个中国的改革有着历史功绩，各行各业各个部门，做一些力所能及的解囊相助，是理所当然的，无可非

236

议的。

有人说，为迎接"大包干"二十周年，迎接江总书记视察，对小岗村面貌进行一次筹划和必要投入，没什么不对，不过是例行必办的公事。

可是，小岗人似乎对这种"改天换地"的事情并不领情。

水塔建成送水时，修水塔的工人老大哥想喝口水，小岗村却有人站出来制止，说，那不行，拿啤酒来换！修路植树要用土，对不住，要动小岗土，每平板车要付十元钱，少一文也不成，这比在凤阳县城用土贵上一倍！好像这些工程与小岗村毫无关系。

当然，这只是个别小岗人干出的不体面事，但饮水者不一定思源，却让贴钱帮扶小岗的人伤了一回脑筋。这恐怕是对帮扶者只帮物不扶志的一种报应吧。

小岗人显然还感到委屈，他们说，你早不帮，晚不帮，单拣江总书记要来看望小岗了，小岗村的小学校就开办了，墙也带彩，路也变平，"大包干"的展览馆也冒出来了，两排冲天的蜀桧也平地而起了，家家户户电话也通了，厕所也变了，也都喝上自来水了。除非傻子看不出来，小岗村由"温饱"一下成"小康"，显然不是变给小岗人看的。

最初听到小岗村的这段故事，我们确实感到过震惊。静下来一想，这事发生在安徽，但类似的故事即便出在别的省市自治区，又有多少人会感到大惊小怪呢。我们的干部为什么甘于乐此不疲，倒是值得我们为之认真深思的。

我们甚至这样想：假如小岗村没有这个"火爆三个月"的故事，江泽民在中国农村改革的发源地看到的就是改革开放二十年"江山依旧"的小岗村，说不定会使总书记对中国的"三农"问题有着更多更深刻的思考，那样，必将会给九亿中国农民带来更多更实惠的好处，给中国农业和中国农村带来更加令人鼓舞的明天。

事实是没有假如。总书记和我们看到的,都是一个已经基本达到"小康"的小岗村。

33 数字政绩

弄虚作假,误国误民,老百姓对此深恶痛绝,甚而认为当官的都是如此。其实,在我们的周围,也还有着一大批讲真话办实事的领导干部,依然固守着实事求是的原则。

我们这次接触到的黄同文,就是其中的一位。

黄同文出生在安徽省长丰县杨公镇黄圩村,祖祖辈辈都是农民。长丰县虽说隶属于省会合肥,但它却是地处合肥市、淮南市、滁县地区和六安地区四个地市的边缘结合部,早先是个四不管的地方。长丰地处偏僻,又居之于"江淮屋脊",要土没土,要水没水,大自然的灾难每年都要光顾它、困扰它、折磨它,再加上一九六五年才从四地市单独划出成县,一切尚待理顺,第二年就爆发了历时十年的"文化大革命",先天不足,又后天失调,虽然人们出自一种美好的夙愿,为它起了个动听的名字:长丰县,可它从诞生的那一天起,就从未出现过"长丰"的奇迹。

黄同文的家乡是一九五四年发大水的时候才迁来的新村,其贫穷程度,就是在贫穷的长丰县也能排上号的,打记事起,家乡的落后给他留下了不可磨灭的印象。一九七二年高中毕业后不久,他跨入了安徽师范大学的校门。走出村子的那一刻,他暗暗下了决心,学成归来,一定要尽自己所能改变家乡的落后面貌。

一九八八年,长丰县出现了历史上罕见的大旱,庄稼在一阵阵的热浪中被蒸干了水分,眼看绝收的农民欲哭无泪。此时已经担任长丰县委书记的黄同文,心急如焚。大灾当前,容不得半点拖延迟缓,他指示各级领导一定要迅速深入到第一线,对各地出现的灾情,明确要求:不准缓报、瞒报、漏报。他自己更是身先士卒,泡在下面,及时了解情况,现场指导工作,想方设法把灾害造成的损失减少到最低程度。

这天,省里的一位领导在合肥市委书记、市长的陪同下,到长丰县视察,在察看了灾情后,要听取县里的汇报,黄同文开门见山地说道:"今年的任务我们很难完成。"

黄同文的话说得很冷静,也很肯定,这使得在场的人,无不面面相觑,怀疑是不是听错了。因为在"人定胜天"的口号早已成为我们这个民族一个重要理念的今天,许多人早就习惯于听"大灾之年大丰收"的豪言壮语;再说那两年,中央文件上有明确的硬性规定,没有特殊情况,国家下达的粮食定购任务是必须完成的,像当时出现的这种自然灾难,一般是不被看作"特殊情况"的。

黄同文的回答显然出乎省领导的意外,多少有些诧异地望着面前的这位年轻的县委书记,显得很不满意。

其实,平时黄同文是一个绝对服从组织的人,而且,也是一个聪明人,官场上时兴的一套自是心知肚明。何况,大旱之年正是容易出"政绩"的时候,他不是不知道。他从市直机关下来之前,就已经是正处干部,又是全省这一级干部中最年轻的一个,更是需要"政绩"的时候。但他又是一个有良知、有主见、敢负责任的人。他认为,长丰全境出现了历史上罕见的旱灾,几十万农民遭受到如此惨重的损失,他没有任何理由,更没有这个权力,隐情不报。他必须说真话。

他说:"我完全可以说能够完成任务。其实,这很容易,回去开个会,一个礼拜就可以完成,但我不能这样做。这样做就把农民搞得太苦,明年就没办法生产了。"

他说得很坦然。他是在农村泡大的,历史上的浮夸风给农民造成的灾难,他至今记忆犹新。

省领导离开之后,不少人都说黄同文傻。因为那一年安徽省受灾的面积很大,但只有他一个长丰县委书记说了"任务很难完成"的话。那正是"官出数字,数字出官"开始盛行的时候,很多干部还巴不得能等到这样一个表现自己的机会呢,他倒好,居然把送上门来的机会扔了。其他地方都程度不同地瞒报实际灾情,他却在大会小会上打着招呼,有灾一定要报,不仅要求下面报,他还派人往上报,争取上面的救灾粮和救灾款,尽快地拨下来,以确保长丰县的父老乡亲能平平安安地度过大灾之年。

"我一个农村长大的孩子,能当上县委书记已经很满足了,我也没有什么奢望,只求能实实在在地为一方农民多办一件事是一件事。"

那年,按照受灾的情况,他把全县农村划分为三类:一为丰产区,动员那儿的农民在完成任务以后多卖粮,多贡献;二为轻灾区,想方设法争取完成卖粮任务;划定的重灾区,则坚决严禁乡村干部"打肿脸充胖子",卖过头粮。

省民政厅救灾办主任王家培,干的就是灾区的救济工作,自然掌握了这项工作的规律。灾害临头时,许多地方先是瞒报实际灾情,虚报上来一大堆如何如何抗灾自救的事迹,以及取得的一大串成果的数字;赶事情过去了,一个个又开始叫苦叫穷,不惜夸大困难来争取灾后粮食的回销。可以说,在救灾这个问题上,这种先争光荣帽子,然后再争困难帽子的弄虚作假的做法,已成为不少干部的为官之道,甚而奉行"不说假话,办不成大事"的信条。

然而,王家培却发现,长丰县报上来的材料却与众不同,他们主动上报灾情,争取救济,从上报的数字看,灾情是十分严重的。

为了弄清虚实,王家培背着长丰县委、县政府,跑到长丰转了好多天,还专门去了一趟灾情最重的朱巷。当他目睹了真实的情况后,心情十分沉重。但当他了解到,即使像灾情最重的朱巷,农民的生活已经相当困难,却由于县委果断采取了"分类指导"的办法,灾区不卖过头粮,因此,社会安定,抗灾自救的人气极旺,这又令他十分意外。

他最后去了县城,决定见一见这位敢于实事求是的县委书记。

他对黄同文说的第一句话就是:"你非常了不起!"是啊,在上上下下一片"大灾之年大丰收"的大背景下,长丰县委坚持搞自己的"一县三制"的土政策,这需要多么大的胆识啊!

"不怕给自己惹麻烦吗?"王家培好奇地问黄同文。

"我真的没有想这么多。"黄同文说得依然很平静,"我祖祖辈辈都是农民,我和妻子两边的亲戚都在农村,又都在穷地方,我知道农民的不易。如果农民卖了过头粮,日子怎么过?明年还要不要搞生产了?"为官一任,不为一方百姓做主,忘记了群众的疾苦,这在他看来,就是忘本!

王家培甚为感动,回到民政厅以后,就把自己的所见所闻向省政府写了一份报告,如实地陈述了处于江淮屋脊之上的长丰县在大旱之年出现的严重灾情。后来,分管农业工作的副省长汪涉云,亲自带着救济款赶到长丰,使得几乎难以为继的长丰县农民顺利地度过了灾年。

一九九一年,当波及整个华东地区的那场百年不遇的大水袭来时,为减轻肆虐的洪水给淮河上下游造成的压力,长丰县许多产粮区成了行洪区;仅一个庄墓乡,就有九千六百亩耕地被淹,一百一十六个自然村被水包围,三千六百九十三户人家墙倒屋塌,无数长丰农民在大水中无家可归。

面对陡然袭来的触目惊心的洪涝灾害,黄同文震惊之余,紧急动员各级领导必须以对人民高度负责的态度,立即奔赴一线,靠前指挥,稳定人心,鼓舞士气,抗洪救灾,同时他坚决要求把以前那些浮夸上去的各种数字,迅速改正过来。

这时县委有人担心,如果挤掉数字中的水分,按照实情上报,就长丰县目前的各项经济指标,足以赶上名符其实的国家级贫困县了。当下,省内有些县,可是不惜弄虚作假也要把"贫困"的帽子摘掉啊,黄书记怎么可以硬把这种帽子往自己头上扣呢?再说了,长丰毕竟隶属合肥市,人家都在拼命脱贫致富呢,作为省城的合肥市突然冒出个国家级贫困县,向上怎么好交待?

这些,黄同文不是没考虑过。但他想得更多的,却是如何把"数字政绩"造成的农民负担减下来,为长丰农民创造一个休养生息的机会。当然,这样做可能会影响到自己的升迁,但他认为,如果能让省市领导,让全社会知道一个真实的长丰县,这对长丰今后的发展是会大有好处的。

因为有了长丰县报上去的那些材料,经多方核实后,长丰被列入了国家级贫困县。有了这顶贫困县的帽子,国家财政每年就有不少扶贫资金下拨,长丰的日子因此好过了许多。然而,这件事却再一次影响到了黄同文的仕途。

这时候,从江西革命老区红土地上走来的王太华,出任了安徽省委常委、合肥市委书记。王太华同样是一个求真务实之人,他在上任后的一个多月时间里,就把合肥市的四区三县跑了一遍。他很看重那种说真话办实事的干部。他发现黄同文下去前就已经是正处级,又在那么贫困的长丰县一干就是五年,加上在肥东县挂职的两三年,下去便有八年时间,就找黄同文谈了一次话,决定将他调回合肥,任市政协副主席兼统战部长。

黄同文下去前就已经是统战部的副部长,八年过去了,自己也才四十多岁,依然年富力强,怎么就不能干干政协以外的别的工作呢?

他这么想,也就照实说了。

王太华表示理解,却直言道:"不要说什么了,什么想法也别说了。"

然而,就是这个并不理想的安排,省委常委会上竟然还通不过。原因很简单,黄同文非但没把长丰县的经济搞上去,反倒"整"出了一个国家级贫困县,"政绩"何在?

合肥市委只好将黄同文作了"平行安排",让他担任市政法委书记,依然享受他早在十多年前就已享受到的正处级。

这以后,王太华对长丰县作了进一步的认真考察,他发现,一个生态环境如此险恶、基础设施这样薄弱的农业县,要改变它的面貌,绝非一日之功,也不是一个县的力量可以解决的。于是他作出了一项非常决定,将每年的四月二十三日确定为"长丰帮扶日"。每年到了这一天,王太华就会丢开一切工作,带着市委常委一班人,以及政府各部门的一把手,开往长丰县城所在的水湖镇,就地召开现场会。听取县委、县政府的工作汇报,提出要求,为振兴长丰县的经济,不但集思广益,还动员各有关部门有钱的出钱,有力的出力。为给长丰县广大农民一个休养生息的机会,市委还作出一项非常决定,这就是,长丰每年必须上缴省财政的全部农业税,由市财政代缴,以增强这个农业县经济发展的后劲。

后来,王太华离开合肥,先是担任主管组织工作的安徽省委副书记,不久又出任了安徽省委书记。敢于说真话、办实事的黄同文的仕途终于也有了转机,在被提拔为合肥市委常委兼政法委书记后,于二○○一年升任了合肥市委副书记兼市纪检委书记。

走上市委领导岗位的黄同文,依然在说着真话,埋头办着实事,他并没有多大的改变,他的命运却被彻底改变了。

改变了他命运的,显然不全是我们今天的体制。

今天,当我们呼喊着"科学技术是第一生产力"的口号快速向前的时候,别忘了,全民族还应该建立起一种真正的科学精神,实事求是的精神,这是比任何生产力都更重要的东西!

第九章　寻找出路

34　税费改革第一人

公元一九八九年,建国四十周年之际,安徽电视台录制了一部名叫《土地·人·乐园》的电视专题片,片中有这样一段解说词:

"'大包干'的实行,使农业摆脱了令人焦虑的困境,但也把农业置于这样一个十字路口上:土地承包后向哪里去,如何再进一步发展生产力?"

这部荣获全国电视文艺专题片节目展播一等奖的片子提出了问题,却并没有道出解决问题的方法。这时实行"大包干"已经十多年了,安徽的农村确实处在了一个新的十字路口,整个中国的农村无疑也都处在这样一个十字路口上!

人们期待着中国农村出现第二次飞跃,中国农民渴望再一次笑起来。可是,农村中不断加深的各种矛盾和出现的新问题,让人焦虑不安,农村第二步改革的出路究竟在哪里?

其实,就在那部电视片播放的一年前,就在安徽,就在与安徽电视台近在咫尺的省政府办公厅的调研室里,已经有人回答了这个问题。

这人就是高级农艺师,后来被誉为"中国税费改革第一人"的何开荫。

这是一个有着坎坷经历的男人。他长得有些特别,很瘦,清癯的脸上,给人印象最深刻的是有着一只高耸的鼻子,和一双仿佛每时每刻都陷入在思考中的眼睛。这是一个爱较真,敢说实话,又爱关心国家大事的知识分子。因为这种特殊的性格,一九五七年,还是北京农业大学的学生,他就被打成了"右派",发配到了北大荒一个几近蛮荒的青年农场,在那里一呆就是二十年。后来,"右派"改正了,四十三岁的何开荫终于回到了安徽省天长县的家乡。本来,他完全可以过安稳的日子,但是,随之而来的中国农村的伟大改革,又一次点燃了他的激情,加上来安县委书记王业美原就是他的老领导,又爱关心国家大事,喜欢思考社会热点问题,当王业美全国第一个拍板在来安县搞起"包产到户"时,他就紧随王业美,走到了农村改革的第一线;以后,又追随积极支持凤阳县小岗村搞起"大包干"的滁县地委书记王郁昭,冒死推行家庭联产承包责任制。家庭联产承包的"大包干"在全国赢得成功,王郁昭作为那场改革的功臣,出任了安徽省省长,随后也就把他调进了省政府办公厅。一个农业科研技术干部,跑到行政机关能干什么呢?打那他就开始了宏观农业政策的研究工作。

说来也巧。一九八八年十月,中央农村政策研究室和国务院农村发展研究中心,联合中国社会科学院、人民日报社等几个单位,发起了一次"中国农村十年改革理论研讨会"。这时,王郁昭已出任中央农村政策研究室和国务院农村发展研究中心副主任,由他所在部门牵头搞起的这样一次理论研讨会,自然忘不了他十分欣赏的何开荫。王郁昭让他的秘书崔传义专门把论文征集函,直接给何开荫寄了过去。

何开荫收到征稿函,十分兴奋。是呀,如果从小岗村实行"大包干"算起的话,中国农村改革已届十年,确实出现了许多亟待解决的新课题,但是,中国农村第二步改革究竟改什么?又怎么改?从中央到地方,上上下下都在摸索。他也一直在进行着

246

这方面的思考。老领导的信赖,使他暗暗下了决心:一定要拿出真知灼见来。

于是,他紧张地行动起来。

他找到省社科院农村经济研究室的金进和朱文根,还有在农科院作物研究所工作的妻子顾咸信,四个人一道,进行了一番深入的调查研究。

也就是从那一年的春天开始,中国出现了汹涌澎湃的"民工潮"。"民工潮"的出现,使何开荫敏感地意识到,种田已经入不敷出,农民的收入增加趋缓,出现了负增长,而农民的负担却与日俱增,新的矛盾不断产生,又缺少必要的改革措施,各种各样的矛盾越积越多,已经严重地阻碍着中国农村经济的持续发展。还因为"大包干"十年到期了,农民担心耕地不再是自己的,那种世世代代生死相依的土地情结没有了,纷纷拥向城市去寻找新的生活出路,且不说出现了土地的大面积抛荒,留在农村中的,因为多是老人、妇女和小孩,造成粮食的大减产,农村工作更是困难重重。

何开荫想,要找准中国农村第二步改革的突破口,首先就必须弄清出现的这些新的矛盾。

到底有哪些新矛盾呢?

综合四人调查研究的结果,何开荫认为大致可以归纳为:

一,承包耕地所有权、使用权与产权的矛盾;

二,农产品价格与价值相背离的矛盾;

三,城乡二元结构与经济一体化的矛盾;

四,小生产与大市场,粮食的买难与卖难交替循环的矛盾;

五,农民收入增长缓慢与负担不断加重的矛盾;

六,封闭的社区结构与大开放大流通的矛盾;

七,农村产业结构与就业结构的矛盾;

八,相对贫穷与共同富裕的矛盾;

九,生产力水平低下与科学技术水平不相适应的矛盾;

十,物质文明与精神文明建设不同步的矛盾。

当然,还可以梳理出一些别的矛盾并列举出它们的具体内容。不过他认为,归根到底,这些矛盾是计划经济旧体制向市场经济新体制转轨时期难以避免的磨擦与碰撞所引发出的必然现象。

要解决以上矛盾,就必须拿出各项相应的改革措施。

当时,由于小岗村"大包干"精神的影响,安徽省学术界的思想还是相当活跃的。何开荫在下面调研时发现,各级党委政府中都出现了一批想干事、能干事又敢干事的领导干部,他们已经针对农村中出现的各种新矛盾,分别进行了不同内容的改革尝试。比如,天长县秦楠镇已在着手试行"绿卡户籍"、滁县"六站一公司"在配套改革农村科技体制、宿县积极发展互助合作基金会、阜阳市创办了第一所乡镇学校和技术培训中专;此外,临泉县已经在开始探索搞活耕地使用权的流转工作、颍上县在大力推行股份合作举办农业企业、舒城县则大胆地实行村干部劳动保险退休养老制度……

南自休宁,北至萧砀,东起天长,西到临泉,纵横千万里的江淮大地之上,到处盛开着改革之花,它为宏观农业政策的研究工作,确实提供了新鲜而又丰富的改革思路。

何开荫的研究激情被空前地激活了。那段时间,他变得异常地亢奋。

当然,他也清醒地看到,农村中存在着的这诸多矛盾,是盘根错节的,不应该也不可能同时推出多项改革措施;解决矛盾的最好办法,毛泽东早在《矛盾论》中就有了精辟论述:事物的矛盾是普遍存在的,又是多方面的,无时不在,无处不有,只有找出主要矛盾和矛盾的主要方面并加以解决,其他次要的矛盾便可以迎刃而解。

在认真分析了其他几位同志下去调查研究的情况以后,何开荫觉得,当前最需要解决的问题,首先就是土地的永久承包,给农民一个长期的使用权;其次就是必须改革农业税费制度,从根本上减轻农民的负担。

当他把自己深思熟虑的这一切变成文字之后,一篇很有见地的论文便已经完成。他把它定名为:《农村第二步改革的出路何在?》,然后寄往北京。

因为这篇文章,何开荫开始踏上了农村第二次改革的研究之路,尽管这条路上布满了荆棘和泥泞,所处的环境又常常失利,但他却一直没有回头。

何开荫撰写的这篇论文引起了中央政研工作的高层官员的重视,还在那次征稿活动中被评为优秀论文。

但是,何开荫没有想到,这事不久,北京就发生了一九八九年春夏之交的那场政治风波。随风而起的,是一些极左思想的再度抬头。也就在那个时间,国家出台了银行信贷资金对乡镇企业实行"只收不贷"的政策,乡镇企业急剧萎缩,农业的形势变得更加严峻。

那段时间,何开荫还发现,有一股否定农业"大包干"的思潮正在各地涌动,发现这一点,他感到吃惊不小。

他正费尽心机地研究农村的第二步改革呢,有人竟连第一次改革的成果也要一笔抹煞!

那段时间,社会上出现了不少奇怪的事情:先是省内有人公开站出来否定"大包干",认为包产到户虽然使有困难的农民有饭吃了,但农村发展的社会主义大方向却并未解决。接着,《北京日报》就发表了长篇文章,鼓吹重建集体经济,指责农业"大包干""这种新的僵化观念的背后常常隐藏着反对农业中的生产合作、反对土地集体所有制这样的内核,在一定程度上已经成了深化农村改革的羁绊",只差没有说出要回到"一大二公"的人民公社时代去。不光有言论,还推出了北京郊区组织起来共同致富的先进典型。

何开荫心重如铅。

他想,家庭承包经营的"大包干"制度,是在计划经济体制下的制度选择和创新,随着商品经济和农村生产力的发展,其局限性已经逐渐暴露出来,难以满足农民走向市场的需要:想多种地的,无法通过市场得到土地使用;不想种地的,又无法通过一定的程序或市场规划规范,自由地出让土地使用权。农民从"大包干"中得到的其实只是并不完全的使用权。如何进一步完善这种联产承包制,才是我们当前亟需去做的。不适当地宣传规模经营,实质就是要回到集体化,显然这已被历史所证明是走不通的。更何况,随着种田不再赚钱,各地农村令人忧虑的抛荒现象已日趋严重,在这种时候,刮起否定"大包干"要走回头路的风声,就只会弄得人心惶惶,农民更加无心务农了。

想到这些,他的眼前就总是闪现出在凤阳县斑驳脱落的城墙上看到的那四个醒目的大字:"万世根本"。它像星辰一样昭示着后人。

是呀,我国是个农业大国,十亿人口,就有八亿农民,农业的状况如何,对我国经济的发展和政权的巩固关系重大,团结和依靠广大农民应当是我们党的政策的出发点,但长期以来,我们已经欠农民太多;尽管解决农业、农村和农民的问题涉及到中国深层的政治经济体制问题,是个系统工程,不可能指望毕其功于一役,可是,重新审视中国的农业、农村和农民问题,已经到了迫在眉睫刻不容缓的地步!

一种报效祖国献身农业的欲望使得他热血奔涌。

于是他坐了下来,旗帜鲜明地写了篇针对否定"大包干"思潮的文章:《建议实行耕地永久承包,给农民长期使用权》。

他感到自己已经不是在写,而是翻腾的思绪在往纸上飞溅:

"党的十一届三中全会以后,我国的国民经济得到迅猛的发展,正是因为我们首先从农村着手改革,实现了'大包干'联产承包责任制。农村的改革促进了城市经济体制改革和政治体制改革,使我国各项建设都出现了突飞猛进的巨大变化。但是,随着客观形势的发展和农村第二步改革的展开,也出现了一系列需要治理整顿、需要在政策上进行调整的问题。这些问题集中表现为农民积极性不高,粮食总产量长期在一九八四年的历史最高水平线下徘徊,农业的发展后劲不足,特别是已经形成的'粮食双轨制',这从根本上压抑了粮食的生产。"

接着,他就把理论同实际结合起来进行了最充分的阐述:

"耕地多年归集体所有,农民除了向国家缴农业税外,还要向集体缴纳各种负担和提留。而耕地的集体所有制弊端甚多,大部分地方无人过问,主体是虚的,耕地实际上形同农民私有,可以任意占地建房、烧窑、挖塘,同时耕作粗放,给国家造成损失;另一方面,集体又有权调整承包地,许多城镇郊区的集体干部更是把耕地视作"私有财产",靠征地时发横财,致使全国耕地每年以八百万亩的速度逐年递减,而人口却又是不断增加,建国四十多年来全国人口增加了一倍多,人均耕地却减少了一半,成为威胁着全民族的一大危机。究其原因,关键就在于耕地产权的模糊,'集体'这个主体是实中有虚,虚中有实,搞得大家心里都不踏实,谁也不珍惜土地。"

写到这里,他便把自己已经深思熟虑的,关于土地永久性承包和改革农村税费征收制度的设想和盘托出了:

"有鉴于此,我们宜及时采取一个大的动作,这就是对耕地的所有制进行一次改革,将土地一律收归国家所有。国土国有,理所应当。同时把耕地的所有权(田底权)与使用权(田面权)彻底分离,实行永久承包制,即在现有承包地的基础上签定契约,长期承包给农民耕种,并对零散土地进行适当的串换调整,使每户的承包地集中连片。而且,使用权可以继承,也允许转让,但转让决不是出卖,只是在土地管理部门鉴证下收回该地块的农田基建投资和相应的承包权益。如果耕地依然归集体所有,让农民上缴各种农业税,就有违法理;由于耕地是国家的,农民向国家承包耕地,那么,农民向国家纳粮就是天经地义的事。"

　　他认为农业税征实的具体办法应该是:"以近三年到五年的年均耕地亩产计征,收百分之十的公粮直到本世纪末不变,增产也不增税,以刺激农民增产的积极性,以后每十年签订一次契约合同。考虑到农村干部的补贴工资和各项提留极不规范,农民普遍反感,叫喊负担过重,我们不妨把农村各项提留负担与公粮合并在一起征收,加征百分之五,也就是征收耕地亩产的百分之十五,一并作为公粮和提留,原有的农业税金和各项提留负担就都没有了,乡村干部补贴工资和各项提留,由公粮的三分之一按定购价款返还乡财政统一使用。从此以后,任何人无权再向农民摊派或征收一分钱,这样,农民的权益就有了法律保障,获得了相当于法人的地位。"

　　他认为,走好这两步棋,全盘即活。这样做,非但激活了农村经济,农民不堪重负的局面也将得到根本遏制。

　　他提出"农业税征实"的税费改革方案,是做了大量调查研究的。他甚至花了大量时间,认真研究了中国历史上最重要的三次税费改革。

　　唐代推行的"两税法"可以说是首开中国费改税的先河。

"两税法"把混乱繁杂的税种归并为户税和地税两种。收费全部改为正税,一同并入两税之中。集中了征收时间,一年分夏、秋两次,这样就改变了"科敛之名凡数百"以及老百姓"旬输月送无休息"的状况,中央统一控制了税费征收大权,又明文规定官吏不得在"两税外加敛一钱",否则,同样要以贪赃枉法论罪。

明代的"一条鞭法"是继唐代"两税法"后又一次较大的税费改革。它是把徭役、田赋和各种杂费并为田赋一种,以田亩为对象,一次征收,征课的田赋一律折合成银两缴纳,而且,不再由地方的"里长"、"粮长"办理征收管理,改由地方官吏直接征收后解缴国库;并同时下令不得再征他费,允许农民照章纳税并拒纳所列税目以外的杂派。这种"一条鞭法"化繁为简,税费合一,有效地限制了地方政府越权收费和地方官吏巧取豪夺的腐败行为,稳定了社会生产力的发展,增加了中央财政的收入。

清初雍正皇帝采纳了"火耗归公"的税费改革,将暗取改为明收,各省统一了税率和征收数额,由省统一征取,州、县代收,提解布政司库,地方官僚不得另外私派;原来由地方坐收坐支的火耗银,改为统一上缴国库,然后再由中央下拨一部分银两作为地方官吏的养廉银和地方行政开支的"补助",同时实行查核和督察,严厉肃贪,打击地方官吏任意摊派的行为。"火耗归公"的改革取得明显成效,非但使一向归地方支配的耗羡收入也牢牢控制在中央财政手中,整饬了吏治,减轻了老百姓负担,而且使得国家库存银由康熙末年的八百万两增加到六千多万两。

纵观中国几千年历史,农民种地缴皇粮都是天经地义的事。解放后,中国农村实行了土地改革,耕地无偿地分给农民耕种,但"皇粮"也还是要缴的。建国之后相当长的时间,国家财政收入的主要来源就是公粮实物税。

何开荫认为,恢复农业实物税国家可以用无偿征收的公粮供应城镇居民的平价口粮,卸掉财政补贴的沉重包袱,同时彻底开放粮食市场,让农民从发展商品粮生产中获得更多的实惠。

他把自己设想的这种具体办法,简化为一句话:统一缴足国家、集体的,余下都是自己的。

这样,他就把农村的第二步改革同第一步改革作了有机的联系,使用了同一句话。他甚至把第二步改革也称作"第二次大包干"。他认为,这恰恰是对当年"大包干"的进一步完善和发展。

为进一步说明他的这种设想的可行性,何开荫还算了几笔账。

"以安徽为例。安徽全省年产粮食约五百亿斤,按总产量的百分之十五收取地租,可无偿得到租粮七十五亿斤,而现在每年的定购任务为七十一亿斤,加议转平部分同样为七十五亿斤;如按耕地面积计征,全省六千五百万亩耕地,除去贫困地区暂时核免田赋外,至少可有五千万亩耕地收取地租,全省平均每亩收一百五十斤(南北不同地区根据具体情况可有差别),则五千万亩耕地同样可收地租粮七十五亿斤,保证了正常的需要。这样做,不但可使省财政卸去每年粮食补贴十二三个亿的沉重包袱,而且以无偿取得的田赋粮按现在的平价供应非农人口,多少还可以取得一点收入,一来一去,对国家的好处就大了。"

"再从全国来看。全国每年粮食总产量约八千亿斤,按总产量的百分之十五收取田赋粮,国家可得公粮一千二百亿斤;若按田亩计征,全国十六亿亩耕地,去掉贫困地区的四亿亩暂不计征,还有十二亿亩耕地,平均每亩收一百斤公粮(各省各地区自当别别),同样可收公粮一千二百亿斤。而目前国家每年定购不过一千亿斤,还不容易收上来。如实行租赁制度,国家每年就能掌握一千二百亿斤粮食,并且都是无偿获得的,用它去供应全国非农人口,总比现在的一千亿斤宽裕得多。"

何开荫算罢了安徽省和全国的大账,回头又替农民算了几笔细账。

"那么,农民向国家缴纳无偿实物田赋粮是否会减少了收入呢? 结论是正好相反。以安徽省人均产粮最多、定购任务最重的天长县为例,天长县农民人均耕地一点九三亩,产粮两千五百斤,人均定购任务六百一十斤,按提价后每斤稻谷两角两分两厘钱计算,就可得一百三十五元四角二分;假如每亩向国家无偿缴纳地租粮二百斤,人均应无偿缴粮三百八十六斤,则原先定购的六百一十斤中余下两百二十四斤可以卖议价,按目前集市贸易价每斤五角五分计算(市场价高时曾达每斤七角),就可卖得一百二十三元两角,比原先的定购价款少收十二元两角两分,可是,人均两千五百斤粮食中,去掉这六百一十斤,每个农民手里还有一千八百九十斤,至少尚可拿出一千斤卖议价,得款五百五十元;若按规定,余粮必须以每斤三角五分的限价卖给粮食部门,只能得三百五十元,农民余粮卖议价可多收入二百元,补足定购部分少得的十二元两角两分,每个农村人口可从议价粮中净增收益一百八十七元七角八分。这就是说,取消粮食定购,彻底放开粮食市场和价格,天长县每个农村人口向国家无偿缴纳田赋粮后,多余的粮食自由进入市场,农民得到的好处很大。"

当然,天长县产粮多,是个突出的典型,对其他县农民是否也合算呢?

何开荫便又以定远县为例,算了一下细账,即便像定远县这样的落后地区,也是能够多收入三千五百万元的。

这些,还是明账,是可以用数字计算出来的。他指出,特别是实行了"什一税"法,不再向农民额外收取别的任何税费,又明确了耕地的长期使用权,农民自然会提高种粮的积极性,舍得增加投入,进而去努力提高土地的生产率与商品率,农民打的粮食愈多,就得益愈大。

至于实行税费改革和耕地永久承包制的优越性,何开荫一下子就归纳出十二条。诸如:"国家收回了耕地所有权,使用权长期归承包农民所有,任何单位和个人都不能再滥占耕地,如果再有人征用耕地,除经过批准外,还必须解决该地块承包户的生活出路,同时每年要缴纳相当于该地块应缴公粮款的耕地占用税,这样,就能有效地控制耕地的减少;农民自己占地建房或养鱼挖塘,烧窑建厂,每年照样要缴纳规定的公粮数量,这样,农民也自会十分珍惜耕地。"诸如:"缴足国家集体的,余下都是自己的,任何人无权再向农民征收一分钱,就能有效地刹住乱摊派乱收费的不正之风,减轻农民负担;乡村干部不再伸手向农民要钱,工资补贴及提留等一应费用由公粮中返还乡政府,干部的任务就只是全心全意为农民服务。只服务,作贡献,不向农民伸手索取,自然会极大地改善干群关系,提高党和政府的威信。"

当然,这种改革牵涉面广,必然会触动一些部门的利益,何开荫在文章最后又写道:"这就需要国务院出面进行协调,调整各方面的利益。"并且,"建议国家先在一省或数省选择不同类型的县作为试点,进行探索。"

文章写好以后,何开荫决定仍然把它寄给中央农村政策研究室和国务院农村发展研究中心。因为,那儿是中央和国家有关农村工作的最高研究部门,况且,兼任这两个部门要职的王郁昭,是他最熟悉的老领导。

他先给北京打了一个电话。

不打则已,这一打,他差不多吃了一惊。原来,"六四"风波发生后不久,中央农村政策研究室就已被撤销;国务院农村发展研究中心也降格为农业部的一个下属部门。就是说,属于党中央、国务院这样高规格、高层次的农村政策与农村发展的研究机构已经不复存在!

王郁昭还在电话里告诉他:北京有人正组织文章,准备对他上次应征获奖的那篇论文进行批判呢。

何开荫更是吃惊不小。

这次的文章,不仅把上次那篇论文的有些观点作了更充分地阐述与论证,其设想之大胆无疑也走得更远了。既然有人已经要组织批判那篇论文,这篇文章还能再寄吗?

如果要寄,又该寄到哪里呢?

中央农村政策研究室没有了,直属国务院的农村发展研究中心也放到了农业部,可他这篇文章涉及到的那许多设想又岂能是农业部就可以解决的?

何开荫一时犯了难。

35 进了一回中南海

何开荫思来想去,最后下了一个决心:直接进谏中央。

进谏中央,对何开荫来说,这样的事已经不是第一次了。

第一次,还是在"文革"期间。

那是一段不堪回首的日子。当时,他除了"右派"的身份外,又增加了一顶"现行反革命"的帽子。说起来非常可笑,他之所以被打成现行反革命,仅仅是因为他利用业余时间自学了俄语。因为当时中苏关系十分紧张,发生了"珍宝岛事件",而他所在的青年农场就在黑龙江边,你学俄语就是准备当苏修特务。这样一来,作为"右派"分子的何开荫,尚能留在北大荒农场的场部搞些技术工作,问题严重了,就被撵到了农村,要接受农民的改造,从此过上了比农民更苦的日子。因为积劳成疾,他患上了严重的肝病,多亏当地农民对他百般照顾,他才没有把命丢在那里。

在那段特殊的日子里,他对农民产生了特殊的感情。当时那里的农民生活十分艰难,一年忙到头,还常常填不饱肚子,他觉得自己有义务帮助他们。联想到自己所在的农场,因为有农垦部长王震制定的《农垦十六条》,生产上实行责任制,农场的粮食产量普遍要比农村的高,于是他全然不顾自己头上的两顶帽子还拿在别人手里,斗胆给黑龙江省委书记张林池写了一封信。因为张林池还兼任农垦部第一副部长的职务,他希望通过既是省委书记又是农垦部第一副部长的张林池,把这封信转给周恩来总理,希望中国的广大农村也参照《农垦十六条》的精神,实行农业生产责任制,来激发农民的生产热情。

对于他的这种做法,周围的农民都替他捏一把汗;他们甚至认为,何开荫冒这样的险不值,这样的信寄了也等于白寄,除给自己惹祸不会有好结果。但何开荫还是去了趟邮电所,当信滑入邮筒的一刹那,他忽然想到了马克思的一句话:"我说出来,就拯救了自己的灵魂。"

事情并没有想象的那么糟糕。信寄出后不久,就有人通知何开荫,要他立即到省委办公室去一趟。何开荫忐忑不安地赶到哈尔滨,张林池的秘书杜再兴接待了他。杜秘书说:"林池书记对你的来信很重视,他一连看了几遍,很感动。说'居然有这样一个人,敢写这样的一封信'。他觉得信上反映的问题很重要,但这信他不便往上递,因为他递,就代表省委的意见了。"杜再兴建议何开荫"找一个有威望的民主人士向上递"。

虽说没有解决什么问题,但是,杜再兴的一番话还是说得何开荫激动不已。

回来的路上,他就一直在想,谁是有威望的民主人士呢?

何开荫把脑子都想大了,也没想出个结果来。在他接触到的,乃至可以报出名字的人里头,谁有本事能将这样的信送到周总理的手里呢？一个也没有。

忽然，何开荫的眼睛一亮。

他想到了全国政协副主席孙晓村。因为孙晓村是他的母校——北京农业大学的老校长。

他想：孙晓村算是"有威望的民主人士"了吧？

可是，老校长会愿意把一个连面都没有见过的学生的信转给周总理吗？他没有一点把握，可是，除孙晓村外何开荫再也想不出别的人。

他抱着试试看的心理，把材料挂号寄给了全国政协办公厅，希望他们转给孙晓村。

材料寄出后杳无音信。

直到五年后的一九七九年，何开荫的历史问题被彻底平反之后，他专程进京见了一次孙晓村。孙晓村说，当年看到这个材料后，还是很感兴趣的，并且觉得自己学生提出的这个设想，虽然大胆，却给人一种启迪。那期间，有一次见到周总理，孙晓村还给总理专门提到了这件事。但是，当时"批林批孔"运动正闹得很凶，周总理的处境已很困难，孙晓村怕给总理添麻烦，更是为了保护何开荫，终于还是没把材料送上去。他说，即便是周总理作了批示，被"四人帮"知道了，后果不堪设想。

现在的形势已是今非昔比了，那种无休无止的"阶级斗争"不但被彻底地抛弃，搞现代化建设已成为今天最大的政治。不过，何开荫依然强烈地感觉到，极左思潮又一次在抬头，写这样的文章显然还是有一定风险的。可是，自己毕竟是党培养出来的农村工作研究者，为了心爱的事业，更为了八亿农民，他还是决心豁出去。

最后，他把这篇新写的文章再次定名为《关于深化农村改革的一些设想》，交给了新华社安徽分社的记者沈祖润。他认为，这种文章交给这样的新闻机构比较合适。

果然，新华社很快就出了"内参"，《人民日报》还为此编发了专门的"副页"，接着，国务院研究室一九九〇年二月十七日以一期《决策参考》的篇幅，将他文章中的观点和论证，作了最详细的综述，并醒目地写道：

"何开荫同志认为，如果实行这个办法，定能使农业走出多年徘徊的困境，但这是一个较大的动作，当前形势要求稳定，谁也不敢轻举妄动，他要求向国务院领导同志反映，取得支持。如能选取一个县试点，相信必能与'大包干'一样得到群众的肯定和欢迎，至少是在粮食产区可以不推自广。"

在新华社和人民日报转发"内参"与"副页"，国务院研究室编发《决策参考》的同时，安徽省政府办公厅副主任张学涛也将何开荫的这篇文章刊发在他们办的《政务内参》上。转发给中央决策层的那些内参，省里不一定就能看到，但刊发在本省《政务内参》上的这个"设想"，还是引起了安徽省委和省政府领导的重视。省委书记卢荣景作了批示，建议有关部门的同志论证一下；省委副书记孟富林明确指出"何开荫同志写的这篇文章很好"，也提出请省农经委邀请有关部门和专家研究一次。常务副省长邵明、分管农业工作的副省长汪涉云，都希望组织有关专家论证并在小范围试点。主管商贸的张润霞副省长，主管文教卫的杜宜瑾副省长，一个是主动找到何开荫要材料，一个是当面表示支持。主管工业的龙念副省长更是旗帜鲜明，在看到"设想"文章的一周时间内，就先后作出两次批示，充分肯定："这是一项重要的建议"，并明确表态："我赞成在个别地区试试。"

总之，省委、省政府不少领导都是十分重视的。遗憾的是，当时的形势正如国务院研究室编发的《决策参考》上所说："这是一个较大的动作，当前的形势要求稳定，谁也不敢轻举妄动。"由安徽省农委牵头的专家论证会虽然召开了,会上,论证更多的并不是何开荫的那些改革设想对深化农村改革是否有实际意义,而是它与当时正在全国轰轰烈烈开展着的"治理整顿"工作是合拍还是相悖。

结论是显而易见的:在治理整顿期间,还谈论什么"深化改革"呢!

于是,省农委以组织名义,向省委写了一份论证报告,报告认为,何开荫同志关于深化农村改革的那些设想并不符合现行的政策法规。

论证报告写的也大多是实话,问题是,如果不折不扣完完全全符合现行法规政策,那肯定就不是一种实际意义上的改革。

由于论证会的否定,省委主要领导再没有过问,其他想过问的省领导也就不便再过问。何开荫呕心沥血的研究成果,于是就这样被束之高阁,不了了之了。

何开荫感到一种报国无门的无奈。

一九九一年元月,何开荫论述"科学技术是第一生产力"的文章荣获了国家科委征文二等奖,进京领奖期间,他被意外地邀请前往国务院研究室汇报工作。

这消息使得他兴奋不已。

那一天是一九九一年二月二日。他平生第一次走进了神圣而又神秘的中南海,来到紧靠紫光阁的工字楼。接待他的是国务院研究室农村经济组组长余国耀。

何开荫汇报了进一步完善和发展农业"大包干"的设想及具体思路,从建议实行耕地的长期承包责任制,到建议实行农业税费统筹的改革,到建议取消粮食的国家定购和粮食价格的双轨制、全面彻底地放开农产品的市场和价格,直谈到建立健全以科技为支柱的社会化服务体系,发展区域规模的农村商品经济,还谈到进行农村户籍制度改革，打破城乡二元结构的坚冰。

谈到这些近年来他一直在潜心研究的课题，何开荫就有说不完的话。

余国耀认真地听着。当何开荫谈到他终于把自己多年的思考写成《关于农村改革的一些设想》一文时，余国耀告诉他，李鹏总理也在《决策参考》上看到了这篇文章，并对文章的观点很赞赏，李鹏总理还在同研究室农村组座谈时提到了何开荫有关"什一税"的建议，说道："粮食合同定购改为国家定购，是强调农民对国家做贡献尽义务，数量不变，保证一千亿斤。有人建议下一步改为征实，实行什一税，将来产量到了一万亿斤，按百分之十征实就是一千亿斤。中国自古就有什一税。专家们提出建议采取这种办法，以固定农民与国家的关系。随着商品经济的发展，究竟采取何种办法，要从长计议。"

何开荫听说自己的建议引起了总理的重视与赞赏，真是倍受鼓舞，就很想更多地了解上边对他文章的各种反应。这时，余国耀谈出了请他来当面汇报的初衷。

余国耀说："现在的问题是如何把这个思路变成一个可操作的方案。对于总理'要从长计议'的话，我的理解是，因为当前仍处于治理整顿期间，不宜采取大动作；而且对这个思路也还存在着一些不同看法。因此，我建议，你可以作进一步的深入调查，详细论证，拿出一个可操作的措施方案来，向省委、省政府领导汇报，先搞试点。最好在一个县范围内试点，或者先搞一个乡镇也行。如果试点成功，下边的文章就好做了。"

余国耀的话说得何开荫格外振奋，只是考虑到自己一个人跑到中南海，接下这么大个任务，似乎名不正言不顺，就问："能不能请总理签一个文字意见，这样我回去好有个交待。"

"不合适。"余国耀解释说，"如果领导签字后，那就变成中央的意图了,不仅你们安徽可以搞,别的地方同样可以搞,都搞就会出乱子。用你的思路,定你的方案,搞你的试点,效果会好一些;别人没有这个思路和设想,如果只是靠照葫芦画瓢,就不一定会搞好。"

何开荫想想也有一定的道理。他很理解地点了点头,说:"我明白。"

余国耀又鼓励道:"农业'大包干'就是你们安徽省凤阳县的小岗村先搞起来的,一个小岗村试点成功,很快就风行全国。从这一点看,只要符合国家和广大农民的利益,哪怕只是一个村试出的好办法,也是可以不推自广的。"

谈到"大包干",何开荫就有说不完的话。他一直就认为中国农村的第二步改革,只能是对"大包干"的一种完善和发展。想到社会上正在刮起的这股企图否认"大包干"的左倾思潮,他坦率地向余国耀谈出了自己的看法。他认为改革有如逆水行舟,不进则退,而改革是没有退路的,退回去的后果是不堪设想的。

余国耀很赞同何开荫的看法。在农村改革的话题上,两人有着很多共识。因此,在中南海工字楼的那间办公室里,在首都一年中最寒冷的日子,一个身居要职,一个不过是地方上的高级农艺师,两人却十分投缘地谈了两个多小时,谈得十分兴奋。

临了,余国耀握着何开荫的手,又有力地抖了抖说:"希望安徽在深化农村改革方面再带一次好头!"

何开荫点罢头,就忍不住自嘲地笑了。看得出,国务院研究室农村组组长余国耀约他汇报工作,提出那些想法,并不是余国耀的个人行为;而他何开荫,却完完全全只代表自己,至少,当时他是无法代表一个"安徽"的,就连一个乡一个村也代表不了。

但是,正是余国耀临了提出的希望,使得何开荫暗自下了决心,他准备通过自己的努力,将这种希望变成现实。

他相信,安徽在中国农村的第一步改革中作出了巨大的贡献,第二步改革的历史,也一定会从安徽的大地上写起!

一九九一年四月,经过又一番深入的调查取证,何开荫终于拿出了一个可以操作的实施方案:《发展农村商品经济的根本措施——关于深化农村改革的一些设想》。

他在这个"设想"中提出了深化农村改革的十项措施。

这是一个综合性的改革方案。他认为当前农村中存在着的新矛盾和新问题是错综复杂的,下一步农村的改革必须整体推进。为此,他分别就农村土地制度的改革、农村税费制度的改革、农村户籍制度的改革、农村产权制度的改革,以及农村经营制度、融资制度、劳动力转移制度、科技制度、社会保障制度、精神文明建设以及粮食购销制度的改革,制定了相应的改革措施。

当然,整体推进,不是要齐头并进,更不是眉毛胡子一把抓。他明确指出,要将土地制度和税费制度的改革作为突破口。

这些改革措施,他设计得十分具体。比如,在稳定联产承包责任制的长期不变上,他建议给农民承包耕地三十到五十年的使用权,增人不增地,减人不减地,可以有偿转让,可以作价抵押参与集体经营,部分地恢复土地的商品属性;比如,实行农业税费征收办法的改革,他认为应该是税费统筹,折实征收,缴纳公粮,取消定购,一定三年,不增不减,税入国家,费归乡村,严格收支,账目公开等等。

他的许多改革设想,大多写得言简意赅,通俗易懂,并且琅琅上口。这多半与他长期的农村工作经验有关,深谙农民之道。

待书面汇报材料打印出来,他就通过省委书记卢荣景的秘书刘学尧和余焰炉,省长傅锡寿的秘书方宁和翟庆党,首先送给了省委、省政府这两位主要领导。当然,他也及时分送给了有关的省委副书记和副省长。

一晃,三四个月过去了。他送上去的那些报告,竟然一直没有任何动静,何开荫开始惴惴不安。

他想,这显然与省农委办上次的那份持有否定意见的"论证报告"有关。可是,他已经在报告上把国务院研究室农村组负责人约见他时的建议和传达的李鹏总理的讲话,都作了说明呀!

何开荫如坠五里雾中。

这年七月,国务院发展研究中心给何开荫打来电话,邀请他去长春市参加一个由《农民日报》社和吉林省人民政府联合主办的"全国农村问题研讨会"。而且,就在这之前,《农民日报》已经把他有关深化农村改革的那些设想刊登在了《农村情况》上,并特地写了个"编者按":

> 如何深化农村改革,继续完善和发展农业生产责任制,这是一个长远而复杂的课题。本文站在宏观角度,回顾和总结了建国以来我国农业发展的历史和教训,特别是对十一届三中全会以来农业生产发展中的得与失、某些决策的利与弊作了客观的分析和反思;对农业多年徘徊不前的原因进行了探讨。在此基础上,提出了一些设想和建议,这些设想有一定新意,有些也是简便易行的,特摘发,供有关领导部门参考。

北京打来的这个电话,以及《农村情况》转发他的关于深化农村改革的那些设想,这都给苦闷不堪的何开荫,犹如打了一支强心针。至少,可以说明:国务院发展研究中心已经在关注他的研究工作;《农民日报》作为农业部的机关报,也是支持他的设想的,他的种种设想由于《农民日报》的广泛散发,已经走向了全国。他当然希望有更多的农村政策的研究工作者参与进来,更希望能够通过参加在长春召开的这个研讨会,同来自全国各地的同行们一道探讨中国的农村问题。

他是怀着激动的心情去找室主任的。

因为兴奋,他甚至想不到去留意顶头上司的脸色,就把北京的电话通知作了汇报,希望得到支持。

没想到,主任却很冷淡地摇摇头:"不同意去。"

"为什么?"何开荫大惑不解。因为,调研室干的就是调查研究的工作,国务院发展中心能邀请本室的工作人员去参加这样一个全国性的会议,作为室头儿,应该感到高兴,感到自豪才对。

然而主任没再回答,头也不抬地只顾忙自己的事儿。

何开荫傻了,他怔怔地望着主任,半晌说不出一句话。

他忍无可忍地跑去找省政府副秘书长刘永年。

刘永年听说何开荫应邀将去参加一个全国性的研讨会,态度十分明朗,高兴地说道:"应该去,'这是安徽的荣誉嘛!"

有了刘永年副秘书长的这句话,当天上午,何开荫就没再理会室主任,赶往车站,把去长春的火车票买到了手。

谁知,下午一上班,主任劈头就问何开荫:"你买票了?"

何开荫理直气壮地说:"我买了。"

"把票给我。"主任不容分说地把手伸到了何开荫面前。

何开荫奇怪地反问道:"为什么要给你?"

"这会你不能去!"

何开荫说:"刘副秘书长已经批准我去!"

"刘永年副秘书长?"调研室主任的口气很硬,"他还能有省长大?"

何开荫一个愣怔:"难道是省长不同意我去?"

主任不再说话。但他依然不容置疑地向何开荫讨要车票。

但是,何开荫却对这件事将信将疑,他不相信堂堂的一省之长,有那么多重要的工作要做,竟会对这样一件小事感兴趣。如果这真的是省长的意思,又说明什么呢?是因为傅省长早先在马鞍山一直从事冶金工作,对农业上的事情不熟悉,不重视?还是鉴于当前"治理整顿"的敏感形势,怕他这个政府部门的成员,到全国性的会议上给安徽招惹是非?

回到家,何开荫一直百思不解,连饭也吃不下,直到躺在床上才猛地悟出,上次省政府办公厅编发有他那篇文章的《政务内参》出来以后,许多主管和不主管农业工作的副省长都作了批示,表明了态度,惟独省长至今不置可否。

现在,有一点是再清楚不过的,那就是长春会议不可能去了。一个省级政府办公厅的一般调研员,要跟省最高的行政长官过不去,后果是可想而知的。

何开荫不得不放弃了这次长春会议。

36 两个县委扩大会

那段时间何开荫差不多是度日如年。

一天,何开荫刚走进省政府的办公大楼,就被副省长龙念喊住了:"老何,你来一下。"

何开荫好生纳闷,龙念分管的是工业,他找我能有什么事?到了龙念的办公室,何开荫才知道,龙念对这件事很感兴趣。龙念在仔细地询问了何开荫的一些改革设想后,果断地说:"老何啊,农业我不懂,但是我有扶贫任务;我的扶贫点在临泉县,你的那些设想可以在我的扶贫点先搞试点。"

龙念是个做起事来雷厉风行的人,他这样说,就算一锤定了音。隔天一大清早,他就把何开荫叫到政府大院,乘一辆面包车,去了临泉。他们在这个国家级贫困县,一呆就是一周。白天研究扶贫,作为高级农艺师的何开荫,便成了龙念的扶贫高参;晚上,龙念就把临泉县的粮食局长、税务局长、政府办公室的主任和体改委主任,一一喊来帮助何开荫算账,想搞出一个让各方面都能够满意的税费统筹的方案来。

在离开临泉县之前,龙念还和何开荫约定,到了秋收时节,他将陪着他再来临泉,以启动税费改革的试点为契机,把农民的负担减下来,同时推动扶贫工作的全面开展。

可是,天有不测风云。一九九一年夏秋之交一场百年不遇的大水,使得他们的计划泡了汤。不少农村都被泡在洪水里,农民连饭都吃不上,还搞什么税费统筹呢? 再说积极支持这项工作的县委书记陈业夫也被调走,热心这事的周县长在政府换届时又意外地被选掉。

结果,空欢喜一场。

当然,也有让何开荫舒心的事,心里的一个疙瘩终于解开了。一个偶然的机会,他得知省里所以不准他去长春开会的原因。原来,那期间,有人在上头告发他"招摇撞骗",为此省政府还派人跑到国务院去核实李鹏总理说没说过那些话,国务院研究室是否约他去中南海汇报过工作。

外调是背着他干的。当调查被证实确有此事时,出面调查的同志觉得干了件亏心事,回来就对何开荫掏了实话。

冬去春来,一九九二年悄然而至,这年三四月间,小平同志的南巡讲话有如摧枯拉朽的春风,给华夏大地带来勃勃生机。

说得多么好啊!

"改革开放胆子要大一些,敢于试验,不能像小脚女人一样。看准了,就大胆地试,大胆地闯。没有一点闯的精神,没有一点'冒'的精神,没有一股气呀、劲呀,就走不出一条好路,走不出一条新路,就干不出新的事业。"

"在农村改革和城市改革中,不搞争论,大胆地试,大胆地闯;我们的政策就是允许看,允许看比强制好得多。"

"要抓住机会,现在就是好机会。我担心失去机会,不抓呀,看到的机会就丢掉了,时间一晃就过去了呀。"

读着小平同志激动人心的讲话,何开荫直感到热血奔涌。

随着小平南巡讲话,安徽省常务副省长邵明站了出来,他再次把何开荫的报告批给主管农业工作的汪涉云副省长:"涉云同志:何开荫同志这个建议,提了几年了,我也几次看过,思考过。现在中央提倡大胆地试,你看我们是否选择一个县,或者一个乡进行试点,如果同意,我们再与省里领导通通气,找有关部门一起研究,如何?"

邵明批示的第二天,汪涉云就跟着表态:"同意邵省长意见。"

这真是:山重水复疑无路,柳暗花明又一村。

机会终于来了。

这期间,全国国土学研究会在安徽省的淮北召开,著名的农村经济专家杜润生来到会上;何开荫也应邀到会,并在会上发了言。因为开的是有关国土的会,何开荫会上谈的也只能是国土的问题,但他的心思却依然在农村的改革上。因此,他把他的那篇《发展农村商品经济的根本措施——关于深化农村改革的一些设想》带到了会上,并送给了杜润生。

杜润生看了以后,大加赞赏。他对何开荫说:"老何啊,沿海我不敢说,我要另外去调查,但我可以断言,你这个措施对中国中西部的广大农村是实用的!"

杜润生的高度评价,使何开荫深受鼓舞。

会议临结束时,阜阳地区常务副专员王怀忠带着车赶到会上,要接杜润生到阜阳去指导工作。王怀忠所以专程来请杜润生去阜阳,一是杜润生在担任中央农村政策研究室和国务院农村发展研究中心主任时,曾主持起草过对中国的农村改革起到巨大作用的五个"中央一号文件",是党内农业问题的大专家;二是杜润生在淮海战役的时候,曾在阜阳当过地委书记,他对那片土地有感情。一九八七年国家决定有选择地开办一批改革试验区时,由于老书记杜润生的力荐,阜阳有幸成了中国第一个由国务院备案的农村改革试验区。既然杜润生来到安徽,阜阳人民邀请当年的老书记、老专家去试验区指导工作,自然也在情理之中。

但是,杜润生是百忙之中见缝插针来参加这个国土会议的,来前就把回京的车票买好了,就对王怀忠说:"我秋天可以来一趟,现在请我不如叫你们省里的何开荫同志去。他是有办法的人,已经拿出了一个很好的措施了。"

由于杜润生的推荐,何开荫就跟着王怀忠同车到了曹操和华佗的家乡亳县。

当时,阜阳还没撤区建市,亳县也没改作亳州,更没从阜阳地区单独划出去,地区的几大班子领导全集中在那儿开会。何开荫的到来,无疑为会议增添了改革的话题。地委书记王昭耀盛情地要何开荫为大家谈一谈他对农村第二步改革的设想。被压抑了许久的何开荫,巴不得有这样一个可以畅所欲言的地方,也就不谦虚,便把自己多年来深思熟虑的设想娓娓道来。

讲完之后,他提醒大家说:"这个方案涉及到目前不少禁区,能否真的搞起来,我自己也没有把握。"

几大班子成员随后展开了热烈讨论。最后,王昭耀对何开荫说:"我们决定搞,你来帮助我们一起搞吧!"

何开荫终于听到自己的设想即将被实施,心里别提有多高兴,但他依然不无忧虑:"这是有一定风险的。"

王昭耀坦言道:"我们是经国家批准的农村改革试验区,允许搞一些创新和突破。即便有风险,也是由我们地委担,由我王昭耀担,与你没有关系。"

王昭耀的话说得很平静,却说得斩钉截铁。

何开荫听了一把握住王昭耀的手,心里有阵阵热浪在奔涌。是呀,有王书记这句话,他已经无须再说什么了。

会后,王昭耀亲自陪着何开荫到下面去确定试点的地方。

他们首先到了颍上县。

由于当年国务院农村发展研究中心曾在这个地区进行过土地制度方面的改革试验,研究中心的杜鹰等人还专门深入到这儿前后呆了一年多时间。何开荫认为深化农村改革最重要的就是土地制度和税费制度的两项改革,既然土地制度的改革已经在探索了,那么,亟待解决的重要问题,自然就是农业税费制度上的改革。

因此他同王昭耀下来确定的是税费改革的试点地。

颍上县为此召开了一次县委扩大会,扩大会扩大到了县里的五大班子的所有成员。地委书记王昭耀虽然到会,但他特地说明,颍上县同意不同意作为农村税费改革的试点,地委不搞包办代替,希望大家充分发表自己的意见。

何开荫首先详细地介绍了有关情况,然后就是自由发言,会开得热火朝天。没有多大一会儿,会场上便出现了阵线分明难以融合的局面:县委、县政府很想干,政协有点说不清,人大则持反对意见。

支持者、反对者与折衷者都说得慷慨激昂,振振有词,思想最终也统一不起来。

县人大领导否定进行税费改革的试点,是有着充足的理由可以摆到桌面上的:"这样的方案明显是与现行政策法规不一致的!"

何开荫认真地听着,越听越觉得小平同志的南巡讲话高瞻远瞩,切中时弊,太深刻了,也太及时了。他终于从反对者和折衷者的理由中,找出一句最典型的话,这就是:"别的地方没有这样干,要是我们干了,将来恐怕乡镇干部有意见。"

不求有功,但求无过;求稳怕乱,心安理得——这种"没有一点闯的精神,没有一点'冒'的精神,没有一股气呀、劲呀","像小脚女人一样"的精神状态,已经成了当前深化农村改革最突出的思想障碍。

当然,何开荫也还从反对者冠冕堂皇的理由背后,看到了更隐蔽的原因。其实,怕来怕去,说穿了,就是怕实行了这种税费统筹的办法之后,乡村干部就不能再像过去那样随心所欲地从农民那里收钱了。而乡村干部,毫无疑问,也包括县里干部,他们的许多政绩都是靠达标呀、升级呀弄来的,不准乱收费,不准乱摊派,不准乱集资,那些"公益事业"所需要的钱款从哪里来呢?

同意税费改革,从某些意义上说,就等于是断了自己的财路。

显而易见,实行改革,首先必须要有改革精神,敢于先"革"自己的"命"!

王昭耀看清了这个形势,他没有勉强。因为任何农业改革是否成功,首先有赖于农民能否了解、认同和支持,县级领导干部尚且如此,又怎么能指望他们去组织动员广大农民取得这项改革的成功呢!

他对何开荫说:"我们再到涡阳县去看看。"

到了老子的故里涡阳,王昭耀把何开荫介绍给涡阳县委、县政府主要领导,因为地委有事需要他回去处理,就提前离开了。走前,他诚恳地对何开荫说:"这事急不得。有一点你放心,我支持你在阜阳地区搞税费改革。"

涡阳县也为此召开了一次县委扩大会,或许因为没有王昭耀书记的在场,会开得比颍上县还要激烈。听说税费改革的基本原则是:"缴足国家集体的,余下都是农民自己的;任何部门和任何人都无权再向农民征收一分钱。"会从一开始就炸了锅。

会上出现的这种局面,竟然和颍上县的差不多,县委书记王保民是坚决支持的,他也主要是把这项税费制度的改革,看做是一件重要的政治任务;县长汪炳瑜的态度非常坚决,他认为今天的农民确实太苦,负担太重,而这个方案能有效地刹住农村中"三乱"的不正之风。政协的意见较暧昧,人大却是坚决反对。

当争论各方相持不下时,县长汪炳瑜竟站了起来,把笔记本往桌上一摔,说道:"所有风险我们县委县政府担着。这么多意见我们听到了,知道了,但我们还是要干!"

说得与会者一时语塞。

散会时,何开荫找到汪炳瑜,他很感激这位敢于拍板敢担责任的痛快县长,但他还是十分诚恳地劝说道:"你们就要换届了,还是等一等吧。不能因为这件事,把你的县长也选掉了,以后什么事就都干不成了。"

汪炳瑜想想,也是这么个理。虽说县里五大班子不能一团和气,干工作总得有个原则,但在大家的认识还不一致时,确实不能操之过急。他苦笑道:"好吧,就先放一放。"

离开涡阳时,何开荫不想再去惊动县里的任何领导,他一个人拎着包,默默地向长途汽车站走去。

两个县的县委扩大会开得如此热闹,他预感到,农村税费改革的道路势必将是漫长、曲折而又充满着艰难险阻的。

一路之上,他想了许多许多,几乎沮丧到了极点。他感到很累,也很狼狈,就这样,懵懵懂懂地回到了合肥。

37　冒出一个新兴镇

世界真的是太大了,什么事儿都可能发生。

就在涡阳县的县委扩大会开得热闹非凡,以至不欢而散的时候,在这个县一个名叫"新兴"的边远小镇上,却正在酝酿着注定会被写进共和国改革史的一桩大事。

我们确实没有理由把今天乡村干部的素质想得太差,他们中的绝大多数人还是想把农村经济搞好的,正是出于这个强烈的愿望,新兴镇党委书记刘兴杰,镇长李培杰,才会对《农民日报》上一篇极易被忽视的文章,发生了那么大的兴趣,并当即热烈地展开了讨论。

这是一篇署名为杨文良的《为农民松绑,把粮食推向市场》的文章。他们对文章中提到的税费改革产生了浓厚的兴趣,同时萌动了要试一试"税费一把抓,用钱再分家"的念头。

两人一扯到征收税费,无不感到头皮发麻,脑袋发炸。眼看征收的任务年年在加大,这一年,全镇就要完成农业税三十一万元,农业特产税二十四万元,耕地占用税二点四万元,烤烟产品税八十一点五万元,提留统筹款一百六十二万元,再加上修路、治水的费用,总计就是三百二十万元,人均负担高出一百元,亩均负担也在五十元以上。为完成以上征收任务,他们必须组织人员上门催缴,这些人员所需费用一般达到征收总额的百分之十,有时甚至达到百分之二十到三十,这笔额外的花销又要加到农民头上。特别是烟税,上边年年派任务,镇里就只有分摊到农户,每亩摊到八十多元;但是农民花在地膜育苗、施肥、烤烟用煤、灌溉等生产性的投入上，每亩成本就将近二百元，一年辛苦下来反倒要贴钱。农民怨声载道，镇村干部每年都要用十个月时间，在骂声中强迫种植，在骂声中催促收购，弄得镇村干部上下不是人。

刘兴杰刚过而立之年，年轻气盛，眼看这一年又难以完成收费与收购的任务，深有感慨地对李培杰说：

"国务院几番下令，农民负担不能超过上年纯收入的百分之五，结果呢，这个本用来限制乱收费的'上线'标准，如今却成了加码收费的'底线'。虚报浮夸风又这样盛行，农民人均收入明明只有一千元，也得报到一千五甚至两千元，最后就都按照这些虚夸数字的百分之五来征收，怎么得了！"

李培杰比刘兴杰的年龄大上许多，经历的事情自然也就比刘兴杰多，听年轻的书记这番议论，他就为当年的粮价算了一笔账："国家粮食定购价与市场价的差别也太大，就说黄豆，国家收购只是三角八到四角钱一斤，而市场上现在已经卖到了九角到一块，农民对此极为不满。这办法总得变一变！"

"是呀，如何设定一个合理的办法，才能真正减轻农民的负担，"刘兴杰叹着气说，"收费收得叫农民明明白白，又能让乡村干部从一年忙到头也完不成的征收任务中解放出来。"

刘兴杰自担任新兴镇的党委书记以来，一直就在寻找一个解决的办法。他发现为征税收费，镇村两级干部与农民之间的积怨已经太深，党群关系早已严重恶化，他很想在这方面有些作为。

李培杰说："咱不妨试试报上讲的这个办法。"

刘兴杰说："我喊你来也就是合计合计这件事。"

于是，后来被人们称作"新兴二杰"的刘兴杰和李培杰，一拍即合，两人坐下来，按照杨文良文章所提供的办法，进行了一番认真的核算:新兴镇每月工资支出为七万元上下,全年就是八十五万多元;办公经费精打细算一年得要二十万元;农业税一般定在五十万元;加上建设费四十万元,农田水利、植树造林所需的二十万元,以及"五保四扶"要的二十万元,杂七杂八扣除以后,全年全镇所需资金起码在二百六十万元左右。而全镇耕田面积是八万七千亩,细算下来,每亩一年一次性地上缴三十元便能基本满足全镇的财政需求。

这样,"一亩耕地一次缴清三十元,任何人不得再收费"的大胆设想就产生了!

这个办法群众能不能接受呢?刘兴杰和李培杰动员乡村干部去走村串户,广泛征求农民的意见。农民一听一次缴清税费后,再没有人上门收钱纳粮,全都乐得拍巴掌。

新兴镇土生土长的镇党委书记刘兴杰,听罢分头下去征求农民意见的汇报之后,在镇党委和镇政府召开的联席会上,他跟大家推心置腹地说:

"我就是农民的儿子,农村的许多事都亲身经历,亲眼目睹;我这是在家乡的土地上工作啊,如果干不出一点实事,只知道收钱,父老乡亲是会骂娘的!"

主意已定,接下来,他们就想方设法地寻求上级领导的支持。这年十月初,刘兴杰和李培杰专程前往涡阳县城,他们是小心翼翼地向县委和县政府汇报工作的。

县委书记王保民、县长汪炳瑜,十分认真地听取了两人的汇报,特别是了解到他们已经广泛征求了农民的意见,镇党委和镇政府还开会形成了专门的决议,决心很大,感到十分高兴。他们不但明确表态可以试点,还把何开荫有关农业税费改革的具体方案向他们作了介绍。

刘兴杰和李培杰听了,大为振奋。更让两人喜出望外的是,书记县长非但鼓励他们搞好这个试点,还当场敲定,县委、县政府决定于明年一月三日就在他们新兴镇召开一次现场会,为他们助威叫阵。

书记县长作出的这个非常的决定,使得刘兴杰和李培杰兴奋得有点儿"受宠若惊"。

有了县领导的撑腰,"新兴二杰"底气更足了。

不过,这以后不久,两人先后听说了县委扩大会上发生的那场争论,以及汪炳瑜在会上摔笔记本的故事,隐隐感到这事真的干起来肯定不会这么简单,因为税费合并征收明显违背了当时的政策法规。

县委扩大会尚且开得如此艰难,何况他们一个小乡镇?刘兴杰和李培杰不能不感到有些后怕。但,怕归怕,该干还是要干。

"看准了的,就大胆地试,大胆地闯。"刘兴杰说,"谁追查下来,反正我们还有小平同志的这句话!"

李培杰说:"我看这项改革对各部门都有利,惟独没有利的就是乡镇干部、村干部,因为他们再揩不到农民身上的'油'了。既然有利于国家,有利于集体,又可以把农民负担降下来,就是个人受点委屈,甚至'倒霉',咱也认了!"

刘兴杰寻思着说:"为减少风险,我们能不能想一个更好的办法?"

后来,这个"更好的办法",终于想出来了。他们干脆把税费改革的方案提交新兴镇人民代表大会审议,这样就可以争取到镇人大的参与和人民代表的支持。

一九九二年十一月二十三日,新兴镇人民代表大会隆重召开。全镇一百一十名人大代表,那天除因事因病有两人请假外,其余的一百零八人均如期到会。

会上,李培杰代表镇政府作了《切实减轻农民负担,建立土地承包税(费)制度》的工作报告。经过代表们充分而认真的讨论,一百零八位到会代表全都投了赞成票。

新兴镇的人民代表在审议通过大会的提案上,还从来没有如此齐心过。

可以说,靠一个乡镇的人民代表大会审议通过如此重大的改革工作,这在新中国人民代表大会的历史上还从来不曾有过!

会后,共和国的历史上,空前绝后的,由乡镇政府宣布改革的第一张布告产生了。有着镇长李培杰亲自签名的这张布告,一个早上就贴遍了新兴镇所有的村庄和集市,广而告之:"一九九三年一月一日起,全镇将试行土地承包税(费)制度。"

布告内容如下:

一,实行税费提留全额承包,农民只承担按照政策规定的义务工,不在(原文如此,应为不"再"——笔者注)承担任何费用,不准任何单位和个人向农民摊派或增加提留款;

二,全镇八点九万亩土地,每亩承包费全年上缴三十元(午秋各半),实行税费提留一次到位,农民按照国家规定缴售的粮食,谁出售,谁得款;

三,镇财政所直接与农民签订协议书,在收款期间,自然村、行政村干部负责落实,同时要求全镇干部、国家职工、教师、党团员带头缴款……

这是一张绝无仅有的布告,它虽然是以一个基层政府的名义张贴的,却是最朴实地表明了亿万中国农民渴望摆脱历史的重负、勇敢地走向市场的决心。

其中许多内容,对于今天中国的广大农村无疑具有理想化的典型意义。它理所当然地会和人民共和国历史上一切重大事件一样被我们所铭记!

新兴镇闹起了税费改革,这消息,像一道骤然亮起的闪电,划过淮北平原这片空寂的原野,惊动了整个涡阳县的乡村干部和农民。干部们都被征收税费弄得焦头烂额,农民更是被"三乱"搞怕了,听说新兴镇试验起"一次清"的"费改税",干部群众全打心里欢迎。

一时间,去新兴镇参观取经看热闹瞧新鲜的人,滔滔似水,络绎不绝。

大家都生活得很累,都被说得清和说不清的各种束缚绑得太久,太紧,渴望得到解脱,寻找一种变化。现在,新兴镇带了头,闯出了一条新路,其他乡镇自然也都跃跃欲试。

闻风而动的首先是丹城乡,他们几乎是前脚跟后脚似的,仿照新兴镇的办法,召开了全乡人民代表大会,并在会上审议通过了同样的税费改革方案。

马店乡也不甘落后,紧锣密鼓地开始了各项筹备。

每年的元旦,淮北还是天寒地冻的冰雪世界,肆虐的西北风几尽卷走了大平原上的一切生机,然而,一九九三年元旦,涡阳县,以及涡阳周边的蒙城、利辛、太和、濉溪和亳县,却都是在热谈新兴镇税费改革的话题中度过的。

新的一年的第三天,涡阳县委、县政府、县人大、县政协领导,以及全县各乡镇党委政府的负责人,云集新兴镇,如期召开了四大班子的联席会议。按照县委书记王保民、县长汪炳瑜事先的计划,是要通过这样一次现场会,把新兴镇的改革作为典型示范推广到全县去。

会议安排刘兴杰代表新兴镇首先讲话,他是做了认真准备的。他满怀豪情地汇报了他们为减轻农民负担进行的"土地承包税(费)制度"改革的做法与心得。几乎所有与会者都是在全身心地聆听着,整个会议处在一种亢奋的气氛之中。然而就在这时,却出现了连县委书记、县长都感到意外的情况,县人大主任突然提出了异议,并严肃提出:新兴镇的改革方案虽然合理,却绝不合法!

人大主任的语气是毋庸置疑的,冷静的措词透出坚定不移的否决态度和毫不动摇的原则立场。

深谙政界仕途的人,一听便知大有背景。

没谁不清楚,这次的联席会议是县委书记和县长两人倡导的,为了张扬新兴镇的改革精神和推广他们的改革方案,书记县长可以说是用心良苦、"赤膊上阵"了。同样,没谁不知道,敢在全县几大班子以及所有乡镇党委政府负责人面前公开这种与书记和县长相悖相左的意见,不是有省人大至少也要有地区人大在背后支持。

这使得绝大多数与会者都感到始料不及。

这对新兴镇的改革,对县委、县政府决定召开的这次联席会议,无不都是一记当头棒喝!

正因为大家都明白人大主任的意见丝毫不掺杂个人的恩怨,即便是在这样的场合表明相反的看法,不仅合理合法,名正言顺,而且是在行使人大依法享有的权力,是在维护国家政策法规的严肃性,因此,不再需要人大主任点明,谁都知道:大张旗鼓地宣扬非法的决策,对于一个县委、县政府来说意味着什么。

会场上,顿时呈现出一片令人窒息的宁静。

整个会议原先那种亢奋的氛围,就在突然出现的这种寂静之中迅速地消失了,消失得甚至找不出一点儿痕迹。

会议的宗旨也就在转瞬之间发生了变化。

无论县委书记王保民还是县长汪炳瑜,在这种形势之下,都不便再说什么。

既然作为国家法律监督者的县人大主任指出方案的非法，县委书记和县长又变得如此缄默，人们思考的方向便自然而然地很快从改革的思路上跳了出来，接下去的发言就开始变得模棱两可起来。

　　现场会最后总结的情景，许多出席了那次会议的人至今印象深刻，尽管县委书记内心是向着新兴镇的改革的，但话已不再是那样旗帜鲜明，甚至说出了如果实在不行再回头也来得及的话。

　　总之，现场会过后，所有支持的领导就变得不再那么理直气壮了。

　　新兴镇的税费改革陷入了巨大的困惑。

　　是呀，这样的改革还能再干吗？

　　刘兴杰和李培杰犹豫过，但是，他们不甘心就此罢休。镇里的党政班子经过认真磋商，决定不改初衷，硬着头皮也要把税费改革继续下去！

　　刘兴杰和李培杰认准了一个理：这种改革对农民有好处；一个农村基层干部不为农民谋福利，就是最大的失职！

　　他们当然知道组织原则的重要，也知道"试行土地承包税（费）制度"是有悖于现行政策法规的，这些，他们全知道；不过他们更清楚，江泽民总书记一再强调要大家"高举邓小平理论伟大旗帜"，邓小平的南巡讲话，无疑是"邓小平理论"的重要组成部分，对待邓小平南巡讲话是口是心非，还是不折不扣地照办，这显然是高举不高举邓小平理论伟大旗帜，执行不执行江总书记重要指示，有没有党性的一个大是大非的问题！

　　"证券"、"股市"，一直被认为是资本主义的东西，邓小平却语重心长地指出："这些东西究竟好不好，有没有危险，是不是资本主义独有的东西，社会主义能不能用？允许看，但要坚决地试。"并说，"看对了，搞一两年对了，放开；错了，纠正，关了就是了。"甚至说，"关，也可以快关，也可以慢关，也可以留一点尾巴。怕什么，坚持这种态度就不要紧，就不会犯大错误。"

读着邓小平这些气吞山河的讲话，刘兴杰和李培杰不仅感到亲切，感到心灵的震撼，更感受到一种大彻大悟。

他们按照既定的计划，把税费改革的《试行细则》和税费合并后的《收缴结算办法》，发到了全镇每一户农民的手上，并按规定挨家挨户签订了协议。

于是，新兴镇义无反顾地将中国税费改革的序幕拉开了！

曾经准备和新兴镇一同进行改革的马店乡，终因党委书记见势头不妙，主动缩手；而同样是由基层人大开会通过了改革方案的丹城乡，却受到新兴镇的鼓舞，依然决定与新兴镇一起坚持干下去。

然而，好景不常。

三月一日，县人大法工委与县财政局突然兴兵动师地派员下到新兴镇检查工作；三月三日，镇党委书记刘兴杰被调离。

有人说，调走刘兴杰，那是对新兴镇税费改革的"釜底抽薪"；也有人说，让刘兴杰出任副县级的城关镇镇长，李培杰接替刘兴杰当了新兴镇党委书记，那是县委、县政府对他们的重用。但是，不管怎么说，税费改革正处在十分艰难的起步阶段，刘兴杰的调离对新兴镇来说毕竟是种损失。

因为镇长李培杰出任了党委书记，副镇长龚保杰就当上了镇长。龚保杰也是个税费改革的坚定派，因为他的名字里也有个"杰"字，后来人们便把"新兴二杰"改称为"新兴三杰"。

新兴镇的改革并没有因此而中止，倒是由于改革的得民心，顺民意，很快便迅猛发展，势如破竹。

可是到了四月二十七日，形势就陡然急转直下。这一天涡阳县人大常委会正式通过一项决定:撤销新兴镇和丹城乡人大通过的实行税费改革的决议。

面对县人大常委会的决定,丹城乡顶不住了,退缩了。李培杰也面临着痛苦的抉择。接到正式下达的决定时,人们发现,他把自己一个人关在办公室里,呆呆地望着墙壁寻思了一个上午。

第二天,李培杰去了趟县城,他专程拜访了县人大主任。他试图通过自己的努力,从主任那儿得到哪怕只是一点儿松动的口风。但是这种企望最后还是破灭了。得到的回答是丝毫没有回旋余地的:"不要再搞了,这是非法的!"

但他依然不甘心,又跑到县委,提出继续改革的请求。县委书记王保民当然知道,县人大常委会通过的那个决定,是受到上面支持的,到了这一步,他显然也不便再明确表态,于是就说:"再干,就撤了你!"说完这一句,又意味深长地补了一句:"撤了你,也还是可以重新启用的嘛!"

李培杰自然心领神会。

在回新兴镇的路上,李培杰的心情十分复杂,他真真切切地感受到了"真理有时会在少数人手里"的那样一种悲壮。

他想,如果有悖现行政策和法规的事都不加分析地一概反对,都要坚决制止,一概扼杀,那么,中国的农村还会有凤阳县小岗村"大包干"的经验吗?没有不怕坐牢杀头的勇气去闯去"冒",又怎么可能会有今天改革开放的大好形势呢?

他想,这镇党委书记又算个几品官呢?追查下来,大不了丢掉乌纱帽。只要能为老百姓干好一件他们称心如意的事,就是发配回家重新种田也值!

于是,李培杰横下了一条心,要把"这条道儿走到黑"!

这以后,无论大会小会,只要上边询问,李培杰都声称没再改革,干的还是原先的一套。他抱定要"瞒天过海"、"我行我素"了。

由于新兴镇同农民签订的协议规定,每亩耕地缴足三十元钱之后,就不再承担除政策规定的义务工以外的其他义务,农民种田的积极性空前高涨,不少农户主动干起了高效农业,仅药材和涡阳的特产苔干,就都一下扩大到一万亩,分别比上年增加了两倍和九倍;池藕也扩大到五千亩,比上年增加到五倍以上。因为大家舍得投入,用心种地了,老天又帮了忙,午季出现了少有的大丰收。结果,这一年午季税费的征收,一没用民兵,二没动民警,更没有乡村干部上门牵猪扒粮,全镇仅用了十天时间,就顺顺当当地完成了任务。

这是多年来不曾见过的。

因为有着改革《试行细则》的约束,乱伸手的现象,在新兴镇得到了扼制,全镇农民人均负担和亩均负担,都比改革前的一九九二年同期分别减少了百分之三十七和百分之二十点六。

这是过去想都不敢想的。

最出乎李培杰意外的是,试行土地承包的"税费合一"之后,土地的合理流转"浮出水面",土地开始向种田能人手里转移。李培杰派人去摸底,发现全镇自发转包土地的就多达一百多户,其中一户转入土地六十多亩,一茬优良大豆的纯收入便是两万多元。还因为不要组织人员上门催款逼粮了,许多编制就不需保留了,仅此一项,全镇精简分流的村组干部就是三百多人,大大减轻了农民负担。

尽管李培杰和龚保杰对外守口如瓶,只字不提"改革"二字,但这一切是瞒不过县政府信息科的。科长王伟认为,新兴镇税费改革出现的这些新变化,他有责任向省里反馈。这一天,王伟把自己了解到的情况简明扼要地写成一份几百字的材料,报到省政府信息处。

新华社安徽分社一位记者得到了王伟提供的材料,觉得很有新闻价值,就把它编成了一份内参,在《半月谈》内部版上予以发表。

谁知,这只有豆腐干大小的一则消息,却激怒了涡阳县人大的一些领导同志,了解到是王伟透露出去的信息,便找到王伟问罪:"你怎么能把这样的信息报上去呢?"

他们认为这消息为涡阳县捅了"娄子",给涡阳人民的脸上抹了黑!

在县政府召开的征收任务完成情况的汇报会上,李培杰发现不少人竟用异样的目光看着他,就估计改革的风声可能传开了。为了不给县委、县政府领导招惹麻烦,在轮到他汇报时,干脆撒了一个弥天大谎。他说:"新兴镇完全是在遵照县人大常委会的决定,没有再实行原先税费改革的办法。"

他说得煞有其事。他不得不学会认真地说假话。

李培杰一旦尝到了改革的甜头,就下定决心要把这场改革坚持下去,同时又不得不把违心的弥天大谎继续编织下去。

党性和良知,其实一点不矛盾,本来应该是一件事情,但为新兴镇的"土地税(费)制度改革",李培杰,也包括龚保杰,每天差不多就都生活在"组织纪律性"与良知的痛苦抉择中⋯⋯

38　墙内开花墙外香

何开荫有关农村税费改革的设想,在颍上和涡阳两个县委扩大会上遭挫之后,并未就此罢休,回到省城合肥后,他一直寻找着其他的支持者。

就在那段时间,濒临长江的著名的中国铜都铜陵市,市长汪洋在全市掀起了一场声势浩大的寻找差距自揭家丑的解放思想大讨论,那场大讨论在全国都产生了不小的反响。何开荫突发奇想:何不把自己的改革方案寄给汪洋看看? 他这么想,马上也就付诸了行动,给锐意改革的年轻市长写了一封信,同时把有关材料一并附上。

汪洋看了何开荫的信和材料,觉得很不错,就把它批给了铜陵县,要求县里研究一下实施的可行性。当时铜陵县委书记陈松林虽然正在省委党校学习,但听说了这件事,当即就明确表示支持;在家主持工作的县委副书记、县长唐世定热情更高,接到汪洋市长的批示后,马上给何开荫写信,邀请他亲赴铜陵。

何开荫于是满怀喜悦地匆匆南下。

他没想到自己的一封信这么快就起了作用,然而,同样没有想到的是,在铜陵县的几大班子的会议上,当他把税费统筹的详细设想作了介绍之后,会上出现的情景,便和在颍上和涡阳见到的一样,支持者持之有理理直气壮,反对者也言之凿凿情绪激昂,各不相让。

这使得主持会议的唐世定县长十分为难。

唐世定最后为何开荫送行时,一再表示:他是十分希望在铜陵县进行农村税费统筹的试验的,但税费的改革事关重大,没有省领导的明确支持,下面的各种意见是很难统一起来的。再说,政府换届在即,如果有省委、省政府的明确态度,也好保持试点的连续性。

何开荫又一次失望地回到合肥,他的心情很难平静下来。因为,这时候他突然收到河北省委研究室给他的来函,几乎是同时,还十分意外地又收到河北省委书记的秘书邢录珍写来的一封信。两封来信分别告知,他的深化农村改革的那些设想已引起河北省委和省政府主要领导的高度重视,并认为他"所提的思路和办法,不单适合河北农村商品经济的发展,对于全国农村经济的发展也有一定意义。"

读着这些来自燕赵大地的信息,何开荫感慨万千。他在深受鼓舞的同时,却也深感悲哀与无奈。

"莫非这事也验证了'墙内开花墙外香'的古训?"

他多么希望自己的梦想和奋斗,能在生他养他的安徽省的这片热土上见到收获啊!

他念念不忘国务院研究室农村组余国耀的期待:农业"大包干"是安徽省凤阳县的小岗村率先搞起来的,更希望安徽能在深化农村改革方面再带一次好头!

虽然他的设想眼看在安徽成了奢望,先后在淮北和江南的三个县碰了壁,但是他还是再次提笔给自己供职的省政府领导写了一封信,信中,他恳切地希望"省领导明确表示支持,以利统一认识"。

不久,省政府副秘书长陈者香、主管农业的副省长汪涉云和常务副省长邵明,先后在何开荫的信上作了十分肯定的批示。特别是邵明的批示,何开荫见到后非常感动:"何开荫同志这个建议,提了多年了,我也多次看过,思考过。现在中央提倡大胆地试,是否选择一个县,或者一个乡进行试点,如果同意,我们再与省里领导通通气,找有关部门一起研究,如何?"

因为邵明的态度如此坚决,何开荫于是就满怀信心地等待着他"再与省里领导通通气"。可是,一天天过去,直到这年年底,他的报告如泥牛入海,这事再也没有音信。眼看一年又过去了,送走元旦,春节就又临近了,望着大家都在热热闹闹喜气洋洋地忙着添置年货,何开荫却打心里感到一种倦乏和惆怅,丝毫没有一点儿过年的心情。

他是个做事过于顶真的人,自从拿出农业深化改革的一些设想,到现在已经五个年头了,可他的那些设想还只能是设想,依然只是在纸上谈兵。他多么渴望能有个试点,好让自己梦想成真啊!

听着街上的孩子们不时点燃的喜庆的鞭炮声,他在想,"天下大得很呢,能被外省采纳也好啊!"

何开荫终于对在安徽能办成这桩事失去了耐心,他开始把目光投向了外省。尽管这使得他多少有些感到沮丧。

他想,既然河北省是那样的重视并准备动手,他有理由相信,中国的绝大多数省区都会对他的这些改革措施感兴趣。

他一下就想到了邻省省长李长春。

这首先因为河南省和安徽省一样都是农业大省,农业大省面临的最大的问题也都是农民的负担。当然,他所以会想到李长春,还因为李长春的名字,对他,对许多中国人来说,早已是如雷贯耳了。李长春在当沈阳市长、辽宁省长期间,敢闯敢冒敢动真格搞改革的故事,已为世人所知晓;沈阳防爆器材厂在全国率先宣布破产,就是他大含细入最精彩的一笔。

　　李长春省长:

　　　　新年好! 请原谅我冒昧打扰。我想向您提一个深化改革的建议。

何开荫像给自己十分熟悉又十分信赖的一位领导汇报工作一样,他给李长春写了一封信。他把自己关于农村改革设想的来龙去脉;具体的改革方案;以及国务院研究室为此专门编发了一期《决策参考》已送中央政治局和国务院领导并引起李鹏总理的重视等等情况,都作了说明。同时,他还随信附了最近写出的《发展农村商品经济的根本措施》的文章。

信发出之后,何开荫并没抱多大希望。他知道,一省之长,日理万机,需要操心的事太多,况且,自己与他素昧平生,冒昧去信,李省长会不会见到信都是未知数。只是作了这一番倾诉之后,何开荫倒像了却了一桩心事,信一寄出,他顿时感到浑身上下轻松了不少。他想,人是需要有梦的,按照弗洛伊德的说法,梦是可以使人获得心理上的平衡的。

然而这以后发生的故事,又让何开荫感慨万千。他在给李长春信上提到的那些事,他过去都曾用书面报告的形式向自己供职的安徽省省长汇报过,可是,他不但没有见到自己的省长一个字的批示,反招惹来对自己的内查外调,甚至连参加全国农村工作研讨会的自由也被剥夺;但是,他与河南省省长非亲非故,他仅仅也只是写了封信,可李长春不但予以高度重视,河南省经济体制改革委员会很快还给他来了一封热情洋溢的公函。

看了公函,何开荫才知道,他的这封信刚刚发出,李长春已不是省长,而是出任河南省委书记了。来函写道:

> 你给李长春书记的来信及材料已收到。李长春书记、李成玉副省长分别作了批示,责成我们研究你的意见并与你联系。我们认为,你在《发展农村商品经济的根本措施》一文中,提出了许多好的建议和意见,对进一步深化农村改革有一定的意义和作用。希望今后继续把你研究的新成果、新见解寄给我们,以便相互交流、探讨。

随函,他们还寄来了李长春、李成玉批示的复印件。从批件上可以知道,河南省委已决定"农业税实行征实",并确定先在商丘地区试点。

三月二十日,接到河南省经济体制改革委员会寄来的公函;四月十四日,又收到李成玉副省长代表河南省人民政府向何开荫表示衷心谢意的来信。

看到自己辛勤的耕耘终于有了收获,何开荫感到十分欣慰。

然而与此相比，让何开荫倍感失望的是，在这以后长达一年之久的漫长的时间里，他给安徽省政府的报告，却再也没有等到什么消息。

　　当然，这期间，安徽也有让他感到高兴的消息传来。那就是，他渴盼已久的土地制度的改革露出了可喜的端倪：全国农村工作会议传达了中央作出的一项决定，将农民承包耕地的使用权延长三十年不变，而且允许有偿转让、作价抵押，或是作为股份参加集体经营。解决土地的永久承包，给农民一个长期的使用权，这是何开荫五年前就极力呼吁过的。新的决定一传达，阜阳地委和行署，就在国家农村改革试验区办公室主任杜鹰等人的具体指导下，率先进行了大胆的探索。他们在全地区范围内重新丈量耕地，以行政村为单位，按现有农村实际人口，本着"强化所有权、明确发包权、稳定承包权、放活使用权"的原则，热火朝天地进行了新一轮的耕地承包分配，实行承包地生不增、死不减，可以继承，也可以由农民有偿转让、出租、抵押、入股。这样一改，就使得转让土地的农户得以安心外出务工经商，也有利于种田的能手从中扩大经营规模，于是许多农业科技人员和乡镇企业便纷纷租赁土地从事起专业生产。此举不但提高了土地的产出率，更大大促进了中国今后农村的分工分业。

　　尽管这同何开荫上书中央的《建议实行耕地永久承包，给农民长期使用权》的设想还不完全一样，土地的商品属性只有部分恢复，土地资源要素的流转也只是适度进行，但何开荫却已大为振奋，因为放活土地的使用权已不再是天方夜谭。

　　他确信毛泽东的一句话："中国的事情别着急，慢慢来。"

　　"困扰着九亿农民的土地承包制度问题获得了初步解决以后，农村诸多矛盾中最突出的问题就是税费制度的改革了。"他想，"这事虽然急不得，可我的头发都等白了呀！"

第十章 天降大任

39 知 音

其实早在一九九〇年的二月二十三日,人民日报《副页》刊出何开荫改革设想一文时,就引起河北省省长岳岐峰的注意,特别是文前的那段醒目的提示,更让他产生了浓厚的兴趣:

> 可借鉴历史上的"什一税"法,按亩产量的百分之十上缴农业税,即实物公粮,同时加征百分之五的农村各项提留。这样做,国家每年可无偿得到四百亿公斤公粮,大大减轻财政负担。农民缴足国家集体的,余下都是自己的,不再负担不合理摊派。

河北省也是农业大省,产粮大省,同样也长期受到农业税费征收工作中诸多问题的困扰,因此,岳岐峰认真读罢何开荫的文章,立刻提笔作了批示:"请万钧、文藻、进忠组织人员研究这件事,并就河北情况写出报告给我。"

岳岐峰省长提到的这几个同志,分别是省委政研室主任、省政府研究室主任和省政府秘书长。岳岐峰不但自己对何开荫提出的改革设想发生了兴趣,他还要把党委和政府两边的政研人员的积极性都调动起来,结合河北省的情况,立即进行探讨与论证。

当天,河北省委办公厅就做出决定,让省委政研室牵头办理。省政研室主任、后调任中央政研室副主任的肖万钧,当即调兵遣将。于是,河北省委政研室农村处的杨文良,这位北京大学国际政治系六八届的毕业生,将注定成为中国农村税费改革历史上又一位重要人物,既是偶然又是必然地走进了我们的视野。接到这项任务,他就一头扎进了"公粮制"的研究中,并在三个月之后拿出了研究成果:《对实行公粮制的探讨》。初稿完成之后,他给远在安徽的何开荫写了一封信。

他在信中满怀敬慕之情地写道:

> 我高兴地拜读了您的大作,受益甚大。现遵照省长岳岐峰的指示,结合河北的情况,我对您提出的耕地国有、农民永远使用;废除合同定购制、实现公粮制(什一税)的建议进行了论证。我认为您提出的这些建议基本上切实可行,如被采纳,必将提高农民保护耕地和种粮的积极性,有利于稳定家庭承包制,有利于农村经济的发展,当然更有利于农村政治上的安定。
>
> 安徽在纠正长期"左"的错误、实行家庭承包制上是立了首功的,全国农民感谢陈庭元(原凤阳县委书记);您作为稳定、完善家庭承包制的建议——耕地国有、农民永佃、实行什一税的首倡者,必然也会受到全国农民的衷心感谢。

信的落款是:"河北知音杨文良"。

何开荫接到此信,又惊又喜。他绝然想不到,他的这些改革设想在安徽无声无息,却在外省受到如此重视。

视为知己者是用不上客套的,何开荫就杨文良《对实行公粮制的探讨》一文很坦诚地回了一封信。

当杨文良完成文稿的最后修订,准备报给岳岐峰省长时,情况发生了变化。岳岐峰正在这时调离了河北省,出任辽宁省省长。由于岳岐峰的调离,杨文良的报告也就被搁置了起来。

但是,为此花费了大量心血的杨文良,却从此再也无法从中超脱了。可以说,他在接受这项任务时纯粹是偶然的,是被动的,可是一旦全身心地投入进去之后,他就清醒地意识到,这是一个非常有意义的、很难遇到的重大课题,而且感到了一种神圣的社会责任。于是,对公粮制的研究,就成了他魂牵梦绕的最重要的一件事情。

那段时间,杨文良在《农民日报》、《求是》、《决策参考》和《县级综合改革通讯》等省内外报刊上,先后发表了《实行土地国有、农民永佃制的设想》、《关于什一税》、《双重负担太重,问题亟待解决》以及《五千万农民呼唤第三次解放——关于农村税制改革的研究报告》。

和何开荫一样,他也是希望这些文章能引起上面的关注。

一九九一年七月十六日,他在给何开荫的又一封信中这样写道:

　　我们虽然不曾见面,但从来信和大作中可以看出,您对农民有着深厚的感情,对党的政策研究工作有着高度的热情、强烈的事业心和使命感。我作为农村政策研究战线上的一员,能有您这样的知音,非常高兴。我很愿意在土地、粮食、人口、农民负担问题上与您合作,共同探索解决这些阻碍农村经济进一步发展的深层次问题。建国以来,中国的农民问题一直没有得到很好的解决。众所周知,建国初,农民获得了解放,分得了土地,实现了耕者有其田,农民生产积极性很高;但不久,由于不切实际的在生产关系上的穷过渡,搞"一大二公",实行公社化,农民的生产自主权被剥夺,中国的农业发展受到严重阻碍。十一届三中全会后,实行了家庭承包制,农民有了生产的自主权,但耕地使用权老处于变动状态,使农民不愿意对耕地进行长效投入,再加上各种税费摊派名目繁多,农民不堪承受。这些问题不解决,中国的农业不可能进一步发展,农村不可能稳定。历代封建王朝的交替,说到底,都与农民负担过重有关,所谓"苛政猛于虎",官逼民反。我们共产党以为人民服务为宗旨,建设社会主义的目的是让人民过上幸福安定的好生活,如果不注意农民负担问题,就有可能使社会主义中国重蹈封建王朝的覆辙。

他甚至把何开荫提出的这些改革设想看作是"防止这一悲剧重演的根本出路"。

一九九二年九月十八日,杨文良和邱世勇合写了一篇《公粮制:减轻农民负担的根本出路》的文章,被刊登在河北省委办公厅主办的《综合调研信息》上。想不到,他发表了那么多有关的文章,惟独被刊登在本省机关杂志的这篇文章,引起了省委书记邢崇智的注意。邢崇智立即把文章批给了省委副书记李炳良:"炳良同志:召集有关方面的负责同志研究提出个改革方案,力求从法规上解决农民负担过重的问题,仅临时抓不能解决这个问题。"

其实,在这之前,李炳良已经从政研室看到了这篇文章,并已经批给了主持政研室工作同时兼任县级综合改革领导小组办公室主任的吴志雄。他在杨文良的文章上批道:"有很多启发。选一个综合改革试验县将此事与粮油价格放开一并予以试验如何? 请酌。"现在又看到了省委书记邢崇智十分明确的意见,李炳良意欲进行公粮制试验的决心就更大了,于是他再次给吴志雄做了一个批示:"这是一个十分重要的问题。请按崇智同志的批示议个意见,择机讨论一次。"

吴志雄接连接到李炳良的两个批示,不敢怠慢,马上找到杨文良,希望他尽快拿出一个更具体的东西来。

终于得到了省委领导的肯定,杨文良十分兴奋,他很快写出《关于实行公粮制的建议》,觉得不大满意,后又草拟了一个《河北省公粮制改革方案》。为慎重起见,方案一写好他就跑去征求省委农工部、省体改办、省财政厅和农业厅等部门的意见,然后又去了产粮大县正定县,征求下面的意见。他发现正定县委、县政府对进行这种试点的态度很积极,于是就又和省委政研室副厅级研究员谢禄生一道,同正定县综改办的徐祥熙、肖玉良、韩根锁、张银苏、叶正国五人,历经四个月,一头扎到正定县五个乡镇十个村庄的一百户农民家里去调查走访。最后,七易其稿,写成了《正定县公粮制改革试点试行草案》。

这已到了一九九三年的五月。改革方案业已定稿,就准备向省委正式上报了,杨文良却觉得还有一件重要的事没有做,那就是应该去趟安徽,拜访这项改革的首创者何开荫,听一下他的意见。

一九九三年五月二十四日,杨文良从石家庄踏上南下的列车,来到了安徽省的省会合肥。合肥是座有着两千多年历史的古城,城内至今不但保留有三国时期曹操的点将台、张辽大战逍遥津的遗址,保留有闻名天下的清官直臣包拯的包公祠和包公墓,还有肩扛大清半壁江山的身前身后却倍受争议的李鸿章的享堂与故居。但匆匆忙忙走在合肥大街上的杨文良,却无心于此,他在省政府对面的一处宾馆将住宿手续一办妥,就心急火燎地去找何开荫。

何开荫见杨文良不远千里而来,而且还带来了正定县综合改革办公室的肖玉良和韩根锁,以及正定县粮食局的李黑虎,别提有多高兴。本来,他准备把这几位河北客人在合肥期间的生活安排得轻松愉快一点,至少陪诸位到各处逛逛看看,但得知河北省委、省政府对农村税费改革十分重视和支持，要求他们尽快拿出个具体的实施方案来，何开荫就决定哪儿也不去了，关起门来，同他们一心一意研究"公事"。他非常希望自己的研究成果能对河北省马上就要试点的这场改革有实际上的更好的帮助。

杨文良一行在合肥呆了两天，他们也就这样谈了两天。彼此都觉得相见恨晚，自然就有说不完的话题。

当杨文良重新回到河北省，不久，便完成了改革试点实施方案的最后修改工作。"实施方案"报上去之后，杨文良得知河北省委主要领导人有了变动，禁不住敲起了心鼓，农村税费改革的试点工作会不会出现麻烦呢？

杨文良的担心不是没有道理的。我们至今没有形成一个不因人事更迭而确保一项工作连续性的有效制度，因人而异的事早已是见怪不怪了。

好在省委副书记李炳良还是一如既往地支持着杨文良，他看了"实施方案"，十分满意，在批请新任省委书记研究决定时，显然出于同样的顾虑，所以特地多写上了几句话：

"此方案是综改办的同志与正定县的同志一起搞的，我去听过一次。其主要特点是将粮食购销价格放开的同时，实行公粮制。对农民由现金税改为实物税，一道税，一次清，透明度高，群众易接受，可能是减轻农民负担的治本之策，也可保证乡村必要开支和国家掌握一定数量的粮食。先在正定县三个乡试点，拟同意其试行。"

事实上，杨文良的担心是多余的，当新任省委书记仔细读了《正定县粮食购销改革试点试行方案》后，干干脆脆地批了四个字："同意试点"。

省委领导拍板同意试点，杨文良总算松了一口气。但他依然不敢怠慢，为使改革方案更臻完善，和正定县的同志一道，又跑了趟北京。他们分别前往中央政研室、国家计委,国家农业部和内贸部,以及北京农业大学农经管理学院等许多单位和部门,广泛征求了意见。

当杨文良把他们工作进展的情况告诉何开荫时,何开荫大为振奋,甚至为河北省委改革的魄力和工作的周到,感到几分妒忌。

也就是在这个时候,何开荫偶然得知本省涡阳县新兴镇早就偷偷地搞起了税费改革的消息,这消息使得何开荫半信半疑,甚至感到不可思议。因为他曾为这事专门去过一趟涡阳县,涡阳县委扩大会的情景,至今记忆犹新,这事怎么可能发生呢?

半是惊喜,半是好奇,何开荫搭乘了一辆长途客车,决定去涡阳探听一下虚实。

40 不争论,干给他们看

在涡阳,何开荫找到了为支持税费改革曾在县委扩大会上摔了笔记本子的汪炳瑜县长。汪炳瑜很热情地接待了他,但当何开荫问起新兴镇税费改革的情况时,汪炳瑜却意味深长地笑了,说:"你还是自己下去跑跑看看。"然后喊来信息科长王伟,要王伟领何开荫去找农口的同志陪着下去。

出了县长办公室,何开荫忍不住地问王伟,新兴镇究竟发生了什么事。王伟悄悄地告诉何开荫,新兴镇闹税改的风声已传得很远很远,附近县市不说,连江苏省、四川省的调研组也闻风而至,有的地方甚至是一个乡镇的党委、政府、人大、政协四套班子联袂来此学习取经,但这事在涡阳却至今讳莫如深。

何开荫听了越发奇怪。那么大老远的地方都有风传,他在省城却从未听谁说起,这是不是就叫"灯下黑"呢?

何开荫跟着王伟去找县农口的同志。不承想,听说要去新兴镇,他们不是借口工作太忙走不开,就是托病外出不方便,弄得王伟也挺尴尬,索性对何开荫说了直话:"现在没人敢陪你下去,我再找一个人,若还不行,我就陪你去!"

王伟想到了从乡镇党委书记岗位上来的县农委副主任牛淼。牛淼也只有三十多岁,不仅思想解放,而且又正好分管农村调研工作。他用电话找到牛淼,牛淼在了解了情况之后,很爽快地就答应一道陪同下去,这才没让王伟感到过于难堪。

三人一道到了新兴镇。

在新兴镇,何开荫见到了镇党委书记李培杰。

当李培杰知道来的这位省政府参事就是最早提出这项改革设想的人,激动得双手握住老何,半天不放,连声说:"这太好了。打着灯笼也寻不到呢,老师今儿个上门来了!"

李培杰真人面前不说假话,他告诉何开荫,新兴镇的税费改革一直是在偷着干,但这种改革事关重大,仅靠一个乡单兵作战,好比小船闯荡大海,面临的变数太大,风险太大,困难太大。本来,镇里规定,每亩每年只向农民收取三十元的"承包税费",但上边许多部门依然变着花样压任务,乱摊派,镇里顶不住,改革因此受到很大的冲击,有时几乎就干不下去!

何开荫虽然为新兴镇这样的处境感到忧虑,但他还是按捺不住兴奋。他想,干起来就好!尽管新兴镇搞的这种税费征收办法的改革,和河北省正定县搞的公粮制改革一样,说到底,还都只是对旧体制的一种并不理想的修补,而且,依然是用合法的行政权力,把目前一些并不合法的政府部门与集体组织的利益也纳入税费项目一并征收,甚至随着粮食市场的变化而显得束手无策,但是,这种大胆的改革尝试毕竟大大节约了税费征收管理上的成本,扼制了农民负担增长的势头,调动起了农民种田的积极性,并在一定程度上改善了党群与干群之间的关系。特别是,任何一项改革所能够解决的问题,往往都远不如它所引发出的问题更多,更广泛,更尖锐,正因为如此,它提供给我们的教益与启示,就比什么都更珍贵!

这种空前的突破,毫无疑问,在中国农村走向第二步改革的征途中,具有不可估量的里程碑的意义!

何开荫跟李培杰几乎是一见如故,两人进行了彻夜长谈。随后,他又不厌其烦地走村串户,一路寻访着,思考着。回到合肥以后,他就把自己的所见所闻,写成了一份调查报告,直呈安徽省人民政府。

使他意外振奋的是,最早建起中国农村改革试验区的阜阳地区原地委书记王昭耀,这时已出任安徽省常务副省长。这种人事的变动,给了何开荫一种预感:作为农业大省的安徽,在深化农村的改革上有理由将会给国人带来一点惊喜。

从涡阳县回来后不久,何开荫去合肥稻香楼宾馆参加全省农村工作会议,就在会议的休息期间,一个叫马明业的与会者找到他,自报家门,介绍自己是太和县县长,说他们已经将这一年确定为“增加农民收入、减轻农民负担年”,县委县政府还为此提出了一个“以改革求发展,以改革减负担”的战略,县里通过深入农村调查研究,最后将着手要进行的改革,确定在“正税除费”上。

“何老师,我们早就知道你在深化农村改革方面有许多非常好的设想,”马明业开门见山道,“我们也到涡阳的新兴镇参观过,太和县打算在税费改革上也做点尝试,希望得到你的帮助!”

何开荫听了自然高兴,说道:“好啊,我可以为你提供一些这方面的资料。”

马明业说:“这就太感谢你了,什么时候能让我看到?”

"散会以后我交给你。"

"可我现在就想看到。"

"现在?"何开荫忍不住笑了起来。

马明业说得很认真:"最好是今天。"

何开荫没有想到,在这样的会上,他居然碰到了一位跟自己一样的急性子。

"好,我这就去找!"

何开荫当天晚上回家就找来自己的一摞研究文稿,交给了马明业县长。

更加出乎何开荫意料的是,太和县的动作快捷得惊人,没有几天,他们就把一份《太和县农业税费改革意见报告》报到了省政府。

由于这是农业上的事,"报告"到了王昭耀手上。王昭耀接到太和县的"报告",既是不期而遇,又在意料之中。因为,当他还是阜阳地委书记时,就对税费改革产生了极大的兴趣,对何开荫说:"我们决定搞",并带着何开荫下去找试点的地方。在颍上、涡阳两县领导班子的思想还很难统一起来时,他又对何开荫说:"这事急不得。有一点你放心,我支持你在阜阳地区搞税费改革。"现在,阜阳地区的太和县终于走了出来,条件显然也比较成熟了,于是,他要站出来为太和的这场改革鸣锣开道了。

他当即做出批示:"送兆祥同志阅。在太和县进行农业税制改革,我以为可行,请酌。"

他的态度十分鲜明:"我以为可行";作为政府的常务副省长,他非但自己鼎力相助,还进一步寻求省委分管这一工作的方兆祥副书记的支持。

方兆祥当时的意见也十分明确:"精心试点,注意总结,保持稳定。"

有了省委主管领导的具体意见后,王昭耀立刻就通知张锋生副秘书长,要求省农经委副主任吴昭仁根据省委主管领导的指示,迅速组织有关单位认真论证,并强调务必精心组织,搞好试点,注意总结经验,并及时汇报进展情况。

张锋生把有两位省领导批示的"报告"迅即批给吴昭仁。吴昭仁很快就作了部署。

省委、省政府四位有关领导,同一天在太和县要求税费改革的"报告"上作出明确批示,而省农村工作领导小组办公室,在第二天就把召开论证会的通知连同太和县的"报告",发到了省体改委、省财政厅、省减负办和省政府办公厅各有关单位和部门。这种办理重大改革事件的工作效率,是安徽省的历史上罕见的。

何开荫在接到要他出席论证会的通知时,也为这种超常的办事速度吃了一惊。他相信,这肯定与从改革第一线上来的王昭耀副省长有关,也与河南、河北两省咄咄逼人的改革形势有关。当然,还有一个不应该忽视的重要因素,就是这一年的春上,安徽利辛县纪王场乡路营村青年农民丁作明,因为反映农民负担问题被打死在派出所,案惊中央。此后,中共中央、国务院的紧急通知、专题会议以及涉农项目的审定处理,就一个接着一个下发,一时间,"减负"成了当年中国的头等大事。

可以说,太和县要求进行以减轻农民负担为主要宗旨的农村税费改革的"报告",占尽了天时、地利、人和!

因此,何开荫就觉得,有了上上下下的通力支持,在这样一个形势下,召开这样一个论证会,是不应该再出什么意外了。

然而,他预想不到的情况还是发生了。

一九九三年十一月八日上午八时三十分,由省农经委副主任吴昭仁主持的论证会在省委机关北楼准时召开。参加会议的不但有省体改委、省财政厅、省减负办、省政府办公厅等单位和部门的有关负责人,还有省农经委的生产处长、调研处长、办公室主任、经管站党支部书记和站长,都一一到会;太和县县长马明业、县财政局局长龚晓黎、县农经委副主任邹新华和县政府调研科长宋维春,也都从太和赶到省城,出席了这次会议。

何开荫早早地就来到会场。

会上,省体改委农村处处长潘茂群作了热情洋溢的发言。他对太和县的大胆改革十分赞赏,认为他们的"报告"清晰明了,切实可行,操作方便,给予了充分肯定,同时,也提出了进一步修改完善的具体意见。省减负办书记毛礼和接着指出,当前农民的负担确实太重,又一直减不下来,因此他对太和县的"报告"是表示支持的,认为是可以试一试的。省农委调研处处长周信生则说,何开荫同志一开始提出税费改革的设想时,他就是举了双手赞成的,只是觉得太和县现在拿出的这个方案还显得粗糙了一点,他相信通过不断地摸索,实践,这项工作是会日臻完善起来的。

何开荫在会上也说了话。他主要谈了自己这么多年来对税费改革的思考,并指出,既然是一项改革,就必然会涉及到有些部门的具体问题,因此,特别希望各有关部门给太和县的这项改革多多理解与支持。

大家的发言,基本上都是表明一种积极的支持态度,但是,谁也没有料到,农业税征收工作的主管部门省财政厅的代表,却偏偏提出了否定意见,并且十分尖锐。

当时,省财政厅农税处处长张光春坐在远离何开荫的一个座位上,只见他突然冲动地往起一站,手指着何开荫,大声责斥道:"老何,你别站着说话不嫌腰痛!乱出主意!你把税费搞乱了,收不上税来,今后谁给发工资?到时发不出工资,大家不会找你,是找我!"

他的嗓门很大，说得也很激愤，猛然站起又直指何开荫的举动，全都来得十分唐突，使得与会者无不一愣。

会上的气氛顿时紧张起来。

当初我们在采访中听到论证会上的这段插曲时，也感到不可理解。因为，农税处是成天和"农税"打交道的，作为这个部门的负责人，本该比谁都清楚当前农村中的农民负担；其负担之重，连朱镕基总理后来都不得不大声疾呼："农民不堪重负，这个问题非解决不可了！"甚至说出了"敲骨吸髓"、"民怨沸腾"的话来。而一个专门从事"农税"的政府官员，对九亿农民——中国最众多的"纳税人"毫无恻隐之心，却充当起"工薪族"的代言人，这种感情和责任心的严重错位，让人不可思议。

首先坐不住的，就是太和县县长马明业。

马明业十分清楚，太和县拟出的这份"报告"，参照了何开荫的许多改革的"主意"，但这些"主意"并不坏。在这之前，县里也是做了大量的调查工作的，他就曾从县农委、法制局、财政局分别抽出一批责任心很强的同志，组成一个由政府办公室主任朱治森任组长、农经委副主任邹新华任副组长的调查组，深入到本县的宫集、旧县、税镇、肖口和皮条孙五镇十村一百多家农户，在做了大量调查研究又通过认真的总结归纳后，才形成这份"报告"的，而且，这"报告"最后又是经过县政府第二十六次常务会议审议通过了的。

他承认，"报告"还要作较大的修改，甚至可能需要推翻重来，但是其改革的思路和主要的宗旨，却是不应该怀疑的。财政厅农税处长对他们的"报告"不加分析地一概否定，言词这样偏激，态度如此粗暴，这是他无论如何接受不了的。

马明业正要站出来予以回击，却被何开荫轻轻地按住，示意他沉住气。

由于这位农税处长持了坚决的否定意见,会上的争论因此变得十分激烈,不过,毕竟支持者众。

临了,主持会议的吴昭仁做了几点总结。他说,太和县要求农村税费改革的出发点首先是应该肯定的,思路也是好的。这样既可以减轻农民负担,又能减少干部犯错误,促进农村经济的发展,再说这也是得到省委、省政府有关领导支持的。至于这项改革究竟起个什么名字?如何改?我们可以学学广东的办法,"先生孩子后起名字"。他说,我同意在太和县进行这项改革试验,但"报告"要重写,可以再搞细一点,让它在理论上要说得通,实践上要行得通,然后我们再请专家论证一次。

散会之后,马明业撵上何开荫问:"人家在会上那样搞你,你为什么不吭声?"

何开荫哈哈一笑,说道:"我们是朋友。他对我并无成见,也是从工作出发的。"

"既然是朋友,怎么可以这样一点不留情面?"马明业越发奇怪,"你就一句不争论?"

何开荫说:"对这样的事情,还是要按小平同志那句话办,不争论,干给他们看!这种事争论不出结果来,越争越激烈,反而伤了感情,增加了阻力。"

马明业寻思了一下,说:"你讲的也对。不干工作不会有一点是非,要干就不怕说三道四。乡下有句俗话,'出水才见两腿泥'。脚踏实地闯出一条路来,比啥都重要!"

何开荫望着一脸英气的年轻县长,突然感到他的可爱可敬。

分手时,马明业认真地说:"我马上搭别的便车回去,我把我的司机和车都交给你,农经委邹主任也留下,我在太和等着你。"

何开荫一听就乐了:"你也不征求一下我的意见,你就这样有把握?"

马明业握着何开荫的手有力地摇晃着,连声说:"就这么定,就这么定,我在太和等你,有话留到太和去谈!"

当天,马明业就赶回了太和县。

当天晚上,何开荫和留下来的邹新华初步议了一下"报告"的修改方案。第二天,起了个大早,两人匆匆扒了几口饭,就坐着马明业的小车上路了。

赶到太和县的那天下午,县委、县政府、县人大、县政协、县纪委、县人武部六大班子全体成员,县直各有关科局长,济济一堂。会上,马明业先将省里论证会的情况作了汇报;接着,何开荫就如何制定好这次农村税费改革的方案,发表了意见。会开得热气腾腾,大家纷纷献计献策,提出了各自的想法和建议。邹新华堪称"快枪手",当晚,他一夜没睡,就把报告的复议稿拿了出来。

第二天上午,六大班子、科局长们再次聚首,对新草拟出的"报告"展开了又一轮热烈的讨论。中午,邹新华把大家的意见进行了集中,下午接着坐下来继续讨论。

县委书记王心云就改革的方案问题提出了"三个必须"的要求:"必须达到'减负'的目的,让农民满意;必须做到'明白易行,简化程序',真正提高基层干部的工作效率;必须兼顾到国家、集体、个人三方面利益,赢得上级领导的支持。"

由于有何开荫的具体指导,又通过了上上下下、方方面面、反反复复的集思广益,一份有着四个部分十九条款的《关于太和县农业税费改革实施方案的报告》,便眉目清晰地产生出来。

"实施方案"决定:从一九九四年一月一日开始,太和县在全县范围内取消粮食定购任务,改为向农民开征公粮,征粮以实物为主,如果缴实物有困难,也可以按物价、财政等部门共同核定的当年市场粮价折算缴代金。改过去多项征收为合并征收、分类结算；改以往乡、村、组三级结算为乡镇统一结算；改一向是多层次的收管为统一收管；并将农民承担的税费由变量改为定量，将过去的计征税费按人、地、产量以及纯收入为依据，改为主要以地亩为依据。正常年景，每亩耕地征收公粮五十公斤，一定三年不变；对确无耕地或人均耕地不多的村、组、农户，以及农村中的特困户等不同情况，分别制定不同的办法。

农民出身的明朝开国皇帝朱元璋，在谈到怎样依法治税时，尚且说过"法贵简单、使人易晓"的名言，何开荫也把太和县税费改革简化成了四言六十四个字的"四字经"：

> 税费统筹，折实征收，依章纳粮，取消定购；
> 午六秋四，两次缴清，一定三年，不增不减；
> 粮站收粮，财政结算，税入国库，费归乡村；
> 费用包干，村有乡管，严格收支，账目公开。

总之，"实施方案"尽可能地做到贴近百姓，符合实际，既要有其严肃性，又体现出一种人文关怀。为切实制止"三乱"、减轻农民负担，方案中专门增加了两条：一是，"凡违反公粮合同，向农民乱摊派、乱集资、乱收费者，农民有权拒绝，有权举报、上诉，政府保护和奖励举报人员。"二是，"县人民法院根据最高人民法院《关于及时审理农民负担过重引起的案件的通知》，按照合同，对于不服行政机关、乡村干部非法要求农民承担费用或劳务而提起行政诉讼的案件，人民法院依法审理，及时审判。对于不合理的决定依法撤消；因乱摊派给农民造成经济损失的，依法判决予以赔偿；对任意加重农民负担而引发的恶性案件，造成重大损失的责任人员，依法追究刑事责任。"

当然，"实施方案"也强调了税费征收工作的无偿性和强制性，对不履行应尽义务的农民，经说服教育无效的，也作出了依照有关法律、法规解决的规定,甚至必要时可申请人民法院强制执行。

"实施方案"由县六大班子联席会议再次审议之后,何开荫就同马明业和邹新华,跑了一趟阜阳。这时的阜阳地委书记秦德文,看了《关于太和县农业税费改革实施方案的报告》之后,十分高兴,立刻通知办公室盖了地委和行署的大印。

何开荫此去太和一呆就是三天三夜。当六年后的今天回忆那次的太和之行,他依然动情地说道:"马明业县长改革和务实的精神令人难忘,王心云书记在六大班子统一行动的工作中所表现出的协调能力确实令人钦佩!"

"实施方案"送省以后,得到省农经委、粮食厅和财政厅领导的一致认可。当然,他们在充分肯定的同时,也提出了一些十分具体的很好的修改意见。最后,农经委副主任吴昭仁亲自为"实施方案"定稿。

一九九三年十一月十六日上午九时,邹新华带着"实施方案"的定稿来到省政府办公厅。按办文规定,应该将文件送交文秘处,由文秘处审阅后按要求送给有关处室,然后再由有关处室签送办公厅分管领导,转分管这项工作的副秘书长和副省长,这一圈转下来是颇费周折的。为了争取时间,何开荫说:"我们打破一次常规试试。"他知道王昭耀副省长一直在密切关注此事,已在省委省政府做了不少细致的工作,于是他介绍邹新华将此文交十份给文秘处长,然后自己拿了一份直接送给分管农业的张锋生副秘书长。张锋生翻了一下文件后,盯着何开荫问:"这材料你认真看了吗?"何开荫慎重地说:"这是我和他们一起制定的,又经阜阳地委行署审核盖章,并经农经委审改定稿后才报上来的。"张锋生从头到尾看了一遍,二话没说,拿起笔来就签了一个"同意"。接下来就是文秘处长办批复,前后不到两小时。事后何开荫感慨地说道："这是我到办公厅二十多年来所见到的办事办文效率最高、速度最快的一次。"

于是，一场空前的农村税费改革，就在广袤的淮北大平原这个有着一百三十九万人口、一百七十五万亩耕地的太和县，令人怦然心动地揭开了序幕！

一九九四年一月一日，当河北省公粮制的改革仍在正定县三个乡的范围进行试点时，安徽省太和县却已雷鸣电闪般地将这场改革在全县三十一个乡镇全面推开，从而当之无愧地成为中国农村税费改革的第一县！

41 改与不改就是不一样

国务院经济发展研究中心主办的《中国经济时报》，在报道中国的农村税费改革的一篇文章中，说到了"南北互动，推动改革"。对此，河北省委政研室负责这项改革的课题组的杨文良，在给何开荫的一封信里这样谦虚地写道：

> 把我和何老师相提并论，实在是高抬了我。从倡导公粮制的时间说，何老师比我早；从这项改革研究的程度说，何老师研究得比我深。因此，公粮制改革，安徽是源，河北是流；何老师是师，杨文良是徒。我只不过紧步老师后尘，积极为推行农业税制改革奔走呼号，摇旗呐喊而已。

尽管杨文良是这样说，但河北省却也正因为有杨文良这样的同志奔走呼号，有省委领导的鼎力支持，再加上河北省又是拱卫着京城，占尽了地利的优势，因此他们的改革，从一开始就引起社会各界的广泛关注，并在很短的时间里便将文章做得很大，而且具有了大江奔涌的夺人气势。

一九九三年十二月三日，就在安徽省太和县揭开税费改革序幕的第十六天，河北省综改办和正定县政府，联合在京召开了一次"公粮制改革试点研讨会"。

可以说，这是中国历史上第一次有关农村税费改革的理论研讨会。其规格之高，影响之大，都是空前的。中央政研室、国务院研究室、国务院发展研究中心、国家体改委、中国农科院、中国社会科学院、财政部、农业部以及国内贸易部的有关领导和著名专家，均应邀到会。

研讨会上，大家都对河北省搞的这个公粮制改革试点给予了极高的评价。毫无疑问，研讨会在中央和国家直属机关中产生的影响，远比它在理论研究上的收获更大。

新的一年刚刚到来，一九九四年一月十日，河北省委书记接着又作出"可以扩大试点"的决定。于是，河北省公粮制改革试点迅速由正定县的三个乡，扩大到全省二十六个县市的一百八十四个乡镇，其中正定、宁普、故城、新乐和沧县都是全县全面推开的。

这期间，《光明日报》载文盛赞河北省的公粮制，《经济参考报》和《探索与求是》杂志也相继发表了《公粮制是减轻农民负担的治本之策》等文章。

四个月之后的五月十日，河北省接着就在获鹿县召开了全省公粮制试点方案交流大会。

一时间，公粮制改革的滚滚热浪，在黄河北岸这一望无垠的阡陌之间奔突，沸腾；给我国这块重要的粮棉产区带来勃勃生机！

令人遗憾的却是，发端于安徽的这场农村税费改革，这时候在安徽本地，竟遭遇到了另外一种命运。安徽省省长傅锡寿突然作出了要求太和县立即停止税费改革试点的决定。

这一决定,来得十分突然,以至许多人闹不清究竟是省长的个人意见,还是有中央的什么背景。

何开荫最初听到这个消息时甚至不敢相信。因为他一直在与杨文良保持着热线联系,河北省分明正搞得热火朝天,禁止这项试验显然不大像是中央的意思。但是,省长要求立即停止税制改革试点的决定,无疑又是有根有据的,不用说,还是当年涡阳县人大常委会所以决定终止新兴镇税费改革的那一些理由,即这种改革是非法的,因为现行的农业税制依据的是《中华人民共和国农业税条例》。尽管那个"条例"还是一九五八年颁布的,三十多年来,中国已经发生了翻天覆地的变化,中国的农业无论产品、产业结构及收入结构,抑或生产方式和经营方式,都发生了根本的变化,这种与今天格格不入的农业税制早已是弊端百出,可是当年的"条例"一天没被废除,它就一天有着法律的效力,这种税制就依然受到法律的保护,因此任何做出纠正违背这种法制的决定,都应该是理直气壮的。

我们在采访中无法得知傅锡寿突然做出这个决定的真正原因,但这一非常决定,对热心支持太和县改革的所有人,特别是正在改革中的太和人,无疑是当头棒喝!

人们困惑,震惊,焦急,痛惜,却又无奈。

不少人也在背后提出疑问:如果不敢于革故布新,锐意进取,农村还能有发展吗?或是说,中国的农业,和中国的农民,还会有希望吗?

何开荫觉得有必要站出来据理力争。

于是,他把河南省委书记、省长和河北省委两任书记、省政府两任省长的有关批示的复印件,分送给了安徽省的党政主要领导。

这时,安徽省委常委、常务副省长王昭耀站出来说话了。

王昭耀找到省委书记卢荣景,陈述自己的意见。他说:"省政府批准太和县进行农村税费改革的文件,已签发下去,如果现在再下文否定,这不是打自己嘴巴吗?这样朝令夕改,省政府今后还怎么工作?何况农村税费改革的工作,外省都在干嘛!"

卢荣景当然知道太和的改革是在王昭耀的支持下搞起来的,他的意见不是没有道理,可是,傅锡寿要停下太和的改革,是在维护税法,也是从工作考虑的,不光是有道理,更是有着法律依据的。于是说道:"如果没有文下去,不搞也就不搞了,既然省政府已经下了文了,那就继续搞下去吧,秋后看看效果再说。"

省委书记给省长和主管农业的副省长都留足了面子。话虽说得比较温和,但毕竟一锤定音,因此,太和县的农村税费改革也就得以继续下来。

到了秋后,形势发生了戏剧性的变化,傅锡寿已经丧失了对太和县改革的发言权。他被免去安徽省省长职务,消息来得是很突然的,那天,他刚从欧美出访归来,人还在合肥骆岗机场,就宣布了中央要他提前从省长岗位上退下来的决定。据说,这是因为安徽的干部群众对他主持省政府工作期间的意见太大。这一天,中央将了解中国农民、熟悉中国农业和农村的回良玉派到安徽,担任代理省长。

了解回良玉经历的人都知道,自打他从农校毕业,被分配到吉林省榆树县农业局,以后整整三十年,就没远离过一个"农"字。从公社书记,农牧厅长,到省委农村政研室主任,直到担任中央政研室副主任,主管农村政策的研究工作,可以说是位够格的农业专家了。

回良玉一到安徽,就对太和县的农村税费改革大为赞赏;次年二月,在正式就任安徽省省长后,他召开的第一个省长办公会议,做出的第一项省政府的决定,下达的"一号文件",就是将太和县改革的经验,在淮河两岸二十多个县市的范围迅速推而广之!

　　其实,也无须像省委书记卢荣景说的那样,"秋后看看效果再说",还没有等到秋后呢,那一年的午季就已见分晓。太和县自从搞了农村税费改革,只用了半年时间,便一举创下这个县建国四十五年以来最大的一个奇迹:全县三十一个乡镇、九千一百六十八个村民小组、三十五万三千四百五十九户农民,午季农业税的全部征收工作只花了短短五天!

　　望着多年不见的踊跃缴粮的农民在粮站门前排起的长蛇阵,许多乡村干部竟激动得鼻子发酸,眼窝发热,他们说:"过去,向农民要钱的文件多,向农民要钱的部门多,向农民要钱的项目多,向农民要钱的数额多,多得连咱这些当干部的也闹糊涂了。现在好了,缴多,缴少,大家都清楚;从前一年忙到头,催钱,催粮,催命,年三十晚上还上门,今天咱是彻底解脱了,又落个清净;从收粮到结账,干部两头不沾钱,更落个清白!"

　　干部清楚了,清净了,清白了;农民也因为一次征,一税清,一定三年不变,放了心,称了心。

　　这年的秋季庄稼虽然受了旱灾,但农业税的征收工作前后也只用了十五天!

　　这一年全县共征粮六千五百二十七万七千公斤,比原先国家下达的定购任务还超出了一千七百七十四万七千公斤! 如扣除价格因素,农民的税外负担就较过去减轻了一半还多。尤其是,全县大胆地放开了粮食的市场与价格,农民留足口粮和种子之后,单商品粮这部分就让农民增加收入一亿五千万元,全县人均增收就达到了一百二十元!

　　改革前一年,太和县因为反映农民负担闹到各级党委政府去的,多达九十三起,五百多人,可是改革的一九九四年,全县两千九百六十九个自然村,一百三十二万农业人口,再无一人因"农民负担过重"去上访的。

说到上访,阮桥乡马王村马庄的马克中早先是远近闻名的。仅一九九三年,马克中父子就因负担过重和征缴特产税问题,两次从县告到省,一直告到国务院减轻农民负担办公室。实行税费改革后,家家一张监督卡,户户一本明白账,马克中领着一家人放心大胆地精耕细作,结果,人勤地不懒,午季,秋季,都获得了前所未有的好收成。他带头完成上缴任务后,喜笑颜开地说:"农业税费征实,一切放在明处,任何人不敢再乱收乱摊乱掏腰包,干部不贪污,粮站不压价,农民减轻了负担又增加了收入,还上哪门子访呢!"

当然,好事多磨。太和县取得如此喜人的成绩,确实也是来之不易的。就在他们开始税费改革的那一年,正赶上全国推行国税地税分税制的改革。实行了中央财经集权之后,中央政府的好处是立竿见影的:一九九三年中央财政收入只是九百五十七亿,一九九四年当年就猛增到两千九百零六亿,差不多增加了将近两千亿;而一九九三年地方财政收入已是三千三百九十多亿,改制当年就减少到两千三百十一亿。这只是财政收入方面的情况。改制之后中央和地方财政的支出情况也是恰恰相反的:一九九四年中央财政只比改制前的一九九三年多出四百四十二亿,仅为一千七百五十四亿;而地方财政却一下猛增了七百零八亿,高达四千零三十八亿,几乎是中央财政的两倍多!

在这种税制改革的一加一减中,地方政府预算内的财政就全变成了"吃饭财政",许多地方连行政事业费、人头费的开支也难以保证。

政府财政的日子不好过,又不能再把这种困难转嫁到农民头上,动摇进行农村税费改革的决心。太和县委、县政府审时度势,及时采取了"消肿减员"的办法,大力压缩办事机构和精简富余人员,最典型的一个例子,就是有一个镇当年就辞退聘用镇村干部九十八人,第二年又接着往下减。与此同时,全县还进行了粮食购销办法和乡村财务制度的改革,进行了农业结构调整、村干部劳动保险、科学种田和加强市场建设等等一系列的配套改革,千方百计地调动广大干部和农民的生产积极性。

但是,这期间,有许多事情却又是太和县委和县政府自身无法解决的。你一个县搞税改,封死了增加农民额外负担的一切"漏洞",可是他们改革试点的第二年,国务院却明文规定农民人均增加二十五元的"双基教育费",许多中央机关也都只给任务不给经费地相继下达了各自的"达标"项目。

这些全是"红头文件",下面都是必须执行的,太和县不可能不执行来自中央机关的这些硬性规定,于是就不得不对原有的改革方案作出相应的调整,不得不违心地增加了诸如教育、卫生、武装、档案、统计在内的一些新的征收项目,使得"一次征、一税清、一定三年不变"的承诺,打了折扣。

然而,即便就是这样,农村的税费改革,改与不改还是大不一样的。太和县出现的喜人变化,还是在农民负担日益加重、干群关系日趋紧张的广大农村引起了巨大反响。太和周边的蒙城、利辛、临泉等县不但仿效起来,偷偷摸摸闹改革的涡阳县新兴镇也不再躲躲闪闪了,就连当初在县委扩大会议上还为这事争论不休的涡阳、颍上两县的四大班子,这时也全都看清了税改的好处,戮力同心地搞起了"正税除费"的改革试验。

对太和县闹起的税费改革,在省城合肥,有一个人一直忧心忡忡,放心不下。午收前后,他去了太和县。这人便是曾经斥责何开荫"乱出主意"的省财政厅农税处长张光春。他担心这种改革搞乱了对农业税的征收,他这个农税处长最后会不好交待。

他是提心吊胆地跑到太和县去探听虚实的。结果，他意外地发现，先前自己的那种担心是没有任何根据的，悬着的一颗心这才落了地。想想当初在论证会上，自己竟是那样冲动，指名道姓地指责何开荫，张光春觉得实在对不住人家。但是，他毕竟是个心怀坦荡的人，有意见，有看法，就当面说，从不隐瞒自己的观点，如今知道是自己错了，倒也是个知错就改的爽快人，回到省城之后逢人便宣传："太和的那个办法就是不错！"

安徽省太和县改革农业税费的消息不胫而走，没过多久，国家财政部农财司就来了人，要去太和实地考察。他们先到省城合肥，也只同系统内的财政厅农税处取得联系；下到太和县后，一不惊动县领导，二不给乡镇长打招呼，只要求县财政局派人派车，专门跑偏僻的地方、穷地方，直接进村入户，向农民面对面地调查。

他们这样做，显然是想更加客观地了解到真实的情况。

别人的话，他们也许不会相信，但陪同下去的张光春的现身说法，却起了不小的作用。

一路之上，张光春不停地在宣传税费改革的好处。他说，农民负担较过去减少了一半还要多，财政反而增加了；他说，从前到年底有时税也收不上来，每年都会有百分之十五的农业税出现"沉淀"，现在实行征实，农业税缴得非常快，而且全县没有一户不缴的，这是过去想都不敢想的事。

这以后不久，国务院减轻农民负担办公室主任徐国洪一行也来到阜阳地区检查工作。他们在了解了这个地区农业税费制度的改革之后，给予了高度评价，建议地委、行署要很好地总结经验，并表示今后将密切关注这里的改革进展情况。

曾亲自为太和县的改革实施方案最后定稿的省农经委副主任吴昭仁，这期间不断听到从太和县传来的令人振奋的好消息，心里痒痒的,这天,他高兴地邀上省减负办副主任马启荣,先到阜阳,然后和地区农委主任王春魁一道,也驱车去了太和。

为了更真实地了解到社情民意,他们也是越过县乡干部,调查了三个乡的二十多位农民,可以算得上一次"微服私访"了。结果,所到之处,接触到的每一个农民,几乎是众口一词地夸赞这种税费改革的办法好。吴昭仁为此大为感动。回去后,他在为《农村改革新探索》一书作序时,竟动情地写道:"这么多年来,在我的工作记忆中,农民对某项政策表示完全拥护的,除了包产到户,大概就要算是这次了。"

他为太和县的农村税费改革总结出了"六个满意":"粮站满意,定购任务完成顺利,主渠道掌握了充足粮源;财政满意,税收及时足额入库;银行满意,统一结算,减少了货币发行流通,又不打'白条';基层干部满意,节约了大量时间和精力,更免除了干群磨擦的烦恼。当然,最关键的还是农民满意,午、秋两季征实任务都在一周内完成,没有一户因负担问题而上访申诉。国家农村改革试验区办公室、国务院减轻农民负担办公室、省直有关部门、地区减负办和改革试验办,先后九次派人深入调查,结论都是一样的:农民满意。"

吴昭仁认真思考了这场改革成功的原因:"现在好的政策、好的思路、好的设计并不少,难就难在落实,往往是执行中由于工作不力而走形变样。太和县的税费改革,不仅设计周密,而且实施完美。何以如此?关键在于县委、县政府高度重视,六大班子步调一致;县乡各部门齐心协力;工作班子得力而富有成效。这是具有普遍意义的经验,任何一项工作能否做好,我认为诀窍都在这里。"

总结出了太和改革的主要经验之后,吴昭仁依然感到意犹未尽,又专门写了一篇杂文,题目一目了然:《为"第二次大包干"

叫好》。

一九九四年十二月十八日,中共中央政治局委员、中央书记处书记、国务院副总理姜春云,率十个部委的负责同志深入到安徽视察,在看了阜阳地区的农村改革带来的大变化后,高兴地评价道:

"你们这里抓农村改革有突破性进展,在几个方面都探索了成功的经验。土地承包制度改革搞得很好,解决了稳定承包制的问题,调动起农民的生产积极性,提高了土地产出率。特别是税费制度改革,解决了使农民和农村基层干部都很头痛的一个问题,既减轻了农民负担,又改善了干群关系,不仅具有经济意义,而且具有政治意义!"

谁知这时,陪同视察的财政部副部长李延龄,突然打断了姜春云的话。他说:"这儿把农业特产税也包含在农业税里,这是不合理的,应该据实征收,他们这样做是错误的。"

姜春云听了,马上不客气地说:"这个我知道。他们这样做没有错。我在基层干过,'据实征收'是理论上的东西,没有可操作性。据我所知,全国大多数地方都是平均摊派的。这个你就别再讲了。"

那天,姜春云的心情十分好,作为中央农村工作领导小组组长、主管农业工作的副总理,看到安徽农村的改革工作有了突破性的进展,高兴地对回良玉省长说:"农业税费制度的改革,是深化农村改革的重大突破,你们要大胆推广这项改革的试点工作!"

随行的国务院研究室副主任杨雍哲,也兴奋地接口道:"现在有种说法,好像这几年中国农村的改革停下来了,这次来安徽一看,感觉到的完全不是那么回事。阜阳土地承包制度的改革和农村税费收取办法的改革,都非常有特色,非常有成效。这些对全国都是有指导意义的!"

在姜春云一行离开后不久,回良玉就在省长办公会上明确要求:江淮分水岭以北的沿淮一带,尤其是淮北地区,必须全面推行农村税费制度的改革。

此后,这项改革便迅速走出了太和,走出了阜阳,势如破竹般地在安徽境内二十多个县(市)遍地开花。

这时的中国,农村税费改革已经成为全社会关注的热点。它不光在安徽、河北、河南三省势不可挡,并且迅速蔓延到了湖南、贵州、陕西、甘肃七省五十多个县(市)。

正是在这个时候,福建省委办公厅编印的《省外动态》载文欢呼:"农业税制改革已呈'星火燎原'之势!"

42 难忘阜阳会议

位于皖西北与河南省接壤的阜阳地区,是我国著名的产粮区,也是经国务院备案的中国第一个农村改革试验区。这个试验区,还是早在一九八六年,在当时国务院农村发展研究中心主任杜润生的亲自带领下,由段应碧、周其仁、陈锡文、杜鹰、卢迈等一大批著名农业专家建立起来的。这次率先进行土地税制改革的涡阳县新兴镇,和堪称农村税费改革第一县的太和县,都在这个地区,因此,一九九五年四月二十一日至二十五日,全国农村基层税费制度改革经验研讨会放在阜阳召开,无疑是顺理成章的事情。

会议由国家农村改革试验区办公室主任杜鹰主持。

来自国家经济体制改革委员会、国务院特区办公室、农业部、财政部、内贸部和粮食部门等部委办的专家学者,安徽省阜阳试验区、湖南省怀化试验区、贵州省湄潭试验区及河北省正定县、河南省郾城县等七省暨有关县代表共八十余人出席了会议。大家实地考察了太和县试点情况,还就各地试点的具体做法和成效进行了交流,当然,对目前尚存在的具体问题,和如何进一步完善试点工作,都做了坦诚而深入的探讨。

由于各地都是根据自己的实际情况确定具体做法的,因此在改革的措施上是不尽相同的。看上去,令人眼花缭乱,其实,万变不离其宗,还是何开荫早先总结出来的那几句话,是一种"税费统筹、折实征收、财政结算、税费分流"的模式。

总之,在原则和目标大体一致的前提下,各地都在农村基层税费制度的改革方面做了许多有益的尝试。与会代表们公认,在诸多试点之中,安徽省太和县和河北省正定县的两处试点,是最具有代表性的。

与会专家对这项改革更是给予了极高的评价,认为它是对旧体制的又一次突破,在实践中是可行的,方向是对头的,成效是明显的。

会上,国务院特区办政研室副主任刘福垣的发言格外引人注目。他说这次会议是朱琳主任让我来的,当然,我也很感兴趣,马上就来了。听了同志们的介绍,对这项改革,我有一个总的感觉,就是现在试点单位的改革已经获得了基本的成功,意义是非常重大的。姜春云副总理说这项改革不仅有经济而且有政治意义,说明这个问题确实是上下都很关心的事。

国务院特区办与农村税费改革的研讨会看上去并无多大关系,却也来人参加这样的会议,这事本来就已经出乎代表们的意料;虽然刘福垣是不经意地提到是朱琳主任让他来的,可谁都知道朱琳是李鹏总理的夫人,而李鹏又是最早对农村实行"什一税"感兴趣的中央领导,因此刘福垣的到会与发言,就应该是很有分量的。

刘福垣说:"我认为这项改革的意义,已经不仅仅是简单地解决农民负担问题,其核心,就是理顺国家、集体和农民的关系。我们第一次改革,是以'大包干'为旗帜,改革的对象是政府,是我们公社化以来的政社合一的体制。中央政府和各级政府包办代替农民决策,把农民的生产、流通、消费、分配四个环节统统卡死了,使我们的农民收入太低,农村经济单一化,农业的发展严重滞后,改革突破了政社合一的体制,还给了社区和农民一部分自主权。但是,那种改革并不彻底,至少,流通和分配的问题并没有根本解决。今天,各级政府都在讨论如何解决农民负担,如何废除苛捐杂税,如何改变干部'要钱、要粮、要命'的形象;很多政府的文件三令五申这个费可以收,那个费不能收;哪个税是合理的,哪个税是不合理的;收多少为合理,收多少为不合理;国务院的电话会议也曾明令取消三十一项费用。其实,在分配关系都不清楚的背景下,哪个合理,哪个不合理,最后也是划不清的,上面下面都不清。比如计划生育费用、民兵训练费用,这全是一种行政性的费用,是贯彻国家政策所需要的费用,它和农业生产并没有关系,实际上这也是应该由财政来拿的,但是现在,都混在了'三提五统'里面要农民承担。只有最根本地解决摊派问题,真正做到:明租,正税,除费,我们才能够对农村的分配问题喊上一声'立正'。农民和社区之间说到底只有租的关系,农民和国家的关系也只是靠税来调整,农民缴了租,缴了税,其他的任何费用都与农民无关!"

最后,他慷慨陈词:"既然我们下这么大决心来搞这项改革,就应该有一个恒心。搞了这个办法后,就再不要开任何口子,即便是国务院的'红头文件'压下来,试验区也要顶。比如教育搞达标什么的,公积金里有这个钱,就拿,没这个钱,坚决不能再向农民要!治本当然要从中央各部门做起,从中南海做起!既然我们承担了这个改革任务,就应该给我们这个权力,以一切方式加重农民负担的东西,就要敢顶,即便说农民都同意了,也不要听这话!"

刘福垣的发言,赢得了各地代表的热烈掌声。

财政部农财司李秋鸿的发言,却在会上引起轩然大波,遭到大家强烈的反对,以致使得会议的气氛变得十分紧张。

李秋鸿的开场白是显得十分谦和的,他说:"参加这次会议,对我来说,是一个很好的学习机会。税费制度改革,我们过去考虑得不是太多。"

一个来自国家财政部专事"农财"的处长,却对本属分内的工作居然"考虑得不是太多",这话听起来怎么都让人感到困惑。接下来,他的发言与其说是来"很好的学习",不如说是来做这项改革的专题报告。

"这次税费改革的目标是什么?"他首先设问,继而自答,"我看恐怕有这么几个主要目的。"他在归纳出四个既无新意又未必科学的"目的"之后,便以领导机关的口吻说道:"我不知道各试验区在设计这项改革时,是把这四个目的都考虑进去了,还是只考虑到某些目的。我想分几个方面来谈一谈。"

于是一个毫不谦虚的发言就开始了。

"现在农民负担的总额还没有达到无法承受的地步。"他的话多是结论性的语言。

此话刚落音,贵州和湖南试点的代表就交头接耳起来,显然觉得这位蹲在国家大机关的农财干部,也太高高在上养尊处优了。啥才叫"无法承受"呢?正因为农民已经不堪重负,干群关系严重恶化,才"逼"出了这项税费改革的嘛。

接下去的发言,李秋鸿便是对各地改革试点基本经验的全盘否定。他说:"在中国农村,无论就每户来说,还是每村、每乡,彼此之间的收入差距是很大的,作为一个负担政策,很重要的一个依据,应该是经济收入,而不是其他东西。但像安徽太和县每亩耕地基本上一律征收一百斤粮食,这样的政策设计,和收入多多负担、收入少少负担的分配原则,显然是不尽吻合的。"

他的这个看法,使不少人为之一怔。

应该说,李秋鸿说的是一个理论问题。从社会主义的分配原则上看,不应该忽视差别搞均摊,而应该是一丝不苟地,按照各乡各村各家各户实际的经济收入确定负担。但是,世界上没有绝对的真理,同样,也不可能会有绝对的公平。李秋鸿在用这个看法评价安徽省太和县为代表的农村税费改革经验的时候,首先就与他归纳出的四个"改革目标"中的"降低税费的征收费用"的目标发生了矛盾。照他的意思,太和县有三十五万三千四百五十九户农民,真要按各家各户的实际经济收入征收税费,县委县政府需要组织多少人进村入户,才能闹清每家每户真实的收入情况;又需要调动多少人才可以落实这项浩繁宏大的税费征收工作呢?

岂不是痴人说梦!

大家对财政部农财司这位年轻处长的发言,开始认真注意起来。

接着,李秋鸿又以同样的理由,谈到了特产税的问题。"对于农业特产税,税务部门的态度非常明确,绝对不能搞平摊。保护粮食增产,调节种植业内部不同作物间的收益,这是设计这个税种的目的,如果平均摊派,那么征收的意义也就没有了,更实现不了制定这项政策的目标。"

李秋鸿这里所说的,正像姜春云副总理在阜阳视察期间批评财政部副部长李延龄时已经指出过的,这依然是个理论上的东西,没有可操作性。

来自基层的许多代表听到这儿,就已经坐不住了,有的甚至忍无可忍地站起来,开始了严词责问。

会场上的气氛顿时急转直下。

谁都知道,一九五八年颁布的《农业税条例》中就有了农业特产税,但那时它只是含在农业税中,课税范围也是指农田以外的山场或水面,针对茶叶、水果、林木、山珍和水产等特产品征收的。因其收入较高,单独征收农业特产税也是应该的,但是一旦征收了特产税,就不再征收农业税了。至于种粮食的农田从来是没有特产税一说的。据实计征农田上的特产税也才是近几年的事。

现在的问题是,这种脱离实际的计征政策,已经使得这种农业特产税演变成了"田亩税"和"人头税",早已丧失了税收调节国民收入再分配的作用,而地地道道成了一种"合法"的农民负担。特别是,这种计征农田上的特产税的本身,也早已成为严重阻碍中国广大农村推行农业产业化的羁绊;在传统农业区,它更是调整产业结构的大敌,农民奔小康的绊脚石!

各地代表不仅强烈要求取消农田上的特产税,还指出现有的农业税政策的缺陷也同样加重了农民的负担。因为《农业税条例》是一九五八年颁布的,如今三四十年过去了,农业税的征收已经出现了大量的与现实情况严重脱节的地方,诸如计税常产与实际常产、名义税率与实际税率、计税土地面积与实际土地面积等等,千差万别,从而产生了"高产低税"或"低产高税",名义税率高实际税率低或名义税率低实际税率高,以及有税无地或有地无税等等明显的不合理现象。再加上国家定购粮食任务的畸轻畸重,这实际就等于产粮区在为非产粮区纳税,贫困地区为富裕地区纳税,这种种弊端都已经严重地挫伤了农民经营农业的积极性!

作为主管这项工作的国家财政部农财司的一个官员,不去设法解决农业财税政策上的这些问题,却对地方上进行的这些难能可贵的改革试验,横挑鼻子竖挑眼,缺少起码的热情,在这样的研讨会上引起众怒,自然是可想而知的事情。

据参加会议的同志回忆,李秋鸿说得最为理直气壮的一段话,也是给大家印象最深的一段话,就是:"从我们接触的农民上访情况看,没有一起是因为农业税的比例过重而上访的;农民反映的全是税费混在了一起的。所以,我们在业务工作中主张税费要坚决分开!"

他说得似乎信可据确,却招来了大家最猛烈的批驳,会场上气氛趋向白热化。

因为,造成这种税费不清的首先就是国家财政。

一九八五年开始的以乡镇为主的农村办学体制,这是产生中国农民负担问题最大、最主要的原因。有着九亿人口的中国广大农村,义务教育的费用却是让农民自己掏腰包,这叫什么"义务教育"呢?

财政该出的钱不出,甚至连计划生育、民兵训练、优抚工作、乡村道路这些本该政府支付的费用,也逼得乡村的干部挨门逐户地向农民强行索取。现在,来自京城的农财官员非但不领下边的情,反而倒打一耙,嫁祸于人。这种"官腔官调",确实把基层代表激怒了。

"既然政策规定农田特产税'据实计征',"从改革试点第一线来的代表抓着"特产税"的问题不放,提出反诘,"就应该实事求是不是?有,就收;没有,就不收;有多少,则收多少。可为什么财政上年年却又层层下指标,派任务,这不明摆着是说归说,做归做,教人弄虚作假吗?农村干部'替人受过',搞坏了名声,搞坏了形象,反过来还说下面不执行政策。这都叫个什么理?!"

安徽省涡阳县的代表来了个现身说法。他说,涡阳县为了不折不扣地执行"据实计征"的特产税政策,专门在耿皇乡做了试点,乡政府从财政所和经管站组织了十九人,进村入户,严格按照规定跟踪这个乡特产品的生产和销售的全过程。前后用上两个多月,认真进行成本和收入的核算,最后征收到四万多元的农田特产税。可是这些人下乡的用品、工资以及误餐补助的支出,加起来也达到了四万多元。结果,征收到的税额,基本上就被征收的成本抵消一空。就是说,按照现行的制度和办法征收税款几乎是无法做到的。

耿皇乡的故事近乎荒诞,但这种试验却把今天脱离实际的税制问题暴露无遗。

谁知涡阳县代表的话还没落音,李秋鸿就接过话极力争辩。

太和县农经委副主任邹新华,一直冷静地注意着李秋鸿的发言,耐心地听着这位财政部官员对太和县试点的横加指责。因为对方说的就是"太和",作为太和县试点的代表,他自然不便立即反驳,至少他要显示出太和人的宽容和大度。但是,涡阳县代表举出的这个例子,已经很能说明问题,对方却依然强词夺理,以势压人,他再也按捺不住了。

邹新华激动地指着李秋鸿,只差没把指头戳到对方的鼻子上,愤然道:"你们就是不看实际情况,坐在办公楼里瞎想。今天事实就摆在面前了,还死不认账!"

他说得过于冲动,声音都变得沙哑,伸出的手指也在上下颤动。

接着会场四处都响起了愤懑的斥责声。

人们已经看得很清楚,文文静静,甚至是一脸书卷气的李秋鸿,他在会上极力坚持的,其实是国家财政部的意见。正因为不只是他个人的看法,各地代表才越发感到,大家正在热心试验着的这场农村税费改革,其前景并不那么乐观。

作为这项改革最早的倡导者,又是太和县试点的直接参加者,何开荫就改革中的一些问题,也旗帜鲜明地谈了自己的意见。他说,如今,在市场经济的条件下,各种商品的价格差不多都放开了,惟独粮食这样大宗的农产品国家仍限价定购,使得粮食不能成为商品,其比较效益日渐降低。毫无疑问,这种定购制度必须取消,粮食的市场和价格也必须放开,否则中国的农业就无法再进一步发展。当然这需要条件,我们将税费改革征收的办法用公粮代替定购,正是基于这方面的考虑,一是为了让国家最可靠地掌握粮源,保证非农用粮的供应;二是因为农民有这个习惯,征缴公粮,对农民来说既方便,透明度又高,最主要的是我们把税费改革和推进粮食购销体制的改革联系起来,这就为下一步粮食购销体制的改革准备好了条件。只有取得粮食购销体制改革的成功,全面彻底地放开粮食市场和放开粮食价格,形成大流通,培育大市场,封闭的社区结构才会最后被瓦解,中国的农村才可以说大有希望!

何开荫的发言,有着浓郁的理论色彩,由于他讲得深入浅出,富有很强的说服力,会场上一下变得安静下来,连喝茶、走动的人也生怕打扰了别人,把动作放得又慢又轻。

这气氛显然也感染了何开荫自己,他开始变得激动起来。他说,其实我们搞的,只是农业税费征收办法的改革,还不是实际意义上的农村税费制度的改革。假如现在就搞税费制度改革,立法部门说不定马上会来制止,涡阳县新兴镇的改革被县人大明令取消就是明证。因此,它肯定会有较大的局限性和不彻底性,目的也只是侧重于规范征收的办法,先把农民的负担尽可能地减下来,政策规定上的"杠子"粗了一点,却简单明了便捷易行。虽然还不完全公平合理,实在有不得已的苦衷,但相对于过去的乱收费来说,农民已比较满意。

当然,他还想说,今天搞的还只是税费征收办法上的改革,就这样艰难,如履薄冰,几近夭折;其实,即便就是真的进行税费改革,那也只能是深化农村改革的一个突破口,关键在于由此带动农村政治体制上的改革。尽管谁都知道,政治体制改革的滞后,已经严重影响了中国改革开放的进展,但会上没有人这么明说,当然他说了也就等于白说。

于是他换了一种说法,说道:"假如得到中央的认可,正式批准安徽省搞农村第二步深化改革的试点,我们会放开手脚,拿出当年搞'大包干'的劲头,将农村税费改革进一步向纵深突破的!"

主持会议的杜鹰,在作会议的最后总结时,说了这样一段话:"我总的感受是,我们在中国农村改革和发展的一个关键时刻,研讨了一个关键问题。为什么可以这样说呢? 因为现在我们整个国家,正处在一个工业化高速增长的时期,在这样一个阶段,农业、农村和农民的状况如何,将是决定我们这个国家现代化命运的一个重要方面。这两年,'三农'的形势总体上是好的,但存在的问题也同样是比较突出的,有的矛盾已经非常尖锐,而这些问题与我们这次会议研讨的内容无疑都是密切相关的。"

43 报告进入最高决策层

杜鹰回到北京后,就忙着组织人就全国农村基层税费制度试点的情况,给国务院写出报告,并特邀何开荫、杨文良二人参加讨论。

报告的题目十分鲜明:《事关农村发展和稳定的一项重要改革举措》。

报告指出:"这项改革,上联系到国家农业税制和粮食购销体制,下联系到千百万农民利益和农村基层组织运作的财政基础,这都触及到农村改革中的难点问题,有可能成为深化农村改革的突破口。"

姜春云副总理亲自到过阜阳试验区,看了这份报告后十分高兴,很快做出批示:"这是农村工作的一个重大问题,试点探索出了一些解决问题的思路、途径,拟专门开个会,总结交流经验,提出今后意见。"

可以看出,他的这个批示,对税改工作的意义评价很高,他的建议也十分具体,并非那种模棱两可的圈阅或批于他人处理。他对这项看上去仅是农业税制的改革,其实将是整个农村深化改革的重大突破这一点深信不疑,并寄予厚望,更愿做出自己的努力。

只是,就在农业部转上来的这份报告和姜春云的批示,还没送到主抓经济工作的常务副总理朱镕基的手上时,朱镕基却先看到了新华社记者叶冰男的一篇《河北省调整公粮制试点方案》的消息。显然,这是朱镕基第一次接触到这类消息,有点诧异,就把文章批给当时的财政部长刘仲藜和副部长项怀诚:"请仲藜、怀诚同志阅。"同时批给国务院秘书长何春霖,要求他去搞搞清楚:"这个试点是怎么回事?"

当我们最初从《河北省公粮制改革大事记》中,看到朱镕基的这个批示时,很感到意外。因为农村税费的改革,从提出到试验,从秘密试验到公开试点,直到发展成七省五十个县的"燎原之势",已走过了漫长的五个春秋,不说大报小报已对此有充分的披露,河北省还在京召开过范围很广的研讨会,国务院许多相关部门的同志都到会了,朱镕基副总理对这事儿怎么可能会一无所知?

后来细细一想，才觉得并不奇怪。何开荫改革设想的文章被刊发在《人民日报》的《情况汇编》上，引起过李鹏总理的关注，并发表了重要讲话，可那毕竟是在一九九〇年春天，朱镕基那时还在上海工作，对这一切不了解是十分正常的。以后，他进京主管国务院的经济工作，又正是中国经济增长率跌入低谷之时，工业生产滑坡，中央财政吃紧，摆在他面前的，仅全国累欠的"三角债"就高达五千多亿，要想在如此重关如铁的困境中走活一盘棋，他几乎是在拳打脚踢，甚至用出命令经济式铁腕手段，发起清欠攻势；同时展开了一场狠打泛滥成灾的假冒伪劣产品的活动。一九九二年，邓小平南巡讲话之后，出现一个加快建设的热潮，但由于当时中国的经济工作还远没从"一抓就死，一放就乱"的尴尬局面中走出来，经济的高增长几乎是和混乱同步，开发热、集资热、炒地皮热，已经热到了朱镕基用一句英文表述"Crazy"（疯狂）的程度，"过热"发展的经济，引发出了建国以来中国最严重的通货膨胀。接下来，朱镕基就又大刀阔斧地运用起经济、法律乃至行政的各种措施，数管齐下，并亲任中国人民银行行长，大力整顿金融秩序。

朱镕基确实没有更多的精力和时间，像他抓城市经济那样去抓农村工作，再说，他对农村的情况又远不如城市工作那样熟悉。在一九九三年召开的全国粮食购销工作电视电话会议的讲话中，他对粮价的放与收，就没有像对金融和国企改革那样自信。他说："去年我们缺乏经验，放开粮价太快了一点，准备工作不足。没搞过市场经济，不知道厉害，结果，十一月以后粮价暴涨，没有按照预定的调价步骤来做，措手不及。"

但是，他对中国的农业是重视的，对农民的负担更是感同身受。一九九三年五月中旬，他在赴湖南考察期间，发觉个别地区的夏粮收购资金未到位，向卖粮的农民打白条，农民的生活和生产难以为继,他气愤之极,严厉训斥湖南省的主管领导,并对下面地区的负责人说:"我留下电话号码,你们什么时候凑够了资金,就什么时候给我打电话,我要看看究竟会拖到哪一天!"返京后,他深感问题的严重,遂亲自指示《人民日报》发表农业部清理农民负担的三个文件,公开征税的项目和范围,明令不能超过上年农民人均纯收入百分之五的上限,凡不遵令者,就依法处理。

就在朱镕基要求国务院秘书长何春霖去闹清河北省公粮制试点是怎么回事的四天之后,财政部长刘仲藜即把同样有着朱镕基批示的新华社记者叶冰男的文章《河北省调整公粮制试点方案》批转给了部里的税政司:"请税政司阅,是否与国办三局联系一下,农税处也派人参加了解一下。"

刘仲藜部长作出的这个批示,无疑已经是多余的,因为从时间上看,他还没有见到朱镕基的批示,就是说,在他张罗属下"联系一下""了解一下"的一天之前,朱镕基已经接到了姜春云转给他的阜阳研讨会的有关报告。

朱镕基看罢报告,河北省公粮制改革试点是怎么回事,就一切都再清楚不过的了。

尽管姜春云在报告的批示中,已经对各地农村税费改革试点的经验给予了最充分的肯定,并且认为"试点探索出了一些解决问题的思路、途径",他的建议也十分具体:"拟专门开个会,总结交流经验,提出今后意见",也许正是因为姜春云在批示中强调得那样重要,"这是农村工作的一个重大问题",朱镕基在看了报告之后,处理得也就相当谨慎。他对"拟专门开个会"的建议绕开不提,将这份报告批给了国务院秘书长何春霖。不过,这回批下去,增加了一个国家税务局局长金人庆:"请春霖、人庆同志阅处。此事要征求财政部、税务总局和综合部门意见。"

朱镕基显然没有表明具体的意见,只是作了具体的交待。

这一天,是公元一九九五年六月九日,已成燎原之势出现在中国各地的农村税费改革的试验,进入了他的视野,并引起了他的关注。

44 "十三号文件"诞生

在一九九五年六月以后的一年多时间里,中国的传媒机构对农村税费改革的宣传,形成了一个不小的高潮。从《中国改革报》、《中国纪检监察报》到《中国经济时报》、《经济日报》直到《人民日报》;从《内部参考》、《学习研究参考》到《国内动态清样》,直到《领导决策参考》,盛赞这场改革的文章不计其数。

一直站在公粮制改革最前沿的河北省委副书记李炳良,在去中央党校学习的时候,心中还牵挂着这件事,趁着这难得的学习机会,他遍读革命导师有关这方面的论述著作。在认真阅读列宁《论粮食税》一文之后,他发现,文章虽然距今已有七十多年了,但对中国当前制定正确的粮食政策,改革农业税费制度,仍然有着很强的针对性和指导性。

一九一七年十月,俄国革命成功以后,为了巩固年轻的红色政权,曾一度对农民实行余粮收集制。这在当时是必要的,却也产生了一系列不良后果,严重损害了农民的利益。列宁在《论粮食税》一文中指出:"我们实际上从农民的手里拿走了全部余粮,甚至有时不仅是全部余粮,而是农民的一部分必须的粮食。"因此引起了农民的强烈不满。他强调,这是"最大的政治危机"。列宁不仅使用"立刻"和"迅速"二词,来表达事态的紧迫与严峻,还"要求立刻争取迅速的最坚决的最紧急的办法来改善农民的生活状况和提高他们的生产力。"

他把改善农民的生活状况和提高农民的生产力,视为红色政权能否得以巩固,革命能否最后成功的重大政治问题。

　　李炳良重读了列宁有关农业税的论著,回顾河北省试行公粮制改革的实践,深感受益匪浅。临近学业结束需要完成一篇毕业论文时,李炳良发现自己学习《论粮食税》的心得就是一篇有意义的文章。河北是中国最早进行农村税制改革试点的省分之一,他又是主管这项工作的,自己也有责任留下一些这方面的理性思考。

　　他把自己的论文定名为《关于农业税费制度试行公粮制的思考》。他在文章中,认真分析了当前中国农民所面临的严峻的农村税费的现实:

　　　　我国农业税率并不高,近四十年又基本未变,但实行粮食定购产生的平价、市价双轨制价格,却意味着农民还要承担一部分隐性负担,仅我省每年的定购任务则是四十七亿斤,农民每年为此承担的隐性负担就是十四点三亿元,将近是农业税的三倍。此外,按照一九九一年国务院颁布的农民负担条例规定,农民还要缴纳村提留、乡统筹,涉及到的范围广、项目多;至于临时性的摊派就更是政出多门,随意性很强,加在农民头上的摊派集资大有逐年增加之势,已远不是靠"约法三章"就可以解决的。农民群众对当前农业税费负担过重意见很大。现行的粮食政策和税费制度存在着的这诸多问题,首先就不利于调动集中产粮区农民的积极性,定购任务又十几年未做调整,轻重悬殊、苦乐不均的现象已经十分突出,有些农民一手低价缴定购,一手高价买口粮,加上定购价与市场价的差异,直接影响到重点产粮区的农民收入,使集中粮食的产区农民吃亏。再说供应农民的生产资料是市场价,而收购农民的粮食数量和价格都由国家定,议购部分价格基本上也是粮食部门说了算,在建立社会主义市场经济体制的进程中,工农产品这种不平等的交换,农民难以接受;再就是现在给予农民的支持很少,向农民要的项目太多,"大包干"使农民得到的好处有些被冲消了,催粮派款成为乡村中的一大难题,有的为完成任务就带小分队、带手铐进村入户,由此而引发的恶性事件时有发生。实践告诉我们,现行的粮食政策农民不高兴,不规范的税费制度农民不满意,催粮派款的生硬做法农民不答应,现行办法难以为继,改革势在必行。

李炳良在总结了河北省税费改革的主要做法和取得的主要成效之后,恳切地写道:

> 这项改革涉及面广,政策性强,有许多问题需要我们进一步去探索,如对征币与征实、税费合一、公粮计征办法等问题,尚有不同的看法,改革方案也需要不断地完善。目前进行这项改革试验的,还有安徽、河南、湖南、陕西等省的一些县,希望中央有关部门予以重视、指导,帮助我们进一步把这项改革搞好。

是啊,农村税费改革的试验已经启动。改革已经触及到了现行财政税收体制,现行粮食定购体制,以及农村基层政府在现行政治体制下不断膨胀等等问题,而这些问题,又并非地方有能力改变或加以理顺的。如果这些问题和矛盾不彻底解决,一切税费改革最终都注定会出现"播种龙种,收获跳蚤"的尴尬。

一九九六年的秋天,中共中央政治局常委、国务院副总理李岚清到河南视察。当他了解到一些地方在打着教育的旗号向农民乱收费,最终又不是把钱全用在教育上,引起了他的不安。视察期间,他还了解到,现在农村中的村提留、乡统筹的收费办法,随意性太大,本来就是一种"多收有利"的机制,而收多收少又直接同基层干部的切身利益挂钩,这就导致了农村的"三乱"屡禁不止,成了老大难。于是,他想这恐怕要从这种收费办法究竟行不行上来考虑一下了。

出乎他的意料,在河南视察期间,李岚清又听说有的农村已经实行税费合一的规范管理办法,这办法不仅受到农民的欢迎,各方面的经费也有了保证,十分感兴趣,要亲自去看一看。听说这事就发生在邻近的安徽省阜阳地区,他便临时决定,改变行程,弯到阜阳。在阜阳,他听取了地委书记和专员的专题汇报。听了以后,觉得这办法的确不错。从汇报中他还进一步了解到,全国政协的几位老同志也到阜阳的农村进行过这方面的调查研究,回京后,他就派人要来了他们的调查材料。看过之后,感到颇有价值,于是他就又把要来的材料,附上自己的意见,送给了李鹏总理,同时也送给了朱镕基、邹家华、吴邦国、姜春云几位副总理共同参阅。

其实,促成几位全国政协的老同志深入农村搞调查的,正是原安徽省省长、全国政协经济委员会的常务副主任王郁昭。前文已经提到,在揭开中国农村改革序幕那些惊心动魄的岁月里,王郁昭曾是万里麾下的一员大将,后来出任过中央农村政策研究室和国务院农村发展研究中心的副主任,可以说,他是经历了上个世纪七十年代末八十年代初的那场中国农村改革的全过程的。而且直到今天,对中国"三农"问题的关注,依然是他乐此不疲的一件事情。

打从一九九五年四月开始,全国政协经济委员会中的几位曾长期在国家领导机关从事过经济工作的老部长们,就组成了一个专题组,围绕着当前农民"减负"的热点问题,在王郁昭的带领下,不辞辛劳地深入到安徽、河北等地进行认真调查研究;回京后,又与农业部、财政部、国家统计局等有关部门的同志进行了座谈。为在更大范围了解到来自社会各界的意见和建议，盛夏七月，全国政协经济委员会还在四川省乐山市召开了有安徽、河北、河南、湖南、四川、贵州、吉林、广西八个省区相关部门参加的"减轻农民负担问题研讨会"。着重研究了近年来一些地方进行的减轻农民负担工作的改革试点情况，探索从根本上解决农民负担问题的出路和办法。

赴安徽调查期间，专题组首先去了阜阳地区的涡阳县和太和县，还跑了凤阳、全椒、无为、芜湖、安庆、合肥等市县。中途，王郁昭曾去了一趟他从前生活和工作过多年的滁县地区。这时的滁县地区，已易名为滁州市，他在滁州饶有兴致地领着老部长们爬了一回琅琊山。

那天，陪同王郁昭上山的，既有时任滁州市委书记的张春生，还有专程从省城赶过来的原滁县地委书记陆子修。当老部长们得知此山就是北宋年间滁州太守欧阳修《醉翁亭记》中所写到的琅琊山，情绪为之一振；又发现当今的三任"滁州太守"恰又幸会一处，于是都说，此山堪称改革大业的人才荟萃之地：欧阳修曾是范仲淹改革主张的坚定支持者，王郁昭、陆子修、张春生一个个又都是今天最坚定的改革派，就纷纷建议三人留个影。

应邀随同调查研究的何开荫，触景生情，即兴吟诗一首：

改革问计欧阳修，联产承包王太守；
发扬光大陆字凡，春生处处绿神州。

因为何开荫在即兴诗里把三位同志的姓名或字号巧妙地嵌入其中，于是引起一片热烈的掌声。

在何开荫即兴诗的感染下，林业部老部长刘广运也一时兴起，自告奋勇要来笔墨纸砚，当场挥毫泼墨，书写出何开荫口占小诗，并取名《题赠四太守》。

大家无不开心地笑起来。

这是他们此次调查活动最愉快的一天。

在此之前，专题组的一行八人，一路之上心情都是十分沉重的。调查中发现，近年来由于各地不切实际的达标升级活动过多过滥，基层党政机构的干部编制严重失控，有的地方甚至出现少数干部横征暴敛，鱼肉乡里，农民苦不堪言，引发出一批恶性案件。特别是发现农民承受负担的增长速度，大大超过农民收入的增长速度，而作为国家主要粮源的中国中部农业大省，由于粮棉定购任务较重，农民获得的实际收入被大大地打了折扣；而国家原本是想减轻农民负担的"三提五统费"控制在上年以乡为单位的农民人均纯收入百分之五以内的规定，不但掩盖了农村中的贫富差距，也在一定程度上起到了"劫贫济富"的负面效应，反而加重了低收入农户的负担，成为雪上加霜！

每当接触到这些沉重的话题，专题组的同志就感到分外压抑。只是当亲眼看到安徽省太和县、河北省正定县正在搞改革试点，亲耳听到这些改革深受农民群众和社会各界的欢迎，才由衷地感到一些欣慰。

后来，通过与国家有关部、局的座谈交流，经过乐山会议的深入探究，王郁昭亲自主持写出了《关于切实解决农民负担问题的建议》。全国政协经济委员会还为此在京专门召开了一次主任扩大会议，对"建议"进行了一次认真审议。

王郁昭在这份"建议"中认为，解决农民负担最根本的出路，是发展农村经济，增加农民收入，提高农民的富裕程度。而要真正把农民负担控制在合理范围内，就必须从根本上改革并完善农业税赋的征管制度，坚决堵住增加农民负担的源头。各种调查表明，农民负担过重，往往与政府制定发展目标时的要求过高过急有直接关系，因此，解决问题的关键在上面。

"建议"几乎是在大声疾呼:要坚决清理那些不切实际的达标升级活动,凡是加重农民负担的都要坚决取缔。应树立国家、部门、地方无力兴办的事业,就不提口号和定目标的观念。从中央到地方,各级领导都应充分意识到,今天大多数农民的收入水平并不高,在社会收入差距不断扩大的今天,切不可被平均数值的大幅增长所迷惑;要正确认识农民的富裕程度,正确处理兴办各种社会事业与减轻农民负担的关系。

"建议"有着十分具体的建言。如提出要加快制定《农村税费征管法》,加强农村税费征管队伍的建设,绝不允许运用公安警力或民兵小分队征缴税费;如提出要坚决精简机构,改革干部的考核制度;如提出要在现有各种经济技术协会的基础上考虑建立农民自己的群众组织,沟通政府与农民的关系,以便于贯彻执行国家的各项政策法令,有利于真正维护农民的合法权益……

中共中央政治局常委、全国政协主席李瑞环,对减轻农民负担的工作一直很关心,看了由经济委员会主任扩大会议审议通过的报告,十分高兴。这一天,他约来王郁昭,明确表态:"你们提的建议我完全赞同。如果需要开协商会,请李鹏同志参加,会我主持。"李瑞环还指示,将"建议"分别送往中共中央办公厅和国务院办公厅。

当全国政协经济委员会的"建议"按组织程序送出去之后,王郁昭的心情还是难以平静。他考虑到在中央领导中,温家宝是各地农村跑得最多,因而也是最熟悉中国农村工作的,就又以个人名义,直接给温家宝呈送了一份。

当然,王郁昭并不知道,他的这份报告,早在十天以前,李岚清副总理就已经把它直接送给了李鹏总理和其他几位副总理参阅,李鹏、朱镕基也都批转给了财政部;更不知道,姜春云副总理在读到李岚清送来的报告后也已经转给了温家宝,并表明了他的意见:"请家宝同志阅批起草小组认真研究。"这时温家宝领导的一个起草小组,正在为中共中央、国务院起草一个有关减轻农民负担的重要文件。

两份"建议"温家宝都收到了,他和姜春云的看法是一致的,认为它对正在起草中的党中央和国务院即将颁布的一个决定极有参考价值。按说,这事温家宝已经批办了,对王郁昭个人呈送上来的"建议",就无须再作处置了,不过,他是个做事认真得一丝不苟的人,虽已有过了交待,却仍然又一次拿起毛笔,将"建议"批转给国务院副秘书长刘济民和农业部副部长万宝瑞,并且多写了几句话。他的批示,每一个字,都写得端端正正,甚至连标点符号也绝不马虎,像他以往处理任何一件工作那样严谨和认真:

> 济民、宝瑞同志:全国政协经济委员会在调查研究基础上形成的这份建议,对研究和解决农民负担问题,有重要参考价值。其中许多好的意见,在中央起草的关于减轻农民负担问题的文件中已经吸收;一些带方向性的改革措施,也在积极进行试点。请将这些情况告政协并郁昭同志。

这份由王郁昭执笔的"建议"被送达中办国办后不久,一个由中央农村工作领导小组办公室牵头,有国家计委、国家体改委、国家财政部、国家农业部、国家粮食储备局、中央纪委以及中央电视台参加的联合调查组,很快奔赴离京最近的河北省进行农业税制改革的专题调研。从中央党校学习归来的省委副书记李炳良,接待了调查组的全体同志,并汇报了河北省三年多来公粮制改革的情况,同时接受了中央电视台的采访。

这期间,一个令人鼓舞的消息,也悄悄地在安徽广大农村流

338

传：江泽民总书记派出秘书，一竿子插到最早进行农村税费改革试点的安徽省太和县。这位秘书在太和县的各处进村入户，所到之处，一概是认认真真地听，仔仔细细地看，边听，边看，边认真地往本子上做记录。临了，太和县委、县政府的领导，希望他能够谈一谈调研后的看法和意见，这位秘书却只是谦和地笑笑，说："我的任务就是看，就是听，然后回去如实汇报。"

一九九六年十二月三十日，中共中央、国务院下达了有关减轻农民负担的最著名的"十三号文件"：《关于切实做好减轻农民负担工作的决定》。这个"决定"具体地提出了"三减"：减免贫困户的税费负担，减轻乡镇企业负担，减少乡镇机构和人员的开支；明确提出了"五个严禁"：严禁一切要农民出钱出物的达标升级活动，严禁在农村搞法律规定之外的集资活动，严禁对农民的一切乱收费、乱涨价、乱罚款，严禁各种摊派行为，严禁动用专政工具和手段向农民收取钱物；而且提出"两个加强"：加强领导，实行减轻农民负担党政一把手负责制；加强监督检查，严肃查处加重农民负担的违法违纪行为。

"决定"特别指出："从根本上解决农民负担问题，必须坚持深化改革，对有些地方进行的负担分流和一些粮食主产区进行的税费改革探索，可以继续试验。"

这是党中央、国务院，第一次在"红头文件"中，对各地正在进行的农村税费改革试验，公开表明了肯定的意见！

"十三号文件"下达的第十四天，即一九九七年一月十三日，温家宝便代表中央在全国农村工作会议上，就农村税费改革的工作发表了重要讲话。他说："近年来，一些粮食主产区，主要是安徽、河北等七个省的五十个县在一定范围内进行农村税费改革的试点，取得了一定的效果，积累了一些有益的经验。中央认为，这项改革可以继续试验，但目前还不宜在面上普遍推广。主要是基于两点考虑:这项改革触及到了一些深层次的体制问题,涉及到一些重大改革方向,继续改革必须与现行的粮食购销体制和以农业税为主的财税体制的改革统筹考虑,这件事涉及面广,而且较为复杂,需要全面设计方案。试点工作要有领导地进行,已经批准开展试点的地方,要认真试好,并注意总结经验。"

温家宝不但肯定了各地税费改革试点积累了有益的经验,而且精辟地指出这项改革触及到了深层次的体制问题,涉及到了重大的改革方向,因而需要全面设计方案。

温家宝的这个讲话,高屋建瓴,振奋人心;他对农村税费改革的诠释,更是高瞻远瞩,入木三分

45 是非功过凭青史

一九九八年三月二十七日,在第九届全国人民代表大会上,经国家主席江泽民的提名和与会代表的选举,朱镕基出任国务院总理。

在担任总理两个月后的六月六日,朱镕基签发了一项国务院令,发布实施《粮食收购条例》。

早在四年前的一九九三年,朱镕基就过问过粮食的收购工作,不同的是,以前是通知,不遵照执行还只是工作态度或认识上的问题;这次却是国务院令,这就把通知上的许多规定,上升到了法律的高度,不执行就是违法。并且,这次的"条例",还特别增添了一些硬性的规定,制定这些新的规定,其目的显然是为了提高农民种粮的积极性,确保国家每年一千亿斤粮食的定购需要,并对国家粮食部门实行有效的保护。当然,它的意义,还远不止这些,因为"条例"上明确规定:除农业税外,粮食收购时"不得接受任何组织和个人的委托,代扣、代缴任何税、费"。这

里指的"组织",显然包括各级政府;这里提到的"个人",自然包括党政领导干部。新的"条例"无疑是想从"粮食收购现场",对愈演愈烈的搭车收费现象予以坚决的阻击,从而彻底减轻农民负担。

可以说,制定这部"条例"的良苦用心,是无可置疑的,却又是一厢情愿的。因为,当今农村基层税费的征收背景十分复杂,比如就像"条例"上提到的"统筹款、提留款",这也正是国务院过去正式下文要求向农民征收的,而其中的许多费用本来就应该由国家财政支付的,国家财政该给不给,这才造成农民负担,现在这许多十分具体的问题避而不谈,不去从根本上予以解决,却硬性规定乡(镇)村干部不得在收购现场坐收除农业税外的任何税费,这其实就把农村基层政府和村级组织推向了极端——要么就只有阳奉阴违,拒不执行"条例"上的规定;如果执行,结果也只能是迫使下面更多地以"小分队"、"工作队"或是"突击队"的形式,甚或运用司法手段,挨家挨户上门强收强要。

更为严重的是,这个《粮食收购条例》明确无误地指出,粮食的收购只能通过国家的粮食系统,而且要求粮食的收购,必须"户缴户结",资金又只能"封闭运行",这就与各地正在试行的农村税费改革的做法产生无法调和的矛盾。

当时,河北省还正筹划着要将公粮制改革的试点进一步扩大到全省去呢,作为这一课题组主持人的杨文良,正劲头十足地张罗着"河北省公粮制改革方案研讨会"。当他弄懂了《粮食收购条例》上的那些具体规定后,感到挨了一记闷棍,立刻意识到这五六年来三任省委主要领导重视的,自己更是倾尽了大量心血的公粮制改革,即将中辍;全国所有的税费改革试点也都不得不面临在一个早上完全停止的厄运。

杨文良心急火燎地坐下来,把《粮食收购条例》反复地看了又看,试图从中找到对税费改革有利的字句。显然,他无法找到,不过他依然乐观地认为,从总体上和本质上看,公粮制的改革同《粮食收购条例》,都是为了规范农民的负担,确保国家掌握必要的粮源,二者的关系并不就是互相排斥,非此即彼的。

于是,他连夜向省委写了一份专题报告:《公粮制改革试点应当继续进行》。

但是,除了像他们这些对税费改革情有独钟者,其他人并不如此认为。就在杨文良将专题报告送上去不久,河北省政府办公厅金融贸易处也向省委和省政府主要领导写了一份相反的报告,指出:"'公粮制'和'费改税'试点的做法,不符合《粮食收购条例》的具体规定,也影响到农业发展银行收购资金的封闭运行。针对上述情况,建议我省按照国务院颁发的《粮食收购条例》的有关规定执行。"

在我们这个国家,在我们这种特殊的体制下,是下级必须服从上级,全党必须服从中央的。从这个意义上讲,政令还是畅通的。正因为如此,河北省的主要负责人就不可能也不敢不执行中央的"条例",于是,就只有放弃刚刚推行的公粮制改革。

省委副书记赵金铎,因为同时也兼任河北省县级综合改革小组负责人,他对公粮制改革给农村带来的新气象,是十分清楚的,接到金融贸易处送上来的报告,其心情极其复杂。就在前几天,他刚在杨文良起草的一个《河北省公粮制改革方案研讨会议日程表》上批出"同意"两字,可是现在,他必须做出相反的决定。

赵金铎在后来的一次会上曾这样说道:"河北省公粮制的改革可以列上十条八条的好处,但除农业税外任何税费不准代扣代缴这一条,是刚性约束,'条例'就是法规呀,在执行上打折扣是不允许的,我们只能和中央保持一致。但是停了公粮制改革,并不等于否定这项改革,只是因为它与'条例'有抵触。"

杨文良参加了这个会,赵金铎代表省委在会上的这番解释,他听清楚了,但似乎又变得更糊涂了。既然公粮制改革有那么多的好处,值得充分肯定,为什么就一定要中止它呢?

　　很快,省委书记也作出同样的批示:"应按国务院统一的'条例'执行"。

　　接下来,省长叶连松也批道:"全省都要统一按国务院《粮食收购条例》执行",还特别指出:"即召集省综改办、地税、粮食、农发行研究,并即联合发出通知,依法执行。"

　　在叶连松作出指示的当天,综改办、财政厅、粮食厅和农业发展银行四家就迅捷发出联合通知,要求各地必须坚决执行国务院发布实施的《粮食收购条例》。

　　杨文良几乎都要急疯了,就在四单位联合下发通知的同一天,他再次上书河北省委、省政府,要求就继续进行公粮制改革试点的问题向中央紧急请示。

　　恰巧这期间,国家计委的一个调研小组到河北省了解夏粮收购情况,回去后给温家宝写了调查报告。温家宝在调查报告上作出了这样的批示:

　　"'公粮制'问题可纳入税费改革继续研究,目前应统一执行《粮食收购条例》。"

　　国家计委副主任王春正将温家宝的这个批示意见,于当天电告河北省省长叶连松。

　　温家宝的指示其实是十分清楚的,他说了两层意思。作为国务院副总理,他必须强调由朱镕基总理签发的国务院令的严肃性,要求坚决执行"条例";但过去他曾高度评价过安徽、河北等七省五十个县进行的农村税费改革的试点工作,现在,他的态度依然没有变,他对河北省搞的公粮制改革还是给予了充分的肯定,如果我们再仔细地加以领会,就会发现,他在两者的提法上还是有区别的。他在"应该执行《粮食收购条例》"一句前面,加有"目前"二字,也就是说,作了时间上的界定,而提到税费改革时,则要求"继续研究"。因此,至少可以这样认为,温家宝主张在执行目前的"条例"时,不应该影响到对具有更深远意义的税费改革的试验与探索。

遗憾的是,省长叶连松并没有全面地去领会温家宝指示的精神,便作出了措词更加严厉的批示:"要认真贯彻落实家宝副总理批示。必须做到敞开收购、户缴户结、不准乡村干部在粮站坐收统筹提留款,以往的'公粮制'试点县统一执行《粮食收购条例》,这些问题都要很坚决。如我们的干部不听招呼,查出典型要严肃处理。"

河北省政府办公厅根据叶连松省长的指示,当即向全省发出紧急通知。

于是一个早晨,一场轰轰烈烈历时五年之久的,已扩大到三十七个县市的公粮制改革,就从河北省的地平线上消失得干干净净。

与此同时,全国七个省已经发展到了六十多个县市的税费改革试点,也都几尽终止。

这消息,使得杨文良心急如焚。

然而,不管杨文良如何认为公粮制的改革是在探寻解决农民问题的治本之策,继续进行试验是十分必要的,但改革毕竟由于《粮食收购条例》的颁布而停了下来。

公粮制的改革被停了下来,问题也就跟着来了。在有些人看来,被宣布停下来,等于被坚决否定,而作为这一研究课题的实际负责人杨文良,这五年多的忙活,就都是在瞎折腾了!

一些流言蜚语随之而来,一些异样的眼神也接踵而至。

杨文良顷刻间陷入到四面楚歌之中。

在那段不堪回首的日子里,杨文良万般无奈,一遍又一遍地重读邓小平的南巡讲话。他固执地想在邓小平的南巡讲话中找到答案。他坚信,农村的税费改革,必将会继续下去,因为它得到了广大农民的衷心拥护。他甚至认为,中国已经走上了市场经济这条不归之路,就不应该继续推行粮食的统购统销,逐步放开粮食市场才是良策。

想到这些,杨文良就热血沸腾,忍不住取笔展纸,将万千感慨,凝于笔端:

矢志改革不旋踵,信心建在伟业中。

为国分忧意义大,为民解难方向明。

成败得失靠实践,利弊是非问群众。

励精图治兴中华,任尔东西南北风。

他多么想找一个志同道合可以倾诉苦闷的对象,可是,除了何开荫,他又能找谁呢?一想到何开荫,就料定老何的处境肯定也不会比自己好到哪里去,他的心里便充满了牵挂。他将诗稿誉清了一份,给老何寄了过去。

何开荫此时的处境确实十分狼狈。十年了,为了农村税费改革,他备尝人生艰辛与世态炎凉,但他无怨无悔,一直信奉邓小平的一句教诲:"不争论,允许看,但要坚决地试,大胆地干。"好不容易走到了今天,改革已经受到七个省六十多个县农民的普遍欢迎,现在却突然相继夭折,他确实无法接受这个事实。最不能接受的,还是随着税费改革的被迫中止,过去热情支持、笑脸相迎的人,一下子换了面孔,好像不认识他了;而一向冷眼旁观的,这时却纷纷出来证明他们的先见之明;本来就持反对意见等着看笑话的,开始走出来"秋后算账"了,将各种各样的屎帽子扣在他的头上。说他的那些改革设想,纯粹就是异想天开;说他写的那些文章,更是胡说八道;说他把国家的粮食政策和财税制度已经搅成了一锅粥;说他做这一切不过是为了出风头,为了欺世盗名。随之而来的是,他写出的文稿,因为无人为他签字,在省政府办公厅已不能再打印;早在一九八七年,由于得到当时的省长王郁昭、常务副省长孟富林的特批,他参加了当年的高级职称评审,并于次年获得"正高"职称,现在碰到工资改革了,却再没人为他兑现,只能享受科级待遇。更令他想不通的是,省政府办公厅在为干部职工解决住房时,在分房的打分中他明明得分高居全厅第二,但是,如今办公厅机关的每一位干部,包括刚来不久的小青年,都享受到了政府办公厅的住房,惟独他依然住在原来行管局房管所十分尴尬的老房子里。

这种来自政治、经济、社会乃至生活上的种种压力,压得他整个儿透不过气来。

夫人顾咸信,见他成天心事重重,走在大街上也是勾着脑袋,怕他出事,更怕他会跑到什么会上,或是去什么场合,像过去一样想到什么说什么,就动员他去学学抽烟喝酒。因为她听人说,酒可以消愁,烟能助人深虑,她希望他平安地度过这段日子。

"这些年来,你身为高级农艺师,经常有人找上门来,请你去做技术指导,放着又省心又来钱的好事不干,偏要光着脑袋朝刺棵里钻,图啥呢?现如今,话已难说,就别说了,改革的事也不要瞎操心了。"顾咸信劝着何开荫。

何开荫何尝不想就此罢了,去做既无风险又名利双收的农业科研工作。但他对中国农村深化改革的研究,毕竟投入了太多的心血,也寄托了太多的期望,现在让他"金盆洗手",那是不可能做到的。

不过,在难耐与苦闷之时,他真的接受了夫人的建议:抽烟,喝酒。于是,平日从不沾酒也无烟瘾的何开荫,开始正儿八经地

346

抽上了烟,每天晚上喝上两盅酒。谁知,一抽一喝,竟然发现烟酒这东西确实好使,他的心情真的平静了下来。

可是没过多久,他的心潮又一次涌动起来。他发现安徽省的税费改革并非全军覆没,发现了这一点,他又变得激动不已了。

原来,安徽省省长回良玉,在《粮食收购条例》下达之后,以安徽省人民政府的名义,向国务院写了一份报告,强调安徽省阜阳地区是经国务院备案的全国第一个农村政策试验区,为探索减轻农民负担新途径,要求继续推行农村税费改革的试点。为解决税费改革与国务院颁布的"条例"相衔接的问题,安徽的试点决定将按耕田征实调整为按人付款。

由于回良玉的据理力争,当全国各地的农村税费改革都停下来的时候,安徽阜阳却是一花独放,税改的试验工作一天也没有终止。

有了这个振奋人心的好消息,何开荫终于放下心来,更令他鼓舞的是,在他已年满六十应该退休的时候,回良玉省长聘任他为省政府参事。这就是说,只要身体康健,他就可以干到七十岁,给了他继续深入研究农村改革十年的时间和更为广阔的空间。他在感奋之余,立即又开始酝酿一个新的计划:把今天的粮食收购政策,作一次系统的研究!

尽管这种研究,在当时是件十分敏感的事,更是颇多风险的事,可他决心已下,就奋不顾身了。

他早就注意到,一九九三年夏收之前,当时还是国务院副总理的朱镕基,就下达了一个《关于进一步做好夏粮收购工作的通知》,"通知"要求,粮食要按保护价敞开收购。但是,这项旨在保护农民利益、保证农民增产增收所采取的重要措施,却随着一九九四年一月一日开始的分税制的推行,各地就难以贯彻了。因为政策规定是中央定价,敞开收购,出现亏损,要由地方财政补贴。问题是,产粮大县连工资都发不出,哪有钱补贴? 没有补贴,文件对粮食系统提出的那些要求,就等于没说。政策还规定,国有粮食企业只能顺价销售,但中国的粮食系统养了那么多吃闲饭的人,又如何能做到顺价销售呢? 政策规定的保护价,其"保护"的资金,并不是直接"保护"给卖粮的农民,而是有相当一部分被那些投机倒把分子或垄断寻租者渔猎而去。对广大农民来说,这些政策不过是画饼充饥,反而误导农民多产粮食,而粮食又是粮食部门垄断着市场,结果就把农民坑得更苦! 这些年来,中国农民人均纯收入增加的速度已是逐年下降,人均纯收入的增幅已经低于人均负担额的增幅。

"这些情况,从中央到地方都应该是清楚的,不清楚讲不过去啊!"何开荫感到难以理解。这种明显不合理的粮食收购管制政策,过去下达的还只是"通知",而这次颁布的却是具有了法律效力的"条例",这就使得它变得天经地义,不容置疑!

何开荫依然对这一"条例"表示了怀疑。

他承认,《粮食收购条例》在很大程度上保护了国有粮食部门的利益,在这一点上,税费改革与"条例"是有矛盾的。但他并不认为改革的试点在这方面就是错的,相反,正是这种税费改革,触动了国有粮食部门的既得利益,才推进了粮食购销体制的改革。这些年,广大农民对国家实行粮食低价定购早就表现出强烈不满,探索解决农民负担治本之策的税制改革,理所应当地要把取消这样的定购制作为改革的一项重要举措。毫无疑问,这样的改革试验,它在从根本上解决了农民长期所承担的"隐性负担"的同时,也截断了粮食系统牟取部门利益的一条主要途径。长期以来,我们一些国有粮食部门依赖政企不分、官商一体的管理体制,左右逢源,下坑上骗:在收购环节上,通过压级压价、扣杂扣水的不良手段坑害农民;在销售环节上,通过乱摊成本、涨级涨价坑害城镇居民;在贷款的使用上,大量挪用挤占粮食收购资金,或利用少收定购粮、多收议价粮,虚报、冒领政策性贷款;在财务的结算上,又通过"平转议、议转平"等卑劣伎俩骗取国家财政补贴,层层截留储粮补贴。总之,这次改革,改的就是国有粮食部门官商一体、政企不分的管理体制,改革的规定之一便是"粮食企业自主经营、自负盈亏、自我发展、自担风险,不再承担任何国家行政职能,国家也不干预其经营行为",迫使粮食企业转换职能,走向市场。

既然改革是利益的再调整,那就不可能使所有部门的所有人都满意。

他认为,中国的农村改革,是在理论准备和政策准备都不完善的情况下启动的。第一步改革,基本上是在农村内部进行的,有相当的独立性,改革的主要内容也只是破除人民公社体制,实行家庭承包经营,而我们又有着几千年家庭经营的历史,农民有着这种传统意识,只要政策允许去搞就行,农民家家户户都会。可这一次的改革就不同了,它势必深入到金融、财政、价格、计划、物资、内外贸易等等诸多领域,触及到城乡之间,以及部门之间大量的深层利益结构的调整,面临空前复杂的局面。第二步改革的重要内容,是要在经营主体变革的基础上去建立现代市场主体和市场体系,如何去建立,我们的历史没有这种记忆,农民不晓得,我们的政府也不清楚。因此,今天所面临的问题,有许多是超经验的,凭以往的经验是无法把握的。从这个意义上讲,如果我们把以往的改革定义为破旧的话,那么新一轮改革,就应该认定为创新,即组织的创新和制度的创新,是在为市场运作夯实基础。

中国有十二亿人口,人均不过一亩一分多地,永远不可能存在粮食过剩问题,为什么在发达国家人均拥有一千公斤粮食也没有出现卖粮难的问题,而我国的人均只有四百公斤就会出现粮食过剩呢?这就要求我们不仅应该从粮食的生产、分配、流通和消费几个方面去分析,更应该从我们的思想观念和粮食政策上寻找原因。

我们经常强调:"粮食是一种特殊商品,关系到国计民生"。从这个前提出发,就往往会得出应由"政府统管"的结论,把粮食视为一种统管产品,但同时应当看到,粮食有其特殊性,但它毕竟又是一种商品,仍应以市场调节为主,政府只是如何调控市场的问题。再说,就全国而言,现在农民人均纯收入有百分之六十八来自农业,农业收入中种粮的收入又占到百分之五十二,种粮收入对今天的中国农民来说依然至关重要,而提高粮食生产的收入,所有的研究都在表明,只有走优质优价和结构调整产业化经营的两条路,但现在的很多政策实际上已经把这两条道不能说基本管死,也是大部分管死。可以说,不触动现有粮食体制中的利益分配结构,提高农民收入就永远只能是一句空话。

何开荫经过几天痛苦的思考,一鼓作气,拿出了一篇《彻底解决粮食购销体制问题,必须进行农、财、粮、价、税、费联动的综合配套改革》的沉甸甸的文章,决定再次进谏中央。

直言无忌,自是坦荡的君子所为!

经过这几年税费改革的风风雨雨,何开荫领悟透了毛泽东说过的那句至理名言:"中国的事情别着急,慢慢来。"

他不止一次地想到了当年的包产到户,那场改革何尝不是一波三折历经坎坷呢?

党的十一届三中全会,没谁不知道它在中国历史上具有划时代的意义。但是,我们确实也不应该忘记,正是在那样一次伟大的会议上,"原则通过"的《中共中央关于加快农业发展若干问题的决定》（草案），还曾明确规定"不许分田单干，不许包产到户"，而后来中国农村的伟大变革却正是以"包产到户"、"分田单干"为实质的"大包干"取得重大突破的，所以，当那次会议的精神一传达，凤阳县小岗村的农民伤心地说："早也盼，晚也盼，盼来了两个'不许干'！"

三中全会是"不许"，四中全会就改成了"不要"。"不要"无疑比"不许"宽容了许多，严禁变为劝告，变成"对已经搞包产到户的不批评、不斗争、不强制纠正"。再后来，中央三十一号文件，对"不要"也有了松动："深山区孤门独户可以搞"，网开一面了；到了中央七十五号文件，其范围就被进一步扩大，又成了"三靠地区可以搞"。

中国农村改革的实践证明，突破，修订，再突破，再修订，如此反复，就是前进，就是领导与群众相结合，就是理论与实践相结合，就是从群众中来再到群众中去，这正是符合马克思主义认识论的！

终于，在十一届三中全会召开的三年之后，经过许多次反复，几十遍修改，作为集体智慧结晶的《全国农村工作会议纪要》，被送到了中央最高决策层。先是中央书记处讨论，继而由中央政治局研究，最后政治局常委通过，于一九八二年一月一日，将此"纪要"作为该年度的一号文件，印发全党——明确提出：包括包产到户在内的"目前实行的各种责任制都是社会主义集体经济的生产责任制"，"而且，不论采取什么形式，只要群众不要求改变，就不要变动"。

主持起草这份重要文件的杜润生，在谈到"包产到户"被艰难地确认过程时，曾说过一段发人深思的话："中国的事情只能慢慢来，想一口吃成个胖子，一步到位是行不通的，这就是中国的特色。"

这就是中国的特色！

何开荫后来在给杨文良的一封复信中，不仅回顾了中国农村改革走过的那段曲折的历程，还试着步杨文良诗作的原韵，和诗一首，以此明志。

他很喜欢杨文良诗中透出的万丈豪情，特别是"成败得失靠实践，利弊是非问群众"两句，他觉得是可以称之为神来之笔的。

是啊，人民群众喜欢不喜欢，赞成不赞成，满意不满意，这永远应该是我们一切工作的出发点和最后的归宿！

在农业和农村的问题上，农民拥护，政策就对头；农民反对，政策便出了毛病。世界上的事情什么叫好？绝大多数的老百姓欢迎的，就叫好；否则，就不能叫好。

他写道：

> 改革岂惧磨顶踵，志在华夏天地中。
> 征收公粮开市场，税费统筹一条龙。
> 家国集体均获益，喜欢赞成答应众。
> 是非功过凭青史，笑沐苦雨与凄风。

写出以上半文不古的诗句后，何开荫依然感到有许多话要说，就又在信中表白道：

> 我对农村税费改革的前景并不担心，因为此项改革已经不推自广，受到了广大农民的欢迎和拥护，我相信它会和当年的"大包干"一样，肯定是要进行到底的，而且我对此充满信心！

他告诉杨文良，他的最近一篇分析粮食购销体制、希望综合改革的文章，经新华社以内参形式，已经发给了中央政治局和国务院的领导同志。

何开荫对"大包干"历史的回顾，以及捎来的安徽继续进行农村税费改革试点的消息,连同他的诗,这都成了深陷苦闷中的杨文良的兴奋剂。

一九九八年七月八日,杨文良按捺不住激动的心情,直接向党中央、国务院写出要求继续进行农村税费改革的报告。

46　中国农民的福音

事情到了这一年的九月便有了转机。

一九九八年九月二十五日,在中国改革开放二十周年的日子里,江泽民总书记在安徽省城合肥,就中国的农业、农村和农民问题发表了重要讲话。

江泽民指出:尊重实践,尊重群众,这是过去二十年来我们在领导农村改革的立足点,获得的根本经验,也是我们今后推进农村改革,做好农村工作必须遵循的原则。要正确对待农村中出现的新事物,尊重农民的创造和选择。

对于农村改革,他强调坚持两条:第一,鼓励试,不争论;第二,坚持"三个有利"的判断标准。在改革的实践中,要不断帮助群众总结提高,加以引导,对的就坚持,不对的改正就是了。

江泽民还就当前和今后一个时期要着重抓好的工作,提出了六大课题。其中特别指出:"改革和规范农村税费制度,探索减轻农民负担的治本之策"。

这是党的总书记第一次坚定而明确地倡导和鼓励农村税费制度的改革,要求大家"探索减轻农民负担的治本之策"。

他在讲话中最后强调:"深化农村改革是一篇大文章,我这里只是点一点题。希望各地按照中央的统一部署,从当地实际出发,继续大胆探索和实践。"

总书记的讲话像一股强劲的春风,从八皖大地迅速吹向全国各地,驱散了笼罩在人们心头的疑团与迷雾。

于是,看似停滞已呈胶着状态的农村税费改革,顷刻间获得了巨大的动力,步伐骤然加快了。

一个月后的十月二十七日,财政部部长项怀诚、农业部部长陈耀邦和中央财经领导小组办公室副主任段应碧,三人就农村税费改革问题专题致信朱镕基总理。他们提出,中国的农村税费改革大致可分"方案起草"、"论证修改"及"试点实践"三个阶段,并把每个阶段的大体设想也作了汇报,还把实施的时间也作了确定。

既然江泽民总书记已经十分明确地把农村税费改革作为"着重抓好"的工作提了出来,许多地方过去又早已进行过这方面的试点,并取得许多宝贵的经验,所以,朱镕基对项怀诚、陈耀邦和段应碧提出的这种按部就班的做法,感到了不满意。他在他们的材料上做了明确的批示:

> 三个阶段可交叉进行,实行时间不必拖到二〇〇〇年。先出个文件,各省市可根据具体情况自定改革时间,争取有几个省明年出台。

那段时间,朱镕基南下考察,考察期间仍念念不忘税费改革的事。据《广西日报》十月三十日报道,朱镕基在北海和南宁的谈话中指出:"农村中的提留、统筹等费用是目前腐败的原因之一。有些地方以这些'三提五统'费用为借口,加收各种名目繁多的费。政府年年喊钱不够用,农民天天怨负担重。这个事不能拖了,你们要多做调查研究,及时解决。"

他还说,"几年前我就已经有了个好的想法,思考了许多年。我的想法就是把所有合理的收费纳入农业税的范畴,让村干部吃'皇粮',稍微提高一些税就可以了,农民也负担得起,除了农业税,其他收费都属于非法的;除了税务部门外,其他任何单位、个人都不能向农民收费,谁收谁违法。这样,乱收费的人就找不到借口了,农民拒绝乱收费也就更加理直气壮了。在这个问题上,只要中央和地方统一思想,统一认识,是完全可以做好的。这对农民有好处,对国家有好处,对有效制止乱收费、搞好干群关系、杜绝腐败都大有好处的。河北省搞了几年试点,实践证明是不错的。"

没过多久,朱镕基再次给项怀诚、陈耀邦和段应碧作出批示:

> 根据我同许多省市领导交谈,此项改革业已成熟,不必拖那么长时间。当然工作要做细,也不必由中央规定一切细节,划一实施时间。实际上一些省已在一些地区实行。领导小组和办公室越多越办不了事,需要哪个部门办事和商量,国务院已授权你们可以召集。

这一年十二月四日,新华社信息中心编印的《决策参考》第四十七期《权威论坛》报道,朱镕基在国务院常务会议上又一次说到了税费改革,他说:"河北省一个地方已经推行了好几年了,采取公粮制,一律桥归桥,路归路,不向农民收乡统筹、村提留,都在农业税里面收,非常有成效。"这年年底,在全国经济工作会议上,朱镕基再次谈到"乡村费改税"时,又十分明确地说道:"乡村费改税一九九九年要开始搞,安徽、河北的这项改革搞得还是好的,要继续搞。"

一九九九年三月五日,全国人大九届二次会议在京召开,朱镕基总理在政府工作报告中庄严承诺:"抓紧制定农村费改税方案,并付诸实施,从根本上解决农民负担过重的问题。"

会后,国务院办公厅本年度第六号《参阅文件》,刊出了项怀诚、陈耀邦、段应碧三人合写的《关于农村税费改革有关重大政策问题的调研报告》。

到了这时候，河北省因《粮食收购条例》的颁布被推迟了九个多月的"公粮制改革方案研讨会"，终于在石家庄隆重召开了。会上，省委副书记赵金铎，对这么多年锲而不舍地从事公粮制改革研究的杨文良，给予了最充分的肯定和表扬。他充满感情地说道：

"文良同志可以说在这个问题上非常执著。无论是这项改革顺利的时候，还是遇到问题和困难的时候，他都是一往无前的，也确实费了很大的心血。特别是在《粮食收购条例》出台后，他写了一系列的文章，这些文章的观点是有分量的，我看许多观点是很有说服力的，也有一定的现实性。这些文章分别寄给了朱总理办公室、中财办、国务院研究室等单位。"

安徽省政府参事何开荫，作为这项改革最早的倡导者也应邀前往石家庄并做了专题发言，他发言的题目是：《中国农民的福音：农业税费改革是农民减负增收、理顺农村利益关系、发展农业生产的得力措施》。他的发言在研讨会上引起了很大反响。

一九九九年五月二十九日，国务院办公厅向全国转发了农业部、监察部、财政部、国家计委、国务院法制办《关于一九九八年农民负担执法检查情况的报告》，要求各省市区"抓紧制定并实施农村'费改税'方案，积极探索从根本上减轻农民负担的有效途径"。

至此，农村税费改革终于成了社会各界关注的热门话题。各地都在积极地探索和抓紧实施减轻农民负担的税改方案，一个新的改革高潮，在中国各地农村呼之欲出了！

这期间，新华社编印的《半月谈》杂志从全国各地眼花缭乱的农村税费改革的探索中，排出了最具代表性的"三大模式"，这就是：安徽省太和县的"农村税费总额大包干"模式、河北省正定县的"公粮制"模式和湖南省武岗市的将"三提五统"费改为"农村公益事业建设税"模式。

到了十一月十三日，国务院总理朱镕基就在中央经济工作会议的讲话中，坚定地表示："要推进农村税费制度改革"，并公开了推进的时间表："明年国家先在几个省区进行试点，其他省区也可在个别县（市）试点，争取后年在全国推开。"

朱镕基把改革的步伐骤然加快了。

确实没有理由不再加快这项改革试点的步伐了。尽管项怀诚、陈耀邦、段应碧拟就的改革试点方案，尚未正式出台，更不了解各省市自治区对这个试点方案持何种意见，而且眼看还有一个多月的时间便到了"明年"，朱镕基还是断然把"几个省区进行试点"的时间，定在"明年"，同时宣布，几个省区大约只要一年的试点，就可以"争取后年在全国推开"。

朱镕基的决心和信心都很大，改革起来，依然表现出以他那暴风骤雨的方式强力推进的施政特色。

然而，当国务院授权财政部长项怀诚等人组成的专门领导小组，拿出《关于农村税费改革的意见》，将他们拟就的试行方案发到全国各有关的省区以后，因为这个方案并没有集中各地试点工作中成功的经验，有着明显的政策缺陷，执行这个方案，农民的负担可能会减轻，但地方财政由此出现的巨大财政缺口，却无力填补。所以，除安徽省委书记回良玉因是这方面的专家，显得胸有成竹，信心很足，其余各省都先后打了退堂鼓。但是惟一坚持试点的回良玉因为工作需要，不久被调离安徽出任江苏省委书记，使得农村"费改税"的试点工作，顿时变得扑朔迷离，陷入僵局。

但是，朱镕基的决心没有变。早在一年前，他在给财政部长项怀诚、农业部长陈耀邦、中央财经办副主任段应碧的批示中，就指出过："实行时间不必拖到二〇〇〇年"，"实际上一些省已在一些地区实行"，"此项改革业已成熟，不必拖那么长时间"。随后又在全国经济会议上明确提出："乡村费改税一九九九年要开始搞"。显然可以看出，他确定的时间表却一再被耽搁，最后还是拖到了"不必拖到"的二〇〇〇年！

此势如箭在弦上，不得不发，二〇〇〇年必须推行改革，这一点，不能再有丝毫的动摇了。

于是，二〇〇〇年三月二日，中央正式发出了《关于进行农村税费改革试点工作的通知》。

我们注意到，湖北省监利县棋盘乡党委书记李昌平，给国务院领导写出的后来曾轰动全国、反映"农民真苦，农村真穷，农业真危险"的一封信，正是二〇〇〇年三月二日。

这既是一种巧合，却更像一个寓示，它至少说明，党中央、国务院发出的这个"通知"，不仅顺应民意，还是十分及时的！

"通知"指出："中央确立在安徽省以省为单位进行农村税费改革试点。其他省、自治区、直辖市可根据实际情况选择少数县(市)试点，具体试点工作由省、自治区、直辖市党委、政府决定和负责，试点方案报中央备案。全国农村税费改革在试点的基础上摸清情况，积累经验，逐步推开。"

"通知"要求："中央和国家机关各部门要带头贯彻落实中央关于农村税费改革的精神，积极支持和配合搞好试点工作。要适应改革要求，及时调整工作思路、工作方法和有关政策，坚持一切从实际出发、量力而行的方针，可办可不办的事情不办，能缓办的事情缓办，绝不能用牺牲农民利益的办法求得事业发展。"

确立安徽作为税费改革惟一的试点省，这是党中央、国务院对安徽最大的信任与鞭策,当然更是对安徽率先提出税费改革并连续七年进行大胆探索的充分肯定。

这期间,全国人大九届三次会议在京召开,当安徽省代表团审议政府工作报告时,朱镕基总理来到了安徽代表们中间。

他坦诚直言道:"我一直关心农业的问题,考虑增加农民的收入,减轻农民的负担,这已经是现在最大的政治,但能拿出的办法却又不多,只有'减负'。这是必须下决心的。'费改税',是一揽子工程,不合理的收费很多,什么二百种、三百种,我看只有一种,就是农业税,其他都是属于非法的,不能再叫种田的吃亏了。这项工作,已经搞了一年的调研,也定了一些试点,可是到今天却只有安徽不打退堂鼓,而现在良玉同志还到江苏去了。"

朱镕基望着新任省委书记王太华,问道:"你太华还搞不搞呢?"

王太华非常清楚这场改革意味着什么。没有现成的经验可以遵循,什么情况可能都会出现,什么困难都会发生,但是,为了让亿万农民过上幸福富足的日子,他愿意承担一切风险,迎难而上。也许此刻,他有许多话要说,却只是庄严地一笑,说了一个字:"搞!"

朱镕基高兴地点了一下头,说:"有这个勇气,是要表扬的!"

接着,他指出:"这条路很艰难,也很光荣。万里同志当年在安徽搞'大包干',那是开创了一个历史;今天农村税费改革的意义,不亚于'大包干',我们必须认识到这件事的重大意义。"

说到这里,他的感情变得复杂起来。他认真地环视一周,动情地说:"我是南陵人,南陵县是我的祖籍,我有安徽的血统。安徽的历史上,有浮夸的'美名',当然,全国都有,安徽却是比较严重的,我担心这次税费改革,下面还会搞浮夸。现在,大家都怕我,但安徽不怕,尤其南陵人不怕,一九九八年我去南陵粮站视察,他们就对我弄虚作假。今天只有搞'费改税'这样一条路了。我们必须扎实工作,一定要谨防虚报,农民的税费不能再搞得太重了。假如这一次搞不好,我就只有撤职。"

他感慨地说道:"这么多年,我们培养了一批会汇报的干部,这些干部不去访贫问苦,不去做调查研究。今天我们搞税改,就是要讲实的,要讲成绩,也要讲缺点,讲问题。我希望安徽省的同志进一步改进领导作风,能听得进不好听的话,这样才能把事情做好。"

他最后说:"太华同志比我年轻,风险我替你担了,但我依然为你捏把汗啊,因为'费改税'的工作是会非常艰巨的。我马上要下了,(任内)看不到结果了,可我希望安徽全省上下团结起来,勇敢地挑起这个担子!"

就在那次全国人大会议期间,中共中央政治局常委、国家副主席胡锦涛,也来到了安徽省的代表团中间。

他认真听取了大家对搞好农村税费改革试点的意见和建议之后,亲切地对来自家乡的代表们说:"实行农村税费改革,是减轻农民负担的根本措施。工作中,会有不少困难,安徽作为试点,我们就一定要精心组织,认真安排,有步骤地进行。"

历史,又一次降大任于八皖大地。一场亿万农民期盼已久的,中国农村第二步伟大的改革,就在这世纪之交,在"大包干"的发源之地,终于拉开了序幕!

江淮儿女又一次勇立潮头!

第十一章　破　　题

47　迟到的"新闻"

安徽省历史上从未有过的宣传发动阵势在最短的时间内出现了。

省委、省政府向全省一千三百万农户印发了《致全省广大农民群众的一封信》,在三十五万个村及村民组张贴了《关于开展农村税费改革的通知》,党的政策迅速走进千家万户。

紧接着省委又从各部门各机关,抽调三百六十五名干部,组成八十五个督查组,奔赴大江南北,长淮上下,宣讲税费改革的意义,解释税费改革的政策,督查各地落实税费改革的情况。

这次安徽以省为单位搞的改革试点的方案,是由国务院农村税费改革工作小组确定的。归纳起来,大致是四句话:三个取消,一个逐步取消,两项调整,和一项改革。具体内容是:取消现行的按农民上年人均纯收入一定比例征收的乡统筹费,取消农村教育集资等专门面对农民征收的行政事业性收费和政府性基金、集资,取消屠宰税;用三年时间,逐步减少直至全部取消统一规定的劳动积累工和义务工;调整农业税,调整农业特产税政策;改革村提留征收使用的办法。

其方案简单地说就是"费改税"。

原来的"乡统筹",即乡、村两级办学经费的农村教育事业费附加,计划生育,优抚,民兵训练和修建乡村道路费等五项由乡镇支配的资金,改革后被纳入了农业税,乡统筹的名目被取消;原来的"村提留",即管理费、公益金、公积金三项由村级支配的资金,改革后将其中的公积金剔除出去,由村民按"一事一议"的办法筹集,而管理费和公益金均改为农业税附加。

为便于广大农民好懂易记,又可以概括为八个字:"一正一附,一事一议。""正",即农业税正税;"附",是指农业税附加;规定农业税附加的比例不得超过农业税正税的百分之二十。村里兴办集体生产公益事业所需的资金,实行"一事一议",一律由村民大会民主议论决定,并规定此项资金每年每人不得超过十五元。

应该说,这次出台的以减轻农民负担作为第一位目标的改革方案,将过去属于行政事业性收费的"统筹提留"中绝大部分项目纳入了税收轨道,改"费"为"农业税"或"农业税附加",这就使得原来一般性的行政行为,具有了依法征缴税收的性质,那些不在此例、无法可循的乱收费、乱摊派、乱集资,都将失去其合法性,农民缴纳不缴纳已并非守法不守法,因此就可以理直气壮地拒缴。再说,这次空前的宣传阵势,上下联动的强力推进,迫使乡村干部必须依法行政,这就为减轻农民负担创造了一个良好的社会环境。

为确保改革试点工作顺利进行,安徽省人大常委会也行动起来了。他们以极大的热忱,对以往制定或批准的地方性法规,进行了一次全面而又彻底的清理。他们把改革开放以来凡与税改精神不一致,或与减轻农民负担政策不相符的各种规定,一律予以重新修订,或干脆宣布作废。

省农村税费改革领导小组办公室、省农民负担监督管理领导小组办公室和省涉农案件办公室,三家联手发出《致全省农民朋友的一封信》。详细地宣传了农业税和农业特产税、农业税附加和农业特产税附加以及"一事一议"筹资和"两工"的改革政策,并进一步把涉及农民的行政性收费内容作了一一公示。最后他们将准许收费的范围,限定在中小学收费、计划生育收费、农机监理收费、婚姻登记和建房收费等十项,每一项收费的数字也都规定得十分具体。比如建房,除允许土地证每证收取工本费五元外,其余的面对农民建房的一切行政事业性收费,统统取消;比如婚姻登记,只准向农民收取结婚证工本费,并限定简装本的结婚证工本费为两元,精装本为九元,农民使用简装本还是精装本,均由当事人自愿选择,不得硬性强求,除此而外,就不准再收取保证金、押金和代收其他的任何费用,更不得强行推销礼品、宣传资料、婚照等等服务项目。

在《致全省农民朋友的一封信》中,三家权威部门还分别公开了各自的举报电话,让农民吃颗定心丸,有了护身符。

这种惠民政策,不用说,很快受到了广大农民的热烈欢迎。他们听懂了,闹明白了,知道了自己拥有的权益和维护这些权益的途径,所以,无不拍手叫好,奔走相告。

我们在凤阳县小岗村,访问了当年"大包干"带头人之一的严宏昌,谈到税费改革给农民带来的变化时,他兴奋地说,这一年,对小岗来说,正是个难关,春上播种时顶头遇到旱灾,秋里收割时又赶上涝灾,有的地里颗粒无收,还幸亏实行了税费改革,大伙的负担减了将近三分之一,不然,群众的日子真不知该怎么过!

早在安徽省作为试点省以前,还是回良玉任省长时,安徽就在原先阜阳地区进行改革试点的基础上,发展到了沿淮一带二十多个县市,现在这些县市改革的范围进一步拓宽,内涵也变得更加丰富,农民负担减轻的幅度也更大。其中,怀远县的改革还得到了高层的肯定。

过去,怀远县二十六个乡镇,绝大多数出现过因农民负担过重而屡屡上访的事件,一九九八年就发生了二百八十九件(次),被称作"安徽上访第一大县"。到了一九九九年,全县开始搞改革试点,因农民负担引发的上访事件当年就降到了五件(次)。这次试点,算是怀远县的第二轮改革了,减负的成效因此就来得更加明显。

二〇〇〇年九月二十一日上午,《南方周末》一位记者走进了怀远县包集镇林庄村宋庄村民组,三十七岁的村民宋家全正在自家院子里筛芝麻。虽然那一年宋庄和凤阳县小岗村一样,都碰上了春旱秋涝,收成低于往年,可一脸胡子茬的宋家全看起来心情不错。宋家四口人,经营着四亩五分地,上半年他们全种了小麦,午收以后又种了两亩花生两亩玉米,还见缝插针地点了一些棉花籽和芝麻。小麦亩产六百五十市斤左右,总共收了两千六百斤,按每百斤五十三元的收购价,合一千三百七十八元两亩花生一千斤,合一千元左右;两亩玉米一千一百斤,合五百元左右。他家全年的种地纯收入大约是两千三百二十元。六月初,宋家全收到的纳税通知书上写得明明白白:根据他家的耕地面积、计税常产、税率和今年的粮食收购价格,应缴农业正税一百七十八元八角七分,农业税附加三十五元七角七分,两项相加,共计二百一十四元六角四分;村里公益事业的'一事一议按,规定最多不过十五元,就是说,把这次税费改革的"一正一附,一事一议"全算上了,不到二百二十元。统筹款取消了;农业特产税也按"不重复征收,就低不就高"的原则征收了,除此而外,宋家全按政策有权拒绝再缴纳任何税费,于是他很痛快地按时缴粮完税,变得一身轻松。

他对记者说,要搁在前几年,镇里村里定的乱七八糟的这税那费,他家四口人就要缴到六百元,大多数的名目听都没听说过,他一个农民怎能知道哪个是真哪个是假? 让人没法承受。

包集镇镇长朱兴年在接受记者采访时也说,宋家全家的负担从六百元降到现在的二百一二十元,不仅是数量减少,更是质的变化。"以前是用行政手段收费,是无序的,现在是依法收税,农民容易监督,乱收费没了名目和依据,只要认真执行就能从根本上减轻农民负担。"

二〇〇一年腊月的一场冷雨过后,我们也走进了这个包集镇,见到了镇长朱兴年。他是本县梅桥乡人,当过六年民办教师,一九八四年二十五岁时开始担任副乡长,以后分别在四个乡镇当过领导,一干便是十七年。我们见到他时,他正舒心地坐在办公室的沙发上喝着茶,一边看着上边发下来的文件。提到减负,问到税改,他就高兴地打开了话匣子。他说马上要到年跟前了,过去逢到这种时候,谁敢这么清闲地呆在办公室里喝茶呀,越是靠近年关越是忙,上门催钱逼粮呀! 累断腿不讲,还最容易发生涉农事件,有时,甚至指望雇请的"收粮队"也不行,必要时还得靠派出所扮黑脸。现在好了,给乡镇干部松了绑,农民再也不用担心吆三喝四的"收粮队"上门扒粮搬柜牵牲口了。农民的田好种了,干部也好腾出手替农民实实在在办些事了。

我们去的那天,包集镇的党委书记何云刚从常坟镇调过来,这是他在包集镇上第一天班。何云和朱兴年两人绘神绘色地给我们谈起了温家宝副总理到怀远搞调研的一段佳话。

二〇〇〇年四月十二日,安徽遵照中央的部署在全省全面推行农村税费改革仅仅一个多月的时间,温家宝就风尘仆仆地来了,要到"安徽上访第一大县"的怀远县去看个究竟。尽管温家宝来得突然,地方党委和政府还是作了周密安排。那天下午,车从京浦铁路的重镇蚌埠出发,经涡河旁边的五岔路口驰入去怀远县包集镇的公路。眼看就要到包集的地面了,温家宝乘坐的车却故意落在后头,接着一个冷不防,车头猛地转了向,并且下了公路,直奔没做一点儿安排的沲河乡常湖村。他要"突击检查"一下那儿农村税费改革进行的情况。

在沲河乡常湖村,温家宝在作了详细的调查之后,感到确实不错,这才又回到公路上。谁知,车子开出不远,温家宝发现公路一侧有条简易的机耕小路,他就又要司机拐下去,然后一直朝前开去,开到了《南方周末》记者采访过的那个林庄村宋庄村民组。

也许是因为在基层的地质部门干了十七年,一年到头翻山越岭,练就了一双好脚板;也许是深居高位后仍然经常深入到第一线,温家宝的精力显得十分旺盛,走起路来脚底生风。他在林庄的村头下车后,疾步进庄,就像那里的常客一样,同村民们热情地打着招呼,随便地停下来和老乡们拉着呱,再不就是出东家进西家,他要来个眼见为实。

谈起那天陪同温家宝的情景,何云不由肃然起敬。他说,四月十三日,县里本来安排温家宝去常坟镇,车过王庄时,温家宝忽然又喊了声"停车",车刚停稳他就跳了下去,走得飞快。当时何云还是常坟镇的书记,为了跟上他,居然要一路小跑,竟累出了一身汗。

应该说,常坟在怀远县是比较富裕的一个乡镇,温家宝进了王庄村,却是谁家房子差进谁家,谁穿得不好就专找谁调查。镇里事先组织好的座谈会泡了汤,在王庄的村委会里,温家宝却开了一个由他亲自主持的农民谈心会。他让大伙放开谈,往实里讲,拣真的说。

调研的结果,令他十分满意。他确信,农村的税费改革确实使这个产粮大县、"上访大县"的农民负担正在被减轻。

全面推行农村税费改革的第一年,安徽省审计厅对全省十七个直辖市六十二个县(市、区)的八十五个乡(镇)二〇〇〇年税改情况,进行了一次认真审计。结果表明,这些乡镇人均负担已由一百二十三元九角八分下降到八十三元一角四分,比税改前减少了四十元八角四分,农民负担明显减轻。

省委书记王太华在接受采访时说:"农村税费改革试点工作的进展,总体上看是比较顺利的。改革首先给农民带来了实实在在的好处。经测算,改革后,全省的农业税、农业特产税及附加总计为三十六亿六千一百万元,比改革前减少十一亿六千四百万元。加上取消屠宰税和农村教育集资,农民总的税费负担减少了十六亿九千万元,减幅达百分之三十一。同时,省政府取消了各种面向农民的收费、集资、政府性基金和达标项目五十种,'三乱'基本得到有效遏制。"

公元二〇〇〇年八月五日,一个周六的晚上,中央电视台在黄金时段的《新闻联播》节目中,播出了安徽省进行农村税费改革的新闻。这显然已经不是这条"新闻"的第一时间,而且它与"中央确定在安徽省以省为单位进行农村税费改革试点"的时间,也已经相隔了五个月又三天。这当然不是中央电视台的"失误",只能表明,党中央和国务院对这次改革的慎重与注重实效。因为这时午收已过,安徽省的农村税费改革工作开局喜人,已经初见成效了!

48 两份"内参"

农民负担的减轻,意味着县乡财政缺口的加大。如何弥补这突然加大的收入缺口,一时成为他们火燎眉毛急于要解决的课题。

以最早进行税改试点的太和县为例,在开展这一轮农村税费改革的二○○○年当年的收入缺口，就达到了九千七百三十二万元，少了将近一个亿！

钱不够花，要么开源，要么节流。中央和省里三令五申"确保农民负担切实降低不反弹"，从农民身上再打主意这一重要源头已被堵死。饭不够吃，最立竿见影的办法就只有减少吃饭的人。早在五年前开始搞税改试点时，太和县已经精简过一茬人，现在的缺口却是比任何时候都大，只有清退所有不在编的聘用人员，于是精简乡镇中所有的超编人员，这些平日下不了决心也下不了手的事，今天都别无选择地被提到了议事日程。

可是，连清退不在编的聘用人员和精简超编人员依然无济于事时，对于在编的人员也要看锅吃饭了，有的，不得不通过劝其病退，或提前退休来压缩编制。当然，谁退，谁不退，这中间还存在个人情、家庭背景等各种复杂的因素要考虑，但是，将吃皇粮的人数尽可能地压缩下来，已属刻不容缓！

减少吃饭的人以后，还要接着过紧日子。太和县委县政府，随后又提出了"放筷子、停车子、关机子"的口号，并相应出台了《小车配备使用制度》、《接待制度》等一系列规章制度。县里的六大班子如此，乡镇干部的小汽车也就只好改作自行车，而且中午一律得在食堂吃工作餐，村级更是取消了招待费用……所有的资金都必须首先用于工资的发放，在不能保证工资正常发放的情况下，其他开支一律停止！

那些过惯了无拘无束快活日子的乡镇干部们，对现在这种缺盐少油的紧日子存有腹非也是很自然的事。因此，尽管这次农村税费改革中央和省里的决心都很大，绝大多数地方确实也做到了令行禁止，但总也有些地方依然我行我素，大搞上有政策、下有对策那一套。

其中性质最恶劣、政治影响很坏的，当数砀山县程庄镇事件。

砀山县,县内其实并无山,倒是邻县附近有一芒砀山,三国时曾为刘邦落难隐藏之处,砀山县名也许由此而来。它位于安徽最北部的黄河故道,历来以盛产酥梨而名扬天下,但这么多年了,种梨的程庄镇农民却并没由此富得流油,只因为那里的农民负担一直很重。仅一九九七年到一九九九年这三年间,程庄农民人均负担的各种税费,就分别占到上年人均纯收入的百分之十一点九九、百分之十一点四一和百分之十三点二四,这与中央划定的百分之五的"大限"相去太远!

年年收获甜梨的程庄人,一年忙到头,得到的似乎只有苦涩与心寒。

二〇〇〇年,按照县里制定的农村税费改革实施方案看,程庄镇农民人均负担仍有一百六十一元七角,在实际的执行中,镇里又无视中央和省里关于严禁额外加重农民负担的规定,根本不打算在开源节流上动脑筋,做点与这场改革相适应的事情,而是一切照旧,以支定收,擅自增加了一百五十五万零六百元,人均增加了三十六元一角二分钱。在征收的过程中,不仅违反规定,按亩平摊,而且既不张榜公布,也不下发纳税通知单,更不开具税票,依然乱来胡搞。

好在安徽这次试点的透明度极高,党的一切方针政策都是与广大农民直接见面的,且不说省委、省政府印发的《致全省广大农民群众的一封信》发到了千家万户,就是《关于开展农村税费改革的通知》也张贴得满处皆是,程庄镇党委和政府的这种做法显然与上边的精神不一致,许多农民便纷纷站出来抵制。

镇党委书记庞家良也并非凡角,他见群众拒不执行镇里的决定,便认定村民们是犯上作乱,就决定给大家一点颜色看看。于是,一个由他提议、由镇党委镇政府联席会议通过的"思想政治学校"便正式开办,他们将不能及时如数缴纳税费的农民,集中起来进行"教育"。镇党委书记庞家良亲任名誉校长,镇长傅正勇任校长,其他有关的党政负责人一个个都分别担任了副校长。

要求完成税费上缴任务的时间确定在六月底,这对梨农来说,正是"青黄不接"的日子,因为酥梨要等到八月下旬才能陆续上市,不把梨子卖出去,梨农们怎么可能有钱呢? 去借高利贷吧,很多人还不起。这样到了七月份,完不成缴纳数目的,名单便由村干部提供上来,学校就出车上门去强行带人。人到学校,首先要掏出五十到一百元不等的"乘车费",然后,每人每天还要缴上二十元的伙食费和住宿费。

打从进了镇里开办的这所"思想政治学校",梨农们就别指望还有人身自由。当时,正值盛夏,呆在屋里不动弹还要汗流浃背,学校却把大家赶鸭子似地轰到操场上去晒太阳,还逼着一个个绕着圈子跑步,跑慢了就遭痛骂,甚至受到体罚。最叫大家忍受不了的,是把所有人集中起来,责令父子兄弟之间相互往对方的脸上扇巴掌,巴掌必须真扇,而且要扇出声,不听响不算,一次规定三十下。一时间,亲人相残,巴掌扇脸之声响成一片。

这可是到了二十一世纪了呀,如此惨无人道强收税款的野蛮行径,自然激起了程庄镇农民的强烈抗争。一人呼,百人应,一支不讨个说法死不回头的上访队伍,分乘几辆拖拉机,向四百公里之外的省城奔去。

这事当即惊动了安徽省委、省政府。省委常委、副省长张平急忙驱车,在距合肥已是八九十公里的长丰县曹庵迎到了上访人员。他耐心地听着大家的申诉。他本人就是与砀山县接壤的萧县人,对萧砀地区的农民太了解了,他深知勤劳纯朴的黄河故道儿女,不被逼得走投无路,是绝不会闹出这么大的动静的。

张平诚恳地说道："请大伙回去吧,不要再到合肥去,我明天就派人到程庄去调查。"他大声向人们作出许诺,"请相信我,这事一定会处理好的。"

第二天,省农委主任助理许伟一行五人,从省城合肥赶到了几百里外的砀山县城。他们首先找到县委书记马骏了解情况,没想到马骏竟说得十分随便:"那个地方的老百姓,一贯的不好好生产,就会告状!"

许伟一听,知道这位县委书记是太年轻了,到了这种时候,尚不清楚程庄事件的严重性,便说:"我们下去看看。"

马骏见省里一行人执意要到下边调查,就婉言阻止,指出下去的危险性:"你们这种时候去,人身安全恐怕都不可能有保障。"

许伟当然不信。凭他的经验,只要让群众讲话,并且尊重群众的意见,绝大多数群众还是通情达理的;相反的,如果一味回避矛盾,甚至把群众视为自己的对立面,事情就没有不办砸的。

许伟等人没在县城逗留,马不停蹄地赶往镇里。

程庄镇农民见省里果真来了人,确信省里的领导就是不一样,言而有信,大伙赶集观灯似地,纷纷迎出村头,然后,齐刷刷跪倒在地,一个个激动得落下了泪水。

许伟慌忙要大伙站起,忍不住地哽咽道:"我是受省委、省政府委派,来听大家的意见的!"

省委书记王太华从省农经委的汇报中,了解了砀山县农民集体上访的真相,气愤地说:"这样对待农民群众,还是共产党吗? 我们要这样的党员干什么?!"

他当即赶往砀山,要亲自去处理这一起"程庄事件"。

不久,中共安徽省纪律检查委员会、安徽省监察厅,就这一事件查处的情况,向全省发出了通报。通报指出,砀山县程庄镇严重违背了中央农村税费改革的政策,无视省委、省政府的三令五申,擅自加重农民负担,特别是举办"思想政治学校",变相关禁体罚群众,极大地侵害了群众的利益,侵犯了群众的人身自由,伤害了群众的感情,损害了党和政府的形象,破坏了党群、干群关系,造成了很坏的政治影响。对这种我行我素,搞上有政策下有对策,严重违反政治纪律,无视党的原则,背离党的宗旨,造成严重后果的行为,决不能姑息迁就,必须严肃处理。

研究决定:开除镇党委书记庞家良党籍;撤销镇长傅正勇行政职务并留党察看一年;撤销镇党委副书记王法洲党内职务;给予副镇长孟凡昌、王岩行政记过;同时对负有领导责任的县委书记马骏、县长沈强,分别给予党内严重警告和行政记过处分。

"程庄事件",以及后来受到的严肃查处,在安徽省当时的广大农村,产生了很大的震动,给那些因为财政缺口想铤而走险的乡村干部敲了一记振聋发聩的警钟!

其实,像砀山县这样的反面教材,在安徽进行农村税费改革试点的第一年,也并非独此一例。王太华书记在接受采访时,并没有回避试点工作中存在的问题。他特别指出,由于监督体系还不够完善,个别地方仍出现乡村干部上门扒粮抬物而引发事端的现象。具体指的就是皖东地区来安县的广大乡。

来安县,也是安徽较早开展税改试点工作的县分之一,各种政策法规的宣传不可谓不到位,然而,这一年广大乡的负责人,在部署夏季农村税费征收工作时,用的仍然是老办法。他们在全乡两级干部的会议上公开动员:"对少数有钱不给、有粮不缴的难缠户、钉子户、老大难户,必要时,还得采取扒的政策!"

乡领导在大会上敢说这种话,村干部的胆子就能大上天。

这个乡的农民刘春国,原是本分的庄户人,以往年年都是按时足额缴纳税费的,虽不堪重负,却从不多说一句话。偏偏全省启动税改工作这一年受了灾,刘春国一时拿不出现金来,村干部认为他是在同税改工作对着干,属于有钱不缴的"难缠户、钉子户、老大难户"一类,于是领着一帮如狼似虎的征收人员,大呼小叫地强行扒粮,刘春国气不过,当场喝下农药,自杀身亡。

税费改革毕竟牵动着方方面面的切身利益,而这种利益不光是长时期形成的,又是同各种权力紧密联结在一起的,因此改革任务的艰巨,是可想而知的,稍不留神,一些地方就会生发出各种各样的花招,变着法子增加农民负担。

鉴于这种情况,省委书记王太华在大会小会上强调,要求全省各地进一步健全农民负担的监督管理机制,充分发挥群众监督、法制监督、舆论监督等多方面的监督作用,疏通农民反映问题的渠道,尽快形成一个全方位的农民负担的监督体系,以确保农民负担得到严格控制。只有这样,才谈得上能够长期保持稳定。

肥东县龙塘乡三清村发生的故事,就为王太华的此番讲话作了最好的诠释。

一天,安徽省发行量最大的《新安晚报》的编辑部,突然收到肥东县龙塘乡三清村以"全体村民"的名义寄来的一封信。信中说:"党中央、国务院在我们省进行农村税费改革试点,目的就是减轻农民负担,我们打心眼儿里表示感谢和拥护。但我们这里在具体执行税费改革政策时却不从实际出发,将'计税常产'核定为每亩一千零四十三公斤,而且发下来的纳税通知书,规定要公示的'计税常产'、'税率'、'农业税附加率'等许多项目全都空着不填,只填上我们应缴多少钱。如果按亩产一千零四十三公斤计税,我们农民的负担不但没有降低,反而比去年要高出老大一截,日子将更加艰难了……"

接到这封农民来信,报社领导非常重视,立即派史守琴前往调查核实。

史守琴算不上资深记者,却是年轻记者中出类拔萃的,虽为女性,却巾帼不让须眉,颇有几分古道热肠,敢说真话,敢碰硬,人称"史大侠"。这次,报社领导派她前往肥东,自然事出有因。从前肥东县路口乡的一个村,也反映过农民负担问题,就是派她去调查核实的,为此,还闹出个"半碗浑水"的佳话。那天,她因为走得匆忙,穿在身上的一件刚从日本带回来的大花连衣裙,竟也没顾上换,就风风火火地上了路。当赶到那个村子,向田头的农民说明自己的来意时,发现农民们一个个瞠目结舌,全好奇地看着她,她这才意识到,自己身上的这套服装帮了倒忙。她于是取出村民给报社的信,作进一步说明,谁知,一位二十刚出头的青年农民突然站起来,拾起身边一只蓝边大海碗,走到田沟处,弯腰舀起了半碗浑水,然后送到她面前说:"我们怎能相信你们不搞'官官相护'呢?这样吧,你若不怕水脏,敢喝上两口,我们就相信你也许能替我们说几句真话。"史守琴一看暗下叫苦。喝吧,那水望上一眼,胃里便觉有东西在翻;不喝吧,马上就得走人。她听不得对方说出那样的话,于是,心一横,毫不犹豫地接过碗,眼也不眨地仰起脖子就喝。当快要喝完时,碗被夺了过去,她看到,青年农民脸上呈现出惭愧之色,在场的农民表情也都变了。

那次采访结束后,一村的农民全出来为她送行;有的竟送了一程又一程。

后来她用一篇报道给村民解决了问题,为表示感谢,一位七十多岁的农村教师冒着那年少见的大雪,给晚报送来一幅丈二对联,上书:"铁肩担道义,妙手著文章"。

打那以后她坚定了一个信念:站在党旗下,尽心尽力为老百姓说话!

这次,当她看完这封村民写来的信,心情很沉重,当即就出发了;实地调查核实后,她变得越发不安。从了解到的情况看,那里的农民,对中央税费改革的大政方案并无异议,对省政府确定的农业税率和农业税附加率也都没啥意见,只是对龙塘乡"核定"的"计税常产",每亩竟高达一千零四十三公斤极为不满,认为这是变着法子加重农民负担。因为亩产数字"核定"得越高,农民按规定税率需要缴纳的税金就越多,已经多到了他们无法承受的程度。

村民丁有发,拿出过去缴的收费卡和今年的纳税通知书给她看,丁有发家两口人种了不到两亩地,以往上缴的是一百六十一元四角八分钱,今年税费改革了,却要上缴两百二十一元五角九分钱,税费改革本来是要减轻农民负担的,现在却越改负担越重了!

村民杨尚禄给史守琴详细地算了他家一年种田的收支明细账。他说,他家四口人,种着三亩三分田,买稻种花去六十七元五,农药用了二十元,化肥是一百九十元,从电灌站打水的支出一百四十元,前后两次用人家的耕牛犁田给了五百元,稻谷脱粒八十元,这样把投入加起来就是九百九十七元五角整,将近一千元。再说,这儿一亩稻子常产只在五百至六百公斤,一季收了一千八百一十五公斤,按今年粮站每公斤八角二分的收购价,可得一千六百六十九元八;一季油菜,收了两百公斤,可得四百元上下,两项相加,刨去投入,再刨去三百五十六元二角五分的农业税、水费和滑史杭工程外资还贷,清清楚楚,就只剩下七百一十六元零五分!

算到这儿,杨尚禄苦涩地一笑,说:"这还没算完。前几天,村会计又来要钱,说是清沟费还有一百二十二元;建电灌站,建在哪儿还不知道,就要六十八元八角五;排涝费又是三十六元九角八;再加上巢湖治理费的二十二元九角五,乡村道路费的五十元四,总共加起来,又是三百零一元一角八!但这钱我没给。我特地要村会计写了一张缴费条子,我是存心要告这个状!"

史守琴确实看到了那张条子。她也替杨尚禄算了一笔账:这一年,杨尚禄一家四口人,从早忙到晚,投入全部的劳力且不算,扣除各种税费之后,就只拿到了四百一十四元八角七分钱!一家人,一天竟摊不到一元二角钱;即便就是算上一元二角,再四人平分,每人每天就只有三角钱!

在一盒普通火柴都由两分钱涨到了一角钱的今天,三角钱又能干什么用呢?

杨尚禄一脸无奈地对史守琴说:"负担这么重,叫我们农民怎么过?我们村里的农民都商量好了,'计税常产'不降下来,乡、村干部还继续背着上边乱要钱,我们就只有全都退田,外出谋生了。"

史守琴听了,心中一震。

她也纳闷:一亩田的"常产"能达到一千公斤吗?她找到龙塘乡党委书记王文中,王文中也承认不可能达到,"那么,在核定'计税常产'时,你们为什么要这样干呢?"她直截了当地问。没想到,王文中也是满肚子苦水:"谁也不想定这么高,但如果不这样,乡、村两级政府就运转不灵。"

他也为记者算了一笔账:按实际常产,照税费改革的规定计税,今年乡级财政收入较往年就要减少十多万元;全乡十个村委会的收入,就比过去减少四十七万八千多元,这样两级干部的工资,办公费用,兴修水利,修路,绿化,报刊杂志的征订费,以及支付五保户的生活费,等等等等,就统统有了困难。

他说农民有农民的难处,乡村两级也有自己的难处。我们认为出台的税费改革方案需要重新修订和补充,方案制定得太

376

死,基本上没有兼顾减负与平衡的关系,下面在操作上就一点灵活性都没有。

乡长李泽芬也想不通:"我个人认为,上边在制定政策时,应该是对减负面实行总量控制,要求每户农民都达到减负目的,这在理论上讲讲可以,实际操作不可能做到。"

史守琴采访归来,迟迟没有动笔。她感到,农村税费改革的政策性很强,而且又是在试点阶段,肯定会有许多不尽如人意之处。乡、村两级干部遇到的这些困难,确实也是实实在在的,而且是需要认真探讨和解决的;当然,税改后的农民负担非但没减,反而加重,这肯定也不是税费改革所希望看到的,杨尚禄一脸无奈说出的那番话,更是需要引起上级领导深思的。

因此,她认为,肥东县龙塘乡三清村反映出的农民负担,不仅仅是个需要"曝光"的问题,如果写成一篇内参文稿或许会更加合适。

于是,二○○○年十二月十一日,史守琴以《"计税常产"缘何放"卫星"》为题,将三清村全体村民写给报社的信,连同她的"调查附记",编成了一期《新安内参》,直报安徽省委常委、省人大正副主任、省政府正副省长和省政协正副主席,同时,抄送合肥市委书记、市长,以及省市税改办公室。

"史大侠"的此番用心,使三清村的农民"计税常产",由每亩一千零四十三公斤,实事求是地降到了七百九十公斤;内参出来后,常务副省长张平还牵头召开了一个专门的会议,会上根据安徽省的实际情况,对全省农业税的征收工作确定出一个雷打不动的"上线":"计税常产"每亩不得超过800公斤。有了这一条"高压线",安徽全省类似龙塘乡变着花样儿增加农民负担的现象,随之被彻底根除。

晚报的一次"舆论监督",不仅引起省委、省政府对乡镇和村级组织遇到的新情况新问题的高度重视，进一步加快了配套改革的试点工作，而且仅在"计税常产"的问题上，就使得全省四千万农民的切身利益得到了根本保证。这消息，传到龙塘乡三清村时，全村人都感到欢欣鼓舞。后来，杨尚禄受大伙儿的委托，准备买上几大盘"千头鞭"或是"万声雷"，拿到晚报社门口痛痛快快地放上一回，以表他们的喜悦感激之情，但一来"大侠"不允，说即便是感谢，也要感谢党的好政策；二来又听说，合肥市早就禁放鞭炮，不好乱来，这事才作罢。

49　南极人的喜泪

在税改试点工作日益深入人心，各地也不断地冒出些反弹故事的时候，在江南富甲一方的宁国市，却传出了一条轰动一时的新闻：南极乡三十八户摆弄山核桃的农户把乡政府告上了法庭。

接着，就有更详细的消息传来，说要告乡政府的不光是三十八户，准确地说应该是三百一十八户；说农民不光把乡政府给告了，同时被告的，还有宁国市财政局和林业局；还说农民们又怕宁国本地的法院审理不公，就直接把官司打到了宣城地区中级人民法院。地区法院考虑到这是南极乡农民在全省实施农村税费改革试点期间，起诉乡政府强行征收税费的行为违法，这在地区，乃至在全省，都是第一例，且原告人数众多，影响较大，按照规定就予以受理，只是他们念及这么多农民要从宁国的南极乡，跑到宣州城里来打官司，花销太大，诉讼的又是一件事，完全不需要这么多人一齐出庭，推出部分代表就可以了，这也是从减轻农民的负担考虑，于是就成了现在的三十八户。

人民法院，依法保障农村税费改革，这件事的本身就是最大的新闻!

案情特殊,但案件本身并不复杂。原来,早在一九九八年十一月中旬,宁国市政府为搞好农业特产税的征收试点工作,曾组织过一个工作组开进盛产山核桃的南极乡,对全乡山核桃的税源进行过一次全面的普查。不过,普查归普查,农业特产税征收计划的数字,还是层层下达下来,宁国市不得不依然像往年一样下派了税收任务,这任务显然与普查的结论出入太大。就是说,如果按上次普查到的情况征收,南极乡便根本完不成交下来的任务。于是,乡政府不得不依照过去的老办法,以税定产,把分解后的指标作为任务下达给各村,再由各村如法炮制,最后分摊到户。

每年,南极乡政府都是这么干的,并没觉得有什么不妥;摆弄山核桃的农民,以往也都是这么缴的,虽然不满,胳膊总归扭不过大腿,只好就这么认着。现在农村税费改革的政策已经同农民零距离接触,情况就有些不一样了。

不按照实际产量收税,首先就背离了税费改革的政策,更何况,接到征税通知单一看,竟发现在征收山核桃农业特产税的单子上,还被注有"含育林基金",这就把税费混收,"搭车收费"了;而且有的甚至把农业税和农业特产税重复征收,明摆着是在胡作非为了。

农民们气不过,忿忿不平地骂道:"党的好政策,尽叫这些歪嘴和尚念糟了!"

乡政府发下来的《农业特产品计税产量核定通知单》上印得明明白白,农户对核定的数额如有异议,可在三十日内向征收机关书面申请复查,征收机关将按规定程序予以复查,并以复查结果作为依据,据实征收。现在,南极乡的农民还真的就要"按规定程序"向乡政府叫板了。

第一个拍案而起的，是南极村下洪村民组三十六岁的青年农民吴深田。先是由他执笔写了复查申请，然后二十多位村民就跟着先后在申请上签了名。但是，当他们把这份书面报告交给乡干部程桂萍和唐承权时，二人却拒收。这下惹恼了下洪村民组的所有农户，他们就把下达给各家各户的核产通知单，统统退还给了乡政府。

　　接着联合村的所有农户，也把核产通知单退了回去。

　　很快，事态进一步扩大。关岭村栗坞村民组二十六位村民，也向乡政府递交了《要求实事求是征收农业特产税的申请报告》；没过多久，关岭又有七十位村民再次写出报告。

　　这时南极乡的农民已是群情激昂，强烈要求核查山核桃产量的书面报告，接踵而至。南极村村民张开国、张开田、章海明、李寿海、胡定远、帅佩祖；大源村村民方高照、方诗君、方关赐、方应余、方红余、方良豪、王玉宝、方高峰……一个又一个农民站了出来，纷纷要求乡政府重新核定山核桃的产量，以减轻因强行下达指标给村民造成的过重的负担。

　　青锋、杨家和坞里三个村民组，全是集体提出申请的；梅村则是以村党支部和村委会的组织名义出面，找到乡党委和乡政府领导的，希望他们收回成命，多少作出一点调整。

　　然而，所有的申请报告都如泥牛入海，乡政府既不打算重新核定全乡山核桃的实际产量，更不愿做出任何解释，这使得已经激化的干群矛盾，迅速恶化。

　　不过，南极乡政府并不惧怕干群关系的这种恶化。在许多农户的山核桃刚开始采收，尚未售出的时候，乡里便开始行动。尽管中央一再强调，严禁动用专政工具和手段向农民收取钱物，可他们依然组织起有司法机关参加的征收工作组强行征收。还划定出一个时间界限，超出期限一天，缴纳山核桃的计税价格，就要从每斤八元增加到十三元;征收期间,还对不能及时足额交纳现款,或对计征产量与价格表示不满的,就破门入户扒粮抵税,或扣押东西抵税;稍不顺眼还会当场抓人。

大源村村民方关赐、方应余、方红余、方高峰,南极村村民吴深田、吴办全、吴云凌,以及关岭村村民章洪长,这些农民,无一例外地都被强行以山核桃抵税。

关岭村村民黄春发是被强行以稻抵税。

南极村村民章海明冰箱被扣押,章海明后来用山核桃才将冰箱换回;关岭村村民柴中富财产被扣,直到后来这事起诉到了法院,被扣的财产也没返还。

南极村村民张开国、张开田、吴清祥、帅佩祖,大源村村民方高照和方诗君,也都是因为超过乡政府划定的期限,被以每斤山核桃增收五元的计税价格缴纳了税款的。

红游村村民陈占君,居然被处以五倍的罚款。

南极村村民吴志周、朱爱芳,江村村民江红霞,三人就更惨了,都因所谓态度不好,被征收工作组扭送乡政府,限制其人身自由,并私设公堂提取了询问笔录。

南极村村民胡光耀,不仅在乡政府遭到殴打,还被公安机关以"寻衅滋事"拘留了七天。

对南极乡政府这种滥用行政权力违法乱纪的做法,许多村民想去市里或地区上访,请求上级领导机关出面干涉;也想去地区或省里的报社,甚至想到与中央电视台的"焦点访谈"取得联系,求助新闻记者下来曝光。但是,也有不少人静下心来作了认真分析,觉得这次农村税费改革的试点,是中央亲自部署的,既然有党中央为农民撑腰,国家又制定了那么多的有关规定,民告官已是有法可依,难道说南极乡的大老爷们连个"秋菊"也不如?学一回秋菊打官司又何妨! 不是说"法律面前人人平等"吗? 咱也试一试这话是否就当真！

第一个当众站出来的，是被强行用山核桃抵税、妻子也被抓进过乡政府的南极村下洪村民组四十六岁的红脸汉子吴云凌。吴云凌牵了头，接下去便滚雪球似的，呼啦啦站出来三百一十八户农民，要同南极乡政府对簿公堂。

懂得用法律的武器捍卫自己的合法权益，无论怎么看，这都是中国农民了不起的进步。当然，同样值得称道的是，宣城地区法院很快依法受理了此案，院长刘顺道十分重视，非但多次听取汇报，还指派副院长吴玉才和行政庭副庭长陈卫东，及时深入到宁国市南极乡去协调这件事，后在协调无果的情况下，便依照法律规定，要求原告补充起诉状内容和补充提交起诉证据，同时，要作为被告的南极乡政府提交答辩状。

南极乡政府在答辩状中，避而不谈司法机关参与了征收工作组的事实，辩称乡财政所征收农业特产税的具体行政行为符合法律规定，出具给村民的完税收据是财政厅统一印制的，且加盖有"南极乡人民政府专用章"，所收税款是进了财政金库的，这不能说是乱收费行为；更避而不谈中央的税费改革政策，辩称宁国市政府过去下文要求财政和林业部门，互相代征农业特产税和育林基金，并采取一张票征收的办法，因此乡财政所在征收农业特产税时代征育林基金的行为，既没超越职权，也不属于"搭车收费"。只是承认，在征收过程中，"难免存在不足甚至失误之处，应当接受群众监督，并及时改进"，但依然辩称，"对少数抗税者采取强制措施行为是合法的"。

在以生产"文房四宝"中的宣纸而闻名于世的宣城，我们在地区法院采访了本案的主办人陈卫东。陈卫东庭长说，处理这样的行政诉讼案，要求法官不但要掌握全国人大通过的那些有关法律，对国家有关部门和地方政府制定的行政法规也要熟悉，特别是从这个案子看,中央部署安徽作为税改试点省,这就更需要把税费改革的政策,烂熟于心。总之,他认为,依法为农村税费改革保驾护航,是人民法官义不容辞的历史使命!

我们赶到宣城时,宣判大会刚开过,陈卫东介绍说,通过调取证据,又经庭审质证,合议庭最后认为,被告南极乡人民政府提举的有关统计南极乡山核桃产量的证明材料,只属一般年度统计数字或属预测估产证明,不能作为核定农户山核桃实收产量的依据,原告质疑理由成立,予以采信;被告对原告所述基本事实没有提出反证,仅是对有关性质问题提出辩驳,质疑理由亦不能成立。

我们很想知道,地区法院在审理这起民告官的行政诉讼案子中,是否有来自社会上的种种压力。陈卫东说,开始他们曾有过这种顾虑,但是地委书记张学平和行署分管政法工作的副专员方宁,都对他们受理的这起乡政府违法征税的案子十分支持,明确要求法院必须排除干扰,依法保障实施中的农村税费改革,书记和专员还特地从中做了工作,要求宁国市委和市政府,能够平静地接受法院的判决,因此阻力并不大。

在公开宣判的那天,正赶上初夏的一场豪雨。南极乡的五六百号农民,包乘了九辆大客车,顶风冒雨,赶到宣城。陈卫东审判长一看来了这么多人,不可能全让大家进入法庭,怕会闹出个什么意外,就慌忙迎上去,说你们懂得依法维护自己的合法权益,这很好,说明大家有很强的法律意识,因此希望今天能够出庭的,和不能出庭的,也都能尽量表现出当今农民良好的素质,模范地遵守法庭的纪律。经陈卫东这么一动员,他发现站在雨地的农民群众,顿时秩序井然。只有一个农民,突然冲动地挤出来,准备要向他提出什么,却顿时遭到大家的反对。这场面,又让陈卫东有说不出来的感动。

在宣读长达二十四页纸的《判决书》时,陈卫东曾窥视了一下站在旁听席上的农民代表,他发现大家都一动不动地站着,没有一个人交头接耳,甚至听不到一点响动,哪怕只是轻轻地咳嗽。

轰动一时的宁国市南极乡民告官的官司,以民胜官败而告终。宣城地区中级人民法院依法判决南极乡人民政府重新作出核定征税的具体行政行为;宣判强制征收行为违法,未按规定征收育林基金的行为同样违法;本案受理费全部由南极乡人民政府负担。

宣判结束时,南极乡副乡长周小平已是眼泪汪汪了,他显然感到委屈,也感到困惑;因为今后南极乡政府依然无法依照规定去"据实征收"农业特产税,而且有些任务压根就是上边摊派下来的。许多农民代表更是泪流满面了,他们委屈过,愤怒过,现在当他们拥出法庭,和站在大雨中的黑压压一片的农民汇合到一起时,就已经分不清流淌在他们脸上的,是雨水还是泪水,因为他们运用法律的武器,对乡政府随意征税收费的行为予以了成功的抵制!

50 天下第一难题

细想下来,自从实行家庭承包经营的"大包干"之后,中国农村的改革就一直没有间断过,只是因为那大多是些零敲碎打,单兵挺进,许多深层次的问题就一直没有被触及。这次税费改革却不同,它让农村中长期潜伏着的各种问题先后浮出了水面,这也就为整体挺进、统盘解决这些问题提供了一次难得的契机。

至少,在乡镇体制上存在的种种弊端就被空前地突显出来。

首先是,这种体制下的乡镇组织,干了许多不该干的事。它们常常超出实际能力地进行公共设施的建设，又过多地参与了农民们的市场活动。政府职能的转变，别无选择地被摆上了桌面。

其次是，养了许多不该养的人。乡镇如此，村级同样如此，因此精简人员已是不容回避。

再就是，花了许多不该花的钱。先看村级，别的不说，单是每年花在上面各部门强要订的报刊费用，就足以耗尽一个村委会的全部财力，不向农民口袋里掏钱，就啥事干不成，而那些报刊又大多与农事无关，最后全当废纸处理。再看乡镇，安徽省寿县负债高达一千一百多万元的一个乡，这次税改严格了一下招待管理制度，全年这笔费用就省下十三万；严格了一下电话管理制度，也节支近三万；健全了一下用车制度，省了十四万；规范了一下用电制度，又省下十一万；假如三年内不再安排基础性的建设支出，预计每年仅通过节支就可以减少赤字一百万元以上！

不改不知道，一改吓一跳！

而其中，尤为突出，尤为紧迫的，还是机构的臃肿，人满为患。如何解决好这个问题，便成了天下第一难题。

用安徽省常务副省长张平在全省乡镇机构改革现场会上的话说，就是："吃皇粮，横向看，超过了任何国家；纵向看，超过了历朝历代。你说我们能养得起这么多人吗？养不起，最后只有转向老百姓去敛财，搜刮民脂民膏，横征暴敛。当然我不是指现在都是如此，但不坚决管住，发展下去，就难避免这个趋势！"

也应该看到，农民不合理的负担并不就是那么简单。如果说它不合理，那也是不合理的现行政治与经济体制的原因造成的，因此，我们今天的改革不作综合改革与整体推进的设计，势必会顾此失彼。但是，如此重大的农村税费改革，领导小组不是设在国务院的综合管理部门，而是放在财政部；改革方案又是由财政、财经和农业三个部办领导牵头制定,他们没有能力、也不可能十分周全地考虑到本部门以外的更多事情。比如,方案取消了农村教育事业费附加和教育集资,财政并没有相应地投入,这样做虽然部分地减轻了农民的负担,却使得农村的义务教育陷入了空前的危机。比如,这一方案很少考虑过去各地改革试点已经取得的成功经验,依然毫无道理地保留了无法让人据实征收的农业特产税,无法做到据实征收,就依然会造成乡村干部的随意乱收;同时将原来"村提留"中的公积金,从"农业税附加"里剔除了,好像是把它从农民的负担中剔除了,可它不但依然还是农民的负担,而且这种"一事一议",就极有可能为以后的乱收费留下隐患。特别是税费改革确实减轻了农民负担,但同时也给乡镇正常运转和村级组织建设带来了前所未有的冲击。从全省看,税费改革后乡镇的收入普遍减少三成多,村级收入减少了七八成,收支缺口大,不仅使正常的工作难以开展,也严重制约了农村各项事业的发展。不解决这些问题,中央的政策就成了画饼充饥,改革的目标就会落空;而解决这些问题最现实,也最棘手的,就是要精简机构,分流人员,压缩开支,减轻负担。

安徽省五河县,正是在解决这个"天下第一难题"中大胆突破,并取得了骄人的成绩。

敢于率先走出这步险棋的,是当时的五河县委书记朱勇。这是一位从祖国西部导弹发射基地归来的转业军人。正因为在内蒙巴丹吉林沙漠和新疆塔克拉玛干沙漠中摸爬滚打过,就没有什么困难可以让他低头。

朱勇以为,要带领大家搞好这样一次重大的改革,首先需要领导班子的人格魅力。他说:"改革,要先改到自己的头上。"

五河县也是沿淮一带较早进行税改的试点县之一,那时试点,他们一次就清理清退了乡镇不在编和临时聘用人员两千三百五十四人,动作不能算小,由于工作做得细,就没发生上访或是闹事的。当二〇〇〇年四月,安徽将税改试点在全省铺开时,朱勇清醒地看到,如果只把税费改革简单地理解为税费征收办法的一次改变,不是大刀阔斧地在全县减员、减事、减费、减机构,且不说乡村两级的正常工作将难以维持,中央部署的这次试点,也就只能是轰轰烈烈一阵子,过后又恢复老样子。可是,精简机构,分流人员,需要面对的问题很多,困难也大,必须动真格的,既要拿出切实可行的办法,更要拿出破釜沉舟的决心与勇气,否则,今天按下了葫芦,明天就起了瓢,这方面的教训已经不少。在新中国的历史上,仅乡镇的机构已经精简过好几回了,结果都是风声来时雷鸣电闪,事情过后皮蛋轻松,总是陷入一个"精简—膨胀—再精简—再膨胀"的恶性循环,甚至,越精简,越膨胀,始终走不出这个怪圈。究其原因很多,但主要还是向农民随意收费的口子没扎紧。现在中央和省里都下了这么大决心,革了"费"的命,剩下的问题就看下面各级党委和政府,敢不敢引火烧身,给自己真正来个"釜底抽薪"。非如此,一个办事高效、行为规范、运转协调、权责一致的乡镇运行机制,就永远别指望可以建立起来。

在五河县六大班子的动员会上,朱勇操着浓重的外乡口音说道:"这一次咱要来,就来点真家伙,胡弄是不管(行)的,也是不可能长久的!"

当然,办法不是坐在办公室可以想出来的,以往的经验也不一定都是可靠的,惟一的方法就是深入实际,深入群众,像毛泽东说的那样,你要亲口尝尝"梨子的滋味"。

采取大动作,须有大气魄,并伴之以周密的计划与安排。为此,县委开展了一次声势浩大的"进百村、住百天、访百户"活动,调动起县乡两级上千名干部,下村驻点,拿出当年闹土改的劲头,与农民同吃、同住、同劳动,老老实实做好调查研究,切切实实摸清社情民意,分析深化改革可能出现的那些矛盾和问题,悉心探索配套改革的思路和具体的操作方法。

为确保此项工作万无一失,县委书记朱勇,县长张桂义,以及六大班子负责人,率先垂范,亲赴第一线。全县二十个乡镇,二十个县级干部"分兵把守","驻点包片",什么时候把负责的乡镇机构改革的任务圆满完成了,什么时候才能打道回府,撤回县城。

为确保改革顺利推进,县委、县政府采取了典型引路的办法。他们把全县的乡镇,按照不同类型、不同规模、不同地理环境,和在班子建设、群众基础、工作状况等方面都具有代表性的申集、刘集、皇庙三个乡镇,作为典型,在清产核资、机构设置、编制核定以及人员安置的许多环节上,先进行有益的探索,再将摸索出的新经验,进一步地总结与完善,最后产生了"八不准"的改革纪律,"八个公开"的人员分流规定,和"一个标准"、"五个一批"、"六项优惠"等等一系列的有关政策。

先行试点的最大经验就是:一个决心不走样,六大班子一齐上。领导班子的精神状态,决定着这场改革的成败。因此,朱勇特别强调:在精简机构分流人员的问题上,县级、科局级的领导干部,尤其不准优亲厚友,不准打招呼说情,不准搞人情照顾,必须坚持"一把尺子量到底,谁违规就查处谁",而且决不搞"下不为例"!

从二○○○年九月一日开始试点,九月三十日全面推开,到十月二十日全部结束,历时五十天,五河县成功地开展了一次后来影响到全省的"三并三改"工作。"三并",即并村、并校、并事业单位;"三改",即改革乡镇机构、改革教育体制、改革人事制度。

先谈并校。按照"因地制宜、就近入学、相对集中、务求实效"的原则,五河县农村中小学,由原来的四百三十五所,合并成二百四十所,撤消了一百九十五所,减少面达百分之四十五,接近半数;分流在编教师一百七十五人,从而使得全县农村中的整体学校布局、师生比例以及师资力量相对变得更加科学合理。

和并校同步进行的,是并村。在充分尊重民意的前提下,着眼于规模适度和便于管理,大村并小村,强村并弱村,稳村并乱村,把全县四百三十八个村,撤并为二百二十五个村,减少了二百一十三个村的编制,精简面达到百分之四十九。这样一来,村干部就由早先的三千一百九十二人,锐减到一千一百二十五人,减少了两千零六十七人,人数精简过半,高达百分之六十五;村民小组也由三千一百二十二个,调整为一千七百五十六个,减少了一千三百七十六个,精简了百分之四十四。

并村并校工作的整体推进,为乡镇机构的改革创造了条件,更提供了保障,接着,全县乡镇党政机关内设机构,由二百二十个,压缩到四十五个,砍掉了一百七十五个,减少了百分之七十。事业单位也由二百五十六个,压缩到一百二十四个,砍掉一百三十二个,减少了百分之五十二。实有人数由一千二百九十二人,精简为七百六十八人,精简掉五百二十四人,达到百分之四十一;其中财政全额供给人员,由九百八十二人,精简为五百二十人,精简掉四百六十二人,也达到了百分之四十七。

更为可贵的是,五河县委县政府,在实施这项改革中,还为下届党委和政府的工作留下了充分的余地,各乡镇机关的行政编制和全额供给的事业编制,都保留了一定的空编,为以后增补人员、优化结构和提高干部队伍的整体素质,提供出编制保证。

值得称道的是,在这次乡镇机构的改革中,县委特别清醒地认识到,我国历次机构改革之所以不成功,很大程度上是因为那种精简,多是单纯的机构合并或撤消,很少考虑职能的转变,尤其是功能的分解;说得直白一点,就是只看重形式,不触及自身内部的利益层,当然,那时更不可能会想到要去建立适应市场经济需要的行政管理体制。这次"三并三改"之后,一些职能相近、业务交叉、工作任务较为单一的单位,如农业技术推广站、畜牧水产站、水利建设管理站、林业站、农业机械管理站都被予以合并,变成了农业技术服务站;撤消农村合作经济管理站,并入财政所;撤消教育办公室,将其行政管理的职能划归到了乡政府;土地管理所、村镇建设规划站也合并成为土地村镇建设站;法律服务所和劳动服务站均改制为社会中介机构。除还保留原计划生育服务站及文化广播电视站两站而外,通过合并、撤消、划转,就将乡镇原有的十三四个事业站所,压缩成了五个。当然,在精减压缩机构和人员的同时,为适应市场经济的需要,也为促成政府职能的进一步转变,各乡镇都增设了经济开发服务中心,城关镇还特地增设了社区服务中心。在党政机构的设置上,乡镇还都将原先门类齐全、分工过细的十余个内设机构,作了较大的压缩:除城关镇和三个中心建制镇,设立了党政办公室、经济发展办公室和社会事务办公室(同时挂计划生育办公室的牌子)而外,其余的十六个乡镇,只保留了党政办公室(同时挂计划生育办公室的牌子)和经济发展办公室,而办公室主任、副主任也大多是由党政班子成员兼职,这样就最大限度地减少了干部的职数。

"三并三改"的最大特点,是五河县的乡镇机关从此不再是"五脏俱全"。

由于乡镇机构改革的顺利实施,有力地推进了五河全县乡镇管理的制度化和规范化,增强了五河县农村基层干部的危机感和紧迫感。

一句话:改出了压力,改出了活力,也改出了生产力!

有人说:这样"伤筋动骨",是在削弱基层党的领导。朱勇却说:减少民怨,才是在真正加强党的领导!

朱勇还给我们算了一笔经济账。他说,全县党政机关、事业单位,通过这次机构的撤并和人员的竞争上岗,一共精减了五百四十二人,每年就可以减少财政支出四百万元;"三并三改",每个乡镇平均减少了二十万,并村减少的村组干部补贴和办公经费就是四百三十七万,并校减少的财政支出至少又有四百万元,几项加在一起,算下来,五河县每年就能减少财政支出一千二百多万元!"这大大缓解了税费改革势必会给乡镇财政带来的压力,"他说,他的话总是带着军人的干练。"而且,还有效地防止了农民负担问题的反弹!"

五河县在税费改革中有关三并三改的大手笔,在全省产生了很大的反响。

二〇〇〇年十一月十一日,安徽省委、省政府不失时机地在五河县召开了全省乡镇机构改革现场会。

省委常委、常务副省长张平到会并作了进一步动员。

他说,五十年代,咱们的共产党员振臂一呼,应者云集,老百姓欢呼雀跃;现在老百姓不满意,发牢骚,干群关系变得紧张,你说我们的江山能坐得稳,共产党执政能长治久安吗?把基层组织建设好,是我们当前面临的一个非常严峻的问题,现在基层的状况到了非改不可的时候了!

"到了五河以后,我感到比较乐观。为什么呢? 因为他们这里的这项工作,进展得比较顺利。"

张平极力想使自己的讲话脱离萧砀口音,可是溶进他浓厚感情色彩的乡音,还是不自觉地流淌出来,这反倒给人一种亲和力与冲击力的感觉。

"过去,我们听得更多的是反映困难的一面,"他说道,"这项工作难不难呢?确实困难。最困难的是人的分流。尤其是到了基层,到了乡镇,在人员的分流上,好像就已经再没有多少路子,没有多少渠道了,工作的难度很大。中央下面有许多事业单位、许多企业机构,省里也有一些企事业单位,事情似乎还比较好解决;就是到了市一级,到了县一级,也还能往下压。到乡镇又能往哪里压呢?精简机构和人员,是大面积的利益的调整啊,不承认这个困难,就不是唯物主义者。但是,听了五河县的经验介绍,我们确实又看到了有不困难的一面,这就是他们总结出的'五个不难':领导重视,真抓实干就不难;放下架子,依靠群众就不难;齐抓共管,协同作战就不难;率先垂范,坚持公开、公平、公正就不难;配套改革,整体推进就不难。我觉得这里面很有辩证法!"

　　说到这里,张平变得激动起来。他说,我们有些县并个村,或是并个校,更不要说并一个乡镇了,七年前合并的,现在遗留的问题还没有解决呢。可是五河县只用了五十天,就把原来的四百三十八个村,并到二百二十五个村,减掉了二百一十三个村,几乎并了一半的村;学校也由原来的四百三十五所,并到二百四十所,也合并了百分之四十以上。这么大的动作,却并没有引起多么大的震荡,集体到县里上访的都没有,非常难能可贵。说明他们工作做得非常扎实,做到了位。我想,你们哪个县,只要也能做到像五河这样,八位县级领导干部的亲属子女,六十七位科局级干部的亲属子女,也都在这次改革中下了岗,真正坚持了公开、公平、公正的原则,你那个地方就同样不会出现群众上访!

　　"各地情况虽然千差万别,但基本的道理是应该一样的,不是五河这地方生来就喜欢改革,也不是天生的就对自己的利益看得无所谓,天生的就是你叫我下我就下,这要靠扎扎实实的工作,靠对思想政治工作优势的把握,靠对切实可行的政策的确立与运用,同样,少不了一种奉献的精神,牺牲的精神!"

五河现场会的精神,很快被落实到全省各县(市),于是,安徽省在农村税费改革全面试点的头一年,就清退、精简了乡镇富余人员十二万。虽然取得的还只是阶段性的成果,财政支出却因此减少了六亿元。

十二月九日,临近年尾,省委书记王太华也来到五河县。他就如何进一步深入开展农村税改工作,与县里的四大班子主要负责同志进行了推心置腹的座谈。

他谈得很细。他提醒大家注意,在乡镇分流人员的安置上,一是三年待岗期间的工资要发;二是到企业以后,企业开展养老保险时,在机关当公务员这段时间也应计算在内。

他说并校的工作,现在才起步,我们从数量上,表面上,撤并了,但大量的工作,有待进一步完善。将来在农村,不论中学还是小学,都要强调规模办学,合理办学,并且要通过教师竞争上岗等措施,不断提高教学质量。他说现在农村的学生一年的学费,等于农民白种了几亩地或白养了一头猪,学校收费高的主要原因是辅导材料太多;过去没有辅导材料、同步试卷,不也培养了那么多的大学生吗? 减轻学校负担,减轻学生负担,就是要从减轻学生的书包这些具体的事情上抓起,同时要禁止向学生收取看电影、素质教育等这费那费。

他说税费改革了,农民负担减轻了,所以我就想,能不能将所有的村支部书记,都用财政包起来呢? 你们可以试一试。那些机构改革中比较好的,甚至可以包括新分配来的大学生,我看都是可以到村里任支部书记的。如果他能当好一个村支书,以后到乡里、县里来工作,就绝对没有问题。村级集体经济下一步发展最重要的问题,是调整产业结构,增加农民收入,这些同志不是本村人,可以很超脱,就一心扑在工作上。当然下派要实行任期制,要进行任务考核,完成任务考核目标的,就可以成"飞鸽牌",再换另外的年轻干部接着干,这是基层组织建设的需要,农村发展和农村稳定的需要,更是锻炼干部的需要。

他说乡镇机构改革后的转变职能,重点要做到"三个统一"、"三个为主"。这就是:过去是对上负责,现在要对上、对下统一负责,并且是以对下负责为主;过去是单一靠行政命令,现在既要搞行政命令,又要靠法律、民主、教育的办法,而更多的是要以法律手段、民主手段、教育手段为主来开展工作;过去只是完成任务,包括要完成计划生育、财政税收等任务在内,现在要转变为把完成任务和搞好服务统一起来,而且,要做到以服务为主。

他说:"三个代表"的思想最重要的一条,就是要代表最广大人民群众的根本利益!

王太华回到省城后不久,省委就从全省各市县挑选出了三千名优秀年轻干部,派到贫困村、后进村去担任党支部书记,以加强那里的基层党组织建设;随后不久,省委又从省、市、县三级党政机关和事业单位,抽调出一万名优秀干部,自带行李,进驻全省一万个经济相对滞后、基层组织相对薄弱的行政村,帮助派驻村建立健全以村务公开、民主管理为主要内容的各种规章制度,完善村党支部领导下的村民自治的运行机制。当然,更重要的是,要遵循市场规律、尊重群众意愿地帮助那里的农民迅速推进农业结构的战略性调整。

安徽省各地开展的农业结构调整、发展农村经济、增加农民收入的工作,差不多也就和农村税费改革同步进行了。

51　一号议案

　　在安徽省全面试点的头一年,虽然出现过淮北平原的砀山县陈庄镇,江南山区的宁国市南极乡,依然在搞"上有政策、下有对策";不南不北,地处江淮之间的肥东县龙塘乡和来安县广大乡,也照旧我行我素,甚至闹出了人命,但是,全省的总体形势,还是令人振奋的。税费改革不仅减轻了农民负担,给农民带来了实实在在的好处,推动了乡镇财税征管体制上的改革,改善了党群干群关系,也促进了农村基层民主政治的建设,维护了农村社会的稳定。

　　一句话:开局喜人。

　　也许正因为有了如此喜人的开局,二〇〇〇年十二月十三日,财政部长项怀诚就在北京发表了这样一个讲话:"明年将加快全国农村税费改革的步伐,中央财政也将每年拿出二百亿元人民币用于对地方转移支付以支持这项改革。"

　　二〇〇一年二月十五日,《新华网》接着发布了一条有关的新闻信息:《中国农村税费改革全面展开》。消息称,"二〇〇〇年三月,中国政府决定先在安徽全省开始税费改革的试点工作,今年在全国推广,二〇〇二年基本完成。"

　　这是新闻传媒第一次公开披露中国农村税费改革的时间表。这个时间表,明白无误地表明:从试点到全国推广,直到基本完成,每一个阶段只用一年时间;整个工作不超过三年。就是说,被称作继土改、"大包干"之后,中国农村第三次伟大改革的农村税费改革,将在本届政府任期之内大功告成。

　　面对如此消息,不少有识之士深表怀疑,觉得既不现实,也不可能。因为,这项改革已经触及到了一些深层次的体制问题,涉及到一些重大的改革方向,许多问题是随着改革的不断深入才逐渐暴露出来的,有许多我们过去不曾熟悉的东西,还需要进一步去认识;寻求凸现出来的这些新问题的解决办法,也有待时日。可以说,这场伟大的改革,还只是刚刚破题,现在就宣布此项工作将于二〇〇二年"基本完成",无论怎么说都过于草率,而且,让人不可思议。

《新华网》上的消息,显然不是捕风捉影,就在《新华网》发布这条消息不久,全国农村税费改革试点工作会议便在安徽省省会合肥市隆重召开。

因为农村税费改革已经成了党中央、国务院在农业发展的新阶段为解决好"三农"问题采取的一项重大举措,又是事关各省农村改革、发展、稳定的大局,所以,将被扩大试点的二十个省的省委书记或省长,国务院有关各部的部长,几乎悉数赶往中国中部的这座城市。

据统计,合肥的会议,仅正部(省)级领导就来了四十八位。因此,这个会,不但成了安徽省历史上规格最高的一次会议,也成为中国近年来有关农村改革规格最高的一次全国性会议。

会上,国务院全面部署了农村税费改革的工作。

如果不是两会期间出现了两件轰动性的事件,合肥会议的精神肯定就会很快地在全国更大的范围得到贯彻落实,就像《新华网》所说的那样,由中央部署安徽首先试点的这场农村税费改革,真的可能在最短的时间推向全国。

但是,在随后召开的全国人大会议上的一件议案,全国政协会上的一件提案,却改变了中国农村税费改革的进程。

合肥会议这边刚刚结束,那边九届全国人大四次会议、十届全国政协四次会议,就先后在北京拉开了序幕。会上,朱镕基总理代表国务院,作了《关于国民经济和社会发展第十个五年计划纲要的报告》。他在报告中强调:"十五"期间要把全面贯彻党在农村的基本政策,加强农业基础地位和增加农民收入,作为经济工作的首要任务。

许多代表听了朱镕基的工作报告,心中的感伤却远多于兴奋。因为加强农业基础地位这类"常识性"的话,几乎是每会必讲,已经不知讲了多少年,可直到今天,"三农"问题依然还是中国最大的问题。八十年代中期之后,当农民负担问题日益突出,一九九〇年二月国务院就发出了《关于切实减轻农民负担的通知》,同年九月,党中央、国务院又作出了坚决制止乱收费和各种摊派的决定,这以后差不多年年都下达这样的通知或是决定,但时至今日,农民负担仍是叫人扼腕叹息的一桩事情!

福建代表团的人大代表饶作勋发言时,坦陈当前农民最担心政策不稳,最怕的是负担过重;四川代表曹庆泽,毫不客气地指出,朱镕基的报告中虽然提出千方百计增加农民收入,但是并没有举出突破性的过硬措施。

与九届人大四次会议先后召开的全国政协十届四次会议,共有十位委员在大会上发言,其中半数就言及农业、农村、农民的问题。

两会期间,丹麦记者甚至反诘到会的劳动和社会保障部部长张左己所在的部,是否不管农民,只是城里人的劳动和社会保障部。

在大会举行的记者招待会上,朱镕基曾就中外记者关心的农村税费改革给大家详细算了一笔账:

"我们目前从农民手里收取三百亿元的农业税,六百亿元的乡统筹、村提留,再加上乱收费,大约从农民那里一年要拿走一千二百亿元,甚至还要更多。我们这一次的税费改革,就是要把我们现在收取的三百亿元的农业税提高到五百亿元,也就是从百分之五提高到百分之八点四,把其他的乡统筹、村提留的六百亿元和乱收费一律减掉。当然,农民减负担,地方财政会有缺口,这个缺口很大,中央财政又会拿出二百亿到三百亿来补贴给困难省区市的农村的。但是,这个缺口还是很大的。"

如果要把九亿农民的负担减下来,地方财政的缺口究竟会有多大?

农民负担真的一年就只有一千二百亿吗?"甚至还要更多",这"还要更多"又是多少呢?

朱镕基都没有具体说。

决定农村税费改革的成功与否,能否真正地把农民的负担减下来,其关键之处,无疑就在于把账算清楚。这些至关重要的东西,是含糊不得的。只有弄得一清二楚了,各方面的配套改革才可能做到心中有数。

《我向总理说实话》一书的作者李昌平,对此作过具体的调查,他十分坦率地表明:"中国农民的负担远远不止一千多个亿,至少是在四千亿元以上!"

他分类列出几笔账:全国县、乡、村所欠债务有六千亿元之多,仅每年需要支付的利息至少在八百亿;全国农村义务教育需支付七百万名老师的年工资就是八百亿,每年支付校舍维修、设备仪器的添置和教育的欠债等就有五百亿;全国县、乡党委政府及各有关部门"干部"计有一千九百多万人,村、组级"干部"两千三百多万人,每年工资一项就又要两千五百亿。

以上三项,最低年支出便要四千六百亿元以上。

此外,全国近三千个县,约有近三万个科局,近五万个乡镇,七十万个乡镇所属部门都需要运转,还有四百万个自然村近八亿生活在农村的农民公共用品的需求,这些每年至少还要三千亿元。

总之,在县以下的各项支出中,百分之七十到八十是要由农民负担的。农民的口袋就是县乡财政。若按现在的农民负担政策,农民每年的实际负担则高达四千亿至五千亿元!

农民的实际负担如此之大,这显然正是中央三令五申减轻农民负担,而农民负担却一直无法根除的原因所在。这也再一次证明了朱镕基总理在李昌平的一封信上批过的那句话:"我们往往把好的情况当作普遍情况,而又误信下面报喜,看不到问题的严重性。"

当然,在这个问题上,最有发言权的还是安徽省的代表。

因为税改在安徽试点已经一年了,一年里,省委、省政府默默地克服着重重困难,可谓竭尽全力,但仍常常感到力不从心。改革试点之后,乡镇村级组织的经费变得捉襟见肘,还可以从精简机构、裁减人员、增效节支上来寻求解决的途径,但是,目前实施的这个税费改革的方案,将原有的教育附加费和教育集资予以取消,而这个缺口又非常大,以至相当多的农村中小学办不下去,农村教师拿不到工资。如果安徽的同志不把试点工作中出现的这种有关义务教育上的问题,及时反映上去,并得到有效的解决,一旦中央将税改工作在全国展开,农村义务教育受到的冲击,以及造成的损失,那将会是无法估量的。

因此,安徽省的人大代表觉得有责任将这件事写成一个议案提交大会。

于是,就在这次全国人大的会议上,安徽省代表团在认真总结了一年来农村税费改革的利弊得失之后,提交了一份要求加大基础教育投入,尽快制定《义务教育投入法》的议案。

安徽省代表团提出的这个议案,顿时在各省的代表中间引起强烈反响,成为轰动一时的热门话题,并被列为这次大会的"一号议案"。

发起这个议案的，是安徽的一位女代表。她就是安徽省教育厅的副厅长胡平平。

胡平平几乎在一夜之间，成为两会最引人注目的新闻人物。

胡平平已经当过两届全国人大代表了，人民代表为人民代言，早已成为她的自觉行动。她所以会想到要提交这样一个议案，不光因为她是教育厅副厅长，还因为她本人也是教师出身，再说安徽又是农业大省，关注农村教育的发展，尤其是乡村教师的生活和工作环境，便成了她万死不辞、乐此不疲的一件事。

通过认真调查，胡平平发现，安徽在搞农村税费改革之前，农村义务教育的经费主要来源于三个方面：一是乡镇财政拨款；二是向农民征收"三提五统"中的一项，即"教育附加费"；再就是向农民搞"教育集资"。一九九四年以前，各地农村基本上都没有欠过教师的工资，一九九四年因为实行了国税地税分税制，地方上的财力受到了削弱，农村义务教育的经费，就主要依赖于向农民收取教育附加费和教育集资，余下的，全省农村每年教师工资还有三亿元的缺口，是靠向银行借贷发放的。截止二〇〇〇年，仅这一项的负债，已累计高达十七亿元。实施税费改革之后，教育附加费和教育集资两项收费全被取消，改革后的农村义务教育经费要求从乡镇财政预算中安排，可乡镇财政原本已是寅吃卯粮，这笔经费于是便没有了着落。省教育厅为此作过调查，二〇〇〇年安徽全省乡镇可用财力只是四十六亿元，而全省乡镇负责供给的六十六万人的工资额就已经是四十九亿五千多万元，根本没钱再往教育上投入。更何况，税费改革的两项有关教育的收费，每年空出来的缺口就是十一亿元。按规定，农村中小学危房的改造，每年还需要三亿元，以前这钱也是靠向农民伸手解决的，现在也就不能再向农民收取。这样加在一起，安徽全省农村义务教育经费上的缺口，就是一个很大很大的数字！

形势一下变得十分严峻。仅税费改革搞得最早的阜阳地区，截止到二〇〇一年春天，就已累计拖欠教师工资六亿一千七百二十七万元，全地区平均拖欠教师十个月工资；有的自税费改革以来就再没给教师发过工资！

　　全省农村义务教育欠下的教师工资、银行债务、教育布局调整的基建费用以及危房改造资金，累计高达六十多亿元！

　　胡平平一想到这些就心急如焚。

　　这么大的缺口怎么办？似乎也只有两条路可走，要不就是把百分之四十的农村中小学停办，再不就只能这样继续拖欠下去。

　　农民们看在眼里，急在心里，忧心忡忡地说道："现在是轻了农民的担子，饿了教师的肚子，误了俺们的孩子！"

　　许多农村教师百思不解：国家既然禁止了乡镇政府的乱收费，那么首先就得保证这笔庞大的开支有"出处"。这道理听起来似乎让人觉得有些奇怪，因为那么多的城市义务教育经费，又是如何解决来源的呢？怎么没见哪个城市的政府向市民收费来办义务教育呢？农民已经缴了农业税和农业特产税，本就该和城里工作的市民一样成为纳税人，按照"公共财政"的原则，中央政府财政收入的支出就应该考虑到全体国民的利益，不应该"城乡分割，一国两策"。况且，从根本上说，义务教育本就应该由政府财政拨款，否则还叫什么义务教育呢？

　　问题的症结当然不在税费改革，只是由于税费改革工作的展开，使得这样一个长期被农民负担掩盖的深层次的体制问题突显出来，这就是：中央与地方在财权和事权上的严重脱离，以致地方财政收入太少而负责的事务却又太多。

　　国务院发展研究中心的一项调查，同样说明了这一问题的严重性：目前中国义务教育的投入中，百分之七十八由乡镇负担,这其中,绝大部分又是由农民"买了单",百分之九由县财政负担,县乡两级的负担高达百分之八十六;省市(地)还负责了百分之十一;中央负担的,仅是百分之二左右!

无论怎么看,这样的政策设计,都是极不合理、也无道理的。

世界上几乎所有的工业国家,都认为教育是生产发展的首要因素,是振奋一个民族的强大动力。全世界的年教育经费,在公共资金的支出中,大多仅次于军事费用,占居第二位。全球工业化国家的人口只占到总人口的三分之一,但其教育经费却比发展中国家多出十倍以上;而中国人口超过了世界总人口的五分之一,教育经费却仅占到三十分之一。这让人难以思议。

我们可以花那么大的气力去争取一个体育项目的第一,而对教育,尤其是义务教育,这个真正与国家的前途和命运息息相关的重大项目,竟长期熟视无睹,这同样让人百思不得其解。

建国五十多年了,解放后出生的孩子也已经不再年轻,但是在中国的农民中,没有接受过起码的文化教育的,何止千万?而且还有那么多的文盲。柏杨说:"第三流的国民绝产生不出第一流的政府",话虽刺耳,但面对今天经济文化依然如此落后的中国广大农村,如果我们不回避事实,就不能不承认,在教育上,我们确实是个失败者。

中央实行财经集权的初衷,就是为了集中财力办大事,而九亿农民义务教育的事还小吗?

应该说加大对农村义务教育的投入,尽快制定《义务教育投入法》,不仅是进行农村税费改革的实际需要,更是贯彻落实《中国教育改革和发展纲要》的迫切需要。中共中央、国务院早在一九九三年就颁布了《中国教育改革和发展纲要》,明确规定:教育经费的支出占国民生产总值的比例到世纪末应达到百分之四。可是,到了一九九九年,也仅实现百分之二点七九,少投入了一点二一个百分点。二〇〇〇年,我国生产总值实现八万九千四百零四亿元,财政收入达到一万三千三百八十亿元,如果按照"纲要"规定的教育投入达到国民生产总值百分之四的目标,就应增加一千一百亿元以上的教育经费。

如果中央财政按照"纲要"的规定拿出一千一百亿元,中国的农村义务教育乃至农村税费改革中的许多问题便都迎刃而解了!

我们必须认识到,要求加大对农村义务教育的投入,不是在对农民"发善心",也不是在对他们搞"施舍"。从一九五六年到一九八〇年,国家仅通过工农业产品价格差就从农民那里无偿地拿走了一万亿元;改革开放以来通过粮食定购价低于市场价,从农民的手里拿走的就更多。我们已经欠了他们太多太多,也太久太久,不能也不应该再这样欠下去了!

当胡平平了解到何开荫也注意到了税改之后农村教育上出现的问题,她专门找了何开荫。

何开荫给胡平平谈到了他去五河县摸到的一些情况,胡平平听了,越发感到问题的严重。

五河县的税费改革工作搞得是相当成功的,但农村义务教育受到的冲击,却又使得他们束手无策。县教委主任告诉何开荫,全县单教师工资,一年就需要五千五百二十八万元,公用经费少说也需要四百万元,再加上其他的各项开支,一年得拿出七千万元才能勉强维持。另外,全县农村中小学还有十二万三千平方米的危房等着改造,所需资金三千六百九十万元至今尚无着落;还有一百八十八所中小学新建扩建校舍所需的八千四百万元,更是个大缺口。现在,在五河县农村,两三个班的学生合并成一个班上课,教室里拥挤不堪的事已屡见不鲜。有个农村小学,下课时,学生上厕所挤倒一面墙,砸死了一个小学生,这事引起他们的警惕,就对全县农村学校进行了一次安全大检查,一查,吓一跳,查出的隐患甚多,却又无能为力,不知道该怎么办。许多小学的危房眼看要倒,只好在户外上课,寒冬腊月,老师学生都冻得直抖。这些情况中央都知道吗?

胡平平决计要写这个议案的想法,立刻得到了安徽省委、省政府、省人大和省政协四大班子领导的高度重视。最后,省里决定将它作为安徽省代表团的一件议案,提交本次大会。

胡平平在接受采访时说:"随着税费改革的深入进行,过去颁布的《教育法》和《义务教育法》的许多内容,都有必要加以修订和丰富,特别是应尽快出台《义务教育投入法》,要使之与税费改革相配套。"

一号议案一提出,不仅引起两会代表的强烈反响,还引起出席过全国农村税费改革试点工作会议的二十个省区领导的格外注意。他们都认真地算了一下细账,于是先后写出报告,要求中央财政帮助解决试点工作中转移支付所需要的资金。有一个省,仅要求解决义务教育和机构改革的实际困难,就申请补助一百零五亿元。各省加起来,少说也有一千多亿元!

改革,改出这么大的缺口,这是朱镕基没有料到的。中央财政也不可能一下支付出那么多。

是呀,积羽沉舟,群轻折轴。

中国农村的问题是长年积累的结果,更是国民经济和社会发展诸多矛盾的综合显现。问题实在是太多,也太复杂了。

切实减轻农民负担,毫无疑问是农村税费改革第一位的目标。但深究农民负担的成因,极其复杂。有机构庞大、人浮于事的原因;有匮于投入,基础薄弱的原因;有财政体制不顺,流通领域梗塞的原因;有城乡分割,待遇不公的原因;有监管失控,贪污腐败的原因;有社会和经济上固有的,深层次的,许许多多的原

404

因;当然,也有农民自身的原因……

小平同志就说过:中国的经济要出问题,可能就出在农业上。因为中国的农业、农村和农民问题是最容易被忽视的,当我们感觉到需要认真解决它时,就可能已经发展成了大问题。

二〇〇一年四月,全国人大和全国政协两会闭幕不久,海外传媒突然热闹起来,关于中国农村税费改革遭遇流产的报道连篇累牍。

当然这是毫无根据的。"确保农村税费改革取得成功"——中国政府的决心是坚定不移的。中国的农村税费改革没有流产,也不可能流产,只是再听不到《新华网》曾经披露过的那个改革的时间表。中央重新做出决定:继续由安徽省进行农村税费改革的探索,全国其他省区暂不扩大试点。

尽管这种调整,与合肥会议的部署有了很大的不同,出现这种变化,前后也只有两个月的时间,但这确实又是极其负责任的态度,是一种最冷静而又最明智的决策!

就在美国《华尔街日报》在报道中国农村税费改革受挫、流产的时候,人们却在中国中央电视台的屏幕上,看到朱镕基总理正在安徽农村视察,他勉励安徽省的广大干部和群众再接再厉,努力解决好农村税费改革中遇到的新矛盾和新问题,坚决把这项改革全面引向深入。

52 寄希望于安徽

我们在采访中获悉,在安徽全面推行税费改革一年后的二〇〇一年,朱镕基总理就先后三次深入到安徽。二月中旬,全国农村税费改革试点工作会议期间,他在合肥周边的农村调研;五月一日,国际劳动节,许多富裕起来的中国人,趁着"五一"期间的长假，合家老小外出旅游时，他却又是在安徽的农村度过的。两次来皖，朱镕基恪守诺言：不照相，不题词，不让陪餐，不准迎送，一切轻车简从，甚至，不让发消息。

对于这两次总理来皖，安徽省委和省政府没有再像以往那样刻意准备，更没挑选"亮点"甚或造假给总理看，安排考察的地方，既不是最好，又不算最差，因此具有着普遍的代表性的。

这一年的七月十八日，朱镕基第三次踏上江淮大地，他带领教育部、财政部、农业部等十多个有关部门负责人，在安徽省委书记王太华、省长许仲林的陪同下，驱车前往中国农村税费改革的发轫地阜阳地区。这时阜阳地区，已改为阜阳市，他们来到了有着三十多年历史的阜阳市颍上县十八里铺乡宋洋小学，重点考察税费改革试点之后义务教育的目前情况。

望着教室里空落落的几十张破旧的课桌，朱镕基显然有些诧异，他问校长王伟："怎么没有凳子？"

王伟解释说："为了节约经费，凳子都是学生自己带。现在放假了，学生就把凳子都带回家了。"

那些破旧的课桌油漆几尽脱光，而且全没抽屉，为了放书，不少笼屉竟是简简单单用线绳穿织而成的。

"这些课桌有多少年历史了？"朱镕基若有所思地问。

"二十年了。"

"二十年都没有换过吗？"

"没有。"

朱镕基伸出手，下意识地要去摸一摸面前的课桌，就在这一瞬间，记者按动了相机的快门。

从后来《安徽日报》发表的这张图片看，简陋的教室里，看不到讲台，站在单薄而破旧的课桌后面的王伟校长，在回答着总理的提问；双手轻抚桌面的王太华书记，那一刻心情的沉重突显画面;从繁华的大上海走出来的教育部长陈至立,聚精会神的目光中露出不安;曾表示用中央财政对地方转移支付以支持税费改革的财政部长项怀诚,面部的表情也是十分复杂的。

"这个学校在县里是什么水平?"朱镕基问王伟。

王伟答:"中等。"

朱镕基沉默良久,摸着斑驳的桌面感慨道:"很艰难啊!"

那天下午,朱镕基就在这所宋洋小学里,召开了一个农村基础教育的专题座谈会。当场听取附近乡镇干部和中小学教师对义务教育的意见和建议。

主持会议的省委书记王太华,开门见山。他说:"总理非常关心税费改革对农村义务教育有没有影响。今天请大家畅所欲言,要讲真话,不要怕讲错话,但绝不能讲假话。"

王太华的开场白,使在座的干部和教师多少有点意外。因为过去每逢市领导来检查工作,县里乡里总是早早就打起招呼,只许说成绩,不许说问题,更不准随便说,如今来了国务院总理,省委书记却要大家畅所欲言,要求讲真心话,不要怕讲错话,特别强调不能讲假话,这几句话一讲,讲得不少人心间一热,有的差点掉下泪来。

颍上县江口镇党委书记李敬业打了头炮。他说他是打心里拥护这场税费改革的,希望把农民的负担减下来,改善党群干群关系,推动农村各项事业的进一步发展。但是改革之后,镇村两级的正常运转却有了很大问题,正想找个机会把意见提上去,想不到总理亲自下来了,太华书记又把话说得这么恳切,他也就打消顾虑,坦率直言了。

李敬业说:"我们这个地方地处偏僻,经济发展相对滞后,财政供养人员和教师工资过去就不能按月发放,税费改革后,困难更大,去年七月到今年六月,已经欠发教师津贴七十二万元。"

朱镕基认真听着,这时问身边的宋洋小学校长王伟:"你们学校教师工资欠发吗?"

王伟说:"九八年和九九年,各欠两个月工资,二○○○年欠了四个月工资,今年上半年的都发了。"

"过去八个月的都补发了吗?"

"没有,挂起来了。"

朱镕基望着王伟又问:"教师每月发到多少工资?"

"最高的六百元,低的三百元。"

"还有其他补助吗?"

王伟实话实说:"没有。"

一位乡干部接过王伟的话,忙向朱镕基解释:"有的教师家里有承包地,还是可以增加一些收入的。"

朱镕基听了,语调严厉地说道:"不能因为有承包地,就可以拖欠教师的工资呀!"

插嘴的乡干部感到自找没趣,显得灰头土脸。

接着,十八里铺乡党委书记罗士宣发言。他谈到目前农村中小学存在的四个突出问题:一是危房改造难;二是学校布局调整资金缺口大;三是教师工资不能按时足额发放;四是"两基"(基本扫除文盲、普及九年基础教育)欠账较多。

朱镕基一边听,一边思索,突然问坐在边上的夏桥镇小学校长张勇计:"学校向学生是怎么收费的?"

张勇计说:"一、二年级学生每学期缴一百四十元;三、四、五年级缴一百六十元。"

"收的都是什么钱?"朱镕基追问。

张勇计说:"以小学五年级为例,每学期,每个学生,杂费五十元,书本费四十九元,作业本十元。"

"还有别的吗?"

"还要向镇里缴四十元。"

"为什么要向镇里缴呢?"朱镕基转过身问,"镇长来了没有?"

听说夏桥镇镇长没来,朱镕基就问江口镇党委书记李敬业:"学校也向你们缴钱吗?"

李敬业说:"要缴三十五元。"

"为什么要收这个钱?"

"主要是用来返还教师工资。"

朱镕基转身又问王伟校长:"你们学校也向镇里缴钱吗?"

王伟说:"不缴,但收的费中有一部分是要顶教师一个月的工资的。"

"其他学校怎么样?"朱镕基决定来个刨根问底。

六十铺镇小学校长陈乃平说:"我们是缴一部分留一部分。"

通过和乡镇干部、中小学校长的面对面座谈,朱镕基终于发现,农村有不少中小学的收费,大大超过国务院下文规定的农村义务教育收费的标准。他沉吟片刻说道:"感谢大家,让我了解到了真实的情况。"

十八里铺中学教师吴多顺,这时发言:"我是一九九二年师专毕业的,现在月工资只有四百六十五元,比县直中学的教师低一半,比市里的中小学教师低得就更多。"

颍上县教委主任陶俊之接着说道:"农村中小学教师质量不高、年龄偏大的问题普遍。一些学科教师紧缺,最近二十年,全县就未分配到一名本科毕业的外语教师。"

朱镕基一直认真地听着大家的发言,在结束这个座谈会时,他不无感慨地说:"看来,农村的基础教育,特别是义务教育,还存在不少问题。农民负担能不能减轻,义务教育等必要的投入能不能保证,应该成为我们检验税费改革是否成功的重要标志。

这个问题我们要进一步研究,得另想办法,只是千万不能再在农民的身上打主意了,也希望安徽的同志在这方面探索出新的经验来。"

分手时,朱镕基已经上了车,只见他突然从车窗里又探出头来,声音低沉但很坚定地说:"谢谢大家对我们说了真话,使我们了解了很多过去所不了解的实际情况。很对不起大家,让你们受委屈了。我们回去一定想办法。"

说得在场的干部群众无不动容,大家用力地鼓掌,含着泪水目送总理远去。

这以后,朱镕基还到了安徽省的庐江县新渡乡,与农民进一步地恳谈;回到合肥之后又听取了安徽省委省政府的工作汇报。

在汇报会上,他首先对安徽省各级党委和政府坚决贯彻中央的方针政策,在农村税费改革的试点中敢为人先、知难而进的精神,以及取得的喜人成绩,予以充分肯定。同时指出,农村税费改革是一场深刻的社会变革,而且又是在当前市场粮价持续下降、农民增收渠道不多、乡镇财政普遍较为困难的情况下进行的,需要我们解决好不少棘手的问题。农村税费改革离不开国家财政的支持,但全面推进这项改革,又必须考虑国家财政的承受能力。从安徽等地农村税费改革的试点情况看,不仅在改革过程中,更重要的是在将来要巩固改革的成果,切实防止农民负担的反弹,这与农村各级党政干部素质的提高和工作作风的转变密切相关。如果安徽在税费改革中既减轻了农民负担,又保证了义务教育等各项事业健康发展,还培育了广大干部廉洁奉公、勤政为民的正气和作风,这就在全国带了一个好头,也就为我国的改革的发展做出了新的贡献!

朱镕基最后说:中央寄希望于安徽。中央决定,农村的这项改革,必须在安徽全省试点取得明显成效,并总结出成熟经验的基础上,才能在全国进行,否则,贸然推开,就可能出现较大风险,欲速则不达啊!

这年十月,安徽省基础教育工作会议在省城召开,会上传达了全国基础教育工作会议精神,这就是:从今往后,义务教育实行"分级负责、分级管理、以县为主"的方针。明确规定:农村中小学教师的工资由乡镇改为县级财政承担。

为支持安徽省继续进行农村税费改革的试点,二〇〇〇年中央财政向安徽提供了十一亿元的专项转移支付资金;二〇〇二年增加到十七亿元。

尽管这种支付,对正将这场改革全面引向深入的安徽省财政所暴露出来的巨大缺口来说;不过只是杯水车薪,但是,"输血"搞改革,也绝非中央政府推行这场改革的初衷。中央原本打算通过农村税费的合并、暗费变明税的办法,进行地方支出总量的控制,以期既减轻农民负担,又逼迫县乡尤其是乡级政府精简机构和人员,然而正如农业专家陶然所指出的那样,当这场农村税费改革的试点全面引向深入,当被改革者做起了改革的执行者角色的时候,管制型统治模式的弊端就会暴露无遗:中央、地方和农民,不会携手寻求三方利益的最大化,都只会追求自身利益的最大化,而这其中处于最弱势地位的,自然就只有农民!

在中央和地方的财权与事权严重脱节而未作修补,县级财政依然捉襟见肘的今天,巨大的农村义务教育的经费由乡镇转移到县财政承担,能解决问题吗?

事实是,安徽的一些地方官员私下透露,现在有的地区已经出现村级开支"一事一议"范围的扩大和标准被松动的情况;有些地方,甚至默许乡政府和村委会拍卖公共财物来填补财政缺口,而对于公共财物的界定农民永远没有发言权,以至出现农民在自己的田间地头种树还要再向村里"赎买"回来的事情;甚至,明火执仗地,新一轮的向农民公开集资的现象再次发生……

原有的矛盾并未化解,新的问题又浮出水面。

如果将这一切都解释为农村干部的素质和作风问题,这对他们中间的绝大多数人来讲,显然是有失公允的。

53　肝胆相照

中国致公党,是最早关注这场农村改革,并且也是最早注意到改革中出现的问题的中国民主党派。致公党安徽省委在安徽的试点一开始,就同步进行了全程的研究。其中最热心的,当数致公党安徽省副主委汪伟。汪伟在调研时注意到,税费改革虽然受到农民朋友的普遍拥护,还被亲切地称之为"第二次大包干",但它同时也带来了一些具体的问题,其中最突出的,就是乡村财政的减少,平均一个乡镇大约减少到九十万元,村级的幅度就更大,不少地方已难以为继。于是致公党安徽省委由他牵头,还把最先提出这项改革的省政府参事何开荫,也请来作为特邀代表,开始了专题调研工作。

何开荫一直坚持认为解决中国的"三农"问题,眼睛不能只放在"三农"上,这是一项巨大的系统工程,必须综合治理,必须整体推进。但是他也清楚,中国的事情急不得,必须慢慢来,像饭要一口一口地吃,事也只能一件一件去做。既然现在全党上下都在关注安徽正在进行的农村税费改革,而这项改革又正是深化农村改革最好的突破口,那就应该专心致志地来研究它,想方设法让它的改革方案更加贴近实际,变得日臻完善,以带动和深化农村的综合改革。他愉快地接受了汪伟的邀请,全身心地投入到了致公党安徽省委组织的这次调研中去。

他们先后深入到安徽省的十五个县(市)进行调查,形成了一个完善农村税费改革方案的建议。这个建议,最后被新华社以《国内动态清样》的内参形式发往中央各有关部门。致公党中央主席罗豪才看到了这个建议,敏锐地感觉到,安徽的这项研究工作意义重大,致公党中央也有必要投入力量作进一步的跟踪调查,而且可以把它作为致公党中央的一个重要提案,在将要召开的全国政协会议上提出,供中共中央和国务院决策时参考。

他当即就把自己的意见,连同那期《国内动态清样》,一起批转给了杜宜瑾副主席和丘国义秘书长。

杜宜瑾和丘国义,见到罗豪才的批示及致公党安徽省委的建议,也是十分重视。两人都是来自安徽,丘国义原先曾是合肥工业大学的一位教授,虽调京工作,可对发生在安徽的事情一向还是十分关心的;杜宜瑾曾经是安徽省的副省长,安徽省太和县最初搞起税费改革的试点时,他就十分了解,并且是积极支持的。

他们很快同致公党安徽省委取得了联系。于是,一个以汪伟为组长、何开荫任顾问的致公党中央农村税费改革课题组成立了。

课题组不但对安徽正在进行中的这场改革作了认真的调查研究,还去了湖南、江西两个省的部分地区,并先后向江苏、山东、浙江、吉林、河北等省了解了有关税改试点的情况。

课题组在调研中了解到,全国惟一的全面试点省安徽及其他各省区有关的试点县,试点工作的成效都是比较显著的,都程度不同地减轻了农民的负担,促进了基层政府职能的转变和机构的精简,初步规范了国家、集体和个人间的分配关系,促进了乡村干部的廉政建设,规范了乡镇、村级财务管理,总之,中央关于农村税费改革的决策是顺应民心,得到了广大农民和乡村干部拥护的。

课题组也发现了不少问题。有些问题，何开荫早就注意到，并已经对它进行了深入地研究。

首先，税赋欠公，这是最大的问题。原来农业税是按地征收，而"三提五统"费是按人征收，按地按人都有了兼顾，如今"费改税"，一律跟地走，只按地的多少征收，这就必然加重耕地多又相对贫困的农户的负担；而那些城镇郊区的农民，人均耕地少或者全部被征用了，从事二、三产业已相对富裕，他们的负担却很轻，甚至一分钱的负担也没有了，连原先的"三提五统"费也给漏掉了，税赋的这种畸轻畸重，显见是欠公允的。

其次是，计税土地的面积账实不符，核定的计税土地面积往往大于实际的承包面积，因为"大包干"以来的二十多年中，耕地的面积和利用的状况变化很大，国家征地，企业征地，个人用地，非农产业用地，尤其是一九九二年以来各类经济开发区和房地产热都占用了大量的耕地，不少地方甚至没有经过合法的手续报批，或批少用多，致使土地管理部门难于掌握，更没有建立起档案进行动态管理，根据那本脱离实际的陈年账册来征税，农民不满意。

再就是，这次设计的税费改革方案，将"村提留"作为"农业税附加"，这在理论上是说不通的，集体的资金不应纳入税的范畴。这一点宪法上有明确规定，耕地的所有权是属于集体的，村集体向农民发包耕地，征收带有地租性质的承包费是具有不可侵犯的法定性，这是无论如何绕不过去的。

再说，计税农田特产税的"据实征收"，既无法叫人操作，也与当前调整农业结构、发展经济作物和特产作物的大政策相违背。这是个老问题了。姜春云副总理视察安徽太和县时，曾就这个问题批评过财政部的一位副部长；在阜阳召开的七省税改试点的研讨会上，各地代表也曾就这一问题，向财政部的官员提出过异常尖锐的责问。为什么它今天依然还冠冕堂皇地被写进中央农村税费改革试点方案,这事本身就颇让人感到纳闷。

还有一个问题是,方案的计税价过高,它同市场价格差距较大,应当把农村税费的改革与完善粮食购销的政策结合起来进行。

当然,说到底,进行这场改革的目的,归根结底,是要建立起农村经济加快发展的机制。现在的税改方案却过于侧重于减负,而造成农民负担过重的那些深层次的问题又都基本上没有触动;虽然减掉了过去一些不合理的负担,却并未实质性地增加乡镇财政的资金投入,由于乡镇村级财政收入的锐减,农村基层政权几乎到了难以支撑运转的程度。

课题组针对以上这些问题,提出了一个具体的建议性的意见。这个意见归纳为三句话:五个取消,三个调整,一项改革。

五个取消是:取消专门面向农民征收的行政事业性收费、政府基金、集资及一切乱收费。原由乡统筹费开支的乡村两级九年义务教育、计划生育、优抚和民兵训练等项支出,均改由各级政府通过财政预算安排,乡级道路建设资金由政府负责在附加税中安排,村级道路建设由村民委员会在随税征收的田赋资金中安排,农民在统一缴纳完税赋以后有权拒绝一切集资摊派乱收费。

取消屠宰税。

取消计税农田上的农业特产税。

取消劳动积累工和义务工,今后除遇特大防洪抢险、抗旱等紧急任务,经县级以上政府批准可临时动用农村劳动力,任何地方和部门都不得无偿动用农村劳动力。

取消粮食的国家定购任务。这一条应该成为农村税改的核心问题。只有取消了粮食的国家定购,才能谈得上全面推行农村的市场经济,才可能引起农村经济质的飞跃,也才能够实现农村经济持续、稳定、健康地发展。也只有这样,才可以说农村税费制度的改革,堪称为继土地改革、"大包干"之后中国农村的第三次重大改革。

三个调整是:

调整农业税率。

调整计税面积。

调整计税常产。

一项改革是:改革农业税和村提留征收使用的办法。

课题组曾就提出的这些建设性的意见,在安徽省的皖南、皖中、皖北,山区、丘陵、平原,在这些不同类型的地区,选择了十多个县(市)进行详细论证,结果发现,农民和农村基层干部以及有关部门都是满意的。因此,可以预想,只要在完善税费改革方案的同时,再配合乡镇村级机构改革、重建农村基层组织等其他一系列的改革措施,就会取得更好的成效。

课题组拿出了这份调研报告之后,致公党中央及时举行了座谈会,就课题组的调研成果展开交流。国家农村税费改革办公室、国务院研究室农经司、国务院参事室业务司和农业部农经司等有关部门负责人均应邀到会;致公党中央主席罗豪才亲自到会。

全国人大常委、致公党中央副主席、原安徽省副省长杜宜瑾,在座谈会上呼吁:推行农村税费改革不能单兵作战,单纯地就税制谈税制是不行的。他说,安徽在最初设计农村税费改革时,就已经考虑到了这一点,当时配套改革的综合方案便有十条措施,他们一直是把农村税费改革,作为深化农村改革的突破口来看待的。

他特别强调指出:我们应该看到,自实行"大包干"以来的二十二年中,中国的农村产生了许多新的矛盾,这些矛盾因为未得到及时解决,早已盘根错节地交叉纠缠在一起,可谓牵一发而动全身,任何单项改革,孤军深入,都显然不可能取得成功。

中国致公党中央农村税费改革课题组的调研报告,被作为该党一项重要的提案,上交到随后召开的全国政协十届四次会议上。中国致公党中央秘书长邱国义,被这次会议安排作大会发言。

二○○一年三月,全国人大和政协两会在京召开。这次大会引人注目的是,安徽省代表团向全国人大九届四次会议提交了要求尽快制定《义务教育投入法》的议案,被大会列为“一号议案”;中国致公党中央向全国政协十届四次会议递交了《关于充实和完善农村税费改革试点方案的建议》的提案,被安排在大会上专题发言。

一个是全国人大“一号议案”,一个是全国政协大会发言,谈的都是农村税费改革的问题,都成了这一年两会期间的轰动性新闻。

第十二章　敢问路在何方

54　市场不相信眼泪

何开荫在写给中央的一份《调查报告》中,就这样直言不讳地指出:"这次税费改革方案的最大缺点,就是没有建立起增收机制。"

安徽在实施试点时,显然注意到了加大对农业的扶持,积极推进农业产业化经营,推进农业经济结构的调整,加快农业科技的进步,增强农业的市场竞争力。总之,想方设法让广大农民增产增收,尽快富裕起来。

他们没有忘记小平同志的一句话:发展才是硬道理。当然,这种发展,应该是可持续性的发展。

调整农业结构给农民带来的好处,是立竿见影的。我们在开始接触这个话题的时候,正是合肥市属三县的瓜农"谈瓜色变"的时候。一年之前,合肥市场上的各种西瓜都卖了一个好价钱,于是那些不去研究市场规律、至今没有从传统农业的束缚中走出来的瓜农们,就盲目地蜂拥而上,这一年合肥地区的瓜田,一下扩大到十八万亩,总产量高达两亿七千万公斤,而合肥市民日销西瓜只在一百五十万公斤,加上这些西瓜的品种基本上属于普通的中熟瓜,品种一般,产量太大,上市的时间又太集中,辛苦了几个月种出来的西瓜,一角钱一斤也卖不出去,出现一个大西瓜不及半瓶矿泉水值钱的怪事。瓜农落下了伤心的泪水。

为尽可能减少瓜农的损失,省市新闻媒体呼吁市民多吃西瓜,合肥市政府也做出非常决定,在西瓜大量上市时,允许运瓜的小板车、拖拉机和各种农用车进入市区,交通警察还对瓜农实行了"一卡不设,一分不罚,一路绿灯"的特殊政策。

一时间,这座创建文明城市的活动走在全国前面的城市,朱镕基也盛赞"那里的环境特别好,空气清新,环境整洁"的合肥市,整个乱了套:一街二巷,到处可以看到拉着西瓜蒙满灰尘的各种车辆,"肆无忌惮"地往来穿梭⋯⋯

社会呼吁市民多吃西瓜,不讨价还价地怜悯瓜农,甚至不惜牺牲省城正常的秩序为瓜农提供方便,此番义举,以及市民们自发的慈善行为,都是十分感人的,这种同情心,当然是要提倡的,在困难时刻帮农民兄弟一把,也是理所应当的。问题是,市民相信眼泪,市场不相信眼泪。靠善心扶不起一种产品,靠道德更兴不了一个行业。市场的问题,终归还得靠市场的手段来解决。

就在众多瓜农为西瓜滞销而愁眉不展时,讲究科学种田的市郊三十岗乡,他们种出的"京欣一号"、"早春红玉"和"小兰"等优质西瓜,在市场上一露面就成了抢手货,价钱直线上升,竟卖到了一元钱一斤,而且,登堂入室,打进了省城的各大超市。

同样是西瓜,一边是惨淡经营,一边却成了大家争相抢购的"香饽饽"。这在二〇〇一年七月的合肥,形成十分强烈的对比。

毛泽东说:穷则思变。其实思变的,只是那些"先觉者"。

三十岗乡地处江淮分水岭,岗冲交错,原是合肥市郊区一个偏远贫穷的农业乡。乡领导清醒地看到,农村税费改革的第一位目标,是减轻农民的负担,但是要农民富裕起来,农业就必须要面对市场,更新农民的观念。在观念更新的过程中,农民的科技进步又是至关重要的,只有农业生产的科技水平提高了,农产品真正变成为商品,在市场上才具有竞争力。因此,三十岗乡党委和政府,在实施农村税费改革的同时,领着大伙走上了一条"特色+规模+档次"的农业增效之路。他们在科研机构的帮助下,不仅培育出了优质的西瓜,还为这些西瓜注册了商标。随着生产品种的不断扩大,他们先后培育出的鲜草莓、鲜水果、新鲜蔬菜以及特色南瓜和玉米,都拥有国家工商行政管理局批准的注册商标。

一个地方的农产品,上升为一个受法律保护的知名品牌,这在安徽,乃至全国,还都是一件新鲜事。

肥西县紫蓬山下的农兴镇,是安徽农村税费改革试点中,调整农业结构使农村面貌变化比较大的一个乡镇。在那里,我们见到了镇长蔡家德和下来指导工作的县农办主任刘大山。

蔡镇长介绍说,"农兴"这个名字,看起来振奋人心,但长期以来,它不过是农民的一个梦想。全镇有五分之二的面积是山区,大大小小九十四座山头,农业生产的条件很落后,基本上还是在吃老天爷的饭。二十四个行政村,就有半数人、地、牲畜缺水,不搞农业结构的调整,可以说,就没有出头的一天。镇领导班子经过反复调研,最后理清了发展思路,这就是:"压水扩旱,压粮扩经,压常规扩优质,压单一扩混种;调优种植业,调强养殖业,调大林果业,培育加工业。"

刘大山饶有兴趣地给我们讲起今天的农兴人,在他们的帮助下,怎么"玩"起了过去想都不敢想的"花色点子",举办起各种各样的"野货":野荠菜、野蕨菜、野马齿菜、野苋菜、野菊苣,还饲养起了野鸭、野兔、野山鸡……

在农兴镇上塘村,我们访问了苗木专业户余成宴。余成宴属鸡,一九四五年生,五十七岁了。他家的承包地就在山坡上,因为多半用不上水,过去一直是以种棉花、点花生和侍弄山芋等营生,单产只收到五六百斤,日子过得很紧。前几年,在镇里的……导下，他小心翼翼地摆弄起花卉苗木，起初只是"黄鼠狼娶亲——小打小闹"。税费改革之后，县委县政府选中了农兴在内的上派、桃花、山南和柿树几个乡镇，集中发展园艺苗木，市里还特意从农业大学请来了专家教授，免费为大伙培训，余成宴动了心，干脆把承包地全拿出来，大搞园艺苗木。结果，一年生，两年熟，这位种了大半辈子棉花、花生和山芋的道地农民，现在成了远近闻名的"苗木能人"。他指着满山遍野油光碧绿的林子，自豪地说，"那是一万五千棵香樟，市场上很抢手，栽上一棵这样的香樟，苍蝇、蚊子都不会有；一棵就是二十多块钱呀，一万五千棵，卖个三四十万元不成问题。香樟那边，是冬青，也不少于两千棵。"转过身他又指着阳光下色泽鲜艳的场地说，"看到了吧，那是全红紫薇，五千棵；旁边的，是乌桕，也有三千棵。我现在经营了十多亩，别人出地、出力，我出资、出技术，用城里人话讲，我这'蛋糕'是越做越大了，其实在全县，我还算不上最大的。"

在领着我们四下参观的当儿，他腰间的手机不断响起，不是来向他取经就是联系业务，一副踌躇满志的样子。

在粮价日益低迷，种粮食已无法使得农民变得富足的今天，农民渴望调整种植结构的心情是十分迫切的，但他们毕竟受到太多因素的制约，不知道外面的世界，更无法了解市场的需求，大多数的农民依然是一筹莫展，这就需要一批领头羊，带动周围一批农民及时地调整产业结构；也正是由于有了这样一批既有市场经济头脑，又懂得用科学种田的"能人"，许多地区才会出现"八仙过海，各显神通"的生机勃勃的局面。

如果不是亲眼所见，我们都很难相信这样的事实：肥西县清平乡神灵村种植大户吴正仓，从中国农科院植物所引进的人参果，亩产居然创下了十六万元的破天荒记录。

吴正仓和一般的农村青年不同，喜欢动脑筋，高中毕业后回到农村,一开始试着种葡萄,后来南下深圳打工,打工的间隙,他到处考察农业能不能致富,为了了解市场行情,他居然还用辛辛苦苦赚下的血汗钱跑了一趟香港。再回到家乡之后,便比别人多了一个经营头脑,他发现如今再按照老辈人那样一成不变地种庄稼,最多是混个温饱,要奔小康,不搞科学种田,不钻研市场经济这门学问是不行了,就相中了人参果。

这种名叫人参果的果实,大小如梨,乳白中间有紫色,从外形看酷似人的心脏,原产南美洲。他引进了这种人参果,一下就种了两亩多。果子收获上来以后,他却并不急于出手,而是将它储藏在冷库,选取了几个送到安徽大学生命科学院去进行检测,检测的结果让他喜出望外,原来这东西不光外观诱人,竟然含有多种维生素,可以增加人的免疫力,甚至具有抗癌的功效。于是他就给这人参果起了个"世间仙果"的名字,请人设计了一个孙大圣手捧人参果的包装盒,并在盒中饰以精美的手帕或绸缎,这样就把他的人参果,与《西游记》第二十四回孙悟空偷吃人参果的故事扯到了一起,使得这种产品"奇货可居"了。然后,他还把人参果送到深圳的"高交会"上,香港的大老板竟用二百元一公斤的价格买了去,使这东西更是名声大振。待操办好了以上这些事,吴正仓这才胸有成竹地跑到人才市场,招聘了几名懂营销的大学生,并首选"礼品市场"进行公关销售。几经包装后的人参果,在合肥的市场上一亮相,顿时引起了轰动效应。他两亩多地收获的五千多公斤的人参果,就赚了四十多万元,被传媒惊呼"在田里放了卫星"!

不过,暴富的吴正仓头脑还算清醒。他说:"这样的价格肯定是极不正常的,随着各地农民大面积的引种,估计价格会迅速下滑;但即使跌到每公斤四五元,一亩田好歹也可以收入上万元,依然比过去种田划算。"